U0642336

课程思政
教学设计
——理工科卷

组编——湖南省教育科学研究院　主编——袁东敏　陈 卓

中南大学出版社　长沙
www.csupress.com.cn

图书在版编目(CIP)数据

课程思政教学设计. 理工科卷 / 湖南省教育科学研究院组编；袁东敏，陈卓主编. —长沙：中南大学出版社，2022.3
ISBN 978-7-5487-4632-4

Ⅰ. ①课… Ⅱ. ①湖… ②袁… ③陈… Ⅲ. ①思想政治教育－教学设计－教案(教育)－高等学校 Ⅳ. ①G641

中国版本图书馆 CIP 数据核字(2021)第 175989 号

课程思政教学设计——理工科卷
KECHENG SIZHENG JIAOXUE SHEJI——LIGONGKE JUAN

湖南省教育科学研究院　组编
袁东敏　陈卓　主编

□出 版 人	吴湘华
□策划编辑	唐天赋　韩　雪　汪采知
□责任编辑	韩　雪
□封面设计	谢　颖
□责任印制	唐　曦
□出版发行	中南大学出版社
	社址：长沙市麓山南路　　邮编：410083
	发行科电话：0731-88876770　传真：0731-88710482
□印　　装	湖南省众鑫印务有限公司

□开　　本　889 mm×1194 mm　1/16　□印张 29　□字数 919 千字
□互联网+图书　二维码内容　字数 715 千字　视频 190 分钟 46 秒
□版　　次　2022 年 3 月第 1 版　□印次 2022 年 3 月第 1 次印刷
□书　　号　ISBN 978-7-5487-4632-4
□定　　价　88.00 元

编委会

◇ **主 任**

石灯明

◇ **副主任**

杨 敏

◇ **成 员**

段慧兰　　盛正发　　叶坤燚　　袁东敏

◇ **主 编**

袁东敏　　陈 卓

◇ **编写人员** （按姓氏笔画排序）

邓 丰　　叶坤燚　　冯 慧　　伍双武　　杏建军

杨 敏　　张楚旋　　陈嘉祺　　郝海霞　　胡丽霞

钟坚成　　段慧兰　　崇桂书　　傅 俊　　漆华妹

潘晓刚

教育的根本任务在于立德树人。课程是高校思想政治工作的重要载体，课程思政是落实立德树人根本任务的有效途径。围绕培养什么人、怎样培养人、为谁培养人这个教育的根本问题，落实立德树人根本任务，必须将价值塑造、知识传授和能力培养三者融为一体。习近平总书记在全国高校思想政治工作会议上指出，要用好课堂教学这个主渠道，思想政治理论课要坚持在改进中加强，提升思想政治教育亲和力和针对性，满足学生成长发展需求和期待，其他各门课都要守好一段渠、种好责任田，使各类课程与思想政治理论课同向同行，形成协同效应。党的十九大报告明确提出，新时代教育的方向和目标是培养德、智、体、美、劳全面发展的社会主义建设者和接班人。课程思政不仅能够满足"三全育人"的要求和"大思政"工作格局的需要，还有助于社会主义大学人才培养目标的实现。

2020年6月，教育部颁布了《高等学校课程思政建设指导纲要》(以下简称《纲要》)，《纲要》指出，全面推进课程思政建设是落实立德树人根本任务的战略举措，课程思政建设是全面提高人才培养质量的重要任务，要明确课程思政建设目标要求和内容重点，科学设计课程思政教学体系，结合专业特点分类推进课程思政建设，将课程思政融入课堂教学建设全过程，提升教师课程思政建设的意识和能力，建立健全课程思政建设质量评价体系和激励机制，加强课程思政建设组织实施和条件保障。当前，课程思政建设在国内高校全面推进，课程思政成为每一位高校教师面临的重要任务，指导高校教师做好课程思政教学设计，进一步提升广大教师的课程育人能力，非常必要且具有重要意义。

在湖南省教育厅的指导下，我们组织专家从全省普通高校课堂教学竞赛获奖教师的教学设计作品中，遴选出具有课程思政亮点和特色的部分优秀教学设计，汇编成《课程思政教学设计——文科卷》和《课程思政教学设计——理工科卷》。两卷书共编入22位获奖教师主讲的22门课程的110个教学设计。这些优秀的教学设计能为广大高校教师开展课程思政提供有益参考，也能帮助教师拓宽视野，在跨学科交流中激发课程思政建设的灵感，对刚登上大学讲台的青年教师和今后准备参加课堂教学竞赛的教师来说，是很好的学习资源。

新时代高校落实立德树人根本任务，全面推进课程思政建设，任重而道远。我们一直努力在增强教师课程思政意识、提升教师课程思政能力方面下功夫，从不同角度、不同方位来推动课程思政；通过组织高校教师开展课程思政教学研究、教学竞赛和课程思政研讨交流等活动，激发广大教师参与课程思政建设的热情，充分发挥教师课程思政的主动性和创造性，将课程思政的研究成果转化为课程思政的教学设计，将课程思政的教学设计转化为课程思政的生动实践。该书的编辑出版，只是我们所做努力的一部分。我们希望教师们能共享更多更好的课程思政资源，期待课程思政育人成为教师们的一种行动自觉。

本书绪论部分由湖南省教育科学研究院袁东敏、陈卓撰稿，课程 1 至课程 12 的课程思政教学设计分别由中南大学杏建军、南华大学张楚旋、长沙理工大学郝海霞、中南大学陈嘉祺、中南大学漆华妹、湖南科技学院胡丽霞、长沙理工大学邓丰、湖南师范大学钟坚成、湖南大学冯慧、国防科技大学潘晓刚、湖南大学崇桂书、湖南科技学院伍双武编写。

感谢为此书出版付出辛勤劳动的中南大学出版社唐天赋老师、韩雪老师及汪采知老师，同时也感谢提供优秀教学设计的每一位高校教师。由于我们水平有限，书中不足之处在所难免，恳请专家和同行指教。

编者

2022 年 1 月

目录

如何做好课程思政教学设计

袁东敏，湖南省教育科学研究院高等教育研究所教学与评价研究室主任，研究员，2012 年至今一直承办湖南省高校教师教学竞赛工作。

陈卓，湖南省教育科学研究院高等教育研究所教学与评价研究室研究人员，协助组织湖南省高校教师教学竞赛工作。

　　课堂教学是课程思政建设的主渠道，教学设计是课程思政实施的规划书和行动指南。教师做好课程思政教学设计之前，需深化对课程思政的理解与认识，深入挖掘专业课程的思政元素，在加强课程思政规划设计的基础上，努力创新课程思政方式方法，同时重视课程思政的评价反思，不断提升课程思政育人能力和水平。针对如何做好课程思政教学设计，我们从以下几方面进行了探究。

一、深化对课程思政的理解认识

（一）课程思政的概念和本质

　　自 2014 年上海市提出"课程思政"的概念并试点推广以来，"课程思政"成为学术界研究的重大课题和高校思政教育改革实践的热点，但学界对"课程思政"的认识不一。通过对现有研究与实践成果的总结与分析，有专家学者认为"课程思政"是指学校利用所有非思政课程开展思政教育的一个体系。对于这一概念的理解和把握有以下几个要义：第一，课程思政不是一门具体的课程，而是一个体系，是一个包含思政教育目标、内容、手段及方法的体系。第二，课程思政所指的"课程"，是指所有的非思政课程，包括通识课程、基础课程、专业课程，甚至可以拓展到没有具体课程形态的隐性课程，因此，思政课程不是课程思政研究的对象。第三，课程思政研究的范畴是思想政治教育，是实践"三全育人"的重要抓手。第四，课程思政还是一个重要的理念，它既作为新的思政理念，对推动思政教育改革具有很强的指导意义，又作为重要的课程理念，赋予课程教学改革深远的价值。

　　课程思政的本质是以课程为载体实现思想政治教育协同。习近平总书记在全国高校思想政治工作会议上强调指出，"要用好课堂教学这个主渠道，思想政治理论课要坚持在改进中加强，提升思想政治教育亲和力和针对性，满足学生成长发展需求和期待，其他各门课都要守好一段渠、种好责任田，使各类课程与思想政治理论课同向同行，形成协同效应"，这是对课程思政本质的高度凝练和集中要求。课程思政不是增开一门课程，也不是在课程内增加一个环节或一项活动，而是使专业教育与思想政治教育协调同步、相得益彰，构成完整的思想政治教育体系。

　　课程思政是"高校以习近平新时代中国特色社会主义思想为指导，以习近平总书记关于教育的重要论述为根本遵循，落实立德树人的根本举措"。课程思政的本质是立德树人，以实现教师课堂育人成效。对于高校教师来说，就是要切实担负起育人责任，转变思想观念，克服专业教育和思政教育"两张皮"的惯性思维，把思政教育的要求和内容，与非思政类课程设计、教材开发、课程实施、课程评价等有机结合起来，深入挖掘专业课程和教学方式所蕴含的思想政治教育资源，充分发挥专业课程的育人功能，最终实现高校思想政治教育与通识教育、专业教育的融会贯通，实现在价值传播中凝聚知识底蕴、在知识传播中强调价值引领，于润物无声中立德树人，把学生培养为德智体美劳全面发展的中国特色社会主义建设者和接班人。

（二）课程思政的目标要求

　　课程思政的目标是立足解决培养什么人、怎样培养人、为谁培养人这一教育的根本问题，紧紧围绕立德树人这一根本任务，将价值塑造融入知识传授和能力培养过程中，帮助学生塑造正确的世界观、人生观、价值观。

　　专业教育课程是课程思政的基本载体，《高等学校课程思政建设指导纲要》（以下简称《纲要》）根据专业特点把专业课程进一步细分为文学历史学哲学类、经济学管理学法学类、教育学类、理学工学类、农学类、医学类、艺术类等 7 大类专业课程，对每一类课程结合不同课程特点、思维方法和价值理念提出了不同的课程思政目标和要求。

　　一是文学历史学哲学类专业课程的思政元素要结合专业知识教育引导学生深刻理解社会主义核心价值观，自觉弘扬中华优秀传统文化、革命文化和社会主义先进文化。

　　二是经济学管理学法学类专业课程的思政元素要坚持以马克思主义为指导，帮助学生了解专业和行业领域的国家战略、法律法规和相关政策，引导学生深入社会实践、关注现实问题，了解经济和管理发展前沿问题，培育学生经世济民、诚信服务、德法兼修的职业素养。

三是教育学类专业课程的思政元素要注重加强师德师风教育，突出课堂育德、典型树德、规则立德，引导学生树立学为人师、行为世范的职业理想并培育爱国守法、规范从教的职业操守，培养学生争做有理想信念、有道德情操、有扎实学识、有仁爱之心的"四有"好老师。体育类课程的思政元素要注重爱国主义教育和传统文化教育，培养学生顽强拼搏、奋斗有我的信念，激发学生提升全民族身体素质的责任感。

四是理学工学类专业课程的思政元素要注重于科学思维方法的训练和科学伦理的教育，培养学生探索未知、追求真理、勇攀科学高峰的责任感和使命感。工学类专业课程的思政元素还要注重强化学生的工程伦理教育，培养学生精益求精的大国工匠精神，激发学生科技报国的家国情怀和使命担当。

五是农学类专业课程的思政元素要注重培养学生的"大国三农"情怀，引导学生以强农兴农为己任，"懂农业、爱农村、爱农民"，增强学生服务农业农村现代化、服务乡村全面振兴的使命感和责任感，培养知农爱农创新人才。

六是医学类专业课程的思政元素旨在培养学生"敬佑生命、救死扶伤、甘于奉献、大爱无疆"的医者精神，在培养精湛医术的同时，把人民群众生命安全和身体健康放在首位，做党和人民信赖的好医生。

七是艺术类专业课程的思政元素要引导学生立足时代、扎根人民、深入生活，树立正确的艺术观和创作观。要坚持以美育人、以美化人，积极弘扬中华美育精神，引导学生自觉传承和弘扬中华优秀传统文化，全面提高学生的审美和人文素养。

（三）课程思政的内容重点

课程在高等教育活动中始终处于核心地位，发挥着育人"主战场""主渠道"的作用。课程思政实施的重点在课程，高校教师要依据所讲授课程的基本特点，围绕坚定当代大学生的理想信念，以爱党、爱国、爱社会主义、爱人民、爱集体为主线，重点关注政治认同、家国情怀、文化修养、宪法法治意识、道德修养等方面，系统开展中国特色社会主义和中国梦教育、社会主义核心价值观教育、法治教育、劳动教育、心理健康教育、中华优秀传统文化教育。具体包括以下五个方面的要求和内容：

一是坚持政治导向。持续推进习近平新时代中国特色社会主义思想"三进"，不断加强马克思主义理论教育，着力推动党的创新理论教育，增强学生对党的创新理论的政治认同、思想认同、情感认同，坚定"四个自信"。

二是坚持价值导向。大力培育和践行社会主义核心价值观，教育学生深刻理解社会主义核心价值观的丰富内涵，准确把握其精神实质，引导学生把事业理想和道德追求融入国家建设，将社会主义核心价值观内化为精神追求，外化为自觉行动。

三是坚持思想导向。加强中华优秀传统文化教育，大力弘扬以爱国主义为核心的民族精神，教育引导学生深刻理解中华优秀传统文化的思想精华和时代价值，完善大学生的道德品质，培育理想人格，展现中华文化的无穷魅力和时代风采。

四是坚持法治导向。深入开展宪法法治教育，教育学生牢固树立法治观念，坚定走中国特色社会主义法治道路的理想和信念，深化对法治理念、法治原则、重要法律概念的认知，增强运用法治思维和法治方式维护自身权利、参与社会公共事务、化解矛盾纠纷的意识和能力。

五是坚持职业导向。深化职业理想和职业道德教育，帮助学生了解相关专业和行业领域的发展态势，了解国家发展战略和行业需求，增强职业道德与责任感，教育引导学生准确理解并自觉践行各行业的职业精神和职业规范。

（四）课程思政的难点

关于高校课程思政的难点，可以集中概括为以下几个方面。一是专业知识与思政教育融合的问题。

课程思政实施的首要难点就是如何将专业知识和思想政治教育相融合、相统一的问题。专业知识的教学侧重于知识的理性，而思想政治教育倾向于价值的引领。专业知识领域的理性如何融入价值性，是推进课程思政所面临的实际问题。二是协同育人机制完善建构的问题。由于受多种因素的影响，当前还没能形成完善有效的思想政治教育协同育人机制，列出协同育人机制的构建过程中存在的系列问题。协同育人的机制建设粗放。有学者发现在具体实践中，课程思政作为高校甚至整个教育界人才培养体系的具体途径和实施方法，仍缺乏强有力的政策支持，缺少具体保障制度安排和科学完善的监督评价机制，还没能真正建构起完整、坚实的协同育人机制。三是思想政治教育与专业教学"两张皮"的问题。在有效防范在课程思政实践过程中出现思想政治教育与专业教学"两张皮"时，要充分发挥教师这一关键主体的桥梁纽带作用。四是自然科学类课程如何开展课程思政的问题。在高校非思政课程体系中，自然科学类课程蕴含着丰富的科学精神，这一类课程的思政资源是其他课程所不能替代的。但由于这一类课程和思想政治教育的联系最为松散，加之思政资源挖掘存在着隐蔽性和多义性，教师一般不会主动在教学中融入思政元素，不会有意识地开展价值观念和理想信念的传导，因此，自然科学类课程如何开展课程思政成为当前高校课程思政建设的难点。

二、加强思政元素融入课程教学设计

(一) 理解专业课程把握思政目标

深入理解专业课程是课程思政建设的基础和前提条件。课程是教育的细胞，理清课程与学科、专业的关系，有助于教师准确把握课程的性质与目标，包括思政目标。学科是相对独立的知识体系。专业是以相关学科为基础，根据社会分工需要而设置的一种课程组织形式。课程则是教学科目的构成及教学活动的组织。从人才培养的角度来看，学科、专业、课程是不可分割的有机整体，但又分属宏观、中观和微观三个不同层次。总的来说，学科是专业和课程的核心，专业是学科的拓展延伸和课程的组织形式，而课程是学科和专业的基础支撑。学科建设引领专业建设和课程建设，专业建设促进学科建设和课程建设，课程建设最终支撑学科建设和专业建设。正确认识和把握课程在相关学科和专业体系中所处的地位，以及在人才培养中的作用，具体来说，就是准确把握课程性质，明确课程特点，明晰教学知识、能力目标，尤其是思政目标。

(二) 深入挖掘专业课程思政元素

课程思政不是把专业知识和思政元素进行简单的机械组合，而是把思政元素科学有机地融入专业课程教学中，达到协调统一、润物无声的育人效果。深入挖掘专业课程思政元素，是教师做好课程思政教学设计的重要前提。

深入挖掘专业课程思政元素，首先要做好对课程思政元素的系统性挖掘。以专业为单位，根据专业人才培养方案，做好专业课程思政顶层设计，即先确定专业层面的思政目标和思政元素挖掘方向，再按照课程特点，细化思政目标，将思政元素挖掘侧重点分解到各专业课程，专业内多门课程相互配合，系统推进。系统性挖掘使不同课程的思政内容互相补充，避免重复，也有利于同一专业内部的课程思政同向同行，形成合力。

其次要准确把握思政元素挖掘的着力点。有些人文社科类课程，专业知识本身具有明显的价值倾向，可将思政元素进行梳理归纳。而大部分理工类课程则需要深度挖掘思政元素，并进一步拓展和开发。要充分考虑课程类型和特点，以教育部《高等学校课程思政建设指导纲要》为蓝本，从实际出发。如理工类专业课程思政，就要把马克思主义立场观点方法的教育与科学精神的培养结合起来，以提高学生正确认识问题、分析问题和解决问题的能力为重点。

(三) 加强课程思政规划设计

课程思政的整体规划主要通过教学设计来实现。首先要深入研究课程思政对象。课程思政的对象是学生，课程思政建设要求教师对学生的基本情况进行更深入的研究和了解。不仅要了解学生的专业知识结构和已具备的能力，还要了解学生的学习习惯、特点和兴趣，尤其是要深入研究学生的态度、思想、价值观等，了解学生的内在需要，才能使课程思政内容更贴近学生实际，易于被接受，避免自说自话，强行思政。

其次要凝练课程思政主题。结合专业知识的教学内容，以及契合的思政元素，提炼总结出课程思政的主题，作为整门课程思政建设的主线。如黄纵老师的管理学原理课程，将"国学思想"巧妙融入课程教学中，通过管理学专业教学内容与国学内容的契合关系，对学生进行国学熏陶，进一步培养学生对中华优秀传统文化的自信与自觉。杏建军老师的航天器动力学基础与应用课程，把"家国情怀"和"科学精神"深深融入 20 课时的课堂教学中，逐步培养学生的制度自信和文化自信，坚定航天强国的理想信念。凝练思政元素主题有利于形成课程思政抓手，避免课程思政的盲目性和碎片化。

再次要做好课程思政的统筹规划。在教学设计中制定课程思政元素总览表或描绘课程思政元素地图，对课程思政进行整体设计和统筹规划，包括明确课程思政目标，总览各章节的思政元素和融入途径，制定具体实施方案和步骤等。厘清思政元素与专业内容之间的关系，做到心中有数、有迹可循，有利于课程思政中思政元素的协调统一，为课程思政的具体实施打牢基础。

最后要有效实施课程思政。在课程思政的总体规划下，把课程思政具体落实到每个章节每个课时的教学活动中：从确定课程思政目标，到设定融入思政元素的教学环节，再到实现思政育人预期效果，最后对课程思政进行评价和反思，每一个环节都须认真设计和把握。

（四）创新课程思政方式方法

要巧妙实施教学设计，最终达到课程育人成效，课程思政的方式方法至关重要。根据课程思政隐性育人的特点和要求，课堂教学中思政元素与日常教学内容之间的融合尤为关键。

首先要选择贴近学生思想特点的内容，从营造课程思政的环境与氛围入手。例如将国学思想融入管理学的专业教学，或是在理科教学中穿插体现科学精神的科学家系列故事，以引起教与学双方的心理共振，提高学生良好的接受效果，实现"润物无声"的育人成效。

其次要选择学生关注的现实问题作为教学案例，既紧扣时代发展又回应学生关切。通过启发式、探究式、讨论式等方式，鼓励学生运用专业知识进行观察、分析、思考和探究，由近及远、由表及里地引导学生理解社会制度的变革和国家取得的历史性成就，不单向灌输，不强加观点，将国情教育、家国情怀、主流价值熏陶自然而然地渗入专业教学中。

最后要选择学生乐于接受的话语方式，营造出自由、平等、和谐的课堂教学氛围。恰当的话语方式不仅使得教师的思想观念、价值取向等更易为学生接受与信服，也可以充分调动学生的积极性、主动性和参与性，达到事半功倍的效果。思政元素与教学内容要自然融合，课程思政最理想的境界就是教师在不知不觉中实施教育，学生在不知不觉中深受教育。

（五）重视课程思政评价反思

课程思政评价的对象是学生，而学生又是课程思政评价的主体之一。思政教育由于主体较多，容易产生叠加效应，因此课程思政的评价具有一定的复杂性。

首先课程思政评价活动要系统规划，有序进行。短期评价应和中期评价、长期评价相结合。短期评价和中期评价主要考查学生对思政教育作用的认知程度。短期评价可借助信息化手段，如雨课堂等，对某些特定的思政内容做课前、课中、课后的测试。中期评价可采用问卷调查等形式在期初、期中、期末考查学生的日常行为活动，观察和测试课程思政教学对学生认知和行为的影响。长期评价可通过第三方评价，调查用人单位对学生政治素质、职业素养、专业水平的满意度等，进一步检验课程思政实施的效果。

其次课程思政评价主体和角度要全面多样。为保证评价的客观性、全面性和科学性，评价应以专业课教师为主，还应包含学生本人、班级学生代表、专业课管理人员、思想政治理论课教师、辅导员、实践教学导师、学业导师等，各主体围绕专业课程思政设定的内容和相关标准，独立开展评价。根据评价主体不同，评价应侧重不同视角。专业课教师主要评价学生在学科学习中所表现出来的情感、态度、价值观的变化，对学科专业的忠诚度，对学科专业价值的认知，学科专业方面的操守（伦理），对与学科专业相关社会现象的分析能力，等等。学业导师应侧重于评价学生学业理想、学业价值、未来的职业选择、个人学业与社会发展的关系认知等。思想政治理论课教师应侧重于社会主义核心价值观对学生专业思想引导的评价。辅导员则应关注学生学业行为的变化，如积极性、主动性，以及对专业相关活动的参与度、与专业相关的社会活动尤其是公益活动的参与度等。不同主体的评价应综合形成系统的评价结论。

最后课程思政评价导向应重过程、轻结果。思想政治素养的提升是一个循序渐进的过程，因此课程思政评价应遵循发展性评价理念，注重定性评价、描述性评价等，关注学生纵向的自我发展，减少横向比较。思想政治教育通常包含情感、态度、价值观三个层面，课程思政也应该从这三个层面制订相关标准，开展效果评价。

反思建立在评价基础之上。课程思政短期评价和中期评价可以帮助教师及时掌握学生的思想动态，准确把握实际成效与预期效果之间的差异，并适当改进教学方式方法，调整教学进程，保证课程思政的育人效果。此外，课程思政在教学实施过程中，必然会遇到各种各样的问题。课后基于问题的反思，以及通过反思促进思政元素与专业教学的深度融合，也对提高课程思政育人成效有着积极作用。

三、增强课程思政建设意识和能力

全面推进课程思政建设，教师是关键。《纲要》指出，教师要进一步强化育人意识，找准育人角度，提升育人能力，确保课程思政建设落地落实、见功见效。

首先，高校教师要不断增强课程思政育人意识。具备育人意识是教师落实课程思政的重要前提。教师要随时代发展更新教育观、教学观、育人观，在课程教学中增加价值的维度，坚定育人的理念，拓展价值教育的本领和能力，要结合课程主动加强课程思政建设的重点、难点研究。

其次，教师要努力提升课程思政能力。课程思政以各类专业课程教学活动为基础，教师需用心、用情投入教学实践，加强优质教学资源建设，掌握科学的教学方式方法，将现代信息技术与教育教学深度融合，在教学中实现师生有效互动，以获得良好的课程思政效果。平时要积极参与课程思政建设典型经验交流、现场教学观摩、教师教学培训等活动，不断提升课程思政能力。

最后，教师还要设法提升课程思政育人实效。课程思政不仅仅在课堂之内，还在课堂之外。教师要多关心学生的思想动态与生活状况。各门课程教师要主动深入学生，及时了解学生的所思所想与生活状况，在全面了解、沟通交流中加深对学生的认识，进而有针对性地提升课程思政育人实效。

航天器动力学基础与应用

扫描二维码

杏建军，中南大学航空航天学院教师，湖南省普通高校教学能手，中南大学课程思政示范教师，湖南省线下一流本科课程主讲教师，2020 年湖南省普通高校教师课堂教学竞赛一等奖获得者。

课 程 概 述

一、课程基本信息

本课程的基本信息见表 1.1。

表 1.1 课程基本信息

课程名称	航天器动力学基础与应用	课程性质	专业课
学时	48	开课时间	第六学期
先修课程	高等数学、大学物理、理论力学、航空航天技术概论		
适用专业	航空航天工程		
使用教材	赵钧. 航天器轨道动力学[M]. 哈尔滨：哈尔滨工业大学出版社，2011		
参考文献	杨嘉墀. 航天器轨道动力学与控制[M]. 北京：中国宇航出版社，1995 Battin R H. An introduction to the mathematics and methods of astrodynamics[M]. AIAA，1999		

二、课程的性质与作用

航天器动力学是高等院校航空航天类专业教学计划中的一门专业课。

通过本课程的教学，可以让学生理解航天器在空间运动的基本规律，并学习如何应用这些规律进行空间探索。其主要教学任务是培养学生应用航天器在空间运动的基本规律解决未来航天领域复杂工程问题的能力，为后续航天任务总体设计等专业课程的学习和未来从事航天领域工程实践打下坚实的理论基础。同时引导并培养学生的批判思维和创新思维，树立航天强国、航天报国的理想信念。

三、学情分析

学生知识结构：已具备公共与专业的基础知识，但缺乏航天器轨道领域深入系统的知识。本课程是面向航空航天类本科三年级学生所开设的一门专业课。从大三学生的知识结构上来看，学生已系统地学习了公共基础课程和专业基础课程，对航天器如何在空间有效工作的专业知识有一些初步的了解，但对其工作原理的认识不深入，不具备进行空间轨道设计和航天任务分析的能力。

学生学习方法：从重视知识的掌握转换到知识的工程应用，从重视公式的推导转换到背后物理机理的认识，从重视计算结果的正确性转化到计算结果的分析和归纳。学生本科前两年的学习注重基础知识的夯实和通用技能的熟练，学习方法以重点知识（如公式、理论等）的记忆和理解、通用技能（如数学推导、计算机编程）的训练为主，还不能将基础知识和通用技能与航天轨道设计领域具体工程实践相结合。本课程是联系数理知识、计算机应用能力和航天工程应用的桥梁，既注重基础理论的扎实、通用技能的熟练，更注重学以致用，重点培养学生解决航天工程领域，特别是航天器轨道设计领域复杂工程问题的能力。因此学生的学习方法需要有所改变：注重课堂理论与航天领域的工程实践相结合，淡化具体知识点的记忆；注重公式背后的物理机理认识，淡化公式的推导；注重计算结果分析和归纳，淡化正确性的评价，即使有错误，也要能分析出错误的原因，提出改正的方法。

四、课程教学设计

(一)教学设计思路

深度挖掘课程中的思政元素,将价值塑造落实在教学过程中。根据课程特点,深度挖掘课程中的思政元素,将其有机融入课堂教学(见表1.2),将立德树人,培养中国航天领域接班人的理念融入课程教学的全过程。具体做法:

(1)结合课程内容与航天领域国家重大工程(如载人航天与探月工程、北斗导航卫星工程等)密切相关的特点,采用背景介绍、案例分析、应用拓展等方式,将课堂理论与国家重大工程有机融合,将航天强国的理想信念贯穿其中,培养学生的制度自信和文化自信,激发学生航天报国的理想信念;

(2)结合课程理论性和实践性强的特点,在课堂具体内容讲述中,综合应用层层递进、问题引导、案例分析、深入讨论和动手实践等方法,将航天器轨道设计过程中科学严谨、深入探求、实事求是的科学精神培养贯穿其中;

(3)教师结合自己在航天轨道设计领域10多年的科研经历,特别是参加过国家重大工程项目的优势,在教学工程中,将专业课教学与自身科研实践相结合,言传身教,将自力更生、自主创新的航天精神贯穿教学全过程。

表1.2　航天器动力学基础与应用课程思政设计

章节内容	思政元素	教学融入
第1章 绪论	家国情怀	在航天工程重要性的讲解中,引入嫦娥工程的案例,分享中国在航天领域的重大成就,培养学生家国情怀
	科学精神	在课程应用的讲解中,引入水星近日点进动并成为爱因斯坦广义相对论三大天文学证据的案例,让学生切身体会严谨求实、深入探究的科学精神
第2章 二体问题	家国情怀	在二体动力学建模内容的讲述中,引入嫦娥探测器在不同飞行阶段的动力学建模思路,引导学生认识中国深空探测领域的伟大成就,培养他们的民族自豪感
	科学精神	在卫星轨道数值计算的编程实践中,通过错误示例、结果分析、扩展讨论等方式,让学生通过自身实践,体会严谨求实、实事求是的科学精神
第3章 开普勒方程	家国情怀	在轨道特性讲解中,引入中国天链数据中继卫星的案例,并科普数据中继卫星对国家经济和国防安全的重要性,培养学生航天强国的理想信念
	科学精神	通过三种方法求解开普勒方程的编程实践,培养学生深入探究的科学精神
	航天精神	在天链数据中继卫星的案例中,教师介绍自己当年参加我国首次空间交会对接时没有数据中继卫星,不得不受制于人的情况,宣扬中国航天自力更生、自主创新的精神
第4章 时间系统和 坐标系统	科学精神	通过航天系统时间和坐标系统的确定讲究精确性,培养学生严谨求实的科学精神
	航天精神	在时间系统的介绍中,引入中国北斗卫星导航原子钟的案例,从最初想从国外引入、受制到自主研发的实际情况,宣扬艰苦奋斗、自力更生、自主创新的中国航天精神
第5章 轨道机动	家国情怀	在内容导入和理论应用讲解中,引入中国首次火星探测和中国神舟飞船交会对接远程导引的案例,宣扬中国在航天领域的伟大成就,培养学生文化自信和家国情怀
	科学精神	在重点内容霍曼转移讲述中,综合应用层层递进、问题引导、案例分析、深入讨论和动手实践等方法,培养学生严谨求实、深入探究、实事求是的科学精神
	航天精神	在应用计算机解决问题的讲述中,强调问题的数学模型、解决思路和计算方法,淡化对软件平台和计算机语言(MATLAB)的依赖,宣扬自力更生、自主创新的航天精神

续表1.2

章节内容	思政元素	教学融入
第6章 初始轨道确定	家国情怀	轨道确定总结中，介绍李济生院士及其在中国卫星轨道确定领域取得的成绩，用榜样的力量感染学生，培养学生的家国情怀
	科学精神	通过三矢量定轨和 Lambert 定轨的编程实践，培养学生严谨求实、深入探究的科学精神
	航天精神	在理论讲述过程中，融入教师参与我国某飞行器返回再入控制的科研经历，培养学生自主创新的航天精神
第7章 Lambert 飞行定理工程应用的分组研讨	科学精神	通过学生分组协作、自主学习、课堂汇报，培养学生团结协作、深入探究、实事求是的科学精神
第8章 航天器轨道摄动	家国情怀	在大气阻力摄动讲解中，引入我国天宫一号、天宫二号溅落大气层的案例，培养学生航天强国、航天报国的理想信念
	科学精神	在地球 J_2 项摄动对轨道影响的编程实践和结果分析、地球 J_2 项摄动方程的推导实践中，培养学生严谨求实、深入探究的科学精神
第9章 三体问题	家国情怀	在讲述拉格朗日点的内容中，引入中国嫦娥四号首次月球背面登陆的案例，树立学生航天强国，航天报国的信念
	科学精神	通过地月系统中拉格朗日点编程计算的动手实践，培养学生严谨认真的科学精神
	航天精神	通过中国嫦娥四号首次月球背面登陆案例的介绍，宣扬自主创新的中国航天精神
第10章 航天器相对运动	家国情怀	在双脉冲导引理论的讲述中，引入神舟八号交会对接近距离导引的案例，介绍中国在载人航天中的成就，培养学生航天强国的信念
	科学精神	通过神舟八号交会对接近距离导引和水平圆编队设计的编程实践，培养学生深入探究、实事求是的科学精神
	航天精神	在讲述卫星编队时，融入教师四星时差编队轨道设计的科研案例，培养学生自主创新的航天精神

(二)教学目标

(1)知识目标。

掌握航天器运动规律建模的知识。如航天器二体运动模型、航天器轨道机动模型、航天器轨道摄动模型、三体运动模型、临近航天器相对运动模型等。

掌握航天器运动模型求解的基本方法，理解航天器运动的基本规律。如应用解析法求解二体运动模型，得到开普勒三大定律；应用速度冲量法求解航天器轨道机动模型，得到最省能量的霍曼转移；应用常数变易法求解轨道摄动模型，得到地球非球形一阶摄动解；应用牛顿迭代法求解三体运动方程的平衡点，得到拉格朗日点；应用线性化和微分方程理论求解临近航天器相对运动方程，得到 $C-W$ 方程；等等。

应用航天器运动规律解决实际问题。如近地空间卫星轨道设计(开普勒定理)、火星探测、航天器交会对接(霍曼转移)、太阳同步轨道设计(地球非球形一阶摄动解)、嫦娥四号数据中继(拉格朗日点)、航天器编队飞行($C-W$ 方程)等。

（2）能力目标。

培养学生从工程需求中提炼问题，综合应用所学知识建立数学模型的能力。

培养学生应用数学知识和计算机工具，求解数学模型，分析、总结、归纳的能力。

培养学生自主学习、深入思考的能力。

培养学生团结协作，勇于表达的能力。

（3）素养目标。

使学生掌握"从工程实践中来，到工程实践中去"的科学方法论。

培养学生敢于质疑、勇于实践、精益求精的专业素养。

强化学生的技术与环境、技术与生命等工程伦理教育。

（4）课程思政目标。

培养学生的家国情怀，树立航天强国、航天报国的理想信念。

培养学生严谨求实、深入探究、实事求是的科学精神。

宣扬艰苦奋斗、自力更生、自主创新的中国航天精神。

（三）教学内容

重塑课程内容，实现知识传授、能力培养、素质养成的有机融合。根据课程"从实践中来，到实践中去"的方法论，将课程中解决问题的科学思维方法提炼为建模（从实践中来）—分析（理论升华）—应用（到实践中去）三个步骤，并根据这三个步骤重塑课程教学内容，引入最新工程案例，了解科学前沿，将知识传授、能力培养、素质养成有机融合（见表1.3），实现知识传授的系统化、能力培养的直接化、素质养成的潜移默化。

表 1.3　"航天器动力学基础与应用"课程内容的组织

步骤	知识传授	能力培养	素质养成
建模	二体运动建模、轨道机动建模、轨道摄动建模、三体运动建模、航天器相对运动建模	从工程需求中提炼问题，综合应用所学知识建立数学模型的能力；应用数学知识分析、总结、归纳的能力；自主学习、深入思考的能力	"从工程实践中来，到工程实践中去"的科学方法论；严谨求实、深入探究的专业素养
分析	解析法求解二体运动模型，速度冲量法求解轨道机动模型，常数变易法求解轨道摄动模型，牛顿迭代法求解三体运动方程的平衡点，线性化和微分方程理论求解航天器相对运动方程	应用数学知识和计算机工具，求解数学模型，分析、总结、归纳的能力；学生自主学习、深入思考的能力	严谨求实、深入探究、敢于质疑、勇于实践、精益求精的专业素养
应用	近地空间卫星轨道设计、火星探测、航天器交会对接、太阳同步轨道设计、"嫦娥四号"数据中继、航天器编队飞行	应用数学知识和计算机工具，求解数学模型，分析、总结、归纳的能力；自主学习、深入思考的能力；团结协作，勇于表达的能力	严谨求实、深入探究、敢于质疑、勇于实践、精益求精的专业素养；技术与环境、技术与生命等工程伦理

（四）教学方法

（1）以章为教学单元，采用 BOPPPS 教学模式。

落实"以学生为中心，以目标为导向"的教学理念，采用 BOPPPS 教学模式开展课堂教学（见表1.4）。

表 1.4　"航天器动力学基础与应用"课程课堂教学方案设计

模块	章节内容	学时	教学方案设计(含教学方法、教学手段)
中心引力下航天器的运动	第 1 章 绪论	2	采用启发法、案例法、归纳法。从人造地球卫星为什么可以无动力飞行的引导性问题出发，阐述课程的主要研究内容、基本研究方法和发展历史，结合美国休斯公司挽救发射失败的卫星和中国嫦娥探测工程中轨道的设计，加深学生对课程在航天任务设计中重要性的认识 ★ 课程思政：在案例分析中，联系习近平总书记关于航天强国的号召，分享中国在航天领域的重大成就，培养学生文化自信和家国情怀 ⊟新视野：《两次奔月！一颗传奇废弃卫星的自我救赎之路》《广义相对论中水星轨道近日点的进动》两篇扩展资料阅读
	第 2 章 二体问题	4	采用 BOPPPS 教学法。环节 1(导入)：通过两个引导性问题导入教学内容，吸引学生的注意力，激发学生的学习兴趣。环节 2(目标)：明确本章教学的知识目标和能力目标。环节 3(前测)：根据让学生预习的内容，提炼 3 个与本章内容密切相关的问题，测试学生对以往知识的掌握程度。环节 4(参与式学习)：采用详细讲述、问题引导、层层深入、案例分析、科教融合、前沿扩展和动手实践等多种互动式教学方式，围绕教学目标，开展本章课堂教学。环节 5(课后检验)：教师根据教学目标提炼 2~3 个问题，测试学生对教学目标的达成度。环节 6(总结)：对照教学目标，对本章教学的重点难点进行提纲挈领的总结，进一步让学生对照检查自己对重点难点知识的掌握度，对教学目标的达成度；提出下次课程学习的问题，让学生有针对性地开展预习 案例分析：飞机动力学建模；重力与引力的差别；嫦娥探测器不同飞行阶段的动力学模型 动手实践：卫星轨道的数值计算的编程实践 ★ 课程思政：通过中国"嫦娥四号"工程案例，引导学生认识我国深空探测领域的伟大成就，培养他们的民族自豪感 ⊟新视野：Battin R H. An introduction to the mathematics and methods of astrodynamics [M]. AIAA, 1999：110
	第 3 章 开普勒方程	4	采用 BOPPPS 教学法。环节 1(导入)：通过两个引导性问题和中国神舟十一号工程案例导入教学内容，吸引学生的注意力，激发学生的学习兴趣。环节 2(目标)：明确本章教学的知识目标和能力目标。环节 3(前测)：根据让学生预习的内容，提炼 3 个与本章内容密切相关的问题，测试学生对以往知识的掌握程度。环节 4(参与式学习)：采用详细讲述、问题引导、层层深入、案例分析、科教融合、前沿扩展和动手实践等多种互动式教学方式，围绕教学目标，开展本章课堂教学。环节 5(课后检验)：教师根据教学目标提炼 2~3 个问题，测试学生对教学目标的达成度。环节 6(总结)：对照教学目标，对本章教学的重点难点进行提纲挈领的总结，进一步让学生对照检查自己对重点难点知识的掌握度，对教学目标的达成度；提出下次课程学习的问题，让学生有针对性地开展预习 案例分析：天链一号中继卫星轨道特性分析；神舟十一号飞行轨道的解析预报；科普类第三定律正确性讨论 动手实践：三种方法求解开普勒方程的编程实践；飞行器轨道解析预报的编程实践 ★ 课程思政：以同步轨道为案例，介绍中国天链数据中继卫星，进行爱国主义教育 ⊟新视野：孙承启.航天器开普勒轨道和非开普勒轨道的定义、分类及控制[J].空间控制技术与应用，2009，35(4)：1-5

续表1.4

模块	章节内容	学时	教学方案设计(含教学方法、教学手段)
中心引力下航天器的运动	第4章 时间系统和坐标系统	4	采用BOPPPS教学法。环节1(导入):通过两个引导性问题导入教学内容,吸引学生的注意力,激发学生的学习兴趣。环节2(目标):明确本章教学的知识目标和能力目标。环节3(前测):根据让学生预习的内容,提炼3个与本章内容密切相关的问题,测试学生对以往知识的掌握程度。环节4(参与式学习):采用详细讲述、问题引导、层层深入、案例分析、科教融合、前沿扩展和动手实践等多种互动式教学方式,围绕教学目标,开展本章课堂教学。环节5(课后检验):教师根据教学目标提炼2~3个问题,测试学生对教学目标的达成度。环节6(总结):对照教学目标,对本章教学的重点难点进行提纲挈领的总结,进一步让学生对照检查自己对重点难点知识的掌握度,对教学目标的达成度;提出下次课程学习的问题,让学生有针对性地开展预习 案例分析:航天器浊区因子计算案例 动手实践:国际地球自转服务(IERS)系统网站最新的模型文档和程序查阅和自学 ★ 课程思政:通过讲述航天系统时间和坐标系统确定的精确性,培养学生科学、严谨、细致的工作态度 ⊟新视野:刘林,赵玉晖,张巍,等.环火卫星运动的坐标系附加摄动及相应坐标系的选择[J].天文学报,2010(4):86-95
控制力和摄动力作用下航天器的运动	第5章 轨道机动	8	采用BOPPPS教学法。环节1(导入):通过《流浪地球》的电影和中国火星探测的新闻导入教学内容,吸引学生的注意力,激发学生的学习兴趣。环节2(目标):明确本章教学的知识目标和能力目标。环节3(前测):根据让学生预习的内容,提炼3个与本章内容密切相关的问题,测试学生对以往知识的掌握程度。环节4(参与式学习):采用详细讲述、问题引导、层层深入、案例分析、科教融合、前沿扩展和动手实践等多种互动式教学方式,围绕教学目标,开展本章课堂教学。环节5(课后检验):教师根据教学目标提炼2~3个问题,测试学生对教学目标的达成度。环节6(总结):对照教学目标,对本章教学的重点难点进行提纲挈领的总结,进一步让学生对照检查自己对重点难点知识的掌握度,对教学目标的达成度;提出下次课程学习的问题,让学生有针对性地开展预习 案例分析:火星探测,中国神舟飞船交互对接远程导引 动手实践:神舟飞船交会对接远程导引轨道设计;共面双椭圆轨道转移的建模、分析与应用 ★ 课程思政:结合我国交会对接、嫦娥探月和火星探测案例的讲解,让学生深入了解中国在航天领域的伟大成就 ⊟新视野:符俊,蔡洪,丁智坚.地球静止轨道-低轨道最优异面转移方法[J].系统工程与电子技术,2012(7):1439-1444
	第6章 初始轨道确定	4	采用BOPPPS教学法。环节1(导入):通过一个引导性问题导入教学内容,吸引学生的注意力,激发学生的学习兴趣。环节2(目标):明确本章教学的知识目标和能力目标。环节3(前测):根据让学生预习的内容,提炼3个与本章内容密切相关的问题,测试学生对以往知识的掌握程度。环节4(参与式学习):采用详细讲述、问题引导、层层深入、案例分析、科教融合、前沿扩展和动手实践等多种互动式教学方式,围绕教学目标,开展本章课堂教学。环节5(课后检验):教师根据教学目标提炼2~3个问题,测试学生对教学目标的达成度。环节6(总结):对照教学目标,对本章教学的重点难点进行提纲挈领的总结,进一步让学生对照检查自己对重点难点知识的掌握度,对教学目标的达成度;提出下次课程学习的问题,让学生有针对性地开展预习 案例分析:教师科研项目——××飞行器返回再入控制 动手实践:三矢量定轨算法编程实践;Lambet定轨编程实践 ★ 课程思政:介绍李济生院士及其在中国卫星轨道确定领域取得的成绩,用榜样的力量感染学生 ⊟新视野:Christian J A, Hollenberg C L. Initial orbit determination from three velocity vectors[J]. Journal of Guidance, Control, and Dynamics, 2019(4):894-899
	第7章 Lambert飞行定理工程应用的分组研讨	4	研讨课:按学号顺序分为6组。每组查阅科研论文(要求EI以上的期刊),找一个Lambert问题具体应用实例,复现论文的主要内容,做成PPT,教师每组随机抽选一名代表,在课堂汇报。每组汇报15分钟,答辩5分钟,学生自由讨论10分钟 案例(每组汇报都基于具体的工程案例)研讨;学生汇报,教师引导性地提问,并点评启发学生思维

续表1.4

模块	章节内容	学时	教学方案设计(含教学方法、教学手段)
控制力和摄动力作用下航天器的运动	第8章 航天器轨道摄动	8	采用BOPPPS教学法。环节1(导入)：通过一个引导性问题和中国天宫一号溅落的新闻导入教学内容，吸引学生的注意力，激发学生的学习兴趣。环节2(目标)：明确本章教学的知识目标和能力目标。环节3(前测)：根据让学生预习的内容，提炼3个与本章内容密切相关的问题，测试学生对以往知识的掌握程度。环节4(参与式学习)：采用详细讲述、问题引导、层层深入、案例分析、科教融合、前沿扩展和动手实践等多种互动式教学方式，围绕教学目标，开展本章课堂教学。环节5(课后检验)：教师根据教学目标提炼2~3问题，测试学生对教学目标的达成度。环节6(总结)：对照教学目标，对本章教学的重点难点进行提纲挈领的总结，进一步让学生对照检查自己对重点难点知识的掌握度，对教学目标的达成度；提出下次课程学习的问题，让学生有针对性地开展预习。 案例分析：地球潮汐的涨落；天宫一号的溅落；太阳同步轨道设计 动手实践：地球J_2项摄动对轨道影响的编程实践和结果分析；地球J_2项摄动影响方程的推导 ★ 课程思政：结合我国天宫一号、天宫二号溅落大气层的案例，培养学生航天强国、航天报国的理想 🖸 新视野：王功波，孟云鹤，郑伟，等. 基于J_2摄动的人工冻结轨道控制方法研究[J]. 中国科学：技术科学，2011(1)：95-101
	第9章 三体问题	4	采用BOPPPS教学法。环节1(导入)：通过中国嫦娥四号首次在月球背面登陆的新闻导入教学内容，吸引学生的注意力，激发学生的学习兴趣。环节2(目标)：明确本章教学的知识目标和能力目标。环节3(前测)：根据让学生预习的内容，提炼3个与本章内容密切相关的问题，测试学生对以往知识的掌握程度。环节4(参与式学习)：采用详细讲述、问题引导、层层深入、案例分析、科教融合、前沿扩展和动手实践等多种互动式教学方式，围绕教学目标，开展本章课堂教学。环节5(课后检验)：教师根据教学目标提炼2~3个问题，测试学生对教学目标的达成度。环节6(总结)：对照教学目标，对本章教学的重点难点进行提纲挈领的总结，进一步让学生对照检查自己对重点难点知识的掌握度，对教学目标的达成度；提出下次课程学习的问题，让学生有针对性地开展预习。 案例分析：嫦娥四号首次在月球背面登陆；NASA Genesis Discovery任务 动手实践：地月系统中拉格朗日点计算的编程实现 ★ 课程思政：通过中国嫦娥四号首次在月球背面登陆案例的介绍，树立中国航天强国的梦想，培养航天报国的信念 🖸 新视野：梁伟光，周文艳，雪丹，等.解析计算在月球中继卫星Halo轨道设计中的应用[J].宇航学报，2016，37(10)：1171-1178
临近航天器运动	第10章 航天器相对运动	6	采用BOPPPS教学法。环节1(导入)：通过中国神舟七号太空行走的新闻和两个自制动画引出的问题导入教学内容，吸引学生的注意力，激发学生的学习兴趣。环节2(目标)：明确本章教学的知识目标和能力目标。环节3(前测)：根据让学生预习的内容，提炼3个与本章内容密切相关的问题，测试学生对以往知识的掌握程度。环节4(参与式学习)：采用详细讲述、问题引导、层层深入、案例分析、科教融合、前沿扩展和动手实践等多种互动式教学方式，围绕教学目标，开展本章课堂教学。环节5(课后检验)：教师根据教学目标提炼2~3个问题，测试学生对教学目标的达成度。环节6(总结)：对照教学目标，对本章教学的重点难点进行提纲挈领的总结，进一步让学生对照检查自己对重点难点知识的掌握度，对教学目标的达成度；提出下次课程学习的问题，让学生有针对性地开展预习 案例分析：神舟八号交会对接近距离导引；教师科研——四星时差编队轨道设计 动手实践：神舟八号交会对接近距离导引编程实现；水平圆编队设计 ★ 课程思政：以中国载人航天交会对接为例，宣传中国在载人航天方面取得的伟大成绩，宣扬载人航天精神 🖸 新视野：Sabol C, Burns R, McLaughlin C A. Satellite formation flying design and evolution[J]. Journal of Spacecraft and Rockets, 2001, 38(2)：270-278
		48	
期末考试			闭卷(考试周进行)

（2）以智能手机为平台，实现课前课中课后的有机融合。

以互联网为支撑，以智能手机为平台，将整个课堂教学分为课前扩展阅读与问题提炼、课堂互动研讨与案例分析、课后巩固复习和个性化自主学习三个部分。

①课前收集扩展阅读资料、提炼引导性问题、安排相关预备知识复习和相关工程案例思考，通过微信发给学生，学生在课前阅读，让学生在上课前带着兴趣来，带着目标来，带着问题来；

②在课堂授课过程中，通过智能手机让学生实时阅读一些经典案例，结合课程内容分析理论在实际应用中的一些问题，并结合经典案例进行研讨，让学生通过具体的工程案例，学以致用，学会如何跨过理论与工程实践的鸿沟；

③课后根据学生的兴趣，提供进一步深入学习的资料，让学生能根据自己的兴趣和能力进行自主学习。

图1.1给出了基于智能手机微信App的课前预习与课后扩展学习的一个示例，图左给出了课前需要预习的关键知识点和本节课内容的背景知识，让学生带着问题来、带着兴趣来；图右给出了最新发表在本领域世界权威杂志、与本节课课堂内容密切相关的科研论文，让同学们课后自主学习，提高学生的自主学习能力，启发创新性思维。

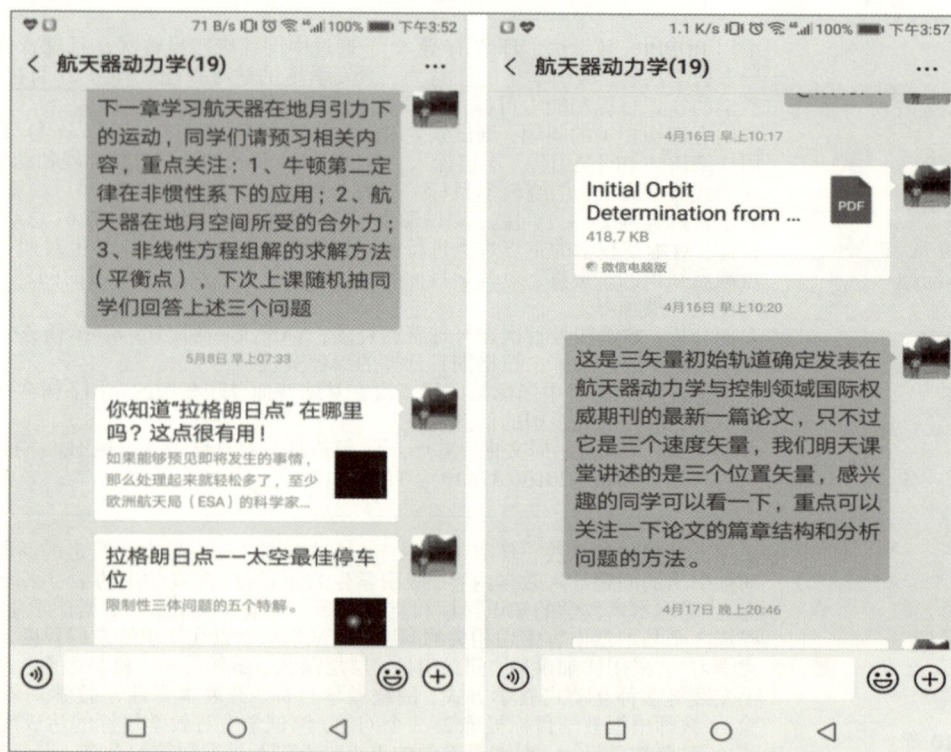

图1.1　基于智能手机微信App的课前预习与课后扩展学习示例

（五）课程考核

针对部分大学生平时不投入、考前搞突击的现状，改变一考定终身的模式，采用平时考核与期末考试并重的多样化考核方式（见表1.5）。通过多样化的考核，时时督促学生参与到教学活动中来，同时也鞭策教师关注学生学习过程，反思教学过程中的得失，特别是通过每章教学成效测试和教学意见问卷调查，定量反馈教学目标的达成情况，反思教学行为，调整教学策略，持续改进。

表 1.5　"航天器动力学基础与应用"课程考核方式

序号	考核方式	考核内容
1	课堂讨论与交流（10%）	学生在课堂对教师提出引导性问题的回答和讨论问题的参与程度。教师制定专门的表格，每次上课统计学生对课堂教学的参与情况、对讨论问题的思考深度和参与热度
2	课后作业（10%）	每次课后作业的完成情况，特别是一般性作业的完成正确性，开放性作业的完成深度和广度
3	每章腾讯问卷测试（10%）	每一章教师通过腾讯问卷布置本章的测试题，并限时完成，通过测试题检验本章学习目的的达成度。同时收集学生对本章教学的意见和建议，分析收集的数据，实时改进教学内容和教学方法
4	文献阅读，分组课堂汇报（20%）	对课程中的一个重要定理，让学生查找相应的科研论文，并以小组协作的方式，联合完成论文的复现，并在课堂上进行汇报交流
5	期末闭卷考试（50%）	100 分钟闭卷考试。考试着重考核学生对理论的理解程度和活学活用情况，不要求学生记忆复杂公式和公式推导过程

1.1 近地轨道航天器相对运动方程

基本信息			
教学主题	近地轨道航天器相对运动方程	课时安排	15 分钟
所在章节	第 2 章　二体运动		

【教学目标】

❖ 知识目标
掌握临近航天器相对运动的研究方法和基本规律。
❖ 能力目标
能应用航天器相对运动的基本规律解决工程实际问题。
❖ 素养目标
(1)通过相对运动方程建模,培养学生的逻辑推理能力。
(2)通过相对运动规律探求和工程案例分析,培养学生学以致用、深入思考的工程素养。

【教学重点与难点】

❖ 教学重点
相对运动方程的建模,相对运动方程的线性化和求解。
❖ 教学难点
相对运动规律的理解与应用。

【课程思政】

(1)通过导入我国载人航天出舱活动的案例,宣传中国在载人航天领域的伟大成绩,培养学生航天强国、航天报国的理想信念。

(2)通过相对运动的建模、相对运动规律的探索和应用案例的剖析,培养学生勤于思考、深入探究的科学精神。

(3)通过利用计算机求解 C-W 方程解析解,重点强调基本原理的掌握,淡化对具体计算机语言的依赖,培养学生自力更生、自主创新的航天精神。

【教学思路和方法】

采用线上线下、课内课外、信息化教学与传统教学相结合的混合式教学方法。依托互联网和智能手机移动终端,将教学环节分为课前准备、课堂学习和课后复习拓展三个阶段。各阶段综合应用信息化教学方法、基于 BOPPPS 的五步教学法、启发引导式教学法、案例教学法等。

一、课前准备

（1）通过微信平台布置与本节内容密切相关的复习题，温故知新。

（2）通过教材和推送的课件，预习本节课的内容，初步了解本节课教学的重点和难点。

二、课堂学习

采用 ISW 的 BOPPPS 教学模式，辅之以智能手机微信 App 和腾讯问卷 App。

（1）课堂导入和前测。通过神舟七号出舱活动和释放伴飞小卫星的案例导入授课内容，引起学生兴趣；通过两个虚拟仿真实验，完成学生对航天器相对运动规律认识的前测，并激发学生的求知欲。

（2）课程目标。明确本节课程的教学目标。

（3）参与式学习。采用提问、启发、类比、归纳及课堂小讨论等方式讲授，层层递进，以期突出重点，破解难点，开拓思维。

（4）课后检验和总结。以提问的方式，和学生一起总结本节课学习的主要内容，布置作业和网络测试题，提供拓展学习资料。

本节课通过将神舟七号出舱活动和释放伴飞小卫星的案例导入课程内容，引导学生进入课程具体内容的学习。首先从相对运动的研究方法出发，引导学生建立航天器相对运动方程；然后根据相对运动方程的特点，推导出著名的 $C-W$ 方程，并给出解析解；最后应用相对运动规律给出了编队飞行的案例，通过案例让学生理解相对运动规律，并培养学生学以致用的能力。

三、课后复习拓展

（1）鼓励学生积极参与微信教学群师生交流与讨论。

（2）督促学生完成课后作业以及下一次课的预习。

（3）通过腾讯问卷测试学生对重点难点问题的掌握程度，收集学生对本节课的意见和建议。

（4）推荐学生阅读科研论文，扩展学生的视野。

▶【教具】

电脑、投影仪、多媒体课件、激光笔、粉笔。

教　学　过　程

◈ 课堂导入(2.5 分钟)

　　通过课程导入，提出伴随小卫星如何释放才能不与神舟飞船相撞的问题，启发学生思考，让学生直观地了解本节课的学习内容是什么，有什么用。

　　新闻：2008 年 9 月神舟七号载人飞船实现了中国历史上第一次太空漫步，中国成为世界上第三个掌握太空行走技术的国家；在神舟飞船进入预定轨道后择机释放了一颗伴飞小卫星(见图 1.2)。

　　问题：伴随卫星如何释放才能不与神舟飞船发生碰撞？

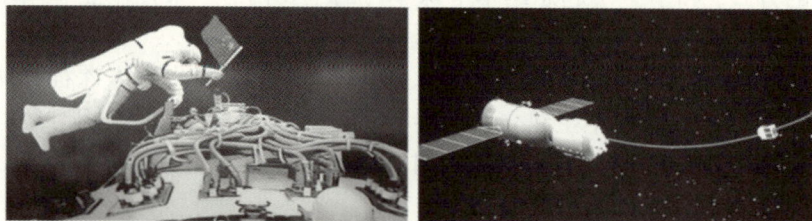

从航天热点新闻导入课程内容，启发学生思考，激发学生学习兴趣。

★ 课程思政
通过神舟七号出舱活动的案例，培养学生航天强国、航天报国的理想。

图 1.2　太空漫步

　　通过两个虚拟仿真实验与学生互动，引导学生分析典型的两种航天器之间的相对运动，让学生感性地认识到航天器之间的相对运动规律与地面有很大的不同，在地面的经验不能直接推广到空间。

　　释放的两种情况见如图 1.3、图 1.4 所示。

通过有对比性的虚拟仿真实验，启发学生思考，激发学生的求知欲。

图 1.3　向前加速释放——安全　　　　图 1.4　向下加速释放——危险

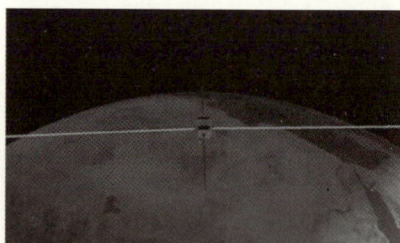

◈ 课程目标(0.5 分钟)

　　(1)教学内容。
　　(2)研究方法。
　　(3)运动规律。
　　(4)工程应用。

◈ 参与式学习(10 分钟)

　　通过检查学生复习成果的方式，引出研究方法的第一步：选择参考坐标系。

参与学习方式：通过对课前布置复习内容检查，让学生进一步理解课程知识前后的联系，帮助学生形成系统化的知识。

一、选择合适的参考坐标系

参考卫星 RIC 坐标系（见图 1.5）。

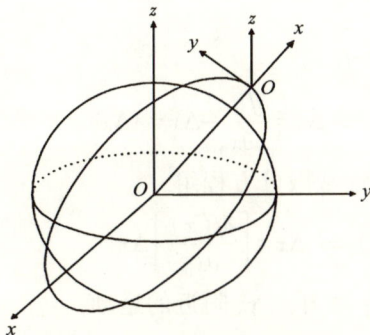

原点：参考卫星质心。
x 轴：地心指向卫星质心。
z 轴：垂直于参考卫星轨道平面。
y 轴：由右手定则确定。

选坐标：RIC。

图1.5　参考卫星RIC坐标系

讨论：参考卫星 RIC 坐标系是惯性坐标系吗？
通过设置讨论问题，启发学生思考，引入后续内容。

二、选择适当的物理学定律

选择非惯性坐标系下的牛顿第二定律

$$\frac{\mathrm{d}^2\boldsymbol{\rho}}{\mathrm{d}t^2} + \boxed{2\boldsymbol{\omega}\times\frac{\mathrm{d}\boldsymbol{\rho}}{\mathrm{d}t}} + \boxed{\boldsymbol{\omega}\times(\boldsymbol{\omega}\times\boldsymbol{\rho})} + \boldsymbol{\omega}\times\boldsymbol{\rho} = \frac{\sum\boldsymbol{F}_i}{m} - \boxed{\boldsymbol{a}_0}$$

科氏加速度　　　向心加速度　　　　　　原点加速度

【板书】
建立程：$\ddot{x}=f(x)$。

其中：

B 卫星相对 A 卫星的位置矢量

$$\boldsymbol{\rho}=\boldsymbol{r}_{\mathrm{B}}-\boldsymbol{r}_{\mathrm{A}}=\begin{bmatrix} x & y & z \end{bmatrix}^{\mathrm{T}}$$

B 卫星的地心引力加速度

$$\frac{\sum\boldsymbol{F}_i}{m}=-\frac{\mu}{r^3 M_{\mathrm{B}}}\boldsymbol{r}_{\mathrm{B}}=-\frac{\mu}{\left[(r+x)^2+y^2+z^2\right]^{\frac{3}{2}}}\begin{bmatrix} r+x & y & z \end{bmatrix}^{\mathrm{T}}$$

得到航天器相对运动方程

$$\begin{cases} \ddot{x}-2n\dot{y}-n^2x = -\dfrac{\mu(r+x)}{\left[(r+x)^2+y^2+z^2\right]^{\frac{3}{2}}}+\dfrac{\mu}{r^2} \\[3mm] \ddot{y}+2n\dot{x}-n^2y = -\dfrac{\mu y}{\left[(r+x)^2+y^2+z^2\right]^{\frac{3}{2}}} \\[3mm] \ddot{z} = -\dfrac{\mu z}{\left[(r+x)^2+y^2+z^2\right]^{\frac{3}{2}}} \end{cases}$$

难题：非线性微分方程组没有解析解如何解决？
通过引导性问题，让学生联系高等数学学习过的知识，启发思考，引出后续授课内容。

三、线性化

转化：变非线性微分方程为线性微分方程。

应用高等数学泰勒级数展开

$$y=f(x)$$

$$y-y_0=f(x)-f(x_0) \Rightarrow \Delta y=\frac{\partial f(x)}{\partial x_0}\Delta x=A\Delta x$$

非线性常微分方程组转化为线性常微分方程组

$$\dot{x}-\ddot{x}_0=f(x)-f(x_0) \Rightarrow \Delta \dot{x}=\left[\frac{\partial f(x)}{\partial x_0}\right]\Delta x$$

讨论：线性化方程的适用范围；展开点 x_0 附近的运动。学会应用线性化的思维。

四、$C-W$ 方程

假设 $\rho \ll r$，讨论：假设的合理性。

$$\rho < 100 \text{ km} \quad r > 7000 \text{ km}$$

$$\begin{cases} \ddot{x}-2n\dot{y}-n^2x=-\dfrac{\mu(r+x)}{\left[(r+x)^2+y^2+z^2\right]^{\frac{3}{2}}}+\dfrac{\mu}{r^2} \\[2mm] \ddot{y}+2n\dot{x}-n^2y=-\dfrac{\mu y}{\left[(r+x)^2+y^2+z^2\right]^{\frac{3}{2}}} \\[2mm] \ddot{z}=-\dfrac{\mu z}{\left[(r+x)^2+y^2+z^2\right]^{\frac{3}{2}}} \end{cases}$$

$[0,0,0]$ 点附近线性化

$$\begin{cases} \ddot{x}-2n\dot{y}-3n^2x=0 \\ \ddot{y}+2n\dot{x}=0 \\ \ddot{z}+n^2=0 \end{cases}$$

该方程组有解析解

$$\begin{bmatrix} \boldsymbol{\rho} \\ \dot{\boldsymbol{\rho}} \end{bmatrix}=e^{At}\begin{bmatrix} \boldsymbol{\rho} \\ \dot{\boldsymbol{\rho}} \end{bmatrix}$$

应用计算软件，如 MATLAB、Mathmatic 等。

$$\Phi(t)=\begin{bmatrix} 4-3\cos nt & 0 & 0 & \dfrac{\sin nt}{n} & \dfrac{2-2\cos nt}{n} & 0 \\[2mm] 6(\sin nt-nt) & 1 & 0 & \dfrac{2\cos nt-2}{n} & \dfrac{4\sin nt}{n}-3t & 0 \\[2mm] 0 & 0 & \cos nt & 0 & 0 & \dfrac{\sin nt}{n} \\[2mm] 3n\sin nt & 0 & 0 & \cos nt & 2\sin nt & 0 \\[2mm] 6n(\cos nt-t) & 0 & 0 & -2\sin nt & 4\cos nt-3 & 0 \\[2mm] 0 & 0 & -n\sin nt & 0 & 0 & \cos nt \end{bmatrix}$$

五、相对运动规律

$$x=\frac{\dot{x}_0}{n}\sin nt-\left(\frac{2}{n}\dot{y}_0+3x_0\right)\cos nt+2\left(2x_0+\frac{\dot{y}_0}{n}\right)$$

参与学习方式：通过引导学生利用高等数学知识完成非线性微分方程的线性化，培养学生应用数学解决问题的能力。通过讨论线性化方程的适用范围，让学生进一步理解模型的适用范围。

【板书】
线性化：$\Delta \dot{x}=A\Delta x$。

参与学习方式：通过讨论，进一步理解 $C-W$ 方程的适用范围。

★ 课程思政
通过利用计算机求解 $C-W$ 方程解析解，重点强调基本原理的掌握，淡化对具体计算机语言的依赖，培养学生自力更生、自主创新的航天精神。

参与学习方式：引导学生观测，分析相对运动规律。

【板书】
找规律：$C-W$ 方程。

$$y = 2\left(\frac{2}{n}\dot{y}_0 + 3x_0\right)\sin nt + \frac{\dot{x}_0}{n}\cos nt - 3(\dot{y}_0 + 2nx_0)t + \left(y_0 - \frac{2}{n}\dot{x}_0\right)$$

$$z = \frac{\dot{z}_0}{n}\sin nt + z_0\cos nt$$

$$\dot{x} = \dot{x}_0\cos nt + (2\dot{y}_0 + 3nx_0)\sin nt$$

$$\dot{y} = (4\dot{y}_0 + 6x_0)\cos nt - 2\dot{x}_0\sin nt - 3(\dot{y}_0 + 2nx_0)$$

$$\dot{z} = \dot{z}_0\cos nt - nz_0\sin nt$$

观察：y 方向为长期运动，x、z 方向为周期性运动。

向前加速释放方式如图 1.6 所示。

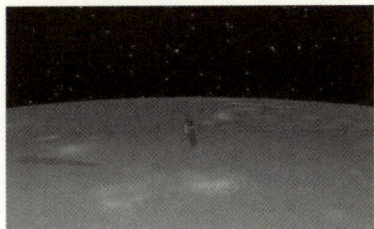

$$x_0 = y_0 = z_0 = \dot{x}_0 = \dot{z}_0 = 0$$

$$x = \frac{2}{n}\dot{y}_0(1 - \cos nt)$$

$$y = \frac{4}{n}\dot{y}_0\sin nt - 3\dot{y}_0 t$$

$$z = 0$$

图 1.6　向前加速释放

其他释放方式的变化规律，课后自主完成。

在分析运动规律后，给出一个工程应用案例，培养学生学以致用能力。

六、工程应用：航天器编队飞行

图 1.7、图 1.8 所示为两种编队形式。

图 1.7　水平圆编队

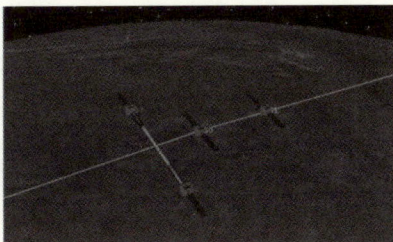

图 1.8　Y 形编队

通过查阅世界顶级高校的在研项目，了解科技前沿（见图 1.9）。

A distributed satellite system for locating radio sources

The primary objective of the MotherCube, also called Distributed Satellite System (DSS), payload is to identify the locations of radio sources by using three formation-flying satellites with receiver antennas to triangulate its position.

MASSACHUSETTS INSTITUTE OF TECHNOLOGY
SPACE SYSTEMS LABORATORY

图 1.9　世界顶级高校的在研项目

通过引入教师科研成果，培养学生的创新能力。

图 1.10、图 1.11 所示为两种构型定位精度。

与导入问题相呼应。

★ 课程思政
通过国内外高校科研的对比，激发学生航天强国的自信和自主创新的科学精神。

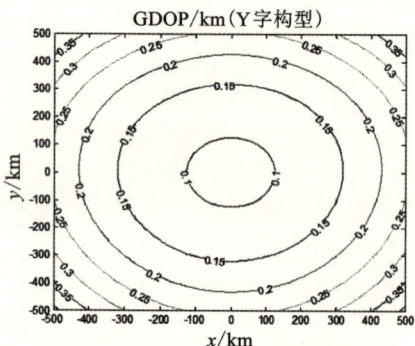

图 1.10　Y 形构型定位精度

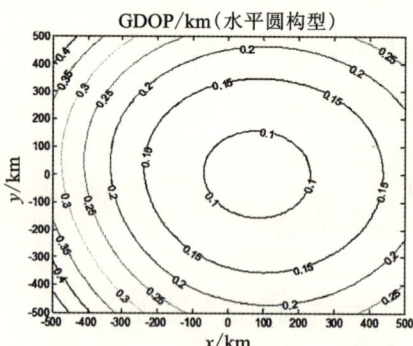

图 1.11　水平圆构型定位精度

◆ 总结（2 分钟）

小结

（1）研究方法：三步走。
（2）基本规律：$C-W$ 方程。
（3）工程应用：编队飞行。

小结与板书相呼应。

课后导学

【作业】编制航天器相对运动方程的计算机程序，分析 $C-W$ 方程的误差。

【测试】（1）$C-W$ 方程描述的航天器相对运动规律是什么？（2）请你对教学目标达成度进行自我评价。

【拓展】Sun J, Huang J, Zhang X L, et al. Dynamics and Control of Spacecraft Formation Flying in Earth Orbit［J］. Mechanics in Engineering, 2019（2）：117-136.

板书设计

（1）选坐标：RIC。
（2）建方程：$\ddot{\boldsymbol{x}}=f(\boldsymbol{x})$。
（3）线性化：$\Delta\dot{\boldsymbol{x}}=A\Delta x$。
（4）找规律：$C-W$ 方程。

教　学　后　记

（1）通过大量引导性问题，引导学生思考，培养学生的深入探索和开放性思维的能力。
（2）通过工程案例，加深学生对所学问题的理解，提高学生学习兴趣。
（3）通过计算程序开发，锻炼学生解决问题的实际能力，培养严谨细致的工作作风。

1.2 航天器编队飞行
（附 15 分钟教学视频）

云麓课堂
课堂实录

基本信息			
教学主题	航天器编队飞行	课时安排	15 分钟
所在章节	第 8 章　航天器相对运动		

▶ 【教学目标】

❖ **知识目标**

理解并明确阐述航天器编队飞行的基本原理。

❖ **能力目标**

能应用航天器编队的基本原理设计卫星编队。

❖ **素养目标**

通过分析 C-W 方程得到编队飞行条件，培养学生善于观察，勤于思考的工程素养。

▶ 【教学重点与难点】

❖ **教学重点**

航天器编队的优势和基本条件。

❖ **教学难点**

编队构型的设计。

▶ 【课程思政】

（1）在编队卫星优势的讲述中，突出天基系统在未来战争中的重要作用，培养学生航天强国的信念。

（2）在推导编队卫星飞行条件时，引导学生仔细观察，从上节课学习的知识中归纳得到结论，培养学生理论指导实践，实践丰富理论的科学思维。

（3）通过编队飞行工程案例，特别是教师科研与国外高水平高校的对比，培养学生创新意识和文化自信。

▶ 【教学思路和方法】

采用线上线下、课内课外、信息化教学与传统教学相结合的混合式教学方法。依托互联网和智能手机移动终端，将教学环节分为课前准备、课堂学习和课后复习拓展三个阶段。各阶段综合应用信息化教学方法、基于 BOPPPS 的五步教学法、启发引导式教学法、案例教学法等。

一、课前准备

（1）通过手机微信 App 布置与本节课内容密切相关的复习题，温故知新。

（2）通过教材和推送的课件，预习本节课的内容，初步了解本节课教学的重点和难点。

二、课堂学习

采用 ISW 的 BOPPPS 教学模式，辅之以智能手机微信平台和腾讯问卷 App。

（1）课堂导入和前测。通过三张图片和两个自制虚拟动画导入授课内容，提出引导性问题，启发学生思考，激发学生兴趣。

（2）课程目标。明确本节课程的教学目标。

（3）参与式学习。采用提问、启发、类比、归纳及课堂小讨论等方式讲授，层层递进，以期突出重点，破解难点，开拓思维。

（4）课后检验和总结。总结本节学习的主要内容，提出要求，给出预习提示和拓展要求。

本节课通过三张图片和两个自制虚拟动画导入授课内容，提出引导性问题：航天器能否编队？航天器编队与飞机编队有什么区别？首先通过引导学生讨论引出航天器编队需要编队构型自然保持，不需要消耗推进剂的结论；然后引导学生从相对运动方程解析出发，寻找航天器编队的条件，并讨论这个条件背后蕴含的物理规律；最后以编队条件为约束，介绍典型编队的工程应用问题。

三、课后复习拓展

（1）鼓励学生积极参与微信教学群师生交流与讨论。

（2）督促学生完成课后作业以及下一次课的预习。

（3）通过腾讯问卷测试学生对重点难点问题的掌握程度，收集学生对本节课的意见和建议。

（4）推荐学生阅读科研论文，扩展学生的视野。

【教具】

电脑、投影仪、多媒体课件、激光笔、粉笔。

教 学 过 程

◈ 课堂导入(2 分钟)

问题 1:车辆、舰船、飞机可以编队(见图 1.12)。航天器能否编队?
问题 2:航天器如果能编队,它的编队方式与飞机等有何不同?

图 1.12　编队

卫星飞行及编队如图 1.13、图 1.14 所示。

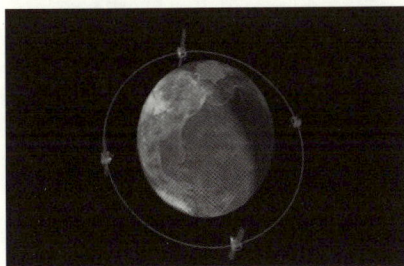

图 1.13　印象中的卫星飞行

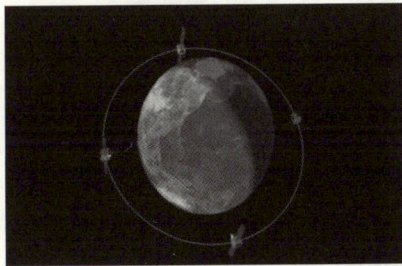

图 1.14　卫星编队飞行

通过图片和自制动画导入课程内容,启发学生思维,激发学生学习兴趣。

◈ 课程目标(0.5 分钟)

一、教学目标

(1)理解并明确阐述航天器编队飞行的基本原理;
(2)能应用航天器编队的基本原理设计卫星编队(见图 1.15)。

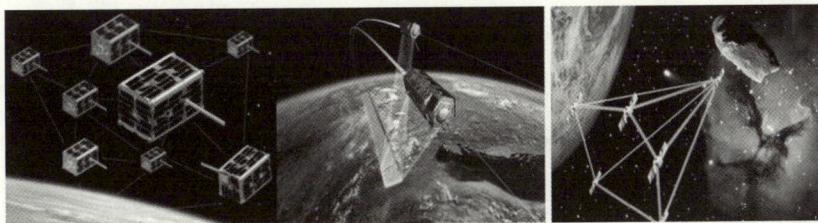

图 1.15　设计卫星编队

二、教学内容

■ 航天器编队的主要优势

■ 航天器编队的力学基础

■ 航天器编队的工程应用

◈ 参与式学习(10.5 分钟)

一、航天器编队的主要优势

(1)现代军事强国高度依赖天基系统(见图1.16~图1.18)。

(2)现在各军事强国具备攻击卫星能力。

(3)现有航天器系统脆弱,易受攻击。

★ 课程思政
突出天基系统在未来战争中的重要作用,培养学生航天强国的信念。

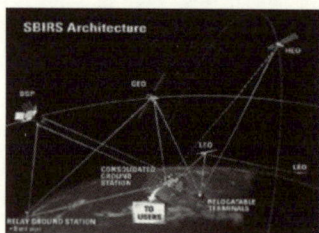

图 1.16　美国天基红外

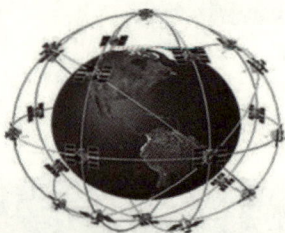

图 1.17　美国 GPS

图 1.18　美国侦察卫星

一、航天器编队的主要优势

美国空军司令部参谋长威廉姆·谢尔顿在第27届国家太空研讨会上说:未来将对卫星死亡有全新的认识;现在我考虑的问题是解体而非聚合。

讨论:解体为什么能提高生存能力?

讨论:如图1.19、图1.20所示,两个SAR卫星系统哪一个生存能力强?

参与学习方式:通过讨论,引导学生进行发散性思维,培养学生的创新意识。

参与学习方式:通过讨论两种SAR卫星的生存能力,启发学生思考,积极参与到课程学习中。

图 1.19　SAR 卫星

图 1.20　分布式 SAR 卫星

提供超大孔径的空间测量装置。

空间测量系统的分辨率　$x = 2.44 \dfrac{h\lambda}{D}$

讨论：如何提高空间系统（见图 1.21）的分辨率？

图 1.21　空间系统

二、航天器编队飞行的条件

如图 1.22 所示，飞机编队通过消耗能源维持，飞机补给燃油比较容易；航天器推进剂补给难度大、成本高，编队不能靠消耗推进剂维持。

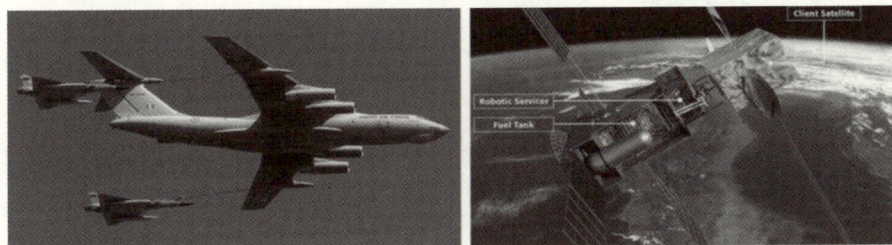

图 1.22　能源消耗

航天器编队飞行的条件：无动力自然保持。

三、航天器编队飞行的力学基础

上节学习了 $C-W$ 方程的解析解（描述了航天器相对运动规律）。

$$x = \frac{\dot{x}_0}{n}\sin nt - \left(\frac{2}{n}\dot{y}_0 + 3x_0\right)\cos nt + 2\left(2x_0 + \frac{\dot{y}_0}{n}\right)$$

$$y = 2\left(\frac{2}{n}\dot{y}_0 + 3x_0\right)\sin nt + \frac{\dot{x}_0}{n}\cos nt - 3(\dot{y}_0 + 2nx_0)t + \left(y_0 + \frac{2}{n}x_0\right)$$

$$z = \frac{\dot{z}_0}{n}\sin nt + z_0\cos nt$$

当 $\dot{y}_0 = -2nx_0$，三个方向都为周期性运动。
两个卫星不消耗能量，相伴飞行 $\Rightarrow$ 卫星编队飞行。

四、特殊编队构型设计

水平圆编队：编队卫星在水平面（yz 平面）的相对距离始终保持一个固定值。

$$y^2 + z^2 = R^2 \quad 初始条件 \begin{cases} z_0 = 2x_0 \\ \dot{z}_0 = 2\dot{x}_0 \\ y_0 = \dfrac{2}{n}\dot{x}_0 \end{cases} \quad R = 2\sqrt{x_0^2 + \dfrac{\dot{x}_0^2}{n^2}}$$

$$\begin{cases} x = \dfrac{\dot{x}_0}{n}\sin nt + x_0 \cos nt \\ y = -2x_0 \sin nt + \dfrac{2}{n}\dot{x}_0 \cos nt \\ z = \dfrac{2\dot{x}_0}{n}\sin nt + 2x_0 \cos nt \end{cases} \Rightarrow \begin{cases} x = \dfrac{1}{2}R\sin(nt+\theta) \\ \dot{y} = R\cos(nt+\theta) \\ z = R\sin(nt+\theta) \end{cases} \quad \begin{aligned} &\theta = \arcsin\dfrac{x_0}{x_0^2 + \dfrac{\dot{x}_0^2}{n^2}} \\ &R\ 水平圆半径 \\ &\theta\ 相位角 \end{aligned}$$

编队设计流程：已知参考卫星轨道根数和构型要求。

（1）根据编队构型要求设计 C–W 方程中的初始位置 $\boldsymbol{\rho}_0$ 和速度 $\dot{\boldsymbol{\rho}}_0$。

（2）将初始位置和速度从参考卫星 RIC 坐标系转换到地心惯性坐标系

$$\boldsymbol{r}_B = \boldsymbol{r}_A + R_{RIC}^{RCI}\boldsymbol{\rho} \qquad \boldsymbol{v}_B = \boldsymbol{v}_A + R_{RIC}^{RCI}(\dot{\boldsymbol{\rho}} + \boldsymbol{\omega}_{RIC} \times \boldsymbol{\rho})$$

（3）根据伴随卫星地心惯性坐标系位置速度矢量得到轨道根数。

五、编队的工程应用——无源时差定位

无源时差定位如图 1.23 所示。

图 1.23　无源时差定位的动画演示

目标到 1 号卫星的距离：$r_1 = \sqrt{(x-x_1)^2 + (y-y_1)^2 + (z-z_1)^2}$；

目标到 2~4 号卫星的距离：$r_i = \sqrt{(x-x_i)^2 + (y-y_i)^2 + (z-z_i)^2}$；

测量的时间差（距离差）：$r_i - r_1 = c\Delta t_{i1}$。

以上三个独立方程解算 x、y、z。

◈ 总结（2 分钟）

小结：航天器编队飞行

航天器编队飞行的意义。

编队飞行的条件：$\dot{y}_0 = -2nx_0 \Rightarrow$ 不消耗燃料。

特殊编队设计：水平圆编队。

通过工程应用案例，加深学生对所学理论的理解，培养学以致用的能力。

★ 课程思政
通过无源时差定位的工程案例，特别是教师科研与国外高水平高校科研的对比，培养学生创新意识和文化自信。

与板书相呼应

$$\begin{cases} x = \dfrac{\dot{x}_0}{n}\sin nt + x_0\cos nt \\[3mm] y = -2x_0\sin nt + \dfrac{2}{n}\dot{x}_0\cos nt \\[3mm] z = \dfrac{2\dot{x}_0}{n}\sin nt + 2x_0\cos nt \end{cases}$$

课后导学

【作业】假设参考卫星的轨道为 300 km 高的圆轨道，请设计一个半径为 10 km 的水平圆编队。

【测试】(1)航天器编队飞行的条件是什么？

　　　　(2)请你对教学目标的达成度进行自我评价。

【拓展】Sabol C, Burns R, McLaughlin C A. Satellite Formation Flying Design and Evolution[J]. Journal of Spacecraft and Rockets, 2001, 38(2): 270-278.

板书设计

$\dot{y}_0 = -2nx_0$　　周期性运动

$y^2 + z^2 = R^2$　　水平圆运动

教 学 后 记

(1)通过大量前沿应用案例的介绍，引导学生思考，培养学生的深入探索和开放性思维的能力。

(2)通过对相对运动方程的分析，发现航天器编队的力学条件，使学生掌握认真观测、积极思考的学习方法。

(3)通过应用案例，锻炼学生学以致用的能力，提高开放性思维的工程素养。

1.3 拉格朗日点

云麓课堂

教学设计

本节内容详见二维码。

基本信息			
教学主题	拉格朗日点	课时安排	15 分钟
所在章节	第 9 章　限制性三体问题		

【教学目标】

❖ 知识目标

掌握拉格朗日点的物理意义和求解方法。

❖ 能力目标

能应用计算机求解复杂代数方程。

❖ 素养目标

通过拉格朗日点数值计算中选取不同初值得到不同结果的实践，培养学生深入思考、大胆尝试、小心求证的工程素养。

【教学重点与难点】

❖ 教学重点

拉格朗日点的力学和数学本质，拉格朗日的数值计算。

❖ 教学难点

三体问题的建模。

【课程思政】

（1）通过嫦娥四号的案例，培养学生文化自信和航天强国的理想信念；

（2）通过对拉格朗日点力学和数学本质的探究、培养学生深入探求，刨根问底的科学精神；

（3）通过拉格朗日点数值计算程序代码的实践，突出基本原理与核心算法的重要性，淡化对编程语言的依赖，培养自力更生、自主创新的航天精神。

【教学思路和方法】

采用线上线下、课内课外、信息化教学与传统教学相结合的混合式教学方法。依托互联网和智能手机移动终端，将教学环节分为课前准备、课堂学习和课后复习拓展三个阶段。各阶段综合应用信息化教学方法、基于 BOPPPS 的五步教学法、启发引导式教学法、案例教学法等。

一、课前准备

（1）通过微信平台布置与本节内容密切相关的复习题，温故知新。

（2）通过教材和推送的课件，预习本节课程的内容，初步了解本节教学的重点和难点。

二、课堂学习

采用 ISW 的 BOPPPS 教学模式，辅之以智能手机微信 App 和腾讯问卷 App。

（1）课堂导入和前测。通过嫦娥四号的工程案例导入授课内容，提出引导性问题，激发学生的学习兴趣。

（2）课程目标。明确本节课的教学目标。

（3）参与式学习。采用提问、启发、类比、归纳及课堂小讨论等方式讲授，层层递进，以期突出重点，破解难点，开拓思维。

（4）课后检测和总结。以提问的方式，和学生一起总结本节课学习的主要内容，布置作业和网络测试题，提供拓展学习资料。

本节课通过将嫦娥四号的工程案例导入课程内容，引导学生进入课程具体内容的学习。首先通过对拉格朗日点外在特性的描述，引导学生深入剖析其力学本质和数学描述，将其计算转换为一般的数学问题；然后推导出拉格朗日点必须满足的代数方程，分析方程的特点；最后给出数值求解方法，并通过课堂计算机实践，培养学生用计算机解决问题的能力。

三、课后复习拓展

（1）鼓励学生积极参与微信教学群师生交流与讨论。

（2）督促学生完成课后作业以及下一次课的预习。

（3）通过腾讯问卷测试学生对重点难点问题的掌握程度，收集学生对本节课的意见和建议。

（4）推荐学生阅读科研论文，扩展学生的视野。

【教具】

电脑、投影仪、多媒体课件、激光笔、粉笔。

1.4 航天器交会近距离导引

云麓课堂

教学设计

本节内容详见二维码。

基本信息			
教学主题	航天器交会近距离导引	课时安排	15 分钟
所在章节	第 8 章　航天器相对运动		

【教学目标】

❖ 知识目标

能理解近距离导引的基本原理，并应用基本原理完成航天器近程交会。

❖ 能力目标

能应用计算机解决航天器近程交会工程实践中的问题。

❖ 素养目标

（1）通过两种近程导引思路的学习，培养从工程应用的角度全面思考问题的能力。

（2）通过空间碎片案例，加强学生技术进步与环境保护的工程伦理教育。

【教学重点与难点】

❖ 教学重点

双速度冲量近距离导引的计算方法。

❖ 教学难点

近程导引的设计思想。

【课程思政】

（1）通过我国载人航天交会对接案例的引入，培养学生航天强国、航天报国的理想信念。

（2）通过近程导引第二种思路的阐述，培养学生充分应用自然规律完成工程设计，践行人与自然和谐发展的理念。

（3）通过空间碎片案例的引入，培养学生环境保护与技术发展和谐共生的理念。

【教学思路和方法】

采用线上线下、课内课外、信息化教学与传统教学相结合的混合式教学方法。依托互联网和智能手机移动终端，将教学环节分为课前准备、课堂学习和课后复习拓展三个阶段。各阶段综合应用信息化教学方法、基于 BOPPPS 的五步教学法、启发引导式教学法、案例教学法等。

一、课前准备

(1)通过微信平台布置与本节课内容密切相关的复习题，温故知新。

(2)通过教材和推送的课件，预习本节课的内容，初步了解本节课教学的重点和难点。

二、课堂学习

采用 ISW 的 BOPPPS 教学模式，辅之以智能手机微信 App 和腾讯问卷 App。

(1)课堂导入和前测。通过我国载人航天交会对接近距离的案例导入授课内容，激发学生兴趣；通过有对比性的虚拟仿真实验，启发学生思考，激发学生的求知欲。

(2)课程目标。明确本节课程的教学目标。

(3)参与式学习。采用提问、启发、类比、归纳及课堂小讨论等方式讲授，层层递进，以期突出重点，破解难点，开拓思维。

(4)课后检验和总结。总结本节课学习的主要内容，给出预习提示和拓展要求。

本节课将我国载人航天交会对接近距离的案例导入课程内容，首先给出了双速度冲量交会的思想；然后结合相对运动方程，给出了双速度冲量导引的计算方法；最后重点讨论了双速度冲量的工程应用。

三、课后复习拓展

(1)鼓励学生积极参与微信教学群师生交流与讨论。

(2)督促学生完成课后作业以及下一次课的预习。

(3)通过腾讯问卷测试学生对重点难点问题的掌握程度，收集学生对本节课的意见和建议。

(4)推荐学生阅读科研论文，扩展学生的视野。

【教具】

电脑、投影仪、多媒体课件、激光笔、粉笔。

1.5 二体运动方程

云麓课堂
教学设计

本节内容详见二维码。

基本信息			
教学主题	二体运动方程	课时安排	15 分钟
所在章节	第 2 章　二体运动		

【教学目标】

❖ 知识目标

能理解二体运动方程建模的基本思想，并能应用其解决复杂工程中的动力学建模问题。

❖ 能力目标

能应用计算机求解二体运动方程，并具备一定数据分析能力。

❖ 素养目标

(1)能从不同的坐标系观察同一组微分方程，培养多角度思考问题的工程意识。

(2)通过动手编制二体相对运动程序，培养学生注重逻辑，关注细节的专业素养。

【教学重点与难点】

❖ 教学重点

二体运动方程的推导。

❖ 教学难点

二体运动方程在不同坐标系中的表现形式。

【课程思政】

(1)通过二体运动方程建模思想的进一步归纳，得到更具普适性的动力学建模方法，培养学生认真观察、深入思考的科学思维。

(2)通过动手编制卫星二体运动方程计算程序，培养学生严谨细致的科学精神；强调基本理论和核心算法，淡化对具体程序语言的依赖，发扬自力更生、自主创新的航天精神。

(3)通过中国嫦娥四号和天链数据中继卫星工程案例，培养学生航天强国和航天报国的家国情怀。

【教学思路和方法】

采用线上线下、课内课外、信息化教学与传统教学相结合的混合式教学方法。依托互联网和智能手机移动终端，将教学环节分为课前准备、课堂学习和课后复习拓展三个阶段。各阶段综合应用信息化教学方法、基于 BOPPPS 的五步教学法、启发引导式教学法、案例教学法等。

一、课前准备

(1)通过微信平台布置与本节课内容密切相关的复习题，温故知新。

(2)让学生思考卫星无动力飞行的原因，成为地球人造卫星的充分必要条件。

(3)通过教材和推送的课件，预习本节课的内容，初步了解本节课教学的重点和难点。

二、课堂学习

采用 ISW 的 BOPPPS 教学模式，辅之以智能手机微信 App 和腾讯问卷 App。

(1)课堂导入和前测。以两个常见现象提炼的问题导入授课内容，激发学生兴趣。

(2)课程目标。明确本节课的教学目标。

(3)参与式学习。采用提问、启发、类比、归纳及课堂小讨论等方式讲授，层层递进，以期突出重点，破解难点，开拓思维。

(4)课后检验和总结。总结本节课学习的主要内容，提出要求，给出预习提示和拓展要求。

本节课通过将飞机飞行和卫星飞行案例导入课程内容，提出"卫星在空间飞行为什么不需要动力"的问题，引导学生进入本节课具体内容的学习。采用温故知新、层层推进的方式，从学生熟知的牛顿第二定律和万有引力定律出发，重点讲解二体运动方程建模的过程，特别坐标系和参考点选择对运动方程的影响。通过轨道的具体实例和 MATLAB 编程计算加深对二体运动方程的理解，培养学生应用数学理论和计算机工具解决问题的核心能力。

三、课后复习拓展

(1)鼓励学生积极参与微信教学群师生交流与讨论。

(2)督促学生完成课后作业以及下一次课的预习。

(3)通过腾讯问卷测试学生对重点难点问题的掌握程度，收集学生对本节课的意见和建议。

(4)推荐学生阅读文献，扩展学生的视野。

▶【教具】

电脑、投影仪、多媒体课件、激光笔、粉笔。

结构力学 I

扫描二维码

张楚旋，南华大学资源环境与安全工程学院教师，湖南省普通高校教学能手，2020 年湖南省普通高校教师课堂教学竞赛一等奖获得者。

课　程　概　述

一、课程基本信息

本课程的基本信息见表 2.1。

表 2.1　课程基本信息

课程名称	结构力学	课程性质	专业必修课、基础课
学分	4	学时	64
先修课程	材料力学、弹性力学、理论力学	开课时间	第四学期
适用专业	城市地下空间工程专业等土木专业		
使用教材	朱慈勉，张伟平. 结构力学(上册，下册)[M]. 3 版. 北京：高等教育出版社，2016		

二、课程性质与作用

本课程是土木工程专业重要的学科基础课，是该专业的一门主干课、必修课。

通过本课程的教学，使学生了解工程结构受力和传力的规律，以及如何进行结构优化设计。掌握结构的组成规则，结构在各种效应(外力、温度效应、施工误差及支座变形等)作用下的响应，包括内力(轴力、剪力、弯矩、扭矩)的计算，位移(线位移、角位移)的计算，以及结构在动力荷载作用下的动力响应(自振周期、振型)的计算，等等。提高学生结构力学软件应用能力和对相关行业标准、国家规范的理解能力，能熟练分析土木工程结构的力学性能，为学生学习有关专业课程以及毕业后从事结构设计、施工和科研工作打好理论基础。

三、学情分析

"结构力学"为城市地下空间工程专业基础课程，在大学二年期下学期开设。"结构力学"课程在土木工程专业的课程体系中处于承上启下的关键地位，但由于该课程本身难度较大且以理论教学为主，学生的兴趣度和积极性偏低，很多学生面临基础知识不扎实和工程思维能力较差的问题。通过考查多年来学生的课堂表现、作业完成情况、考试情况及拓展阅读的完成效果等，总结出这个阶段的学生大多存在以下特点：

(1)大多数学生学习该课程的动机都只为完成必修学分的要求，虽然知道该课程是一门重要的专业基础课，但并不了解其与实际工程的关联性。

(2)最关注和感兴趣的多数是该课程考核方面的问题，以及该课程在今后学习、考研和工作方面的作用。

(3)少数学生喜欢该课程，多数学生觉得该课程难度大，如果前期基础不扎实，后期就跟不上授课进度。

（4）仅半数的学生能够独立完成课后作业或与同学讨论后完成。

（5）加入实践和应用环节对提高学生的积极性和巩固理论知识有较大的帮助。

（6）学生很爱听老师讲述与课程有一定关联的课外知识，但这个度要把握好，否则容易喧宾夺主。

（7）学生有自主学习的意识，对"满堂灌""填鸭式"的传统课堂教学方式有排斥心理，喜欢利用网络平台学习新知识、获取新信息，偏向自由化、个性化的学习方式。

四、课程思政教学设计

（一）教学设计思路

根据教学内容，确定教学目标，制定教学方法，搜集相关教学资源，整合知识体系，编写教案。

（二）教学目标

能力目标

（1）培养学生发现问题、分析问题并合理简化、解决工程实际问题的能力。

（2）培养学生的观察能力和逻辑推理能力，以及运用分析、比较、归纳与演绎等科学研究方法的能力。

（3）能将力学、数学、工程之间的知识点有机结合，消除力学、数学、工程学之间的差异。

（4）贯通自然科学与社会科学，能借助于力学原理理解和解读社会组织、管理、发展规律。

思政目标

（1）爱国意识。将国内的超级工程案例融合到课堂教学中，使抽象的力学形象化，强化学生的工程意识和爱国意识。

（2）科学精神。将结构力学的发展历史和科学家的研究历史及个人传记融入课堂，让大学生领略科学创造史诗般的波澜壮阔和瑰丽宏伟，提升年轻学子的科学审美和鉴赏力，促进科学传播和创新，从而自觉享受发现的乐趣和美妙。

（3）趣味力学。将结构力学知识应用到日常生活中，提高课程的趣味性，加深学生对课程内容的感性认知和理解。

（4）工程伦理。将历史上和现在的工程事故融入教学节点中，以惨痛的案例和生命财产的痛失，培养学生的安全意识和责任意识。

（5）结构与艺术之美。引导学生挖掘和体验力学原理和公式背后的对偶之美、对称之美、简洁之美、和谐之美、统一之美。

（三）教学内容

（1）对一般的杆件结构能选择正确的计算简图，并能分析其几何组成。

（2）熟练掌握选择隔离体列平衡方程的方法，对一般静定结构能正确地进行内力分析。

（3）理解影响线的概念，掌握静力法和机动法作影响线的方法，会利用影响线求解结构在移动荷载下的最大内力。

（4）理解变形体虚功原理的内容及其应用，熟练掌握静定结构在荷载等因素下位移的计算方法。

（5）掌握力法、位移法、矩阵位移法、弯矩分配法、剪力分配法的基本原理，能选择适当的计算方法对一般超静定结构进行熟练的计算，会利用对称性进行简化计算。

（6）了解杆件结构动力分析的基本方法。

(四)课程思政

结构力学课程思政设计如表 2.2 所示。

表 2.2　结构力学课程思政设计

序号	章节内容	思政元素融入思路	预期成效
01	十七孔桥为何是奇数孔?	知识内容: (1)掌握几何不变体系的简单组成规则 (2)熟练运用组成规则分析平面杆件体系的几何组成性质 十七孔桥:17 孔,茅以升建造,茅以升曾为了抵抗日军侵华,亲手炸毁自己刚修建好的钱塘江大桥 卢沟桥:11 孔,七七事变 宝带桥:53 孔,中国四大古桥之一,传统建筑艺术瑰宝 论题:为何我国古代桥梁多为奇数孔? 论证:用两刚片规则、三刚片规则、零载法对中国拱桥进行几何组成分析	思政育人素材: 十七孔桥、卢沟桥、宝带桥 思政元素: 结构与艺术之美、文化自信、爱国教育
02	南水北调隧洞为何是圆的?	知识内容: (1)理解三铰拱的合理拱轴线的概念 (2)熟练掌握各种荷载形式下的合理拱轴线方程 南水北调隧洞:布满水,圆形截面,南水北调工程意义 盾构机:围岩压力,圆形截面,国之重器,我国盾构机发展史 罗伯特·马亚尔:拱的研究者 论题:为何南水北调隧洞和盾构机的截面都是圆形的? 论证:荷载形式不同,合理拱轴线方程不同	思政育人素材: 南水北调隧洞、盾构机、罗伯特·马亚尔 思政元素: 制度自信、不断进取的科研精神、大国梦
03	独领风骚五十年的一代算法	知识内容: (1)熟练掌握弯矩分配法的基本概念,掌握转动刚度、分配系数和传递系数的物理意义和用途 (2)熟练应用弯矩分配法计算连续梁和无结点线位移的刚架在荷载及支座位移作用下的内力 沪苏通长江大桥:世界之最、中国智造 Hardy Cross:1930 年提出弯矩分配法 钱令希:中国结构力学之父,参与中国第一艘核潜艇的研制 林同炎:1933 年,改进算法 案例分析:此类结构如何进行内力计算?	思政育人素材: 沪苏通长江大桥、Hardy Cross,钱令希、林同炎 思政元素: 职业自豪感、民族复兴、不断进取的科学精神

续表2.2

序号	章节内容	思政元素融入思路	预期成效
04	共振的魔力	知识内容: (1)熟练掌握单自由度体系受迫振动(动内力、动位移计算) (2)掌握共振现象的原理,了解共振现象的利用与避害措施 塔科马海峡大桥:垮塌事件 虎门大桥:异常振动 冯·卡门:卡门涡街导致了桥梁发生共振 论题:桥梁为什么会垮塌?什么是共振现象?共振现象的利与弊?	思政育人素材: 塔科马海峡大桥、虎门大桥、冯·卡门、共振现象 思政元素: 严谨认真的职业精神、安全意识
05	什么是鞭梢效应?	知识内容: (1)两个自由度体系的自由振动(频率、振型及振型正交性) (2)鞭梢效应产生原因,结构动力学解释,避害举措等 汶川地震:典型震害——鞭梢效应 钟万勰:1985年提出鞭梢效应 上海中心大厦:"慧眼"的阻尼器 中国台湾101大楼:"悠悠球"阻尼器 论题:什么是鞭梢效应?如何用结构动力学进行解释?如何避免或者利用鞭梢效应?	思政育人素材: 鞭梢效应、汶川地震、钟万勰、上海中心大厦、中国台湾101大楼 思政元素: 家国意识、职业素养、科学精神

注:本门课程的思政元素主要包括爱国精神、科学精神、安全意识、工匠精神、文化自信、制度自信、结构力学与艺术之美、儒家文化、职业素养等。

(五)教学方法

(1)采用案例教学法。根据教学内容,采用实际案例,激发学生学习兴趣。

(2)采用研讨式教学法。以"导"为主,设置贴近学生生活、富有吸引力的情境,提出有思考价值的问题,要求学生通过查阅资料、研究讨论后解决问题。

(3)采用理论联系实际的教学方法。通过理论→例题→总结方法的过程,使学生加深对理论的理解,同时掌握利用理论知识解决实际问题的能力。

(4)MOOC自学、网上交互与讨论。采用网络自学和课堂讲授相结合的教学模式,充分利用网络教学平台,将录制的视频与文献资料发布于平台上,并布置课前预习任务和课后实践活动。遇到疑难问题,同学们可以在讨论区相互交流,教师也可以参与答疑与讨论,促进相互学习、共同提高,增进同学之间、师生之间的感情,适应学生学习自由化、进度差异化、兴趣个性化的现状,开阔学生知识视野,扩大信息量。

(六)课程考核

考试是评价教学质量和效果的有效手段之一。教师坚持在命题、阅卷和成绩评定各环节的高要求。实行由教育部"结构力学"试题库和教研室老师集体讨论相结合的A、B卷试题,流水阅卷并参考平时学生的学习态度、作业情况等综合评定学生成绩的制度。自行研制开发了结构力学试题库。

同时,探讨教学的过程化管理,坚持多种形式的课外辅导,如:固定时间地点的答疑和讨论;随时的电话、电子邮件、网络答疑等。

考核方法：最终成绩＝期末考试成绩×70%＋课堂考勤×10%＋课后作业×20%＋加分项(≤5 分)－减分项(≤5 分)

过程性评价：(1)加分项包括以下内容：课堂回答问题正确、做总结 PPT 讲解、作业讲解等；(2)减分项包括以下内容：上课玩手机、不专心等。

考核内容及改革：不仅考查学生理论知识掌握情况，还兼顾各种计算软件的使用情况，以及对最新前沿工程技术的了解程度。

2.1 十七孔桥为何设置成奇数孔？
（附 15 分钟教学视频）

基本信息			
教学主题	十七孔桥为何设置成奇数孔？	课时安排	1课时
所在章节	第2章　平面体系的几何组成分析/第4节　几何构造分析举例		

【教学目标】

❖ 知识目标

(1)掌握几何不变体系、几何可变体系、自由度、刚片、约束、必要约束和多余约束的概念。

(2)掌握几何不变体系的简单组成规则，并熟练运用组成规则分析平面杆件体系的几何组成。

❖ 能力目标

(1)培养学生发现问题、分析问题并合理简化，解决工程实际问题的能力。

(2)培养学生的观察能力和逻辑推理能力，以及运用分析、比较、归纳与演绎等科学研究方法的能力。

(3)能将力学、数学、工程学的知识点有机结合，发现力学、数学、工程学之间的联系。

(4)贯通自然科学与社会科学，能借助力学原理理解和解读社会组织、管理及发展规律。

❖ 素质目标

(1)欣赏结构与艺术之美。

(2)文化自信。

(3)爱国教育。

【教学重难点及处理】

❖ 教学重难点

(1)几何组成规则。

(2)灵活运用几何组成规则分析体系的几何组成性质。

❖ 处理

(1)结合生活中三角尺，伸缩衣架进行解读。

(2)以十七孔桥为例。

【教具】

现有教具：三角板，伸缩衣架，电脑，投影仪，多媒体课件(图、文、视频)，激光笔，粉笔。

计划研发教具：多孔拱桥模型(可调整孔数)。

教 学 过 程

◈ 课堂导入

教师活动：
提问 1：十七孔桥为何是奇数孔？
提问 2：它与我们本章所讲的几何不变有何关系？

学生活动：从结构力学角度思考孔数。

教学方法：启发式教学。
设计意图：引起学生探知欲望。

◈ 内容简介

（1）十七孔桥概述。（5 分钟）
（2）组成规则与方法回顾。（15 分钟）
（3）十七孔桥几何组成分析。（25 分钟）

◈ 课程开展

一、十七孔桥概述（5 分钟）

北京颐和园的昆明湖上有一座十七孔桥，清乾隆十五年（1750）建，桥由 17 个桥洞组成，长 150 米，状若长虹卧波。其造型兼有北京卢沟桥、苏州宝带桥的特点，具有极高的美学价值、学术价值和使用价值（见图 2.1）。

设计意图：引出几何不变规则。

★ 课程思政
文化自信。

图 2.1 十七孔桥

中国桥梁之父茅以升在他的《中国古桥技术史》中绘制了十七孔桥的实测图，如图 2.2 所示。

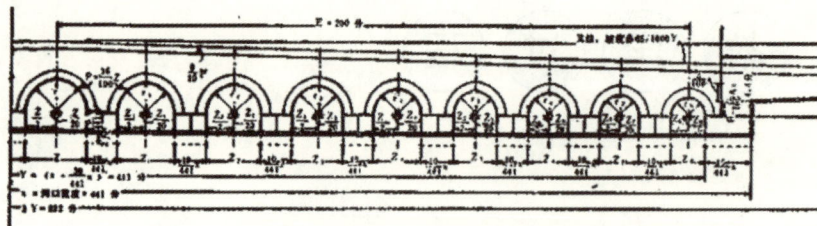

图 2.2　十七孔桥实测图（茅以升《中国古桥技术史》）

要问现在最火的桥是什么，那无疑是被英国《卫报》评为"新世界七大奇迹之一"的港珠澳大桥，而港珠澳大桥的建立通车，也代表着我国的造桥技术已走向世界前列！但在90多年前，中国由于技术落后常被老外嘲笑建不了大桥，例如济南的黄河大桥、云南河口人字桥和郑州黄河大桥等桥梁，都是由外国人设计并承建的。

直到一个中国人的出现，才改变了中国人建不了桥的历史，他就是茅以升。在1937年，他主持修建了中国人自己设计并建造的第一座现代化大型桥梁——钱塘江大桥，辛苦3年建成，通车89天却为抵御日军又亲手将其炸毁（见图2.3）。亲手炸毁自己修建的桥梁，愤怒的他对着天空大声怒吼道："抗战必胜！此桥必复！"新中国成立后，茅以升重新主持修复大桥，1953年，钱塘江大桥重新通车。

★ 课程思政
爱国主义教育。

图 2.3　钱塘江大桥建成时的照片和日军面对炸毁后的桥墩

见证日本帝国主义侵略我国的这段历史的还有一座古桥，即"七七事变"中的卢沟桥。卢沟桥共有11孔（见图2.4）。1937年7月7日，日本在占领我国东北三省6年后，开始全面侵华战争。卢沟桥，一座见证了民族磨难的桥梁。从1945年抗日战争胜利至今（2021年）已76周年，我们应铭记历史，勿忘国耻，珍惜当下，开创未来。

中国的桥梁见证了中华民族的历史。

图 2.4　卢沟桥(11孔)

苏州宝带桥，中国现存建造时间最早的古桥之一，历经一千二百年，与河北赵州桥、四川都江堰珠浦桥、广西三江程阳桥并称为中国四大古桥，也是中国现存的古代桥梁中最长的一座多孔石桥(53孔，如图2.5所示)。宝带桥始建唐元和十二年(817年)，清同治二年(1863)英军戈登驾舰攻打苏州太平天国军队，拆去桥中间大孔，酿成南面26孔连续倒塌之惨状。抗日战争时期，南端6孔又被日军炸毁。新中国成立后，在1956年，宝带桥修葺恢复旧观。这里，能谛听到历史的回声，能看见共和国崛起的身影。

茅以升在其著作《介绍五座古桥》中这样评价：宝带桥的"多铰拱"及"被动压力"的利用都是中国劳动人民根据实践经验所创造，成为修建拱桥的优秀传统，为世界各国所罕见。

备注：论题来源于东南大学单建教授的《趣味结构力学》第1.5节"十七孔桥是几何不变的吗?"

图 2.5　宝带桥(53孔)

除此之外，教师以茅以升的《中国古桥技术史》为基础，结合网络资源，不完全地统计了我国古代有名可寻、有图可查的联拱石桥，如图2.6所示。

孔数	古桥名称及建成年代
3孔	武当山迎恩桥(1416年)、陕西崇仁桥(1592年)、杭州拱宸桥(1631年)
5孔	福建西湖桥(282年)、河南济民桥(1483年)、天津黄崖关长城水关(1423年)、丽江黑龙潭五孔桥(1737年)、山西京安桥(1492年)、胡良河桥(1574年)、浙江温岭寺前桥(明，具体不详)
7孔	北京沙河桥(1447年)、朝宗桥(1447年)、云南星宿桥(1831年)、山东益都北大桥(1594年)、南京七桥瓮桥(1440年)
9孔	湖南万福桥(1723年)、河北拒马河桥(1574年)
11孔	安徽定远池河桥(1357年)、卢沟桥(1189年)
13孔	浙江金华通济桥(1809年)
15孔	山东泗水桥(1609年)
17孔	十七孔桥(1750年)、云南建水双龙桥(1839年)
23孔	江西省抚州万年桥(1634年)
53孔	宝带桥(817年)

图 2.6　中国古代桥梁孔数一览

提问：为何我国古代桥梁多为奇数孔？

这段知识的学习，不仅可以让学生认识到我国古代建筑艺术之美，又可以借助卢沟桥事变宣传中华民族革命传统，进行爱国主义教育。并且通过阅读中国桥梁之父茅以升的著作《中国古桥技术史》，帮助学生树立学习榜样，以科学知识报效祖国。

提出问题后，1至2个学生回答后，顺势讲出"两刚片规则"

二、组成规则与方法回顾(15分钟)

(一)两刚片规则

生活中常见的三角板是稳固的、不会变形的,如图2.7所示。
提问:如何将这种现象提炼成力学原理?

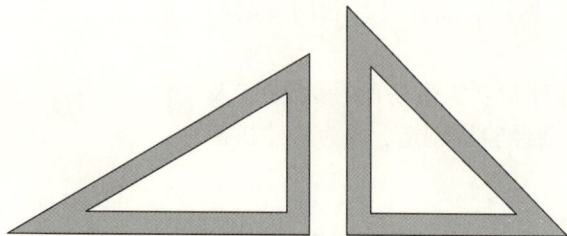

图2.7 三角板

两刚片规则:两刚片用一个铰和一根与铰不在同一直线上的链杆相连,组成内部无多余约束的几何不变体系(见图2.8)。

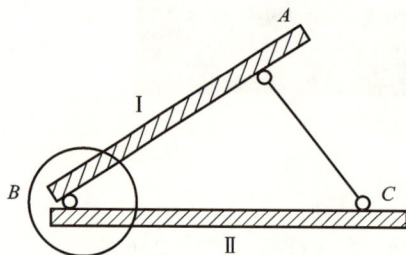

图2.8 两刚片规则示意图

提问:铰还可以变化吗?

两个刚片用不完全相交于一点又不完全平行的三根链杆连接而成的体系,是内部几何不变且无多余约束的体系(见图2.9)。

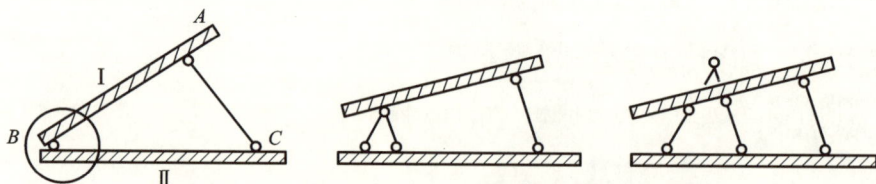

图2.9 两刚片规则中铰的变化

提问:如果三根链杆相交于一点,此时的体系是否几何不变?当两刚片中的三根链杆的延长线交于一点O时(见图2.10),体系可以瞬时运动,但一旦运动后,三根链杆就不再交于一点,体系的位形不能继续变化。一般来讲,这种位形仅可发生瞬时微量变化的几何可变体系称为瞬变体系。

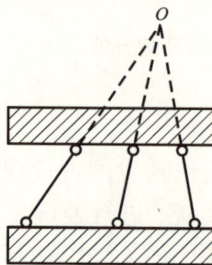

图2.10 三根链杆延长线交于一点

提出问题后,给学生思考时间,引出两刚片规则变化的概念。

讨论互动。

（二）三刚片规则

三刚片规则：三刚片两两之间用两根链杆（或铰）相连接，且六根链杆所形成的三个铰又不在同一直线上，这样的体系是内部几何不变且无多余约束的体系（见图 2.11）。

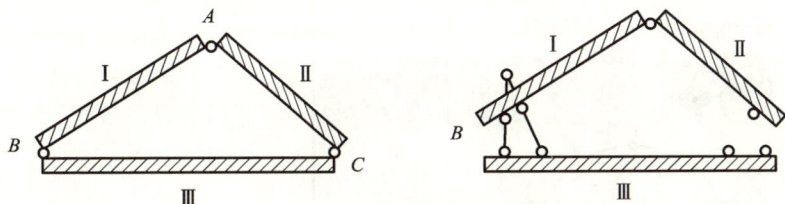

图 2.11　三刚片规则示意图

小组讨论；请用三刚片规则分析图 2.12 中各结构的几何组成。

讨论互动。

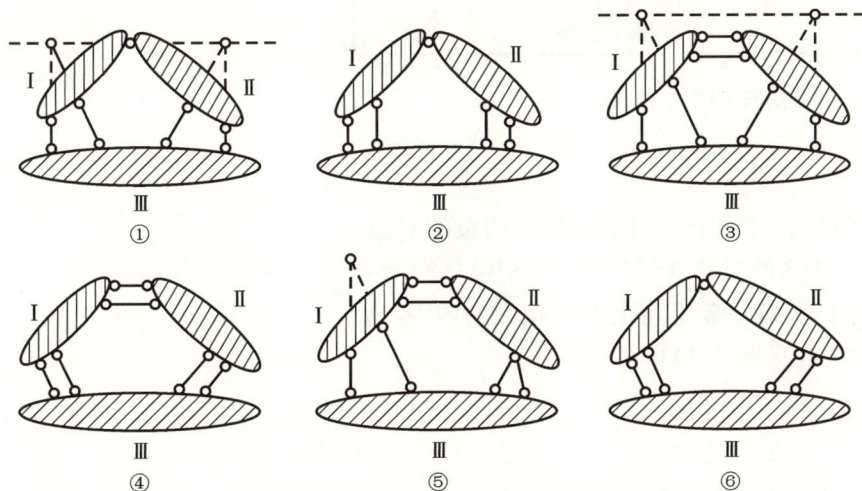

图 2.12　各种三刚片结构的几何组成

【参考答案】

（1）该图中三个铰在同一条直线上，所以为瞬变体系；

（2）有两个无穷远虚铰时，若两个无穷远虚铰的方向相互平行，体系瞬变；

（3）有一个无穷远虚铰时，若另两个铰心的连线与该无穷远虚铰方向平行，体系瞬变；

（4）有三个无穷远虚铰时，体系瞬变；

（5）有一个无穷远虚铰时，若另两个铰心的连线与该无穷远虚铰方向不平行，体系几何不变；

（6）有两个无穷远虚铰时，若两个无穷远虚铰的方向相互不平行，体系几何不变。

三、十七孔桥几何组成分析（25 分钟）

以下分析内容来源于东南大学单建教授的《趣味结构力学》第 1.5 节"十七孔桥是几何不变的吗？"

（1）分析三铰拱。

先讲述零载法的原理、解题步骤和依据，用零载法分析三铰拱的几何组成，结论为单跨三铰拱为无多余约束的几何不变体系（见图 2.13）。

十七孔桥几何组成分析

零载法

（1）原理。

对于 $W=0$ 的体系，零荷载下的内力和反力若全为零，则体系几何不变；若有非零解则体系几何可变。

（2）解题步骤。

①判断体系的计算自由度 $W=0$。

②先假设某一反力或者内力 $X \neq 0$，再求解各杆内力与 X 的关系。若能根据平衡条件求出 $X=0$，则体系几何不变，否则为几何可变。

举个例子

三铰拱

提问：
还有其他判断方法吗？

方法：零载法
① $W=0$。
②唯有 $F_H=0$，才能满足平衡条件所以符合零载法规则。

无多余联系的几何不变体

图 2.13　零载法与三铰拱

抢答环节：1~2 人抢答。此题显然还可以使用"两刚片规则"和"三刚片规则"。

（2）分析两跨五铰拱。

用两刚片规则分析两跨五铰拱时，可将中间的刚片视为约束的对象，它与地基以链杆 1、2、3 相连。由体系的对称性可知，这三根链杆交于一点，因此其为瞬变体系，即在很小的荷载下就有可能产生很大的内力，从而导致结构破坏，不适合做工程结构（见图 2.14）。

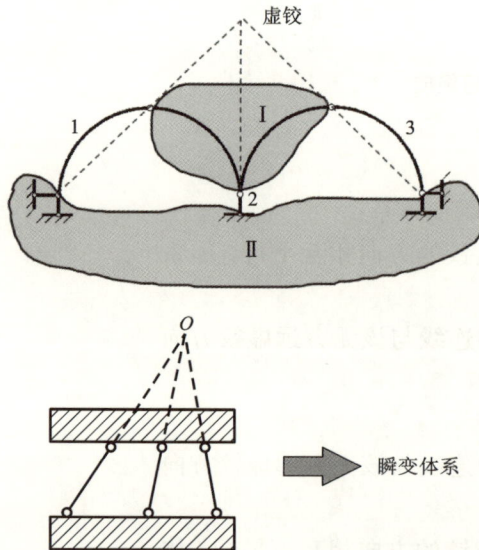

虚铰

瞬变体系

图 2.14　两跨五铰拱

（3）分析三跨七铰拱。

用三刚片规则分析三跨七铰拱时，可将中间两个刚片和地基视为约束对象，链杆 1 和 2、3 和 4 分别相当于两个虚铰。这两个虚铰与实铰 F 不共线，因此它是一个几何不变且无多余约束的结构，适合做工程结构(见图 2.15)。

从这里开始，推导颇有难度，要在板书上帮助学生梳理好过程。

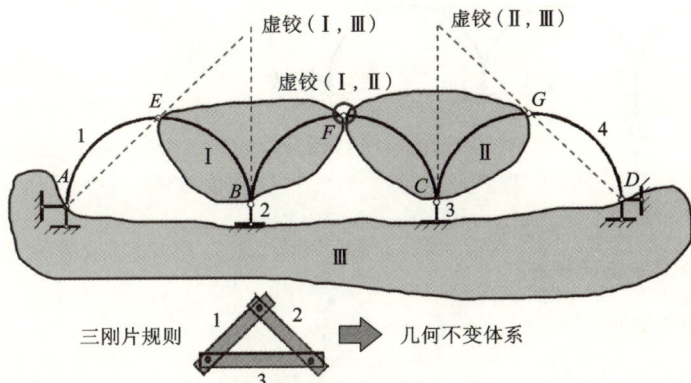

图 2.15　三跨七铰拱

(4) n 跨 $2n+1$ 铰拱(见图 2.16)，是不是几何不变体系呢?

首先计算 n 跨拱的计算自由度为零，这是满足零载法的第一条件。接下来，只要在满足零荷载的条件下，体系所有内力和反力为零，就能证明该体系为无多余约束的几何不变体系了。

如图 2.16 所示，当 $n>3$ 时，n 跨拱中有 $n+1$ 个刚片、n 个顶铰和 $n+3$ 根链杆，$W=3(n+1)-2n-(n+3)=0$，计算自由度为零，再用零载法来判断其是不是几何可变。

依此类推，从左往右时，各内部支座的竖向反力为：$2F_{H下}$，$2F_{H上}$，…，即数值均为 $2F_H$ 而方向交替改变。同理，从右往左时，第一个支座(边支座)的竖向支座反力为 $F_{H上}$，各内部支座的反力依次为：$2F_{H下}$，$2F_{H上}$，…。

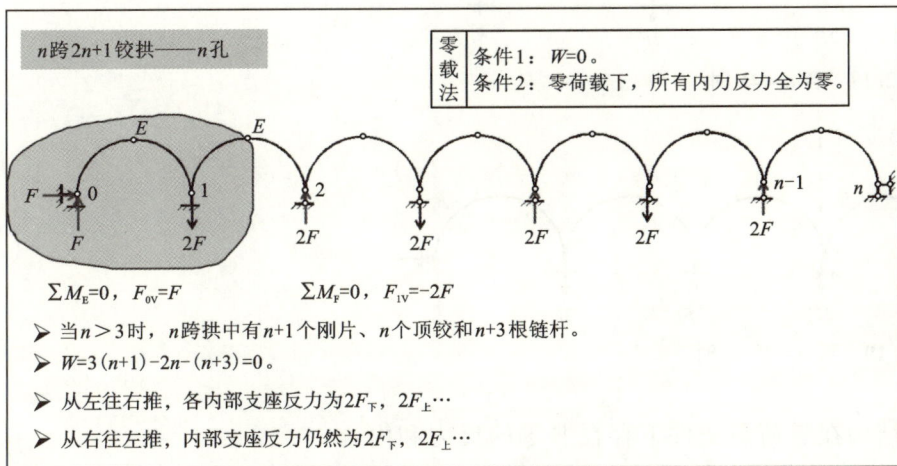

图 2.16　n 跨 $2n+1$ 铰拱

① 当 n 是奇数，即奇数孔时。

当 n 是奇数时，以上按不同方向分析所得的结论是矛盾的。以五跨拱为例(见图 2.17)，从左往右时为 1 下，2 上；但是从右往左时为 2 下，1 上。因此唯有 $F_H=0$，才能满足平衡条件。

小结：当 n 为奇数时，结构在零荷载条件下反力和内力皆为 0，这符合零载法的规则，因此体系是几何不变的。

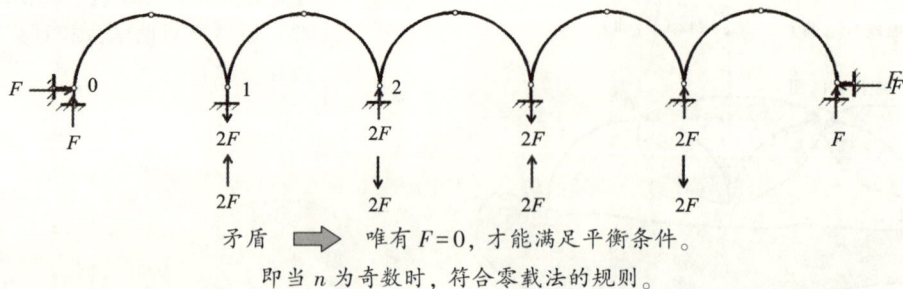

矛盾 ➡ 唯有 $F=0$，才能满足平衡条件。

即当 n 为奇数时，符合零载法的规则。

图 2.17 n 为奇数时

②当 n 是偶数，即偶数孔时。

当 n 是偶数时，结构中有一个内部支座刚好位于对称轴(称为轴支座)上，因而奇数跨情况下的矛盾不会出现。下面分两种情况讨论(见图2.18、图2.19)。仍设边支座水平推力为 F_{II}。

a. 若 $n=4k(k=1,2,3,\cdots)$，则边支座为 $F_{上}$，轴支座为 $2F_{上}$，则 2 个边支座与轴支座合力为 $4F_{上}$；那么剩下内部支座为奇数对，它们的反力合力为 $4F_{下}$，不符合零载法规则。

b. 若 $n=4k-2(k=1,2,3,\cdots)$，边支座为 $F_{上}$，轴支座为 $2F_{下}$，则 2 个边支座与轴支座合力为 0；那么剩下内部支座为偶数对，它们的反力合力为 0，不符合零载法规则，所以该体系几何可变。

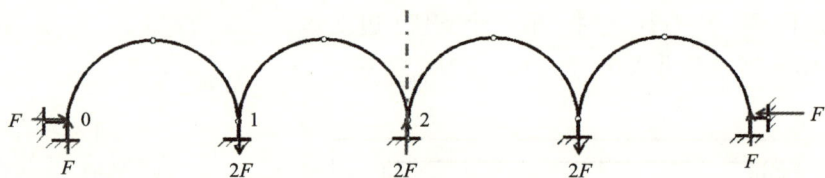

图 2.18   若 $n=4k$ 时

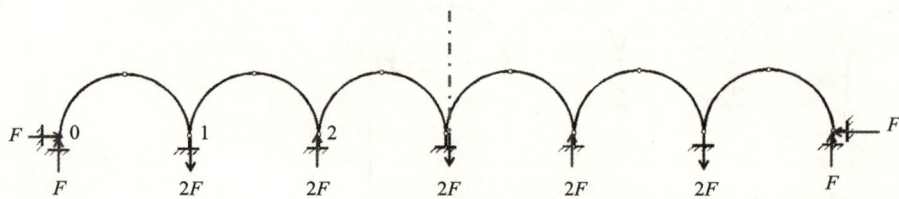

图 2.19   若 $n=4k-2$ 时

综上，只要 n 为偶数，则结构在零荷载条件下存在非零的反力和内力，这不符合零载法的规则，因此 n 为偶数时体系是几何可变的。

因此十七孔桥必须是奇数孔才能保持几何不变。

◈ 思考拓展

（1）模板脚手架为何要设置斜向支撑（见图 2.20）？

（2）如何判断结构的承重墙？承重墙为何不能拆？

（3）以上问题能否用几何组成规则来进行分析？

图 2.20　模板脚手架

理论联系实际，通过生活中见到的脚手架和承重墙强化本章学习，引发学生思考。

◈ 归纳小结

通过本节学习，以十七孔桥、卢沟桥、宝带桥的例子，不仅可以让学生了解几何不变的组成规则，还可以认识到我国古代建筑的艺术之美，增强文化自信（见图 2.21）。通过卢沟桥事变进行爱国主义教育。

重要的是学以致用，用结构力学解决生活实际问题。

★ 思政元素总结。

图 2.21　文化自信

◈ 课后作业

重点讲解基本概念、基本组成规则和基本组成规则的运用，应有 1 学时习题课。注重启发式教学，并辅以多媒体课件演示，加深学生对概念的理解。

（1）平面几何不变体系的三个基本组成规则是否可以相互转化？举例说明。

（2）静定结构的几何组成特征是什么？有多余约束的体系一定是超静定结构吗？为什么？

（3）为什么几何瞬变体系不能作为结构使用？

（4）分析题：对下列平面体系（见图 2.22）进行几何组成分析。

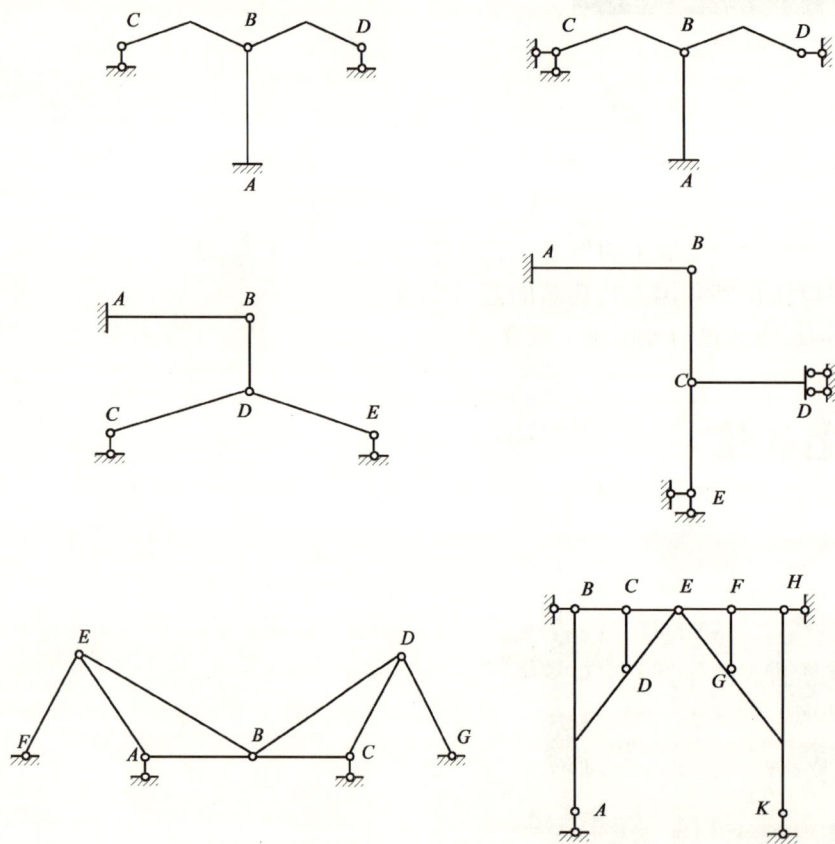

图 2.22　平面体系

◈ 板书设计

十七孔桥，17 孔 ⎫

卢沟桥，11 孔 ⎬ 奇数孔？

宝带桥，53 孔 ⎭ 工程结构的稳定性——体系几何不变回顾知识点：　　　　十七孔桥几何组成分析：

两刚片规则　　　　　(1)单跨三铰拱，几何不变。(√)

三刚片规则　　　　　(2)两跨五铰拱，瞬变。(×)

零载法　　　　　　　(3)三跨七铰拱，几何不变。(√)

　　　　　　　　　　(4)n 跨 $2n+1$ 铰拱，是什么？

　　　　　　　　　　①n 跨 $2n+1$ 铰拱，$W=0$。

　　　　　　　　　　②n 为奇数，符合零载法规则，几何不变。(√)

　　　　　　　　　　③n 为偶数，不符合零载法规则，几何可变。(×)

　　　　　　　　　　综上，n 必须为奇数才能保持几何不变。

◆ 思考题

(1)如果拱顶不是铰结点，而是刚结点，这个孔数必须是奇数孔才能保持几何不变的结论还适用吗？为什么？

教　学　反　思

　　本次教学的主要内容是第 2 章平面体系的几何组成分析的实例讲解，如果只以抽象的结构力学习题进行分析，学生很难联系工程实际。这里以十七孔桥、卢沟桥、宝带桥等中国古代建筑艺术瑰宝为引，提出一个疑问——为什么古代桥梁多为奇数孔呢？这种疑问可以迅速启发学生思考，提升学习积极性和趣味性。

　　在 2017 年左右，笔者看到部分学生上课玩手机，便一直想要提升结构力学趣味性，偶然在网络上得到了东南大学单建教授的《趣味结构力学》一书，当下如获至宝。这本书语言生动，趣味横生，笔者深受启发：原来可以将力学知识讲得这么有趣且深入。从此笔者就不断地搜集结构力学学科前沿、生活实例、趣味科普等方面的素材，并在课堂中逐步添加此类元素，学生十分喜欢，反馈也特别好。

　　单建教授这本书中 1.5 节"十七孔桥是几何不变的吗？"是本次教学内容的主体，笔者由此开始思考只有十七孔桥必须是奇数孔吗？此类桥梁还有哪些？这些桥梁的结构特点是什么？做科学研究的都知道，只有样本数足够多的时候，推论才更加有用。为此笔者以中国桥梁之父茅以升的著作《中国古桥技术史》为基础，不断搜集中国古代厚墩联拱桥的孔数、跨度、拱顶形式等数据。

　　有个有趣的知识点不得不提，当笔者搜索为何中国古代桥梁多为奇数孔时，得到大多数的解释是从风水学角度来讲的，且古人崇尚单数，以单数为阳。在这里笔者有个大胆的假设是不是因为奇数孔稳定，古人无法从力学方面来解释，久而久之，便认为这就是天地规律，从而崇尚单数，以单数为阳呢？

　　中国古代石拱桥中，奇数跨的占大多数，少数为偶数跨。不是说只有奇数跨才能保持几何不变吗？请一定注意我们的假定，即拱桥采用的是前文所述的结构形式，不仅要联拱，而且拱顶必须是铰结点。倘若我们把任意一跨的顶铰改为刚结点，就将它变成了一个与跨数的奇偶性无关的几何不变体系(有一个多余约束)。偶数跨的石拱桥肯定不是我们前文所述的体系，而是约束有所增强的体系。

　　教与学是相长的，为了教得好，笔者一直在不断学习研究各结构力学教材，如钱令希院士的《静定结构学》(1952)、《超静定结构学》(1958)，朱慈勉教的《结构力学(上下册)》，单建教授的《趣味结构力学》等。力学大家的风采虽不能亲见，然心向往之！

2.2 南水北调隧洞为何是圆的？

基本信息			
教学主题	南水北调隧洞为何是圆的？	课时安排	1 课时
所在章节	第 3 章　静定结构/第 5 节　三铰拱（合理拱轴线）		

【教学目标】

❖ 知识目标

（1）理解三铰拱的受力特点，掌握三铰拱支座反力及指定截面内力的计算方法。

（2）理解三铰拱的合理拱轴线的概念。

（3）熟练掌握各种荷载形式下的合理拱轴线方程。

❖ 能力目标

（1）培养学生发现问题、分析问题并合理简化，解决工程实际问题的能力。

（2）培养学生的观察能力和逻辑推理能力，以及运用分析、比较、归纳与演绎等科学研究方法的能力。

（3）能将力学、数学、工程学的知识点有机结合，发现力学、数学、工程学之间的联系。

（4）贯通自然科学与社会科学，能借助力学原理理解和解读社会组织、管理及发展规律。

❖ 素质目标

（1）每一只种花家的兔子都有一个大国梦（来源国防部、共青团中央、解放军报推荐的爱国漫画《那年那兔那些事儿》）。

（2）制度自信。

（3）培养不断进取的科学精神。

【教学重难点及处理】

❖ 教学重难点

合理拱轴线方程。

❖ 处理

抛物线、悬链线、圆弧线分别举例说明。

【教具】

现有教具：电脑，投影仪，多媒体课件（图、文、视频），激光笔，粉笔。

计划研发教具：可拆卸拱结构受力设备。

教 学 过 程

◈ 课堂导入

教师活动：

如图 2.23 所示，上课伊始，提出两个问题。

提问 1：南水北调隧洞为何是圆的？

提问 2：什么是合理拱轴线？

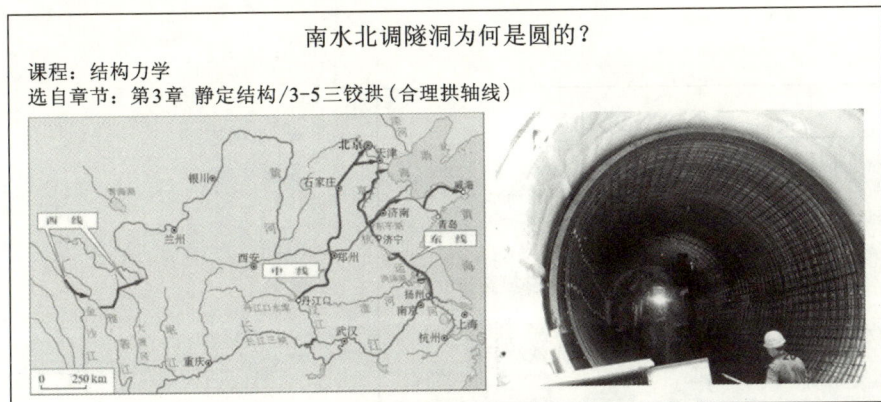

南水北调隧洞为何是圆的？

课程：结构力学

选自章节：第3章 静定结构/3-5 三铰拱（合理拱轴线）

图 2.23　PPT 封面

学生活动：思考拱结构与隧洞的结合点，推测"合理拱轴线"的含义。

教学方法：启发式教学。

设计意图：引起学生求知欲望。

以 PPT 封面的南水北调隧洞引出本节课的主要研究内容——合理拱轴线。

◈ 内容简介

(1) 压力隧洞工程实例。（10 分钟）

(2) 合理拱轴线。（25 分钟）

(3) 合理拱轴线的工程应用。（10 分钟）

◈ 课程开展

一、压力隧洞工程实例（10 分钟）

拱结构是十分古老的结构，在良好的受拉材料诞生之前，这种结构几乎承担了所有大跨度结构的任务，是人类建筑史上最出色的成就之一。从古至今，拱结构的形式从未过时，即使是在现代的隧道、桥梁、水工、房屋建筑中，我们也常常能够见到拱结构的身影。

在上一节的学习中，我们知道了拱结构的受力特点和应用情况。今天我们主要来讲一下"合理拱轴线"的概念、计算，以及工程应用。

首先，请同学们来看两个工程实例。

第一个实例，南水北调工程。南水北调工程（见图2.24）是我国的战略性工程，分东、中、西三条线路，目前只有中线已于2014年通水。1952年，毛泽东同志在视察黄河时提出："南方水多，北方水少，如有可能，借点水来也是可以的。"这是南水北调宏伟构想的首次提出。南水北调对解决北方经济发展的制约因素，对全国经济、社会发展大局，意义十分重大。除此之外，我国的超大型工程还有三峡工程、青藏铁路、西气东输、西电东送、京沪高铁等。

同学们，在观看这些引水隧洞时，不知大家有没有一个疑问：为什么这些隧道是圆的？

这些引水隧洞在工作时是什么状态？是布满水的状态，也就是隧洞结构上的荷载形式是静（动）水压力。此种荷载形式是否影响了隧洞的形状？如何用结构力学去解释？我们先把这些问题暂放一边，再看下一个工程实例。

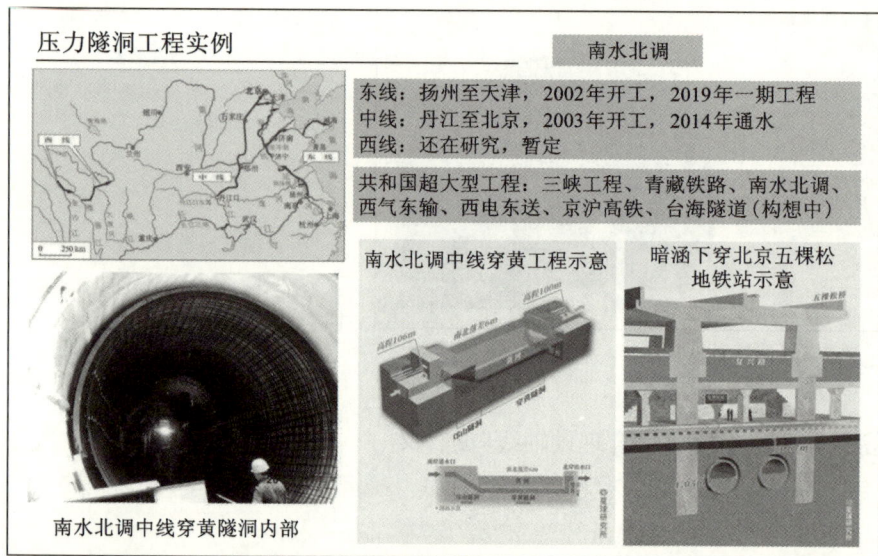

图2.24　南水北调

中国近二十年被世界称为"基建狂魔"，"飞天有神舟，下海有蛟龙，入地有盾构"，这个称号背后依靠的是国之重器盾构机的支撑。盾构机是衡量一个国家装备制造业水平和能力高低的关键装备。它不仅大幅提高施工效率，还直接决定了我国基建的实力，被誉为打造中国工程品牌的大国重器。盾构机如图2.25所示。

大直径盾构泥水劈裂、超高承压能力、复杂地层盾构掘进、刀盘刀具配置等技术难题仍等着我们进一步攻克，水利输水工程、城市综合管廊、海底隧道等新领域仍等着进一步探索，希望我们的领军企业能保持市场上的风向标，坚守初心，自觉地维系市场的均衡竞争、均衡进步。我们拭目以待，中国制造盾构机百尺竿头更进一步！

※工程实例导入

★ 课程思政
爱国精神。

提问：为什么引水隧洞是圆的？

荷载形式：静（动）水压力。

提出疑问后，引导学生思考隧洞的荷载形式是静水压力。

★ 课程思政
不断进取的科学精神、制度自信。

压力隧洞工程实例

国之重器　　　　　　　　　"飞天有神舟，下海有蛟龙，入地有盾构"

1823年，伦敦隧道，世界上第一台盾构机
1997年，秦岭隧道，中国首次引进德国盾构机
2008年，天津地铁，中国首台自主研发盾构机——先行号
现在，中国盾构机是国家名片，通过"一带一路"远销欧洲各国

第一台国产盾构机"先行号"　　中国极寒盾构机"波丽娜"在欧洲使用！

2019年，厦门地铁2号线盾构穿越　　济南黄河隧道，一手防疫，一手复工！

图 2.25　中国盾构机，一部超然奋斗史

提问：为什么盾构机是圆的？
荷载形式：围岩压力。

问题：盾构机为什么要做成圆的？

有人会说，因为是地铁隧道、城市综合管廊是圆的，所以盾构机要做成圆形截面。那么，我再问一下，为什么这些隧道也要做成圆的？

我们可以看到，地铁隧道的荷载形式是围岩压力。这与前面南水北调的隧洞荷载形式不同，为何也是圆的？如何用结构力学知识解释这种现象？这就是本节课的内容——合理拱轴线。

二、合理拱轴线（25 分钟）

首先，什么是拱式结构？拱式结构的特点是什么？

如图 2.26 所示，拱式结构指的是杆轴线为曲线，在竖向荷载作用下会产生水平反力（称为推力）的一类结构。结构大师罗伯特·马亚尔最为擅长设计拱式结构，尤其是他于 1930 年设计建成的萨尔基那桥形态严格地对应了在对称及不对称荷载作用下三铰拱结构的应力分布，被评为"20 世纪最优美的桥梁"。

拱式结构：杆轴线为曲线，在竖向荷载作用下会产生水平反力（称为推力）。

➤ 罗伯特·马亚尔（Robert Maillart，1872—1940），建筑与桥梁工程师，设计的萨尔基那桥（Salginatobel Bridge，1930），形态严格地对应了在对称及不对称荷载作用下三铰拱结构的应力分布。

萨尔基那桥——20世纪最优美的桥梁　　结构截面取弯矩包络图的形状　　结构力学模型：三铰拱

图 2.26　罗伯特·马亚尔与拱结构

科研成果进课堂。

萨尔基那桥的结构力学模型是"三铰拱"，我们以此来给大家讲一下"合理拱轴线"的概念、计算与工程应用。

如图 2.27 所示，合理拱轴线是指在给定的荷载作用下，能使拱体所有截面上的弯矩为零的拱轴线。我们以三铰拱受竖向荷载作用为例，推导出合理拱轴线方程及其微分形式。

此处推导是后面能否应用的关键，应详细讲解。

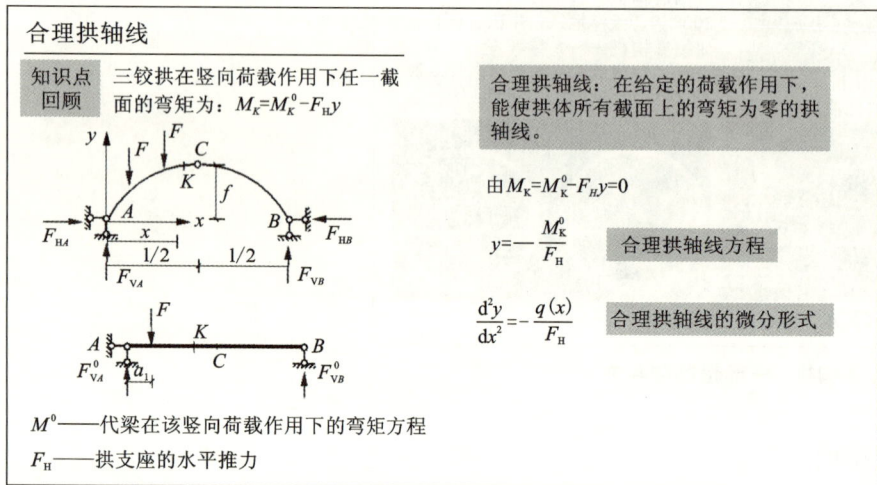

知识点回顾

三铰拱在竖向荷载作用下任一截面的弯矩为：$M_K = M_K^0 - F_H y$

合理拱轴线：在给定的荷载作用下，能使拱体所有截面上的弯矩为零的拱轴线。

由 $M_K = M_K^0 - F_H y = 0$

$$y = -\frac{M_K^0}{F_H}$$ 合理拱轴线方程

$$\frac{d^2 y}{dx^2} = -\frac{q(x)}{F_H}$$ 合理拱轴线的微分形式

M^0——代梁在该竖向荷载作用下的弯矩方程

F_H——拱支座的水平推力

图 2.27　合理拱轴线方程

然后，我们根据推导出的合理拱轴线方程进行分析，如图 2.28 所示。无论是南水北调隧洞的静（动）水压力，还是盾构机受到的围岩压力，都是径向均布荷载作用下的拱结构。我们取一微段进行分析，具体分析过程如下。

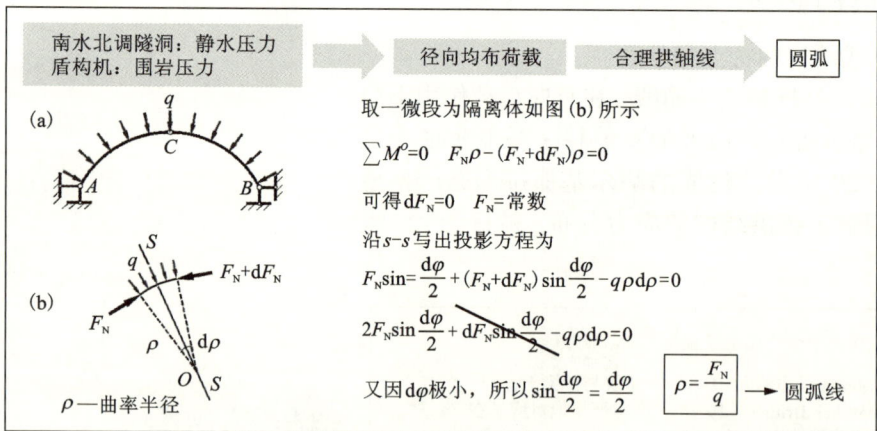

南水北调隧洞：静水压力
盾构机：围岩压力　→　径向均布荷载　合理拱轴线　圆弧

取一微段为隔离体如图（b）所示

$$\sum M^O = 0 \quad F_N \rho - (F_N + dF_N)\rho = 0$$

可得 $dF_N = 0 \quad F_N =$ 常数

沿 $s-s$ 写出投影方程为

$$F_N \sin\frac{d\varphi}{2} + (F_N + dF_N)\sin\frac{d\varphi}{2} - q\rho d\rho = 0$$

$$2F_N \sin\frac{d\varphi}{2} + dF_N \sin\frac{d\varphi}{2} - q\rho d\rho = 0$$

又因 $d\varphi$ 极小，所以 $\sin\frac{d\varphi}{2} = \frac{d\varphi}{2}$ ⬛ $\rho = \frac{F_N}{q}$ → 圆弧线

ρ——曲率半径

图 2.28　径向均布荷载作用下

结论：圆弧线是三铰拱承受径向均布荷载作用下的合理拱轴线，因此水管、高压隧洞和拱坝常采用圆形截面。

三、合理拱轴线的工程应用(10 分钟)

总结合理拱轴线的常见类型及工程应用，如图 2.29 所示。现代建筑中采用拱结构作为主体承重体系，尤其在桥梁工程和房屋建筑中，可以形成广阔的通航空间或者室内空间，这是其他结构形式无法办到的。

图 2.29　合理拱轴线的工程应用

对于非竖向荷载作用或非平拱的情况，一般不能套用图 2.28 中的合理拱轴线方程，但此时仍可以直接由合理拱轴线的定义确定其数学表达式。

◈ 思考拓展

我们在这里继续进行思考：如果给定的荷载形式发生变化，合理拱轴线是否也会随之改变？

如图 2.30 所示，如果是竖向均布荷载 q（如自重），那么合理拱轴线是什么样子？具体分析过程如下。

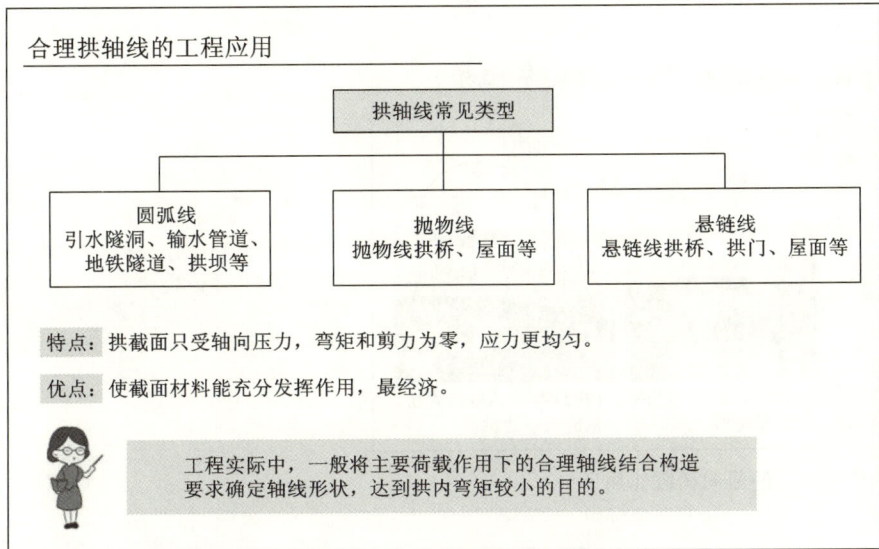

思考拓展

竖向均布荷载（如自重）

解：在均布荷载 q 作用下，代梁的弯矩方程为

$$M_K^0 = \frac{ql}{2}x - \frac{qx^2}{2} = \frac{q}{2}x(l-x)$$

拱的水平推力为 $F_H = \dfrac{M_C^0}{f} = \dfrac{ql^2}{8f}$

代入合理拱轴线方程 $y = \dfrac{M_K^0}{F_H}$

得 $y = \dfrac{4f}{l^2}x(l-x)$

永定河七号桥（北京，1966）

小结：三铰拱在竖向均布荷载作用下，其合理拱轴线为二次抛物线。

图 2.30　竖向均布荷载作用下

结论：三铰拱在竖向均布荷载作用下，其合理拱轴线为二次抛物线。因此，桥梁工程中多采用抛物线形式，如北京的永定河七号桥。

如图 2.31 所示，如果是沿拱轴均匀分布的竖向荷载（如填土荷载），合理拱轴线又是什么样子？具体分析过程如下。

★ 课程思政
通过本节学习，以南水北调隧洞、国之重器盾构机的例子，让大家了解了合理拱轴线的概念和计算，认识到我国伟大工程的历史意义，培养不断进取的科学精神，相信唯有社会主义制度才能带领我们走向大国梦！

深化主题，再次强调不断探索的科学精神，以及制度自信。

可作为拓展训练，培养学生的探索能力。

思考拓展

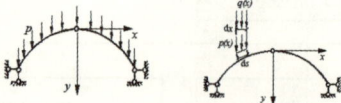

如果是沿拱轴均匀分布的竖向荷载（如填土荷载），合理拱轴线又是什么样子？

解：令 $p(x)$ 为沿拱轴线每单位长的自重，荷载沿水平方向的集度为 $q(x)$。

由 $q(x)dx = p(x)ds$，有 $q(x) = p(x)\dfrac{ds}{dx}$，

将 $q(x) = p(x)\dfrac{ds}{dx}$，代入教材中的方程（3-5），最后得

$$y = \frac{F_H}{p}\left(\mathrm{ch}\,\frac{p}{F_H}x - 1\right)$$

小结：三铰拱在填土荷载作用下，合理轴线为一悬链线。

1844年，浙江迎仙桥近似悬链线

1992年，广西静兰大桥，悬链线双肋拱桥

图 2.31　沿拱轴均匀分布的竖向荷载作用下

结论：三铰拱在填土荷载作用下，合理拱轴线为一悬链线。如美国圣路易斯的杰斐逊纪念拱门，主要竖向荷载是拱的自重，因此它的合理形状是悬链线。又如，浙江的迎仙桥、广西静兰大桥、匈牙利的布达佩斯火车站、瑞士博览会水泥馆（罗伯特·马亚尔于1939年设计建造）等国内外工程实例均采用悬链线形式。

综上所述，荷载形式不同，合理拱轴线不同。

◈ 课后作业

（1）拱的受力情况和内力计算与梁和刚架有何异同？

（2）在非竖向荷载作用下，如何计算三铰拱的反力和内力？能否使用教材中的公式（3-1）和公式（3-2）？

（3）能否根据三铰拱内力方程直接作出内力图？工程上采用什么方法？

（4）什么是合理拱轴线？

（5）计算如图 2.32 所示半圆三铰拱 K 截面的内力 M_K，N_K。已知：$q = 1\ \mathrm{kN/m}$，$M = 18\ \mathrm{kN \cdot m}$。

（6）计算如图 2.33 所示抛物线三铰拱 K 截面的内力 M_K，N_K，拱轴方程为：$y = 4fx(l-x)/l^2$。已知：$P = 4\ \mathrm{kN}$，$q = 1\ \mathrm{kN/m}$，$f = 8\ \mathrm{m}$，$|\varphi_K| = 45°$。

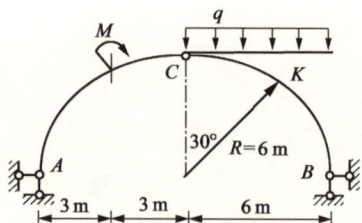 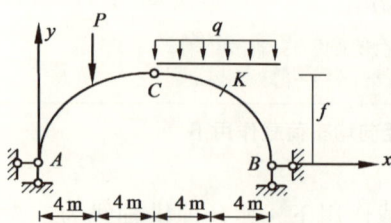

图 2.32　（5）题图　　　　图 2.33　（6）题图

（7）如图 2.34 所示三铰拱 K 截面倾角 $\varphi = 26°33'$（$\sin\varphi = 0.447$，$\cos\varphi = 0.894$），计算 K 截面内力 M_K，N_K。$y = 4fx(l-x)/l^2$（$l = 16\ \mathrm{m}$，$f = 4\ \mathrm{m}$）。

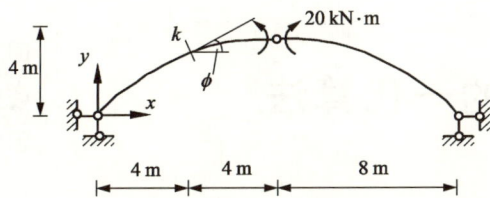

图 2.34　(7)题图

◈ 板书设计

合理拱轴线

压力隧洞 $\begin{cases}1.\ 南水北调，净水压力\\2.\ 济南隧道，围岩压力\end{cases}$

合理拱轴线 $\begin{cases}1.\ 定义\\2.\ 拱轴线方程\\3.\ 法线方向均匀压力——圆弧\end{cases}$

为何都是圆的？

思考拓展 $\begin{cases}1.\ 水平向均布的竖向荷载——二次抛物线\\2.\ 沿拱轴均匀分布的竖向荷载——悬链线\end{cases}$

◈ 思考题

1. 合理拱轴线，是指在任意荷载作用下都能使拱处于无弯矩状态的轴线吗？

2. 除了数学推算外，是否还有其他方法可以得到合理拱轴线？

教 学 反 思

本次的教学内容是合理拱轴线，如果只按照传统教学模式，很难让学生去理解结构力学与本专业之间的联系。作者认为工科的专业基础课，尤其是力学课，不能按照理科模式去教学，而应结合专业，强调学有所用，如何用，怎么用。因此，笔者将专业领域的地下隧洞形式和开挖设备盾构机引入课堂教学，提出论题"南水北调的隧洞为什么是圆的"，启发学生思考。

关于课程思政，其实在这个概念提出之前，笔者就在课堂教学中融入过这类元素，只是未成体系。如今通过这次教学竞赛，刚好进行集中整理，有些心得体会，总结如下：

课程思政一定要自然，切不可生搬硬套，尤其不能说教意味浓，否则容易起反作用。

有时候点到为止即可，有时候要逐步深入下去，关键在于随时观察学生群体的听课反应，及时调整。

想要深入人心，一定要了解学生群体的心理特征，了解他们的个性。在这方面做得好的官媒是"共青团中央""中央政法委长安剑"，它们擅长用漫画语言进行教育宣传，语言风格更加贴近现代的大学生。所以本次竞赛中的图片、文字大多出于此。

2.3 独领风骚五十年的一代算法

云麓课堂

教学设计

本节内容详见二维码。

基本信息			
教学主题	独领风骚五十年的一代算法	课时安排	1课时
所在章节	第9章　超静定结构实用计算方法/第1节　弯矩分配法		

【教学目标】

❖ 知识目标

(1)熟练掌握弯矩分配法的基本概念：转动刚度、分配系数和传递系数的物理意义和用途。

(2)熟练应用弯矩分配法计算连续梁和无结点线位移的刚架在荷载及支座位移作用下的内力。

❖ 能力目标

(1)培养学生发现问题、分析问题并合理简化，解决工程实际问题的能力。

(2)培养学生的观察能力和逻辑推理能力，以及运用分析、比较、归纳与演绎等科学研究方法的能力。

(3)能将力学、数学、工程学的知识点有机结合，发现力学、数学、工程学之间的联系。

(4)贯通自然科学与社会科学，能借助力学原理理解和解读社会组织、管理及发展规律。

❖ 素质目标

(1)职业自豪感。

(2)民族复兴。

(3)不断进取的科学精神。

【教学重难点及处理】

❖ 教学重难点

(1)用弯矩分配法计算连续梁在荷载作用下的内力。

(2)转动刚度、分配系数和传递系数的记忆。

❖ 处理

(1)由易至难、从单结点到多结点逐步推进；

(2)编制口诀：近四远二，铰三滑一。

【教具】

现有教具：电脑，投影仪，多媒体课件(图、文、视频)，激光笔，粉笔。

计划研发教具：多跨连续梁模型(可拆卸、拼装)。

2.4　共振的魔力

云麓课堂

教学设计

本节内容详见二维码。

基本信息			
教学主题	共振的魔力	课时安排	1 课时
所在章节	第 10 章　结构动力学/第 4 节　单自由度体系的受迫振动		

【教学目标】

❖ 知识目标

(1)熟练掌握单自由度体系在简谐荷载作用下的受迫振动(动内力、动位移计算)。

(2)掌握共振现象的原理,了解共振现象的利用与避害措施。

❖ 能力目标

(1)培养学生发现问题、分析问题并合理简化,解决工程实际问题的能力。

(2)培养学生的观察能力和逻辑推理能力,以及运用分析、比较、归纳与演绎等科学研究方法的能力。

(3)能将力学、数学、工程学的知识点有机结合,发现力学、数学、工程学之间的联系。

(4)贯通自然科学与社会科学,能借助于力学原理理解和解读社会组织、管理及发展规律。

❖ 素质目标

(1)严谨认真的职业精神。

(2)安全意识。

【教学重难点及处理】

❖ 教学重难点

(1)单自由度体系运动方程的建立方法。

(2)共振现象的利用与避害措施。

❖ 处理

(1)以乒乓球亲子玩具帮助学生理解计算模型。

(2)以港珠澳大桥、上海中心大厦、中国台湾 101 大楼的避震措施为例,理论联系实际。

【教具】

现有教具:电脑,投影仪,多媒体课件(图、文、视频),激光笔,粉笔。

计划研发教具:多跨连续梁模型(可拆卸、拼装)。

2.5 什么是鞭梢效应？

云麓课堂

教学设计

本节内容详见二维码。

基本信息			
教学主题	什么是鞭梢效应？	课时安排	1 课时
所在章节	第 10 章　结构动力学/第 5 节　两个自由度体系自由振动		

【教学目标】

❖ 知识目标

(1)两个自由度体系的自由振动(频率、振型及振型正交性)。

(2)鞭梢效应产生原因、结构动力学解释、避害举措等。

❖ 能力目标

(1)培养学生发现问题、分析问题并合理简化,解决工程实际问题的能力。

(2)培养学生的观察能力和逻辑推理能力,以及运用分析、比较、归纳与演绎等科学研究方法的能力。

(3)能将力学、数学、工程学的知识点有机结合,发现力学、数学、工程学之间的联系。

(4)贯通自然科学与社会科学,能借助力学原理理解和解读社会组织、管理及发展规律。

❖ 素质目标

(1)培养建设祖国的爱国意识。

(2)培养职业自豪感和安全意识。

(3)培养不断进取的科学精神。

【教学重难点及处理】

❖ 教学重难点

两个自由度体系动力特性的计算。

❖ 处理

采用两种方法(刚度法、柔度法)分别进行公式推导。

【教具】

现有教具:甩鞭,电脑,投影仪,多媒体课件(图、文、视频),激光笔,粉笔。

计划研发教具:多层刚架结构模型(可调整质量)——鞭梢效应展示器。

结构力学Ⅱ

扫描二维码

郝海霞，长沙理工大学教师，2020年湖南省普通高校教师课堂教学竞赛二等奖获得者，曾获湖南省科技进步一等奖1项、二等奖1项，中国公路协会科学技术二等奖1项。

课 程 概 述

一、课程基本信息

本课程的基本信息见表 3.1。

表 3.1　课程基本信息

课程名称	结构力学	课程性质	专业基础课
学时	72	开课时间	本科三年级
先修课程	高等数学、线性代数、理论力学、材料力学		
适用专业	土木大类、水利类		
使用教材	李廉锟.结构力学[M].6 版.北京：高等教育出版社，2017		
参考教材	[1]龙驭球，等.结构力学[M].4 版.北京：中国水利水电出版社，2018 [2]朱慈勉，张伟平.结构力学[M].北京：高等教育出版社，2016 [3]Hulse R，MacMillan P. Structural Mechanics[M]. 2000		

二、课程的性质与作用

依据《普通高等学校本科专业类教学质量国家标准》，结构力学课程是土木工程专业的核心课程，属于主要的专业基础课，上承理论力学、材料力学，下启结构设计原理、桥梁工程、岩土隧道工程等课程，对于土木工程专业人才的培养起着承上启下的作用，为后续结构的设计计算和科学研究打下必要的力学基础。结构力学是固体力学的一个分支，它主要研究工程结构受力和传力的规律，以及如何进行结构优化的学科。

通过本课程的教学，学生应学会结构分析计算的基本方法，能熟练绘制内力图，并对各类结构进行变形计算；能有效运用结构力学知识对结构进行分析计算及优化设计，对工程中的复杂力学问题进行分析研究，并获得合理有效的结论，为后续专业课程学习打下必要的力学基础。同时发展学生的力学素养、专业结构计算能力、分析问题和解决问题的能力，培养严谨求实的科学态度和开拓进取精神，厚植工程伦理，提高学生的责任心和职业道德。

三、学情分析

（一）先修课程情况分析

（1）基本情况调查。

根据我校教务处提供的数据，对连续两届土木工程专业学生的理论力学、材料力学两门先修课程的总评成绩进行了统计分析，统计结果见表 3.2。

（2）调查结果与分析。

表 3.2　先修课程成绩的占比情况

%

课程名称	优秀(90~100分)	良好(80~89分)	中等(70~79分)	及格(60~69分)	不及格(0~59分)
理论力学	8.70	23.91	26.09	26.09	15.22
材料力学	13.53	16.57	22.55	24.80	22.55

考试情况分析：两门课程的整体学习情况不太理想，尤其是材料力学及格率偏低，说明学生对材料力学和理论力学基本理论和基本方法的掌握还不够到位。

(二)学生知识与能力基础

在前修课程理论力学中已经学习过的有关内容有：(1)静力平衡条件求解静定结构支座反力；(2)利用静力平衡条件求解桁架结构内力；(3)虚功原理、刚体的虚位移原理。

在前修课程材料力学中已经学习内容有：(1)截面法计算截面内力；(2)作单跨梁、简单刚架的内力图，包括弯矩图、剪力图、轴力图；(3)计算静定结构的位移，主要用卡氏第二定理，简单涉及图乘法；(4)用力法计算超静定结构的约束反力。

前修课程学习的这些内容均是结构力学课程的基础，理论力学、材料力学基础好的同学，学习结构力学会比较轻松。但是结构力学、材料力学在教学方法、侧重点方面还是不同的，比如：(1)单跨梁内力图的作法，材料力学是先作剪力图，再由剪力图求积分作弯矩图，而结构力学是先作弯矩图，再由弯矩图求斜率料剪力图，两者方法不同。因为对于梁、刚架杆件结构来说，弯曲变形产生的位移远远大于剪切变形、轴向变形产生的位移，很多情况下不需要作出剪力图。(2)图乘法是结构力学的重点内容，不仅用于静定结构位移计算，同时也用于超静定结构位移计算，力法也需要用到图乘法。在实际结构的位移计算中图乘法的应用也是非常广泛的，但图乘法在材料力学中只是简单求解(结构简单、荷载简单)。(3)力法也是结构力学的重点内容，是超静定结构求解的基本方法之一，也是超静定结构计算的另一种方法——位移法的基础。而材料力学只是用力法求解简单超静定结构的约束反力，课时比较少。

(三)学生学习心态、观念

(1)学生的学习观念：根据多年的教学经验，学生的学习水平有高有低，有的学生稍微点拨就能明白，有的学生可能需要多次讲解才能明白。所以在结构力学教学中要注重基础知识的教学，讲清讲透基本概念、基本原理，在教学中要关注大多数学生的学习水平，在每一章节内容上适当增加部分内容或有难度的练习题，也能照顾到少数成绩比较好的学生。

(2)学生学习心态：结构力学这门课的重要性学生都清楚，因此上课积极性比较高，缺课现象很少，学习态度也比较好，尤其是桥梁、结构专业的同学，查找文献、综述文献的能力比较好。

(3)学生学习方法：有一部分学生跟着老师学习教材，能深入研究教材，并能阅读其他参考教材，通过大量的练习题巩固练习；有一部分学生主要以教材为主，拓展部分练习题；还有一小部分学生不怎么看教材，一学期下来，教材基本是新的。

(四)情感态度与价值观

学生已具备一定的观察、分析问题的能力，具备较好的合作交流沟通能力；前修课程的学习已使学生具备一定的力学素养、逻辑思维能力、独立思考能力，具有较好的学习态度和科学态度，较好的人生观、世界观、价值观。通过课程的学习，学生将继续提高观察、分析、合作交流的能力，培养抽象概括能力，以及自主思考、自主找寻答案的能力，培养良好的学习习惯，增加专业自信与专业认同感，强化创新精神，厚植爱国主义情怀，增长见识，激发科技报国的家国情怀和使命担当。

四、课程教学设计

(一)教学设计思路

(1)坚持德育为先，推进思政育人与课程知识体系融合。

　　深入挖掘结构力学课程和教学方式中蕴含的思想政治教育资源，让学生通过学习，掌握事物发展规律，通晓天下道理，丰富学识，增长见识，塑造品格，努力成为德智体美劳全面发展的社会主义建设者和接班人。紧紧围绕坚定学生理想信念、政治认同、家国情怀、法制意识、道德修养、职业精神、工匠精神、安全意识等，重点优化课程思政内容，强化使命担当。

　　（2）践行以学生为中心，以成果为导向，促进学生全面发展。

　　以学生为中心，就是"以学生发展为中心、以学生学习为中心、以学习效果为中心"，有效地组织学生积极参与、互动、互学，引导、帮助和促进学生在"学中做""做中学"，注重激发学生学习兴趣和潜能，进而在探究问题和解决问题的过程中学会综合利用知识、内化和自主构建学科知识。

　　（3）以"信息技术+互联网"推动智慧教学。

　　利用互联网构建网络教学平台，丰富教学资源；将微视频、动画、图片等资源融入多媒体课件；借助"雨课堂""学习通"智慧教学工具，在课外预习与课堂教学之间建立沟通桥梁，让课堂互动永不下线。

　　（4）以"两性一度"标准开展教育教学。

　　"两性一度"就是课程要有高阶性、创新性和挑战度。"高阶性"就是使学生的知识、能力、素质有机融合，培养其解决复杂问题的综合能力和高级思维。"创新性"就是课程内容反映前沿性和时代性，教学形式要体现先进性和互动性，学习结果具有探究性和个性化。"挑战度"是课程有一定难度，需要跳一跳才能够得着。

（二）教学目标

　　总体目标：系统掌握工程结构分析的基本理论与方法，加强理论联系实际，培养学生解决工程实际问题的能力；使学生结构力学概念清晰，结构计算方法明确，逻辑分析能力提高；避免工程质量事故，思政育人有实效。

　　具体目标如下：

　　【知识目标】系统掌握工程结构分析的基本理论、原理与分析方法；掌握机动分析的原理与方法、静定与超静定结构的内力与位移计算、静定结构影响线的画法与应用，了解矩阵位移法的基本原理，能有效运用结构力学知识对结构进行分析计算及优化设计，以及对工程中的复杂力学问题进行分析研究，并获得合理有效的结论。

　　【能力目标】（1）分析能力，具备将复杂工程问题简化成力学模型的建模研究能力，以及选择计算方法的能力；（2）计算能力，具有对各种静定和超静定结构确定计算步骤和进行计算的能力，具有将计算结构准确表达的能力，初步具有使用结构程序的能力；（3）判断能力，具有对计算结果进行校核的能力，具有对结构内力分布和变形的合理性作出定性判断的能力；（4）自学能力，消化已有知识和摄取新知识的能力；（5）语言表达和沟通能力，能用准确的语言表达分析计算结果，并具有与同学、老师良好沟通的能力；（6）团队协作能力，具有和团队成员共同协作完成计算任务的能力。

　　【思政目标】（1）使学生能领略自然科学的奇妙与和谐，发展对科学的好奇心与求知欲，乐于探究科学的奥秘，能体验探索自然规律的艰辛与喜悦；（2）培养端正的学习态度、良好的学习习惯、严谨求实的科学态度；（3）具有良好的职业道德和职业精神；（4）发展力学素养、专业结构计算能力、分析问题与解决问题的能力；（5）强化表达能力、沟通能力，敢于坚持正确观点，勇于改正错误，具有团队意识和合作精神；（6）培养自主学习和终身学习的理念；（7）增强爱国主义精神和民族自豪感，以及工程技术人员的责任感和使命感；（8）关心国内外科技发展现状与趋势，有振兴中华的使命感与责任感，有将科学服务于人类的意识。

（三）教学内容

　　本课程的教学内容为教材《结构力学（上册）》（李廉锟主编）的全部内容，具体教学内容与教学要求如表3.3所示。

表3.3　课程教学内容与教学要求

知识单元		知识点		教学要求
序号	描述	序号	描述	
1	绪论	1.1	结构力学的研究对象与任务	了解结构力学课程的性质和讨论的内容；了解杆件结构分类；了解选取结构计算的原则；初步了解杆件结构怎样简化为计算简图；了解结构力学的学习方法；掌握杆件结构常见支座和结点的基本类型及计算简图的变形和受力特点
		1.2	荷载的分类	
		1.3	结构的计算简图	
		1.4	支座和结点的类型	
		1.5	结构的分类	
2	平面体系的机动分析	2.1	概述	了解有关几何组成分析概念；掌握 W 的计算；掌握几何不变体系组成规律并能进行构造分析；掌握几何构造与确定性之间的关系；熟练掌握单跨静定梁的内力计算；能对常见平面体系进行机动分析
		2.2	平面体系的计算自由度	
		2.3	几何不变体系的基本组成规则	
		2.4	瞬变体系	
		2.5	机动分析示例	
		2.6	三刚片体系中虚铰在无穷远处	
		2.7	几何构造与静定性的关系	
3	静定梁与静定刚架	3.1	单跨静定梁	熟练掌握单跨静定梁的内力计算；能应用叠加原理做结构 M 图；熟练掌握多跨静定梁的内力计算；熟练掌握刚架内力的计算；熟练掌握 M 图的绘制方法；会对主从结构进行受力分析，并作出结构的内力图
		3.2	多跨静定梁	
		3.3	静定平面刚架	
		3.4	少求或不求反力绘制弯矩图	
		3.5	静定结构的特性	
4	静定拱	4.1	概述	了解三铰拱的受力特点；掌握三铰拱的内力计算方法；了解三铰拱合理拱轴线的含义；会对各种三铰拱进行受力分析和内力计算
		4.2	三铰拱的计算	
		4.3	三铰拱的合理拱轴线	
5	静定平面桁架	5.1	平面桁架的计算简图	了解理想静定桁架的基本假设与受力特点、桁架各部分的名称及桁架的基本类型；掌握结点法的基本原理和应用其计算结构杆的内力；熟练判断内力零杆；掌握截面法的基本原理和应用截面法计算结构杆的内力；能正确灵活地截取隔离体和运用平衡条件求出桁架各杆轴力；掌握组合结构计算方法
		5.2	结点法	
		5.3	截面法	
		5.4	结点法和截面法的联合应用	
		5.5	常用梁式桁架的比较	
		5.6	组合结构的计算	
6	结构位移计算	6.1	概述	掌握位移的概念；理解位移与变形的区别和联系；理解变形体的虚功原理的来龙去脉；理解虚功的概念；掌握变形体的虚功原理及虚功原理的两种应用；理解荷载单独作用下结构位移计算的原理；掌握荷载作用下结构位移计算的方法；理解图乘法的原理，会用图乘法计算梁和刚架位移；理解温度变化时静定结构位移计算的方法；掌握静定结构支座移动时的位移计算；理解线弹性结构的互等定理
		6.2	变形体的虚功原理	
		6.3	位移计算的一般公式　单位荷载法	
		6.4	静定结构荷载作用下的位移计算	
		6.5	图乘法	
		6.6	静定结构温度变化时的位移计算	
		6.7	静定结构支座移动时的位移计算	
		6.8	线弹性结构的互等定理	

续表3.3

知识单元		知识点		教学要求
序号	描述	序号	描述	
7	力法	7.1	概述	学会利用解除约束法确定超静定结构的次数；能准确选取超静定结构的基本结构和基本体系；理解力法求解超静定结构的原理和力法及典型方程建立的过程；明确力法基本方程的物理意义；能熟练应用力法求解超静定结构；掌握对称结构半边结构的取法；准确理解对称性的概念；掌握利用对称性进行简化计算的方法；掌握超静定结构的位移计算；会进行超静定结构的内力校核；了解温度变化和支座移动时超静定结构的内力和位移计算
		7.2	超静定次数的确定	
		7.3	力法的基本概念	
		7.4	力法的典型方程	
		7.5	力法的计算步骤和示例	
		7.6	对称性的利用	
		7.7	超静定结构的位移计算	
		7.8	最后内力图的校核	
		7.9	温度变化时超静定的计算	
		7.10	支座移动时超静定结构的计算	
		7.11	超静定结构的特性	
8	位移法	8.1	概述	掌握等直杆的转角位移方程；掌握位移法基本未知量与基本结构的确定方法；掌握位移法原理与计算步骤；能用位移法计算超静定结构内力；理解由平衡条件直接建立典型方程的方法；掌握利用对称性求解对称结构
		8.2	等截面直杆的转角位移方程	
		8.3	位移法的基本未知量和基本结构	
		8.4	位移法的典型方程和计算步骤	
		8.5	直接由平衡条件建立位移法基本方程	
		8.6	对称性的利用	
9	力矩分配法	9.1	概述	熟练掌握力矩分配法的基本概念：转动刚度、分配系数和传递系数的物理意义和用途；熟练应用力矩分配法计算只有一个刚结点刚架在荷载的内力
		9.2	力矩分配法的基本原理	
		9.3	力矩分配法计算连续梁和无侧移刚架	
10	矩阵位移法	10.1	概述	理解矩阵位移法的原理；掌握自由单元刚度矩阵的形成方式；会对单元刚度矩阵进行坐标转换；掌握支撑条件的处理方式；了解非结点荷载处理的原理，会对非结点荷载进行等效处理；了解矩阵位移法的解题步骤
		10.2	单元刚度矩阵	
		10.3	单元刚度矩阵的坐标变换	
		10.4	结构的原始刚度矩阵	
		10.5	支承条件的引入	
		10.6	非结点荷载的处理	
		10.7	矩阵位移法的计算步骤和示例	
		10.8	几点补充说明	

续表3.3

知识单元		知识点		教学要求
序号	描述	序号	描述	
11	影响线及应用	11.1	概述	理解影响线的概念；掌握静力法画影响线的步骤，并且能熟记简支梁的支座反力和截面内力(弯矩和剪力)影响线；能熟练运用已知量值影响线作新量值影响线；掌握间接荷载作用下的影响线；掌握静力法作桁架影响线，会用静力法做多跨静定梁的影响线；掌握机动法做影响线的原理，会用机动法做常见结构的影响线；掌握利用影响线求固定荷载作用下的量值；通过学习，掌握如何确定最不利荷载位置，从而求解某量值的极值
		11.2	用静力法作单跨静定梁的影响线	
		11.3	间接荷载作用下的影响线	
		11.4	用机动法作单跨静定梁的影响线	
		11.5	多跨静定梁的影响线	
		11.6	桁架的影响线	
		11.7	利用影响线求量值	
		11.8	最不利荷载位置	
		11.9	简支梁的绝对最大弯矩	
		11.10	简支梁的内力包络图	
		11.11	超静定结构影响线作法概述	
		11.12	连续梁的均布活载最不利位置及内力包络图	

(四)课程思政

课程思政教学设计如表 3.4 所示。

表 3.4　结构力学课程思政设计

序号	章节内容	思政元素融入思路
1	第 1 章 绪论	1.通过介绍我国各类工程结构取得的伟大成就，增强学生的文化自信、民族自豪感；同时引导学生关注行业动态，了解学科发展； 2.学习结构的计算简图时，强调"抓大放小，抓主要矛盾，忽略次要矛盾""化繁为简"的力学思维方式； 3.学习组合结点时，强调组合结点与铰结点的区别，引导学生规范书写表达，培养严谨的科学态度； 4.课后拓展部分，要求同学们了解北京大兴国际机场——结构的建设规模、建设特点、文化特色、技术难题等，引导学生自主学习，关注我国重大工程建设，养成终身学习的意识

续表3.4

序号	章节内容	思政元素融入思路
2	第2章 几何组成分析	1.通过沪苏通长江公铁大桥——我国基础建设的伟大成就(爱国主义情怀),导入平面体系几何组成分析的必要性; 2.通过引导学生将二元体规则、两刚片规则与三刚片规则的比较,发现三者的区别和联系,引导学生要善于归纳总结,认清本质规律; 3.通过对一个体系几何组成分析的多思路的探讨,引导学生多角度看问题,透过现象看本质,促进学生科学价值观的建立; 4.通过对一个体系几何组成分析时刚片选择的探讨,指出刚片的选择是一个不断试错的过程,鼓励学生勇于尝试,让学生明白不怕失败,就怕思维的懒惰; 5.通过布置课后思考题目和课后拓展题目,开阔学生视野,引导学生对学习的知识进一步探索,激发学生的求知欲和自主学习意识
3	第3章 静定梁与静定刚架	1.通过工程案例——阳台垮塌事件的分析,强化工程伦理教育,培养学生的职业道德与职业精神; 2.学习"区段叠加法"时,指出如何进行叠加?哪些情况下可以叠加?引导学生掌握本质规律,并能融会贯通、灵活应用; 3."控制截面法"是计算静定梁与静定平面刚架基本的方法,而梁和刚架是结构力学的基础,强调要夯实基础; 4.对多跨静定梁、静定平面刚架的分析计算时,通过与单跨梁的比较,明确它们计算的区别和联系,引导学生明确知识的前后关联性,不能将知识点独立起来,不能孤立的学习知识,培养事物之间普遍联系性的哲学思想; 5.通过对多跨静定梁计算顺序的分析,指出不能随心所欲,而是要按科学规律分析计算; 6.学习不求或少求反力绘弯矩图时,其中一种技巧是利用对称性绘制 M 图;对对称性结论的得出,充分体现结构受力的"和谐"之美; 7.静定梁和静定刚架绘制 M 图是结构力学的基本功,引导学生要勤学苦练,要有迎难而上、不怕困难的勇气和毅力,为后续超静定结构的分析计算牢固基础
4	第4章 静定拱	1.通过介绍赵州桥的基本情况、受力特点,感受我国传统文化的魅力与古代科技的发展水平,增强学生的文化自信; 2.重庆朝天门长江大桥(552 m)和平南三桥(575 m)是目前世界上跨径最大的 2 座钢桁架拱桥,引导学生关注专业发展动态,感受我国桥梁建设的伟大成就,激发学生科技报国的家国情怀; 3.通过三铰拱支座反力、内力计算与相应简支梁支座反力、内力之间的比较,引导学生将知识串联起来学习,不能孤立的学习某个知识点,培养事物之间普遍联系性的哲学思想; 4.学习三铰拱的合理拱轴线时,引导学生理解处理问题的方法——寻求最优方案,同时认识理想与现实的关系

续表3.4

序号	章节内容	思政元素融入思路
5	第5章 静定平面桁架	1.通过我国钢桁架桥梁——武汉长江大桥、南京长江大桥、沪苏通长江公铁大桥这三座有代表性的桥梁介绍，感受我国桥梁建设取得的伟大成就，激发学生科技报国的家国情怀； 2.通过比较桁架结构与梁在竖向荷载作用下内力分析，将桁架结构内力分析与梁的内力分析联系起来，进一步通过计算判断杆件的受力状况，培养学生力学分析思维； 3.组合结构包含梁式杆和二力杆的结构，通过发挥二者各自的优势来共同承担荷载，体现了合作共赢的理念； 4.利用结构的对称性判断桁架的零杆，引导学生学会化解矛盾，适当的学会妥协，才能和谐共处； 5.课后拓展部分通过让学生查阅相关资料，了解木桁架、钢桁架结构中杆件与杆件之间的连接方式，结点是如何形成的，引导学生了解相关专业知识，促进学科交叉学习，培养学生终身学习的意识
6	第6章 结构位移计算	1.结构位移计算的理论基础是虚功原理。通过虚功原理比较抽象，不好理解，鼓励同学们要勇于攻克难关，迎难而上解决困难； 2.位移计算的一般公式的得出，是忽略了高阶微量影响的。因此工程结构分析的策略是抓大放小，忽略次要部分的影响，才能简化计算，从而引导学生在实际生活、工作中也要学会抓住主要矛盾，忽略次要矛盾； 3.通过图乘法有三个适用条件，基于这些条件才能得到图乘法简洁的计算公式，引导学生在学习时注意各种公式的使用范围，也就是公式的使用是有底线的，而做人做事也应该是有底线的，培养底线思维； 4.通过图乘法的计算公式是力学公式与数学方法的完美结合才得到了简洁的计算公式，引导学生树立力学思维方式； 5.用图乘法计算结构位移时情况多种多样，但只要掌握图乘的本质规律，就可以不变应万变； 6.通过分析20世纪我国桥梁建设伟大成就——虎门大桥晃动的原因，激发同学们爱国主义热情和民族自豪感，引导同学们发奋图强、努力学习，为祖国的工程事业贡献力量； 7.通过对实际工程问题的抽象和简化，培养学生力学式思维方式和思辨能力； 8.课后拓展部分通过让学生查阅相关资料，了解港珠澳大桥的整体布局、建设规模、设计理念、文化特色等，引导学生了解相关专业知识，促进学科交叉学习，培养学生终身学习的意识
7	第7章 力法	1.力法的核心思想是把超静定问题转化为静定问题进行求解，这就指出了解决问题的思路就是用现有的知识解决新问题； 2.通过对工程事故的原因分析，强化学生工程伦理意识、职业道德和职业精神； 3.工程中的大部分结构均为对称结构，举例故宫、港珠澳大桥等，展示我国传统文化和现代桥梁建设，增强学生的爱国主义情怀和文化自信； 4.用力法计算完成超静定结构的内力图之后，要保证内力图的正确性，就应当进行内力图的校核，工程设计也是如此，安全是第一位的； 5.通过温度变化和支座移动时超静定的内力和位移计算这个难点，鼓励同学们要有迎难而上，追求进步的勇气和毅力； 6.通过力法计算超静定结构步骤多，特别容易出错，引导学生要每一步踏实稳重，对计算结果的正确性要有判断方法

续表3.4

序号	章节内容	思政元素融入思路
8	第8章 位移法	1.通过工程事故的案例分析，让学生明白将来从事的工作要承担的责任，树立责任与担当意识； 2.通过工程软件的理论基础就是位移法，引导学生了解和学习使用工程软件，培养自主学习和终身学习的意识； 3.使用位移法的过程中，需要作出基本结构在单位结点位移和荷载作用下的弯矩图，强调基本结构一定要画完整，没有附加刚臂和附加支座链杆的基本结构本质上是不对的，以此培养学生严谨的科学态度； 4.位移法在结构力学课程中是个难点，鼓励学生要大胆探索，不怕困难，战胜自我； 5.通过课堂讨论位移法的重点和难点，强化表达能力、思辨能力和沟通能力
9	第9章 渐进法	1.力矩分配法的理论基础是位移法，但是又不同于位移法，引导学生树立传承与创新意识； 2.力矩分配法是渐进法的一种，对于多结点的连续梁和无侧移的刚架，需要通过多次渐进逐渐接近精确解，这就说明要取得成功不是一蹴而就的，需要日积月累，才能学好本事、建功立业
10	第10章 矩阵位移法	1.通过矩阵位移法的核心思想是"化整为零、集零为整"，向学生传递一种解决问题的思路，引导学生要跳出原有(位移法)框架，不断完善自己看待世界、思考问题的方式； 2.通过工程案例分析，让学生了解行业规范，引导学生树立严谨求实的工程设计理念
11	第11章 影响线及其应用	1.作静定结构的影响线时，强调原图、每一个量值的影响线要对齐，作图要注重细节，有规范、规矩意识； 2.以实际工程结构——矮寨大桥的荷载试验引出最不利荷载位置，引导学生树立精益求精的工匠精神； 3.通过最不利荷载位置必须经过科学的分析、计算才能得到，不能依靠感觉判断，培养学生养成严谨求实的科学态度； 4.通过对比分析作静定结构的影响线与作静定结构内力图的区别和联系，明确事物的普遍联系性，将知识前后关联起来学习； 5.由量值取得极大值和极小值的条件，说明一个问题，即该改变的时候改变，不该改变的时候就不能变，比如积极进取的心不能变，无论现在、将来，任何时候都要保持一颗不断学习的心态

(五)教学方法

基于结构力学课程逻辑性强、计算方法多样、计算灵活、理论与实践联系密切，要求使学生能准确理解基本概念和基本原理，通过多思、多练达到灵活解题的目的，注重知识的融会贯通；基础知识牢固，熟练掌握静定结构内力图的作法，以此为基础逐层展开。同时要理论联系实际，树立"以学习为中心，能力为重点，关注学生学习过程"的教学理念，不断拓展结构力学课程在培养学生创新思维、个性发展、可持续发展和终身学习能力中的功能与作用。重点体现如何有效地组织学生积极参与、互动、互学，引导、帮助和促进学生在"学中做""做中学"，进而在探究问题和解决问题的过程中学会综合利用知识、内化和自主构建学科知识。

教学采用线上线下相结合、板书与多媒体相结合方式，灵活运用模型教具、动画视频等多种现代化教学手段。为达成教学目标，充分调动学生学习的积极性，针对不同的教学内容、教学目标及学生具体情况综合应用多种教学方法，主要有：

（1）理论联系实际，强调力学概念。

授课过程中特别强调各种结构、各种计算方法的力学概念及基本原理，并结合工程实际讲授，使抽象的知识形象化，更容易理解和掌握。

（2）实际工程结构问题导入法。

在学习重要的知识点时以实际工程结构中存在的问题导入，引导学生发现问题，主动参与思考，围绕发现问题、分析问题、解决问题、总结规律主线，理解结构力学的知识在工程实际中的作用。

（3）启发式教学。

在课程讲授过程中，着重引导学生自己发现问题、解决问题；可以采用设置一个问题引导学生思考，也可以让学生在学习讨论、研讨中自己发现问题，再一步步引导学生找到解决问题的办法。

（4）课堂讨论法。

对于教学过程中的重点、难点、易错点，教师抛出合适的问题，学生分组讨论，在教师的引导下得出相关结论。学生在学习的过程中学会主动探究、主动思考。

（5）归纳总结法。

在学习时不仅要掌握知识点，而且要将知识点用心梳理，寻出脉络，使之条理化；要能左右联系，前后呼应，融会贯通，连缀成网。因此在授课过程中让学生学会"寻脉结网"，学会对每一种结构、每一种计算方法进行归纳总结；引导学生一起梳理各知识点之间的逻辑关系，并绘制思维导图，使零散知识点形成有机整体，从而全面掌握知识体系。

（6）练习法、先练后讲法。

结构力学解题灵活多变，必须通过多练才能灵活运用所学知识。课堂练习主要是对每种结构、每种方法的典型例题进行练习，要理清解题思路，明确逻辑关系。通过大量的习题练习，把别人的、书本上的知识变成自己的，化他为己，让知识落地生根。

（六）课程考核

课程考核采用"6+2"考核方式。"6"是过程考核的考核次数，"2"是终结考核次数。

过程考核成绩占总成绩的40%：平时作业成绩占15%，课堂测验成绩占5%，线上测试成绩占5%，线上学习成绩占5%，课堂、线上讨论成绩占5%，大作业（文献查找、科研报告、建模分析报告等）成绩占5%，以及课堂出勤成绩（缺勤扣分）。

终结考核，即期末考试，占总成绩的60%，由机试和笔试组成，考核内容覆盖教学大纲全部内容，重点覆盖率为90%。

机试占18%，时长1小时，采用闭卷考试方式，主要题型是选择题、判断题，由计算机直接组卷出题。考查学生对结构力学基本概念、基本原理、基本方法的掌握情况。

笔试占42%，时长2小时，采用闭卷考试方式，主要题型是计算题、综合分析题。分值100分，试题总体难度适中，较难题15分左右。计算题为有标准答案题型，主要考查学生对结构力学基本原理、结构计算方法的掌握程度；综合分析题为非标准答案题型（10分），考查学生独立思考、独立解决问题的能力，学生的力学素养、探索精神，以及对行业动态、学科前沿的了解情况。

过程考核与期终考核具体考核评价方式如表3.5所示。

表 3.5 课程考核评价表

考核项目		考核方法	考核目的	考核人
过程考核 （40%）	平时作业（15%）	根据作业完成质量、完成程度	知识巩固情况、 计算能力、 判断能力、表达能力	教师
	线上学习（5%）	线上发布的学习任务、平台视频观看	自学能力	系统生成
	课堂测验（5%）	对重难点内容用选择题、判断题、计算题方式考核	重难点掌握情况	教师
	线上测试（5%）	对每章节内容用选择题、判断题方式考核	基础知识掌握情况	系统生成
	课堂、线上讨论（5%）	学生发言、发帖、讨论数据	思维拓展、沟通交流、 团队协作、语言表达	小组+系统
	大作业 （5%）	文献搜集整理、科研报告撰写情况	科研能力、自学能力、 分析能力、探究能力	教师
期终考核 （60%）	机试（18%）	选择题、判断题、填空题	基础知识掌握情况	系统生成
	笔试（42%）	计算题、综合分析题	计算能力、判断能力、 综合分析能力	教师

3.1 截面法作单跨静定梁的内力图

基本信息			
教学主题	截面法作单跨静定梁的内力图	课时安排	1课时(45分钟)
所在章节	第3章 静定梁与静定刚架/第1节 单跨静定梁		

【教学目标】

❖ **知识目标**

熟练掌握截面法计算单跨静定梁内力方法;掌握直梁内力图的形状特征;熟练掌握单跨静定梁的内力计算步骤;能够熟练绘制单跨静定梁的弯矩图。

❖ **能力目标**

通过学习、课堂讨论等活动,学生应能理解内力(弯矩、剪力、轴力)的正负号规定,学会用截面法计算截面内力,培养逻辑思维能力;通过归纳和总结,理解直梁内力图的形状特征,培养抽象概括能力;通过课堂练习,理解单跨静定梁解题的思路,学会使用截面法计算截面内力,探索快速作单跨静定梁的弯矩图的方法,提高综合运用所学知识和技能解决问题的水平。

❖ **素质目标**

通过学习讨论、习题练习,让学生积极参与到教学活动中,感受到结构力学充满了探索性与创造性,从而产生求知的欲望,激发探究热情,并培养求实的科学态度,独立思考、独立解决问题的能力。同时强调梁的受力特点是弯曲变形,这意味着梁结构必有一部分受拉的区域,因此梁结构必须采用抗拉的材料如木梁、钢梁等。若采用混凝土梁,则在受拉区域必须按规范要求配备足够的受拉钢筋,若偷工减料如少配或不配钢筋,则将发生严重的工程事故。作为工程师,必须对工程项目的安全与质量负责,绝不允许出现豆腐渣工程。要使学生培养安全责任意识。还要了解学科发展动态,关注学科前沿。

【教学重点与难点】

❖ **教学重点**

(1)截面法计算单跨静定梁内力。

(2)截面内力 M、F_s 正负号判断。

(3)直梁内力图的形状特征。

❖ **教学难点**

截面内力 M、F_s 正负号判断。

【教学思路与方法】

❖ 内容分析

截面法作单跨静定梁的内力图，是本节课的重点内容，而截面法是结构力学的基础，所谓"基础不牢，地动山摇"，会用截面法、用好截面法对结构内力图的作法至关重要。

本节课的内容严格来说难度不大，而且材料力学已经用过，但结构力学上的用法与材料力学不同。截面法非常重要，并且应用时灵活多变。其难点在于灵活运用、触类旁通，这需要学生做大量的练习来掌握。

❖ 教学设计整体思路

内容回顾(材料力学单跨静定梁内力图作法) → 新课导入(提出问题) → 新课展开(单跨静定梁种类、内力的计算原理、截面法原理、内力正负号规定等) → 总结(归纳所学知识点) → 拓展延伸(了解学科发展动态、理论联系实际) → 课后(进一步思考所学知识) → 下节内容+预习要求。

❖ 主要教学方法

讲授法，思考互动法，设疑启发法，练习法，对比分析法，课堂讨论法，先练后讲法，归纳总结法。

【教具】

电脑、投影仪、多媒体课件、板书、教鞭、动画视频。

教　学　过　程

◆ 内容回顾

几何组成分析方法与步骤如图 3.1 所示。

复习巩固
温故知新
引出下文

思考互动、设问法：回顾几何组成分析有什么作用？如何开展几何组成分析？计算自由度的计算方式是什么，有什么作用？三个组成规则的表述及应用方式是什么？

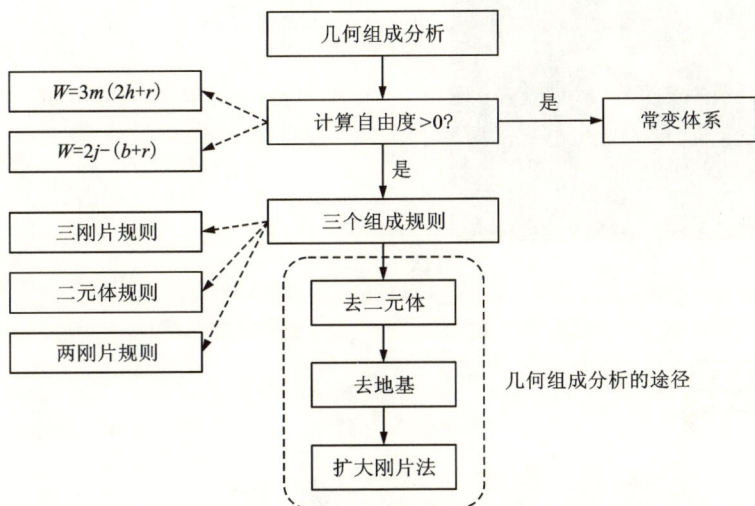

图 3.1　几何组成分析方法与步骤

◈ 作业完成情况总结分析

作业评析：
（1）总结作业整体情况；
（2）分析作业中普遍存在的问题；
（3）对作业中的难点进行讲解。
上节课课后思考题：
（1）对上节课课后思考题学生网上讨论结果进行分析总结；
（2）对学生学习中的难点进行讲解讨论。

◈ 课堂导入

如图 3.2 所示，提出问题：悬臂梁在结构自重作用下，钢筋如何摆放？总结：引出静定结构内力计算的方法：截面法。

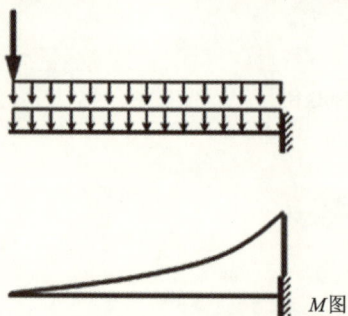

图 3.2　阳台垮塌事故及阳台计算简图

◆ 课程展开

一、单跨静定梁种类

单跨静定梁分类如图3.3所示。

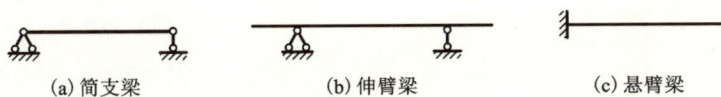

(a) 简支梁　　　(b) 伸臂梁　　　(c) 悬臂梁

图3.3　单跨静定梁分类

二、内力计算

(一) 计算原理

能力平衡方程：

$$\begin{cases} \sum F_X = 0 \\ \sum F_Y = 0 \\ \sum M(\cdot) = 0 \end{cases}$$

(二) 内力正负号规定 (难点)

内力正负号规定如图3.4所示。

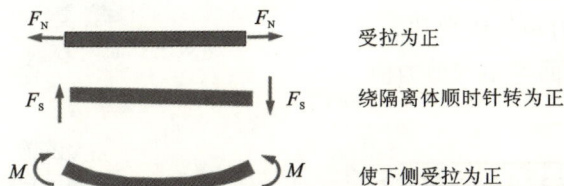

F_N ◄———————► F_N　　受拉为正

F_S ↑———————↓ F_S　　绕隔离体顺时针转为正

M ⌣———————⌣ M　　使下侧受拉为正

图3.4　内力正负号规定

【课堂讨论】如何理解弯矩是下侧受拉为正？如何判断弯矩的正负？如何理解剪力是绕隔离体顺时针转为正？如图3.5所示，悬臂梁是弯矩吗？它为正值还是负值？剪力是正值还是负值？

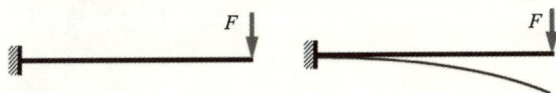

图3.5　课堂讨论题

【总结】

(1) 在截面弯矩或者荷载的作用下，使杆往哪侧凸，凸的一侧使纤维伸长，就是受拉侧；

(2) 有时不必判断弯矩的正负，直接判断荷载使梁哪侧受拉即可，

学习新知
解决问题

讲授法、启发法：讲清楚单跨梁的种类，内力计算的基本原理——静力平衡条件。

这部分内容在材料力学前续课程中学过，可快速带过。

内力的正负号判断是难点，很多同学估计记不清楚了，要梳理清楚，真正理解，学会快速、准确判断正负号。最重要的是弯矩的正负号判断：下侧受拉为正。如何判断下侧受拉？【设疑启发】

小组合作　思考探究
沟通表达　思政育人

课堂讨论：同学们在讨论时，教师可巡视，查看同学们讨论情况，及时发现问题，解决同学们的疑问。教师引导同学们思考杆件的受拉、受压与变形的关系，是否可通过变形判断正负。【引导启发】

讨论完成后每组派出代表表述该组讨论结果。引导学生判断内力的正负。只要掌握了弯矩和剪力的判断方式，其他情况是一样的。

★ 课程思政

万变不离其宗，以不变应万变无论荷载在左侧或右侧或向上或向下一样道理。

上侧受拉即为负，下侧受拉即为正；

（3）隔离体在两端剪力的作用下，形成的是顺时针方向的力偶，剪力为正值。

（三）计算方法：截面法（重点）

如图3.6所示，将结构沿拟求内力的截面截开，取任一侧为隔离体，建立隔离体的静力平衡方程，求解内力。

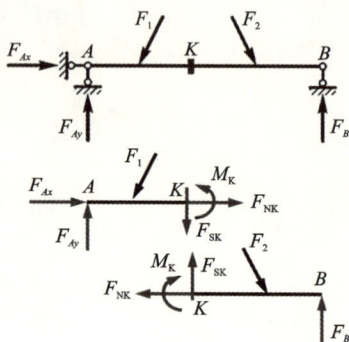

图3.6 隔离体的受力图

【思考】K 截面内力的正方向是什么？

【总结】很多时候不必专门作出隔离体的受力图，可根据一侧外力直接求解内力。

（1）轴力＝截面一侧所有外力沿截面法线方向投影的代数和；

（2）剪力＝截面一侧所有外力沿截面方向投影的代数和；

（3）弯矩＝截面一侧所有外力对截面形心力矩的代数和。

例1：如图3.7所示，用截面法求 A、B 截面弯矩和剪力值。

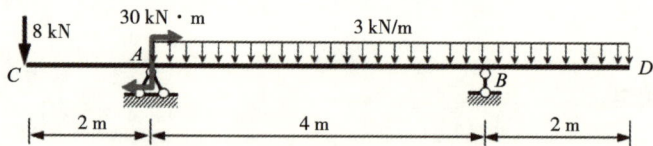

图3.7 例1题图

解：（1）求支座反力 $F_{YA}=9$ kN，$F_{YB}=17$ kN

（2）求截面内力

$M_A^L=-16$ kN·m，$M_A^R=14$ kN·m

$F_{SA}^L=-8$ kN，$F_{SA}^R=1$ kN

$M_B=-6$ kN·m，$F_{SB}^R=6$ kN，$F_{SB}^L=-11$ kN

【总结】（1）集中力偶作用处，弯矩有突变；（2）集中力作用处，剪力有突变。

（四）内力图作法

由每一截面内力组成的图形称为内力图，如图3.8所示。

学习新知
逻辑思维

讲授法、设疑启发法：截面法为本节重点内容，讲清楚截面法求解内力的方法、步骤。

特别强调：（1）隔离体的受力图的画法。受力图包含哪些力？【设疑启发】

从原结构原封不动地取出来，再加上截面内力。（2）给同学们2分钟时间，可根据自己的理解画 K 截面内力的正方向，然后讲解正方向画法。（3）在前面基础上，总结快速判断内力的正方向，尤其是弯矩的正方向。

归纳总结法：通过学习，表明求截面内力值时，也可不必画出隔离体的受力图，根据一侧隔离体上的外力直接求解截面内力。同学们在做题目的时候注意体会、理解，可快速求出截面内力。

实践练习
掌握技巧

练习法、先练后讲：图示例1，教师可示范求解一个截面内力 A，请同学们来求支座反力和截面内力 B，如果同学们可快速求出，教师则少讲，大部分求解有难度，可多讲。

引导：A 截面上作用有集中力偶、集中力（支座反力），因此左右两侧的弯矩和剪力均是不一样的。B 截面上作用有集中力（支座反力），因此左右两侧的剪力均是不一样的。

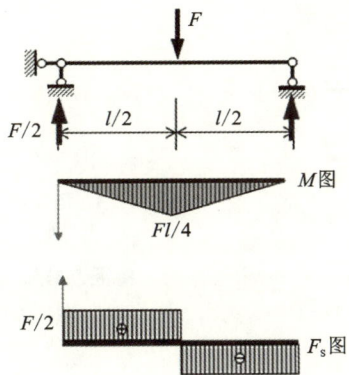

图 3.8　内力图

（1）基线：平行于杆轴线的直线，表示截面位置；
（2）竖标：表示每一截面内力数值，垂直于基线。

注意：①弯矩图画在受拉侧，不标正负号。②F_S图、F_N图正值画在基线上方，负值画在基线下方，标明正负号。

三、直梁内力图的形状特征（重点）

（1）无荷载作用区段，弯矩图的特点是（　　　）
（2）无荷载作用区段，剪力图的特点是（　　　）
（3）均布荷载作用区段，弯矩图的特点是（　　　）
（4）均布荷载作用区段，剪力图的特点是（　　　）

A. 水平线　　　　　B. 抛物线，凸向与荷载指向一致
C. 斜直线　　　　　D. 抛物线，凸向与荷载指向相反

（5）集中荷载作用点处，弯矩图的特点是（　　　）
（6）集中荷载作用点处，剪力图的特点是（　　　）
（7）集中力偶作用点处，弯矩图的特点是（　　　）
（8）集中力偶作用点处，剪力图的特点是（　　　）
（9）铰结点处，弯矩图的特点是（　　　）
（10）铰结点处，剪力图的特点是（　　　）

A. 有尖角　　　　　B. 有突变
C. 无影响　　　　　D. 为零

【总结】直梁内力图形状特征见表3.6。

表3.6　直梁内力图形状特征

梁上情况	无荷载段	$q(x)$=常数均布荷载段	横向集中力F作用	集中力偶M作用	铰处
剪力图	水平线	斜直线	为0处	有突变（突变值=F）	无影响	无影响
弯矩图	斜直线	抛物线（凸向同q指向）	有极值	有尖角（尖角指向同F）	有极值	有突变（突变值=M）	为0

例2：作图3.9所示结构的弯矩图和剪力图。

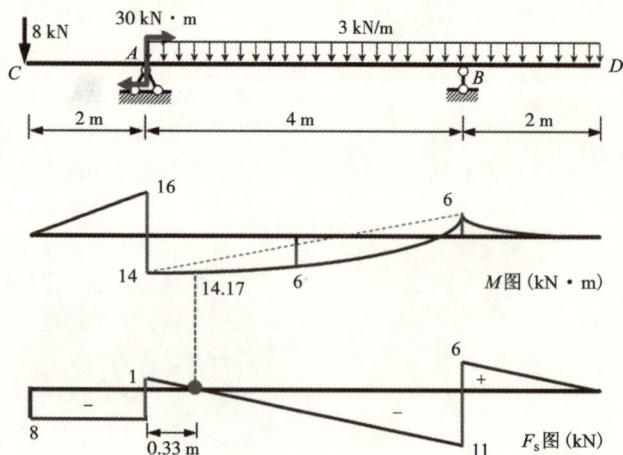

图3.9　例2题图

解决问题：如图3.10所示，悬臂梁在结构自重作用下，钢筋如何摆放？

图3.10　解决问题图

结论：根据悬臂梁所受的外力，可以快速作出梁的弯矩图。由于钢筋是用来受拉的，因此应布置在阳台的上侧，且越靠近根部，钢筋应数量越多。

◆ 总结

单跨静定梁内力计算的截面法如图3.11所示。

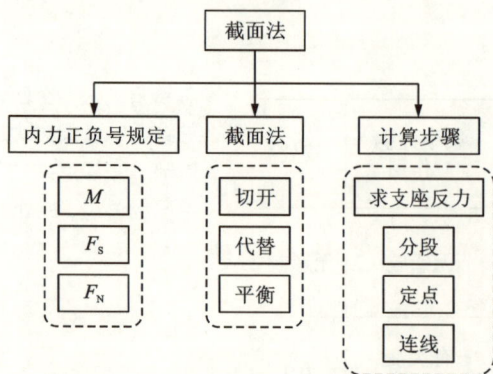

图3.11　单跨静定梁内力计算的截面法

实战练兵
动手动脑

练习法、先练后讲：例1中已经求出A、B点的弯矩、剪力值，在例1的基础上，直接根据内力图的形状特征连线即可。通过例2的课堂练习达到加深理解的目的。

结合工程
解决问题
实际应用

★ 课程思政
责任意识、安全意识。强调梁的受力特点是弯曲变形，这意味着梁结构必有一部分受拉的区域。若采用混凝土梁，则在受拉区域必须按规范要求配备足够的受拉钢筋，若偷工减料如少配或不配钢筋，则将发生严重的工程事故。作为工程师，必须对工程项目的安全与质量负责，绝不允许出现豆腐渣工程。

归纳总结
梳理知识
消化巩固

◈ 拓展延伸

（1）查阅建筑、桥梁结构相关资料（见图 3.12），实际结构中哪些结构可简化为简支梁、伸臂梁、悬臂梁进行计算？

图 3.12　资料图

（2）请同学们查阅相关文献资料，了解结构力学的重要成就，并进行简要的梳理概括，并写成小论文。

◈ 课后作业

【作业】教材 P50：3-1、3-2、3-4。

【思考题】

（1）作图 3.13 所示斜梁结构的 M 图、F_S 图、F_N 图，观察其内力图与直梁 M 图、F_S 图的区别和联系。

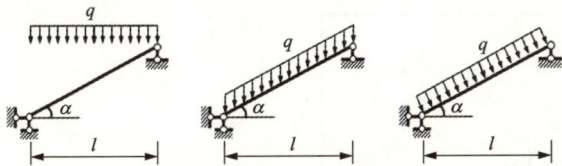

图 3.13　思考题

（2）为什么结构力学中先做结构的弯矩图，再作结构的剪力图？

◈ 下节内容+预习要求

【下节内容】

区段叠加法作 M 图+课堂练习（理论课+习题课）：（1）叠加的原理概念、适用条件；（2）区段叠加法作 M 图的步骤；（3）通过练习题实战练兵，巩固知识，学会应用。

【预习要求】

（1）预习时间：30～40 分钟；（2）完成下节内容的微视频学习；（3）完成教材 3.1 节内容的学习；（4）阅读相关参考资料；（5）做好预习笔记，包括自己的看法和体会，记录不懂的和有疑问的地方。

◈ 课余教学

◆ "学银在线"教学平台资料和微视频学习；

丰富知识
拓展能力
课后拓展：理论联系实际，观察实际桥梁结构、建筑结构中，可简化为简支梁、伸臂梁、悬臂梁的情况。

★ 课程思政
了解学科动态，了解结构力学的发展历程和重要成就，并进行归纳整理，在相关文献平台上查找资料，利用互联网的强大功能助推知识掌握。

思考探究
逻辑思维

思考知识之间的紧密关系，培养主动学习、主动探究的逻辑思维能力。

自主学习
养成习惯
学而时习

教育的目的是养成自己学习自己研究，用自己的头脑来想、用自己的眼睛来看、用自己的手来做的精神。

◆ "学银在线"教学平台学习在线测试；

◆ 教学平台互动讨论、交流；

◆ 在线学习答疑；

◆ 图书馆数字资源。

◆ 板书设计

【固定板书】

固定板书如图 3.14 所示。

```
                    3-1  单跨静定梁
一、单跨静定梁种类
二、内力计算
        (一)计算原理
        (二)内力正负号规定
        (三)计算方法：截面法
        (四)内力图作法
三、直梁内力图的形状特征
```

图 3.14 固定板书

【机动板书】

机动板书如图 3.15 所示。

例1：

解 $F_{YA} = 9$ kN, $F_{YB} = 17$ kN

$M_A^L = -16$ kN · m, $M_A^R = 14$ kN · m

$F_{SA}^L = -8$ kN, $F_{SA}^R = 1$ kN, $M_B = -6$ kN · m, $F_{SB}^R = 6$ kN, $F_{SB}^L = -11$ kN

例2：

解

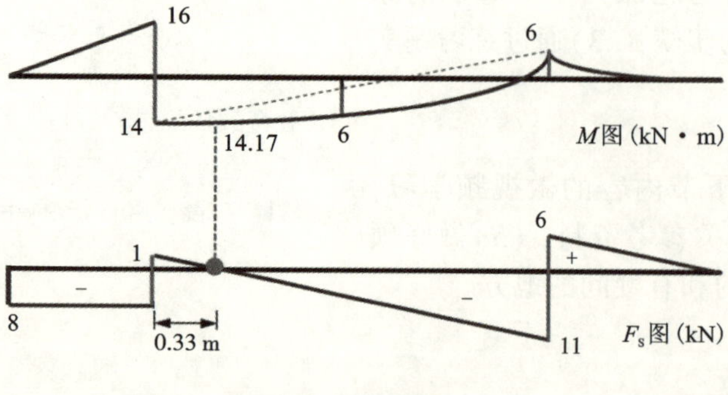

图 3.15 机动板书

3.2　图乘法
（附 15 分钟教学视频）

基本信息			
教学主题	图乘法	课时安排	1 课时(45 分钟)
所在章节	第 6 章　结构位移计算/第 5 节　图乘法		

▶【教学目标】

❖ 知识目标

掌握图乘法计算结构的位移；准确理解图乘法的适用条件；总结图乘法计算位移的步骤；掌握复杂图形图乘的方法和技巧。

❖ 能力目标

通过学习、课堂讨论、教学互动等活动，探究图乘法计算公式的推导过程，探索图乘法计算结构位移的原理，学生应能感受和体会数学和力学相结合的奇妙结果，培养逻辑思维能力；学会灵活应用图乘法公式计算静定结构在荷载作用下引起的位移，探索计算位移的图乘法与公式法之间的内在联系，培养观察、分析、合作交流、表达沟通能力；在教师的引导下，归纳和总结图乘法的计算步骤和图乘的方法技巧，培养抽象概括能力。通过习题练习掌握图乘的方法，学生应能体会从数学的角度理解问题，提高综合运用所学知识和技能解决问题的水平。

❖ 素质目标

通过学习、课堂讨论、教学互动、习题练习等方式，让学生积极参与到教学活动中，体验知识之间的密切联系，明确图乘法在计算实际结构位移中的应用价值。以我国建设规模最大、技术最复杂、标准最高的港珠澳大桥为引，激发学生爱国主义热情，引导学生发奋图强、努力学习，为祖国的桥梁事业贡献力量。同时引导学生要了解自己专业的科技前沿，掌握科技动向。

▶【教学重点与难点】

❖ 教学重点

(1)图乘法公式推导过程。
(2)图乘法计算结构的位移。
(3)简单图形的面积和形心位置。

❖ 教学难点

(1)图乘时应注意事项；哪个图形取面积，哪个图形取竖标；图乘正负号确定。
(2)使用图乘法时的一些具体情况的处理，比如比较复杂的弯矩图如何进行图乘。

【教学思路与方法】

❖ 内容分析

图乘法是结构位移计算的一种重要方法，在结构分析计算中占有非常重要的地位，也是后续超静定结构的内力和位移计算的坚实基础。图乘法看似简单，在实际应用中却情况多种多样。要真正领会图乘法的本质，在应用中灵活多变。

图乘法相对来说有些难度，主要在于荷载和结构变化多样。要理清图乘的本质特点，以不变应万变。

❖ 教学设计整体思路

内容回顾（图乘法）→ 新课导入 → 新课展开（图乘法运用条件、公式推导、图乘法计算步骤）→ 总结（归纳所学知识点）→ 拓展延伸（理论联系实际，了解行业动态、学科前沿）→ 课后作业（进一步思考所学知识）→ 下节内容+预习要求。

❖ 主要教学方法

讲授法，思考互动法，设疑启发法，练习法，对比分析法，课堂讨论法，归纳总结法。

【教具】

电脑、投影仪、多媒体课件、板书、教鞭、案例、动画视频。

教 学 过 程

◈ 内容回顾

静定结构位移计算公式，以及荷载作用下位移计算公式如图 3.16 所示。

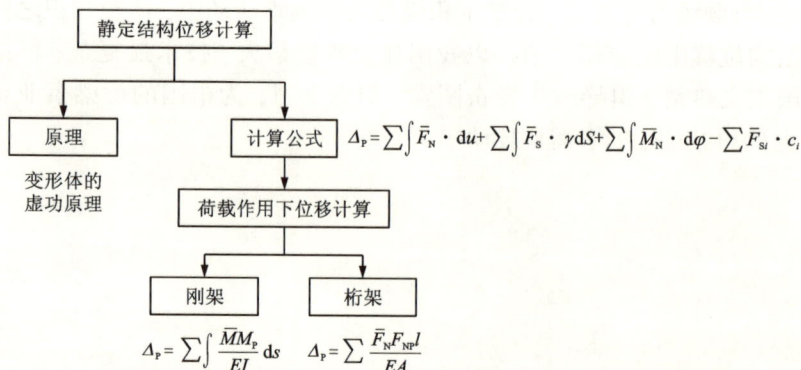

复习巩固
温故知新
引出下文

回顾法、思考互动：回顾静定结构位移计算的原理、位移计算的一般公式、荷载单独作用下结构位移计算的公式。采用师生互动方式。

$$\Delta_P = \sum \int \bar{F}_N \cdot du + \sum \int \bar{F}_S \cdot \gamma dS + \sum \int \bar{M}_N \cdot d\varphi - \sum \bar{F}_{Si} \cdot c_i$$

静定结构位移计算
- 原理：变形体的虚功原理
- 计算公式
  - 荷载作用下位移计算
    - 刚架：$\Delta_P = \sum \int \dfrac{\bar{M} M_P}{EI} ds$
    - 桁架：$\Delta_P = \sum \dfrac{\bar{F}_N F_{NP} l}{EA}$

图 3.16　静定结构位移计算公式，以及荷载作用下位移计算公式

◈ 作业完成情况总结分析

作业点拨
查漏补缺

讲解解题思路、类似题目的分析方法和计算顺序。

作业评析：

（1）总结作业整体情况；

（2）分析作业中普遍存在的问题；

（3）对作业中的难点进行讲解。

上节课课后思考题：

（1）对上节课课后思考题学生网上讨论结果进行分析总结；

（2）对学生学习中的难点进行讲解讨论。

◈ 新课导入

以实际结构（视频）为例（见图 3.17），荷载作用下会产生位移，结构规范上对结构位移即刚度有要求，不能超过规范要求。大跨度桥梁结构合龙时，若两边位移差别比较大，就无法合龙。因此，必须计算结构位移。

虎门大桥　　　　塔科马海峡大桥

图 3.17　实际工程资料

公式法：
$$\Delta_{kP} = \sum \int \frac{\overline{M}M_{\mathrm{p}}\mathrm{d}s}{EI}$$

◈ 新课展开

一、图乘法适用条件

（1）杆件是直杆；

（2）EI 为常数；

（3）$\overline{M}$ 图和 M_p 图至少有一个直线图形。

【思考】在实际结构中，这些条件是否容易满足？在实际结构中是否有广泛的应用？

二、公式推导（重点）

公式推导参考图如图 3.18 所示。

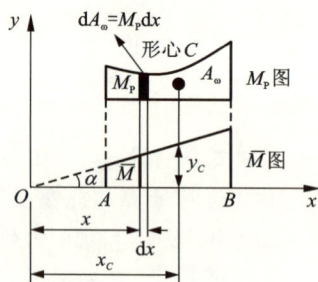

图 3.18　公式推导参考图

$$= \int_A^B \frac{\overline{M}M_P}{EI}\mathrm{d}S$$

$$\xrightarrow{\text{直杆}} = \int_{x_A}^{x_B} \frac{\overline{M}M_P}{EI}\mathrm{d}x$$

$$\xrightarrow{EI = \text{常数}} = \frac{1}{EI}\int_{x_A}^{x_B} \overline{M}M_P\mathrm{d}x$$

$$\xrightarrow[\overline{M} = x\tan\alpha]{\text{为直线图形}} = \frac{1}{EI}\int_{x_A}^{x_B} x\tan\alpha M_P\mathrm{d}x$$

$$= \frac{1}{EI}\tan\alpha\int_{x_A}^{x_B} xM_P\mathrm{d}x$$

$$= \frac{1}{EI}\tan\alpha\int_{x_A}^{x_B} x\mathrm{d}A_\omega$$

$$= \frac{1}{EI}A_\omega x_C\tan\alpha = \frac{1}{EI}A_\omega y_C$$

$$\Delta_P = \sum \frac{1}{EI}A_\omega \cdot y_C$$

【课堂讨论】

(1)y_C 取自哪个图形？是否可以任意取？

(2)如何由图乘的结果确定位移的正负(或：图乘结果的正负如何确定)？

(3)图乘时面积和形心位置如何确定？

【总结】

(1)竖标 y_C 只能取自直线图形。(难点)

(2)A_ω 与 y_C 若在杆件的同侧则乘积取正号，异侧则取负号。(难点)

(3)简单图形的面积和形心位置(见图 3.19)。(重点)

标准的二次抛物线图形：顶点的切线与基线平行。

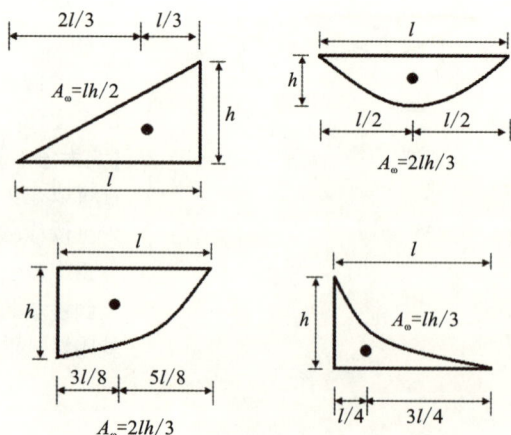

图 3.19　简单图形的面积与形心位置

学习新知
启发思考

讲授法、设疑启发法：图乘法的适用条件在实际结构中是否容易满足？能否广泛使用？【启发思考】若不能广泛使用，则适用性就不大。可引导同学们观察实际结构的特点，以教学楼、桥梁结构为例进行说明。实际结构大多数都是等截面、直杆结构。

图乘法公式推导宜采用板书讲解，同学们要明白积分号在推导过程中是怎样去掉的。【启发思考】讲清楚图乘法在满足三个条件下公式的推导过程。同学们要理解每个条件在公式推导中均有体现，否则公式将不能得出。

思考探究　小组合作
沟通表达　总结归纳

课堂讨论：图乘法的计算公式简洁，容易计算，一个求面积，一个取竖标，直接相乘即可得到所求位移。请同学们思考左边"课堂讨论"中的三个问题，同学们分小组讨论 3 个问题，自主探求问题的答案。教师可在教室巡视、查看同学们讨论的情况，及时发现问题，解决同学们的疑问。同学们在教师的引导下思考公式推导的过程。讨论完成后每组派出代表表述该组讨论结果，对正确的观点应给予鼓励，对不正确的观点应给予及时纠正。引导同学们合作探究，培养同学们团队意识。

归纳总结法：通过学习讨论，归纳总结图乘法计算的要点和难点，如左边所示。

【思考】不是简单图形如何图乘？
如图 3.20 所示。

复杂图形的分解（1）　　　复杂图形的分解（2）

复杂图形的分解（3）

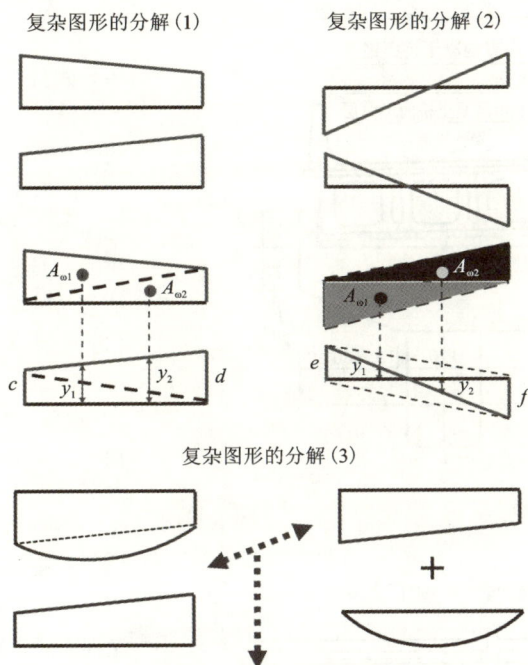

图 3.20　复杂图形的分解

$$S=\frac{A_{\omega1}y_1}{EI}+\frac{A_{\omega2}y_2}{EI}$$

【结论】任意图形均可分解为简单图形来图乘。

【课堂互动】

(1)请判断图 3.21 中的图乘是否正确？如不正确如何改正？

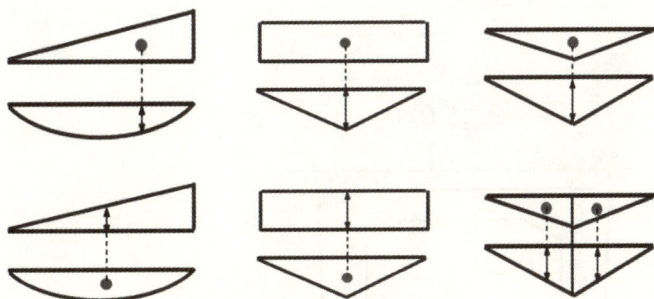

图 3.21　课堂互动（1）图

(2)自重作用下跨中截面竖向位移，C40 混凝土，截面尺寸如图 3.22 所示。

自重作用下发生竖向位移 ═ 施工时向上发生竖向位移

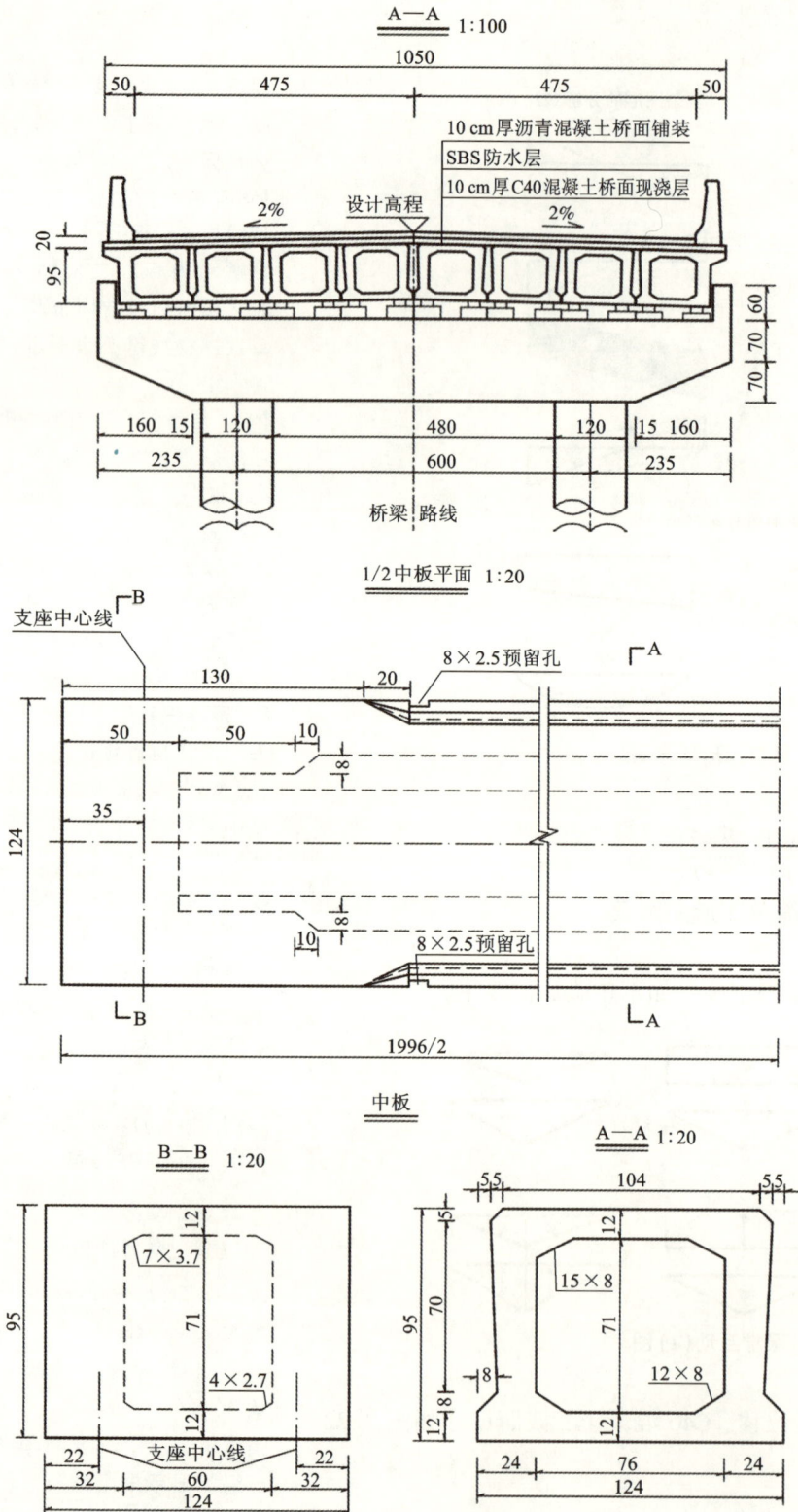

图 3.22　课堂互动(2)图

解：$E = 3.25 \times 10^4$ MPa　　$\gamma = 2.5 \times 10^3$ kg/m^3

　　$A = 0.555$ lm^2　　$I = 0.062234$ m^4

　　$l = 19.26$ m　　$q_2 = 6/08$ kN/m

练习法、先练后讲法：理论联系实际，实际简支梁桥自重作用下产生竖向位移，为使桥梁在使用时平顺，可在施工时预先将上拱同等位移，此预先上拱的量就是自重作用下结构的竖向位移。

(1) 自重包括一期恒载(裸梁)和二期恒载(铺装)。

(2) 自重按均布力计算，均采用跨中截面尺寸计算，变截面部分可不考虑。

★ 课程思政

引导同学们在进行结构计算时采取抓大放小的方法，抓住主要矛盾忽略次要矛盾。

(3) 结构的计算跨径是计算的主要参数。理解什么是计算跨径。(相邻支座的中心距离)。

本题图乘时，可直接图乘，也可分段图乘，同学们课下可自行验证。

跨中截面的面积、惯性矩直接给出，同学们课下也需要自行验证，可手算，也可借助计算软件。

$$q = q_1 + 1_2 = 19.38 \text{ kN/m}$$

$$A_{Cy} = \sum \frac{1}{EI} A_c \cdot y_c = \frac{5ql^4}{384EI} = 17.2 \text{ mm}$$

如图 3.23 所示。

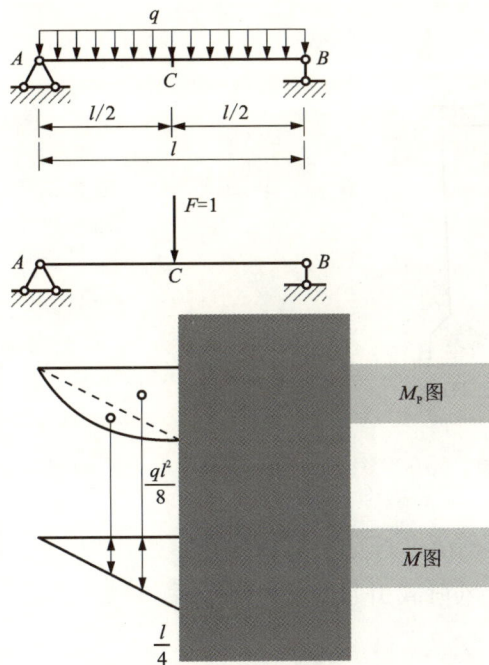

图 3.23　解答图

三、图乘法计算步骤(重点)

(1)求位移时可虚设一相应单位力;
(2)作出单位荷载和实际荷载作用下结构的弯矩图;
(3)利用公式图乘。

◆ 总结

图乘法如图 3.24 所示。

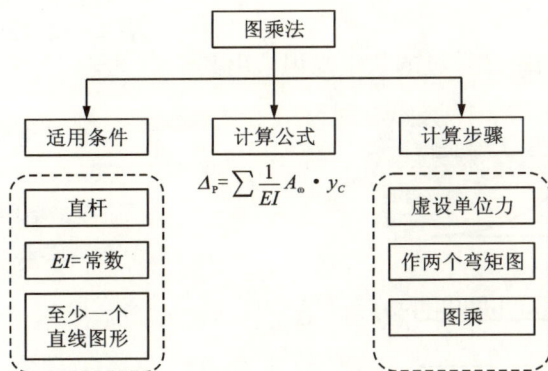

图 3.24　图乘法

总结梳理
消化巩固
思政育人

再次强调本节的重点内容、难点内容。

★ 课程思政
掌握本质规律,以不变应万变。用图乘法计算结构位移时情况多种多样,但只要掌握图乘的本质规律,就能以不变应万变。

◈ 拓展延伸

（1）请同学们计算图 3.25 所示截面的面积（A）和惯性矩（I）。尝试用相关软件计算。

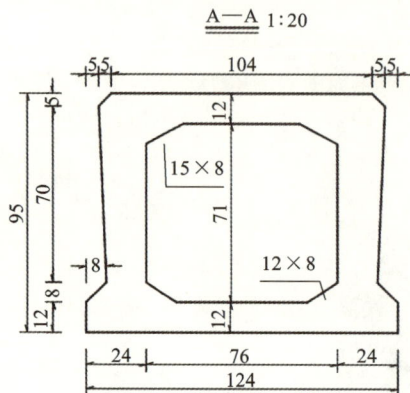

图 3.25　拓展延伸（1）题图

（2）请查阅资料了解虎门大桥晃动的原因，美国塔科马大桥晃动及垮塌的原因（见图 3.26）。两座桥梁的位移均是由风荷载引起的，为什么桥面变形的方式不同？

图 3.26　拓展延伸（2）题图

◈ 课后作业

【作业】教材 P122：6-7、6-8、6-10。

【思考题】

（1）如图 3.27 所示标准二次抛物线，请利用已学过的数学知识求出其面积和形心位置。

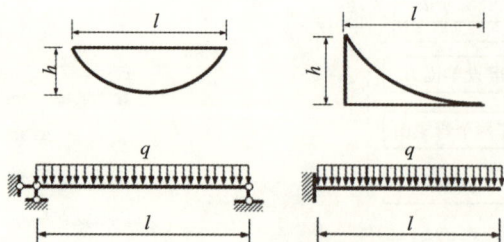

图 3.27　思考题（1）题图

丰富知识
拓展能力
思政育人

课后拓展：（1）这种空心板截面的面积和与惯性矩如何计算？手算不准确，可用相关软件计算。（2）了解专业的科技前沿，了解大跨度桥梁结构抗风问题。

★ 课程思政

自主学习，终身学习。图乘法在工程结构中应用非常广泛，不仅可以求解结构位移，同时也是力法的基础。我们在课堂上只能讲解小部分知识，大量的知识需要学生课下补充。作为桥梁专业的学生，要了解桥梁工程最新的科技前沿，抗风仍然是研究的热点问题。教师以此引导学生自主学习的欲望，树立终身学习的意识。

思考探究　独立解决
逻辑思维　联系实际

这三道课后作业题，请同学们认真分析。每个题目都不能直接图乘，均有陷阱，要注意仔细分析。

同学们思考知识之间的紧密关系，以及在实际工程中的应用情况，培养主动学习、主动探究的逻辑思维能力。

课后拓展、作业、思考题、下节内容均会展示在在线开放课程平台上，请同学们及时关注，按时完成相关作业。

（2）由外因所产生的位移对结构来说是有利还是不利？请举例说明。若是不利的，对桥梁结构而言可以采取哪些方式减小这些位移？（见图 3.28）

图 3.28　思考题（2）题图

（3）为什么要学习图乘法？工程实践中图乘法还有用吗？

◈ 下节内容+预习要求

【下节内容】

图乘法+课堂练习（习题课）：（1）静定刚架和组合结构用图乘法计算位移；（2）通过练习题实战练兵，巩固知识，学会应用。

【预习要求】

（1）预习时间：20 分钟；（2）完成下节内容的微视频学习；（3）完成教材 6.6 节内容的学习；（4）阅读相关参考资料；（5）做好预习笔记，包括自己的看法和体会，记录不懂和有疑问的地方。

◈ 课余教学

- ◆ "学银在线"教学平台资料和微视频学习；
- ◆ "学银在线"教学平台学习在线测试；
- ◆ 教学平台互动讨论、交流；
- ◆ 在线学习答疑；
- ◆ 图书馆数字资源。

◈ 板书设计

【固定板书】

固定板书如图 3.29 所示。

自主学习
养成习惯
学而时习
教育的目的是养成自己学习自己研究，用自己的头脑来想、用自己的眼睛来看、用自己的手来做的精神。

6.5　图乘法

一、条件

（1）　（2）　（3）

二、公式推导　　$\Delta_P = \sum \dfrac{1}{EI} A_\omega \cdot y_C$

三、步骤

图 3.29　固定板书

【机动板书】

机动板书如图 3.30 所示。

$$\Delta = \int_A^B \frac{\overline{M}M_P}{EI} \mathrm{d}s \quad \downarrow F = 1 \quad \downarrow m = 1$$

$$\int_{x_A}^{x_B} x \mathrm{d}A_\omega = A_\omega \cdot y_C \quad \text{面积矩或静矩}$$

图 3.30　机动板书

3.3　区段叠加法作静定结构的 *M* 图

本节内容详见二维码。

基本信息			
教学主题	区段叠加法作静定结构的 *M* 图	课时安排	1 课时(45 分钟)
所在章节	第 3 章　静定梁与静定刚梁/第 1 节　单跨静定梁		

▶【教学目标】

❖ 知识目标

深度理解利用叠加原理作单跨静定梁的弯矩图的原理；掌握叠加原理作单跨静定梁的弯矩图的步骤；熟练掌握单跨静定梁在简单荷载(1 个集中力、满跨均布荷载、1 个集力偶)作用下的弯矩图。

❖ 能力目标

通过学习、课堂讨论等活动，学生应能深刻理解区段叠加法作弯矩图的原理；理解区段叠加法不仅适用于简支梁，也适用于简支梁、其他单跨梁、刚架等结构上的任何一段，培养将复杂问题分解成几个简单问题来处理的思维能力，或将未知问题转化为已知问题来求解的能力。通过归纳和总结，学生应能理解区段叠加法作弯矩图的步骤，培养抽象概括能力。通过习题练习，学生应能从本质上理解区段叠加法作弯矩图的思路，学会使用区段叠加法作弯矩图，提高综合运用所学知识和技能解决问题的水平。

❖ 素质目标

用沪苏通长江公铁大桥导入知识点。沪苏通长江公铁大桥的建设规模、建设成就，刷新了多项世界纪录和中国桥梁建设纪录，培养学生的民族自豪感和家国情怀；通过学习，端正学习态度，所谓"积思顿释"，思考得多了，练习得多了，自然就明白了其中的力学原理、奥妙，由此培养学生养成勤于思考、多动手的良好学习习惯。使学生多关注学科发展和桥梁建设动态。培养学生作为工程技术人员的严谨、规范意识。

▶【教学重点与难点】

❖ 教学重点

(1)区段叠加法作静定结构弯矩图的原理。

(2)区段叠加法作静定结构弯矩图的步骤。

❖ 教学难点

(1)区段叠加法作弯矩图的步骤。

(2)利用弯矩图作单跨静定梁的剪力图。

▶ 【教学思路与方法】

❖ 内容分析

叠加原理是土木工程结构分析计算的重要方法，可以说叠加原理的身影无处不在。从结构力学课程的学习角度来说，基于叠加原理的区段叠加法是灵活作静定结构和超静定结构 M 图的重要方法，贯穿于结构力学课程的始终。"身小能量大"，掌握好叠加原理，能够高效地、方便地作出结构的 M 图。

要理解叠加原理不难，难的是如何在解题过程中灵活应用。若能够由此及彼，合理运用，则会给计算带来意想不到的效果。

❖ 教学设计整体思路

内容回顾（单跨静定梁内力计算的截面法）→ 新课导入（提出问题：桥梁结构产生内力的原因是什么？如何计算这些原因产生的内力?）→ 新课展开（叠加原理、区段叠加法作弯矩图等）→ 总结（归纳所学知识点）→ 拓展延伸（理论联系实际，实际结构承受的荷载）→ 课后作业（进一步思考所学知识）→ 下节内容+预习要求。

❖ 主要教学方法

思考互动法，多媒体辅助讲授法，设疑启发法，练习法，对比分析法，课堂讨论法，归纳总结法。

▶ 【教具】

电脑、投影仪、多媒体课件、板书、教鞭、动画视频。

3.4　对称性的利用——半边结构的取法

云麓课堂

教学设计

本节内容详见二维码。

基本信息			
教学主题	对称性的利用——半边结构的取法	课时安排	1 课时(45 分钟)
所在章节	第 7 章　力法/第 6 节　对称性的利用		

▶ 【教学目标】

❖ 知识目标

掌握对称结构半边结构的取法；准确理解对称性的概念；掌握利用对称性进行简化计算的方法。

❖ 能力目标

通过课堂讨论、学习等活动，学生探究利用结构对称性进行简化计算的原理、方法，理解对称性的概念；学会为对称结构取半边结构，探索半边结构与原结构之间的区别和内在联系，培养观察、分析、合作交流的能力；通过算例学习、教学互动等教学环节，学会用不对称的荷载进行荷载分组；在教师的引导下，理解对称结构的半边结构截取的过程、原理，归纳总结各种刚架半边结构的取法，培养抽象概括能力。

❖ 素质目标

对称结构在实际结构中非常常见，比如港珠澳大桥的四座通航桥、北京大兴国际机场等均为对称结构。港珠澳大桥是创造 400 多项新专利、7 项世界之最的世界上最长的跨海大桥，被外国媒体称为"新世界七大奇迹"。而北京大兴国际机场将于 2019 年 9 月投入使用，被称为世界上最大的空港、"新世界七大奇迹"之首。港珠澳大桥奇迹的背后，是团结合作、开拓创新的精神，教师以此激发学生奋发图强、报效祖国的民族精神。

▶ 【教学重点与难点】

❖ 教学重点

(1)对称性的概念(结构、荷载)。

(2)利用结构对称性简化计算的方法和结论。

(3)超静定对称结构的半边结构取法。

❖ 教学难点

(1)对称结构在正对称和反对称荷载作用下的受力特点。

(2)偶数跨超静定对称结构的半边结构取法。

▶【教学思路与方法】

❖ 内容分析

工程结构中绝大多数都是对称结构，一般均为高次超静定结构，计算比较烦琐；对称结构在对称荷载作用下内力和位移也是对称的，可取一半结构进行计算，工作量将大大减小，因此研究对称结构的受力特点、半边结构的取法会对结构的计算带来很大的便利。此外，掌握这个方法，对于研究生入学考试、一级注册结构工程师的考试都是至关重要的。

对称结构计算的难度有些大，主要体现在半边结构的取法。对于一般简单结构取法不难，但对于一些杆件数量多的结构，半边结构的取法要考虑周全方可。

❖ 教学设计整体思路

内容回顾（力法求解超静定结构的原理和方法）→ 新课导入（提出问题：九州航道特大桥在结构自重作用下，半边结构如何取？）→ 新课展开（对称概念、利用对称性简化计算、半边结构的取法）→ 总结（归纳所学知识点）→ 拓展延伸（了解学科发展动态）→ 课后作业（进一步思考所学知识）→ 下节内容+预习要求。

❖ 主要教学方法

讲授法，思考互动法，设疑启发法，练习法，对比分析法，课堂讨论法，归纳总结法。

▶【教具】

电脑、投影仪、多媒体课件、板书、实例演示、动画视频。

3.5　最不利荷载位置的确定

云麓课堂
教学设计

本节内容详见二维码。

基本信息			
教学主题	最不利荷载位置的确定	课时安排	1 课时(45 分钟)
所在章节	第 11 章　影响线及应用/第 8 节　最不利荷载位置		

▶【教学目标】

❖ 知识目标

了解最不利荷载位置的概念；掌握单个集中力及均布荷载作用下最不利荷载位置的确定方法；掌握一列间距不变的移动集中荷载作用下最不利荷载位置的判断。

❖ 能力目标

通过课堂讨论，学生应能探究一列间距不变的移动集中荷载作用下最不利荷载位置的确定过程、方法，理解极值的判断方法，探索复杂情况下最不利荷载位置的判断原理；学会简单荷载(单个集中荷载、可任意布置均布荷载)作用时最不利荷载位置的确定方法，理解最不利荷载位置的判别式的推导过程，体会用数学的方法解决力学上的问题，理解力学与数学之间的紧密联系；同时培养观察、分析、合作交流的能力；通过算例学习、教学互动等教学环节，学会用判别式判断最不利荷载位置；在教师的引导下，掌握最不利荷载位置的判断原理，归纳总结作题步骤，培养抽象概括能力。

❖ 素质目标

以矮寨大桥建设以及荷载试验导入问题——最不利荷载位置，无论桥梁建设还是荷载试验均体现了工程人员的工匠精神、精益求精的精神，教师可以此来培养学生从事工程技术工作的精益求精的"工匠精神"；而最不利荷载位置是通过严密的逻辑推理得到的，可以此来培养学生严谨求实的科学态度。

▶【教学重点与难点】

❖ 教学重点

(1)可任意布置均布荷载时最不利荷载位置的判断。

(2)一列间距不变的移动集中荷载作用下，最不利荷载位置判别式的推导过程。

❖ 教学难点

(1)临界荷载的判断方式。

(2)多种临界位置的判定。

▶【教学思路与方法】

❖ 内容分析

最不利荷载位置的判定是本章的重点内容，而实际工程结构中，比如桥梁结构在汽车荷载的作用下，最不利荷载位置如何判定直接关系到结构的设计、施工、运营的各个阶段的安全性；与后续专业课的学习联系非常紧密。

最不利荷载位置的确定实际上就是求极值的问题，与数学相关，本节课的内容难度不算太大，但具体求解时，情况多种多样。因此要掌握知识的本质，方能举一反三、触类旁通。

❖ 教学设计整体思路

内容回顾（利用影响线求量值）→ 新课导入（提出问题：如何确定简支梁桥在车辆荷载作用下跨中截面弯矩的最不利荷载位置？）→ 新课展开（最不利荷载位置的概念确定方法、计算步骤）→ 课堂讨论（间距不变的移动集中荷载最不利位置判断？）→ 总结（归纳所学知识点）→ 拓展延伸（了解学科发展动态）→ 课后作业（进一步思考所学知识）→ 下节内容+预习要求。

❖ 主要教学方法

思考互动法，讲授法，设疑启发法，练习法，课堂讨论法，归纳总结法。

▶【教具】

电脑、投影仪、多媒体课件、板书、教鞭、动画视频。

道路工程

扫描二维码

陈嘉祺，中南大学土木工程学院教师，湖南省普通高校教学能手，2020年湖南省普通高校教师课堂教学竞赛一等奖获得者。

课 程 概 述

一、课程基本信息

本课程的基本信息见表4.1。

表4.1 课程基本信息

课程名称	道路工程	课程性质	专业课（选修）
学时	40	开课时间	本科三年级下学期
先修课程	土力学、材料力学、工程地质		
适用专业	土木工程、铁道工程、工程管理、工程力学		
使用教材	凌天清.道路工程[M].4版.北京：人民交通出版社，2019		
参考教材	[1]黄晓明.路基路面工程[M].6版.北京：人民交通出版社，2019 [2]许金良，等.道路勘测设计[M].5版.北京：人民交通出版社，2018		

二、课程的性质与作用

道路工程课程是面向土木工程专业的本科生所开设的一门专业选修课。本课程立足于我国"交通强国"国家战略，旨在培养新时代卓越土木工程师和未来行业领军人才。

本课程以道路这一工程实体为主要对象，强调理论与实践的有机结合，系统讲授道路设计、施工与管理中的基本理论和实践方法，着重培养学生将批判性思维和创造性思维运用到工程分析和工程设计中的能力，强化工程责任意识、科学决策意识、生态环境意识、国家民族意识。

三、学情分析

（一）知识基础分析

道路工程课程的授课对象是土木工程专业本科三年级学生。通过前两年的学习，学生已经系统地掌握了数学、物理等公共基础课，以及材料力学、土力学、工程测量、土木工程材料等专业基础课，做好了进入专业课程学习的知识储备。同时，学生参加了"道路工程认识"实习，对道路工程有了一个基本的认识。这些都有助于本门课程的顺利开展。

同时，值得注意的是，道路工程课程是一门专业性强、涵盖面广、具有一定难度的专业课程。通过前期学习，学生虽然掌握了一定的基础知识，但是对道路工程的认识难免停留在表面，对关键的原理性问题缺乏深入认识。如何将先修课程的基础知识运用到道路工程课程的学习中去，是学生所面临的一个挑战。因此，从知识基础角度出发，学生已经具备了充足的知识储备，但需要教师在教学中加强引导，促成其知识体系的良好构建。

（二）学习态度分析

本门课程安排在本科三年级下学期，学生已经完成了土木工程专业下属小方向的分流，对未来的职业发展已经有了初步的规划。因此，学生对学习内容的要求，也由"通识性"逐渐转为"专业性"。学生的学习兴趣主要集中在能够对未来工作带来实际帮助的课程上。在这一前提下，如果课程的理论内容无法解决工程实际问题，将很难调动起学生的学习积极性。因此，从学习态度角度出发，课程教学时需要教师始终把握"用专业理论解决工程实际问题"这一大方向，充分调动学生的学习兴趣。

四、课程教学设计

（一）教学设计思路

在充分开展课程分析和学情分析的基础上，牢牢把握课程的知识目标、能力目标、素养与情感目标、课程思政目标，进行课程总体教学设计。教学过程始终贯彻"以学生为中心"的教学理念，强调专业理论与工程实践的结合。将教学活动分为课前、课堂、课后三个环节，合理组织教学活动。

（1）课前教学活动。

课前教学活动主要采用信息化教学手段，提前1~2天在学习平台发布相关课程预习资料。预习资料主要为相关工程案例及思考题，其目的在于提前引起学生思考，让学生带着问题进入课堂，便于明确学习目标。

（2）课堂教学活动。课堂教学活动主要通过BOPPPS教学模式展开，主要包括导入、目标、课前摸底、参与式学习、课后测验、总结等内容。根据具体的学习内容，各部分时长灵活调整。

（3）课后教学活动。

课后教学活动主要通过作业的形式开展。在这一过程中要特别注意信息化教学手段的使用，通过网络教学平台发布作业，并利用平台优势，及时与学生讨论，充分保证课后学习质量。

（二）教学目标

★ 知识目标

（1）了解道路工程发展概况。
（2）掌握道路线形设计的理论与方法。
（3）掌握路基设计施工的基础理论与实践方法。
（4）了解道路荷载与材料的基本特性。
（5）掌握路面设计施工的基础理论与实践方法。
（6）了解道路养护与管理的基本方法。

★ 能力目标

（1）培养运用规范设计方法，初步开展道路工程要素设计的能力。
（2）培养合理运用基础理论，分析具体工程问题的能力。
（3）培养采用理论与实践相结合的方法，针对特定工程问题，提出优化方案的能力。

★ 课程思政目标

将价值塑造、知识传授和能力培养三者融为一体，将课程思政贯穿教学实施全过程。通过梳理本课程教学内容所蕴含的思政元素，确定以下六大课程思政目标：

（1）激发科技报国的家国情怀和使命担当。
（2）增强工程师的工程伦理与责任意识。
（3）培养科学的思维方法与务实的实践观念。
（4）树立节能环保的工程可持续发展观。

(5)落实以人为本的工程设计理念。

(6)强化遵纪守法的公民意识。

每一思政目标均对应丰富的思政元素,其与节选的 20 个教学设计案例相对应的知识点及融合策略与方法详见表 4.2。

表 4.2　道路工程课程思政设计

思政目标	思政元素	知识点/章节	融合策略与方法
激发科技报国的家国情怀和使命担当	"一带一路"攻坚克难	土的工程性质 选自 4.1 节	通过讲解"一带一路"沿线各地土质特性,阐明公路建设必须克服不良土质的影响。进而激发学生依靠科学技术,保障工程建设,支援国家战略的报国热情
	公路建设共同富裕	路基边坡滑坡灾害 选自 4.5 节	通过对"公路修建可否绕开山区以避免滑坡"这一问题的讨论,强调山区基建成本巨大,修路很难盈利。但作为社会主义国家,为了实现共同发展、共同富裕,就一定要把山区公路建成、建好,以此激发学生的爱国情怀与报国热情
	中国公路精神传承	沥青路面性能要求 选自 5.4 节	通过视频剪辑回顾中国公路发展历程,致敬老一辈公路建设者,同时激励学生继往开来,不断改善路面性能,将我国从交通大国推向交通强国
	自主创新中国标准	沥青路面疲劳寿命 选自 5.5 节	计算沥青路面疲劳寿命时,所采用的标准轴载是我国首台重型卡车黄河 JN150 的后轴重。以此强调中国制造、中国标准走向世界的重要意义,激励学生坚定不移地走自主创新道路,践行科技报国
	立足国情务实创新	半刚性基层 选自 5.5 节	我国主要采用"半刚性基层"这一符合我国国情的结构形式,并多年攻关,取得一系列创新性成果,在降低工程造价的同时,还保证了结构的耐久性。以此激励学生立足国情,务实创新,报效祖国
增强工程师的工程伦理与责任意识	合理设计避免事故	圆曲线半径设计 选自 3.1 节 平曲线加宽设计 选自 3.7 节	在课堂开篇,通过视频的方式引入特定的交通事故,引导学生思考事故的潜在原因。通过整节课的学习,在下课前,利用所学知识,分析导致事故发生的潜在设计问题,进而强调合理设计对交通安全的重要意义,增强工程师责任意识
	严格规范合理设计	缓和曲线设计 选自 3.2 节	通过案例分析,说明在圆曲线半径很小的情况下,省略缓和曲线,极易诱发交通事故。以此强调要严守规范,合理设计
	全盘思考总体安全意识	路基变形 选自 4.2 节	分析桥头跳车问题,阐明其重要原因是路、桥沉降不协调。进而强调在设计中,要全盘思考,树立总体责任意识,避免局部问题影响整体
	工程防护未雨绸缪	降雨时边坡稳定性 选自 4.5 节	通过理论分析,阐明降雨会使边坡安全系数大大降低。以此强调边坡的工程防护要做到未雨绸缪,才能够避免降雨条件下的滑塌事故,确保人民群众生命财产安全
	严守质量确保安全	挡土墙稳定性 选自 4.7 节	通过挡土墙倒塌的真实案例,告诫学生在设计和施工中,一定要严守工程质量,确保工程可靠,保证人民群众的生命安全
	工程质量责任意识	沥青混凝土性质 选自 5.4 节	沥青路面变形后,无论如何卸载,都不会恢复到最初状态。可知,道路发生破坏后,无论如何修补,都难以恢复完好状态。以此强调工程师要树立工程责任意识,严守工程质量。
	严守隐蔽工程质量关	基层裂缝 选自 5.4 节	基层位于面层下方,开裂不易发现,一旦显现,已是非常严重。借此向学生强调,这种隐蔽工程的质量尤为重要,切不可因其隐蔽而忽视

续表4.2

思政目标	思政元素	知识点/章节	融合策略与方法
培养科学的思维方法与务实的实践观念	复杂问题简单化,简单问题标准化	交通量换算 选自2.1节 轴载换算 选自5.2节	车辆种类多样,对道路设计造成很大困难。分析交通量时,将各类车辆换算为标准车;分析路面受力时,将各类轴载转换为标准轴载,这都体现了在解决复杂问题时,将复杂问题简单化、将简单问题标准化的工程思想
	对科学要抱有质疑的态度	转弯横向稳定性 选自3.1节	讲授"车辆在横向倾覆之前会先产生横向滑移"时,引导学生思考有没有反例,进而引出这一结论是建立在车辆重心较低的前提下的。对于装载过高的情况,将不再适用。借此强调,对理论知识要抱有质疑的态度,这样才有助于全面、透彻地理解问题
	理论联系实际寻找最优方案	竖曲线形式 选自3.3节	理论上,圆曲线与抛物线都可满足竖曲线的要求,但实际使用中,抛物线方程更容易计算,因此采用抛物线体现了理论联系实际的思想
	理论源于实践,又必须指导实践	平曲线加宽原理 选自3.7节	推导公式时,指出 $d=R-(R^2-A^2)^{1/2}$ 不便于应用。只有用无穷级数转化为 $d=A^2/2R$,才便于工程实践。以此强调,理论源于实践,又必须指导实践,否则是没有实际价值的
	因地制宜合理选材	道路应力分布 选自4.1节	通过力学分析,阐明道路内部不同位置的应力特性差异明显,因此需使用性能不同的材料进行修建。以此强调因地制宜、合理选材的重要意义
	具体问题具体分析	公路自然区划 选自4.3节	不同区划内,公路建设面临的问题差别很大,借此启示学生,面对实际问题必须具体问题具体分析,才能取得最好的效果
	化整为零合零为整	条分法 选自4.5节	在讲授条分法时,指出该方法体现了解决复杂问题时,先"化整为零"局部分析,再"合零为整"整体分析的思维模式,从而培养科学的思维方法与务实的实践观念
	保证安全富余的工程思维	挡土墙稳定系数 选自4.6节	理论上挡土墙稳定系数大于1即可保持稳定,但实际工程中,稳定系数取值更大,体现了留有一定安全富余的工程设计思维方法
	量变到质变的发展规律	交通荷载重复作用 选自5.1节	荷载的一次作用对道路的影响有限,但荷载的重复作用会逐渐导致道路永久破坏,反映了量变到质变的发展规律
	疏导优于防堵的理念	路面温度 选自5.4节	通过比较不同路面温度调控方法的优劣,总结出疏导路面热流的方法优于隔离路表热流的方法,从而引出疏导优于防堵的哲学理念
	透过复杂现象看本质	沥青路面疲劳方程 选自5.5节	沥青路面设计采用的疲劳方程形式非常复杂,但是经过仔细分析会发现,其本质就是典型的常应变模式方程。以此引导学生要透过复杂的表象看本质
	全面思考问题的重要性	温度应力 选自5.6节	温度无形,却是水泥路面损坏的重要原因。仅考虑车辆荷载无法保证质量。借此强调工程设计中全面思考问题的重要性

续表4.2

思政目标	思政元素	知识点/章节	融合策略与方法
树立节能环保的工程可持续发展观	科学决策杜绝浪费	设计小时交通量 选自2.1节	设计小时交通量选取过大,会导致路幅宽度的不必要增大,造成资金浪费。因此,需科学选取设计小时交通量
	冻土保护	土的工程性质 选自4.1节	讲授特殊土中的冻土时,展开说明冻土融化所带来的严重问题,强调工程建设必须减小对冻土的影响,从而树立环保的工程发展观念
	工业废渣利用	路基变形 选自4.2节	利用工业废渣粉煤灰做路基填料,既能改善路基抗变形能力,又能回收废弃物,利国利民。以此鼓励学生在未来继续探索工业废渣利用技术
	全球变暖对工程的影响	公路自然区划 选自4.3节	随着全球变暖,现有自然区划可能无法反映未来的实际情况,进而导致已建公路寿命大大降低。这是自然对人类敲响的警钟,借此告诫同学保护环境
	资源回收利用	再生沥青混凝土 选自5.4节	通过讲授再生沥青混凝土,阐明资源回收利用是未来工程建设的必然方向,进而树立节能环保的工程可持续发展观
	城市道路加剧热岛效应	路面温度 选自5.4节	通过理论分析,阐明道路的修建会大大加剧城市热岛效应,以此让学生理解工程改变自然,但自然会反作用于人类,逐渐树立"尽量减少工程对环境影响"的理念
落实以人为本的工程设计理念	保障驾驶安全	道路直线最小长度 选自3.1节	道路长直线虽然设计简单,但是容易造成驾驶员疲劳、超速、走神,诱发交通事故。因此,从保障安全角度,应予以避免
	保障乘车舒适	缓和曲线最小长度 选自3.2节	通过理论分析,说明缓和曲线过短会导致乘客不适、行车危险。以此强调"以人为本"的设计理念
	工程设计安全第一	行车视距 选自3.8节	以常见盲区形式为例,说明设计不当(如不合理的绿化、广告)会严重影响交通安全,强调必须以安全作为首要准则,不得本末倒置
强化遵纪守法的公民意识	拒绝超速超限	圆曲线半径设计 选自3.1节	通过公式和案例说明货车下坡行驶速度快,装载货物过高,可能导致车辆侧翻。借此向学生强调,遵守法律,拒绝超速超限
	杜绝乱停超车	竖曲线最小半径 选自3.3节	通过理论分析,指出坡顶容易对向撞车的重要原因为视距较差,难以发现对向"逆行"车辆。以此强调守法驾驶,杜绝坡顶停车、超车
	珍爱生命拒绝超速	平曲线加宽值计算 选自3.5节	通过公式和案例说明车速越快,摆动加宽值越大,这是山路坠崖事故的重要原因。以此告诫学生,珍爱生命,拒绝超速
	杜绝弯道超车	行车视距 选自3.8节	通过分析说明弯道行车视距差,极易撞车,以此强调严守法律,杜绝弯道超车
	遵守法律拒绝超载	沥青路面疲劳寿命 选自5.5节	通过理论计算,证明超载会大大降低道路的使用寿命。在设计中考虑超载情况,会极大增加工程的成本。以此教育学生在今后的施工、管理中,遵守法律,坚决拒绝超载行为

（三）教学内容

根据研究对象的不同，课程分为三大知识模块，分别为道路线形设计、道路结构设计、道路养护与管理。三大知识模块在内容上相对独立，在逻辑上依次递进，反映了道路工程从选线到结构设计与施工再到养护管理的全周期工程活动。为更好地开展课程教学，三大知识模块又分解为 7 章 40 节内容，合计 40 学时。各部分的主要教学内容如下：

（1）道路线形设计模块。

第一章　绪论：道路工程的发展历程，道路工程前沿问题

第二章　道路交通特性：交通流三要素、通行能力与服务水平

第三章　道路几何设计：道路平面线形要素与设计方法，道路纵断面组成与设计方法，道路横断面组成与设计方法，道路交叉设计方法，行车视距计算理论

（2）道路结构设计模块。

第四章　路基工程：路基的应力应变特性，公路自然区划方法，路基平衡湿度理论，路基的构造与横断面设计，路基稳定性分析理论与设计方法，路基防护与支挡结构的分析理论与设计方法，路基加固方法，路基排水设计方法，路基施工方法

第五章　路面工程：道路交通荷载特性，标准轴载换算理论，路面动力响应理论，路面材料特性，路基填料特性，路面的分类与构造，路面的性能要求，路面温度场与温度应力，路面结构设计理论与方法，路面排水设计方法，路面施工技术

（3）道路养护与管理模块。

第六章　道路养护与管理：道路养护技术，道路管理方法

（四）教学方法

课堂教学活动主要通过 BOPPPS 教学模式展开，主要包括以下几部分：

（1）课堂导入：根据具体教学内容的特点，通过视频剪辑、图片展示等方式，向学生呈现一个与教学内容密切相关的工程案例、热点新闻或实际问题，在引发学生思考、激发学生兴趣的同时，为顺利引出教学目标做好铺垫。

（2）教学目标：在教学导入的基础上，明确课堂教学的知识目标，让学生带着目标开展学习。而能力目标、素养与情感目标、课程思政目标会随着课堂教学的进行而潜移默化地逐步展开。

（3）讲授与互动：采用引导式讲授、提问启发、案例分析、小组讨论、学生上台展示、"学习通"平台现场投票等多种方式，开展教学活动，强调学生深度参与。过程中，适当引入研究导向型教学法，展示前沿学术问题和工程新技术，贯彻"两性一度"。

（4）课堂测试：采用扫码答题、现场提问等多种方式，检验学生对教学内容的掌握程度。特别强调与教学导入环节的工程案例、热点新闻等实际问题的首尾呼应，保证学生能够利用课堂知识，解决预先提出的工程问题，从而达成教学目标。

（5）课堂总结：对照教学目标，对课堂教学进行总结。特别注意通过板书与 PPT 的配合，强化教学内容的逻辑关系，促进学生形成知识脉络。

（二）考核方法

采用过程考核与期末考核并重的方式，对学生学习成效进行考核。考核方式及所占比例如表 4.3 所示。

表 4.3   考核方式与内容

考核方式	考核内容	成绩占比/%
课内互动和抢答	基本知识，学习主动性	10
专题讨论和辩论	分析能力，交流素质	10
课外作业	文献和自学能力与素质	10
课堂测试	主动性和团队素质	10
期末考试	课程知识和分析能力	60

4.1 道路圆曲线

基本信息			
教学主题	道路圆曲线	课时安排	1课时
所在章节	第3章 道路几何设计/第1节 道路平面设计		

▶【教学目标】

❖ 知识目标

本次课结束时,学生应能做到:

(1)理解车辆转弯时的受力特点,并能归纳保证汽车稳定性的条件。

(2)掌握道路最小曲线半径计算方法,并能阐明三种"最小半径"的特点。

❖ 能力目标

通过本次课程,学生应能获得:

(1)基于速度、半径等具体数据,判断汽车行驶时是否具有倾覆、滑移趋势的能力。

(2)根据具体工况,初步确定道路最小曲线半径的能力。

❖ 素质目标

通过本次课程,学生应能增强:

(1)科学的思维方法——质疑精神。

(2)工程师与公民的责任意识与法律意识。

▶【教学重点】

(1)抗滑移与抗倾覆条件。

(2)圆曲线半径计算方法。

▶【教学难点】

汽车横向稳定性分析。

▶【课程思政】

(1)讲授"车辆在横向倾覆之前会先产生横向滑移"时,引导学生思考有没有反例。进而引出这一结论是建立在车辆重心较低的前提下的,对于装载过高的情况则不适用。借此强调,对理论知识要抱有质疑的态度,这样才有助于全面、透彻地理解问题。

(2)在课程结尾回顾开篇时,根据本节课的内容,分析设计缺陷会导致事故频发,向学生强调合理设计对交通安全的重要意义，强化学生的工程伦理与责任意识。

（3）货车下坡行驶速度快，装载货物较多，也是事故的发生原因，借此向学生强调遵守法律，拒绝超速、超限，强化遵纪守法的公民意识。

【教学方法】

（1）课前教学活动：提前一天在"学习通"平台发布"同一转弯下坡路段多次出现车祸"视频，并提出"为什么货车容易在下坡弯道处侧翻"这一问题，供学生课前充分思考。

（2）课堂教学活动：基于 BOPPPS 教学模式开展教学。部分关键环节如下：

①课堂导入：通过讨论课前预习阶段所布置的问题（下坡转弯交通事故频发）导入。

②教学目标：明确学习目标，说明通过学习目标的达成，可以解决课堂导入环节的问题。

③讲授与互动：采用引导式讲授、提问启发、案例分析、小组讨论、"学习通"平台现场投票等多种方式开展教学活动，强调学生深度参与。适时引入研究导向型教学法，展示"基于自动识别技术的自动驾驶车速调控"这一学术前沿问题。

④课堂测试：针对"汽车更容易满足倾覆稳定性还是滑移稳定性"进行提问，在巩固知识的同时，紧扣开篇事故案例问题。

⑤课堂总结：重点强调横向稳定性这一理论核心。

（3）课后教学活动：对学生课堂测试结果、作业结果进行统计分析，结合线上答疑情况，了解并强化学生对本节课内容的理解与掌握。

【教学内容的组织及时间安排】

图 4.1 所示为教学内容的组织及时间安排。

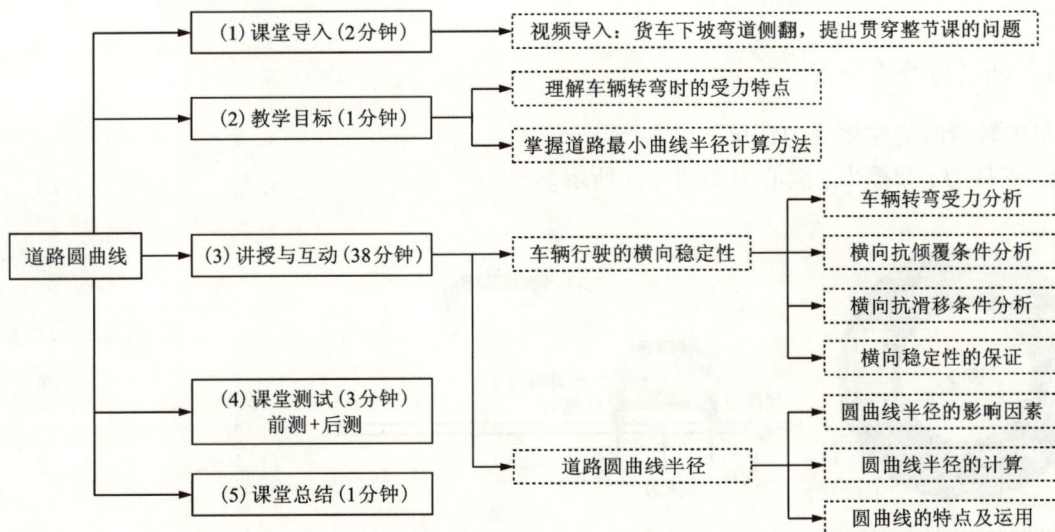

图 4.1　教学内容的组织及时间安排

教 学 过 程

◈ 课堂导入

观看事故视频，思考两起事故(见图4.2)有何相似性。层层深入提出问题，进而自然引出教学内容：道路圆曲线半径设计。

请看视频并思考

①为什么货车容易在下坡弯道处倾覆？
②道路设计中如何避免此类事故发生？ ⟹ 道路圆曲线半径设计

图4.2 两起下坡弯道处倾覆事故视频截图

课堂导入：2分钟。

教师活动：播放视频，引导。
学生活动：观看视频，讨论。

引导学生明确事故发生的具体位置。

要点：货车、下坡、弯道。

◈ 教学内容

一、车辆行驶的横向稳定性

(一)车辆转弯受力分析

(1)车辆转弯时的主要受力情况。
重力、支持力、摩擦力、离心力如图4.3所示。

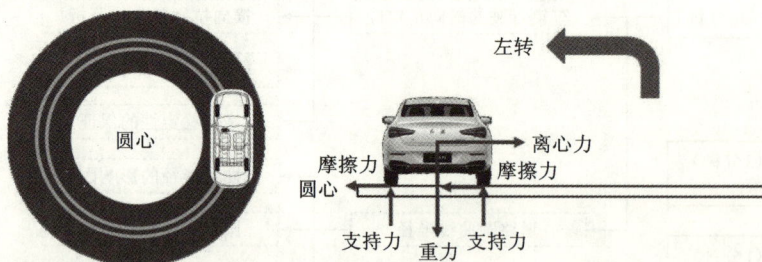

图4.3 车辆转弯受力分析

分析：车辆转弯时的主要受力情况。

(2)合力。
横向合力可能导致车辆产生横向的倾覆和滑移(见图4.4)。

图 4.4　横向合力作用下车辆变化

综合知识的运用：综合利用力学、物理知识分析车辆转弯时的受力。

（3）横向超高。

为抵消或减小离心力的作用，保证汽车在圆曲线上稳定行驶，必须使圆曲线上路面做成外侧高、内侧低呈单向横坡的形式，即横向超高（见图4.5）。

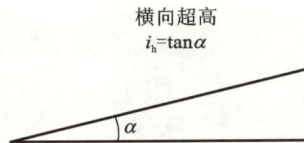

提问与思考：如何抵消或减小离心力的作用。

引出：横向超高的概念。

讲授：横向超高。

横向超高
$i_h = \tan\alpha$

图 4.5　路面横向超高

（4）横向力与横向力系数。

横向力：离心力减去重力乘以超高值。

竖向力：离心力除以超高值加上重力。

如图 4.6 所示。

公式推导：横向力与竖向力。

引导：从工程应用角度，是否可以对公式进行简化？

强调：工程思维方法。

重力：G

离心力：$F = \dfrac{Gv^2}{gR}$

平行于路面的横向力 X　⟹　$X = F - Gi_h$

$X = F\cos\alpha - G\sin\alpha$

垂直于路面的竖向力 Y　⟹　$Y = Fi_h + G$

$Y = F\sin\alpha + G\cos\alpha$

代入

α 很小

$\sin\alpha \approx \tan\alpha = i_h \quad \cos\alpha \approx 1$

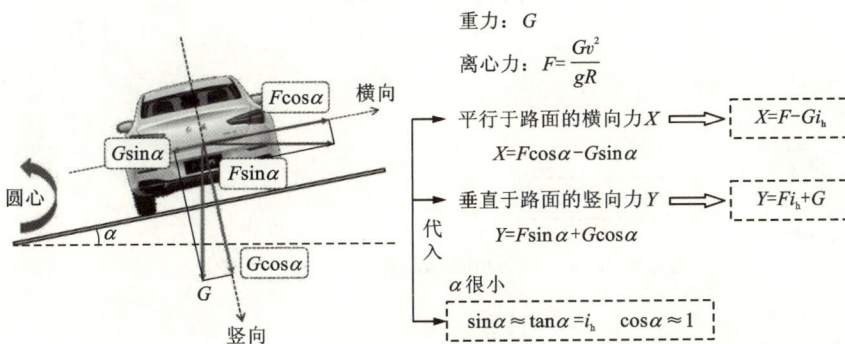

图 4.6　车辆受力分析

横向力是汽车行驶的不稳定因素，竖向力是稳定因素。如图 4.7 所示。

图 4.7　横向力作用下不同车辆状态

提问：仅用横向力来分析车辆的横向稳定性问题是否合适？存在哪些干扰？

利用实验来说明横向力系数。如图 4.8 所示。

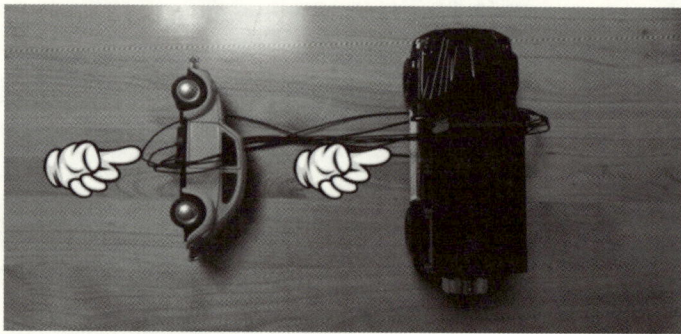

图 4.8　横向力作用下车辆实验模拟

实验：同样大小的横向力，对不同车辆产生的效果一样吗？

横向力系数：横向力除以重力。其意义为单位车载的横向力。如图 4.9 所示。

横向力系数　$\mu = \dfrac{X}{G} = \dfrac{v^2}{gR} - i_{\mathrm{h}}$

将速度 $v(\mathrm{m/s})$ 转换为 $V(\mathrm{km/h})$，则

$$\mu = \dfrac{X}{G} = \dfrac{V^2}{17gR} - i_{\mathrm{h}}$$

图 4.9　车辆受力分析

讲授：横向力系数的概念。

思考：为什么要进行单位转换？

（二）横向抗倾覆条件分析

问题转化：力矩平衡问题。如图 4.10 所示。

汽车不倾覆，必须满足：倾覆力矩≤抗倾覆力矩

$$Xh_g \leqslant Y\frac{b}{2} = (Fi_h + G)\frac{b}{2} \approx G\frac{b}{2}$$

远小于

$$\begin{cases} \mu = \dfrac{X}{G} \leqslant \dfrac{b}{2h_g} \\ \mu = \dfrac{X}{G} = \dfrac{V^2}{127R} - i_h \quad (\text{已知}) \end{cases}$$

抗倾覆条件　$R \geqslant \dfrac{V^2}{127(b/2h_g + i_h)}$

h_g—汽车重心高度
b—汽车左右轮距

竖向力 Y

横向力 X

圆心

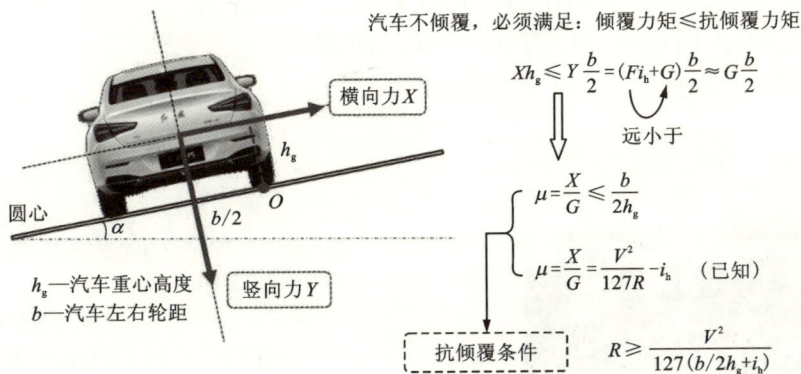

图 4.10　车辆横向倾覆受力分析

分析：横向倾覆条件。

公式推导：车辆不产生倾覆时，圆曲线半径需要满足的条件(重点)。

板书：抗倾覆条件。

(三)横向抗滑移条件分析

问题转化：力的平衡问题。如图 4.11 所示。

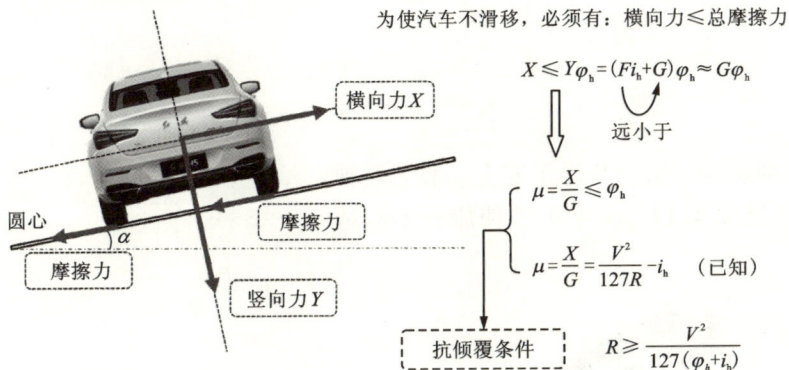

为使汽车不滑移，必须有：横向力≤总摩擦力

$$X \leqslant Y\varphi_h = (Fi_h + G)\varphi_h \approx G\varphi_h$$

远小于

$$\begin{cases} \mu = \dfrac{X}{G} \leqslant \varphi_h \\ \mu = \dfrac{X}{G} = \dfrac{V^2}{127R} - i_h \quad (\text{已知}) \end{cases}$$

抗倾覆条件　$R \geqslant \dfrac{V^2}{127(\varphi_h + i_h)}$

横向力 X

摩擦力

圆心

摩擦力

竖向力 Y

图 4.11　车辆抗滑移受力分析

分析：横向滑移条件。

公式推导：车辆不产生滑移时，圆曲线半径需要满足的条件(重点)。

板书：抗滑移条件。

(四)横向稳定性的保证

保证车辆行驶的横向稳定性：
(1)保证横向不发生倾覆。
(2)保证横向不发生滑移。
如图 4.12 所示。
问题：一般条件下，哪一项更难满足？

图 4.12　车辆的抗倾覆、抗滑移

课堂测试：一般情况下，汽车的抗倾覆稳定性和抗滑移稳定性哪一个更容易满足？
扫码答题：

板书：两者之间的关系。

汽车重心较低,一般情况下, $b \approx 2h_g \Rightarrow b/2h_g \approx 1$,横向摩阻系数 $\varphi_h < 0.5$

一般情况下,汽车在圆曲线上行驶(见图4.13)时,在横向倾覆之前会先产生横向滑移。

特殊情况:什么条件?为什么?

图4.13 满载货物车辆

提问:有没有特殊情况?

★ 课程思政
培养科学的思维方法——质疑
一般情况下,汽车在圆曲线上行驶时,在横向倾覆之前会先产生横向滑移。这是建立在车辆重心较低的前提下的。对于装载过高的情况,将不再适用。借此强调,对理论知识要抱有质疑的态度,这样才有助于全面、透彻地理解问题。

二、道路圆曲线半径

(一)圆曲线半径的影响因素

(1)最大横向力系数。

横向力系数过大会对行车造成不利影响,如危及行车安全、增加驾驶操纵困难、增加燃料消耗和轮胎磨损(见图4.14、表4.4)、使旅行不舒适(见表4.5)。

分析:横向力系数产生的不利影响。

图4.14 轮胎受力变形

分析:横向力系数对行车安全的影响。

分析:横向力系数对轮胎的影响。

表4.4 横向力系数与燃料消耗、轮胎磨损的关系

横向力系数	燃料消耗/%	轮胎磨损/%
0	100	100
0.1	110	220
0.2	120	390

分析:横向力系数对燃料消耗的影响。

表 4.5　横向力系数与乘客感受的关系

横向力系数	乘客感受
0.1	感受到曲线,稍感不稳定
0.4	非常不稳定,有翻车的危险感

分析:横向力系数对乘客感受的影响。

综合考虑,一般 μ_{max} 为 0.10 ~ 0.16,车速高时取低值,车速低时取高值。

(2)最大超高。

超高不宜过大,需考虑气候条件及乘员心理安全(见图 4.15)。

一般地区高速公路、一级公路:8% 或 10%。

二、三、四级公路:8%。

积雪冰冻地区各级公路:6%。

分析:超高过大产生的不利影响。

思考:什么是最不利季节?(积水、积冰、积雪)。

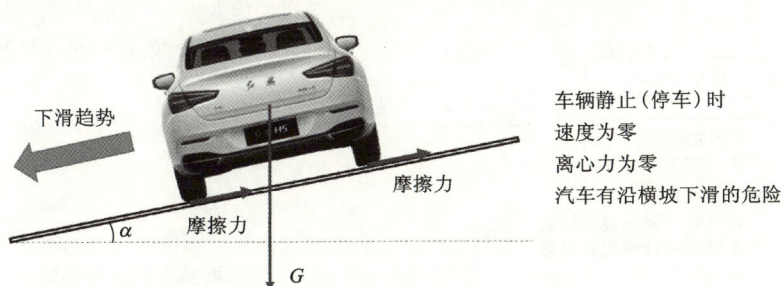

车辆静止(停车)时
速度为零
离心力为零
汽车有沿横坡下滑的危险

下滑趋势

摩擦力

摩擦力

α

G

图 4.15　一定超高下车辆受力分析图

(二)圆曲线半径的计算

(1)计算公式。

横向力系数受摩阻系数约束,在不发生滑移的前提下,横向力系数不会超过摩阻系数。因此,采用摩阻系数作为计算圆曲线最小半径的指标:

$$R = \frac{V^2}{127(\varphi_h + i_h)}$$

讲授:圆曲线半径计算公式。

提问:为什么用摩阻系数替代横向力系数?

(2)极限最小半径。

即保证车辆按设计速度安全行驶所规定的圆曲线半径最小值,是路线设计中的极限值。

(3)一般最小半径。

即各级公路对按设计速度行驶的车辆能保证其安全、舒适的最小圆曲线半径。通常情况下推荐采用的最小半径。

(4)不设超高最小半径。

即不必设置超高就能满足行驶稳定性的圆曲线最小半径。

讲授:极限最小半径。

讲授:一般最小半径。
讲授:不设超高最小半径。

板书:三者之间的关系。

(三)圆曲线的特点及运用

(1)圆曲线的特点。

曲率半径为常数,故计算简单;

曲线上任意一点不断地改变方向,比直线更能适应地形的变化;

圆曲线半径越小,行驶速度越高,行车越危险;

讨论:学生列举圆曲线的特点,教师总结。

圆曲线转弯时比直线上行驶多占路面宽度；

小半径圆曲线内侧，视距条件差，易发生事故。

（2）圆曲线的运用。

尽量选用加大半径，以保证行车安全舒适；

在选定半径时既要技术合理，又要经济适用；

既不盲目采用高标准而过分增加工程量，也不只考虑眼前通行要求而采用低标准。

◈ **开篇回顾**

根据课程内容，回答开篇"为什么货车容易在下坡弯道处倾覆"（见图 4.16）的问题。

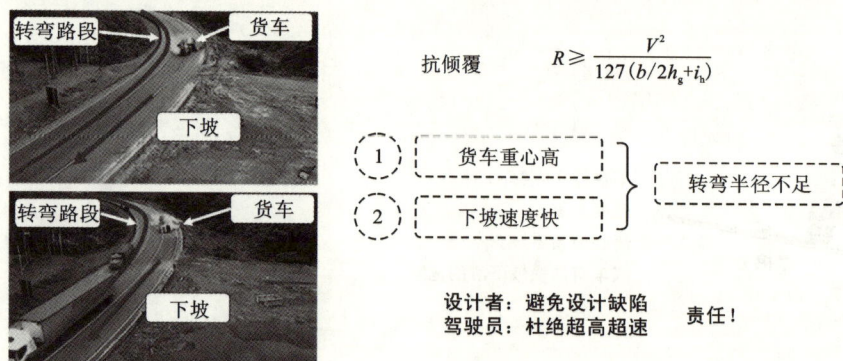

图 4.16　货车在下坡弯道处倾覆

$$R \geqslant \frac{V^2}{127(b/2h_\mathrm{g}+i_\mathrm{h})}$$

◈ **课堂测试**

一般情况下，汽车的抗倾覆稳定性和抗滑移稳定性哪一个更容易满足？（正式上课时，课堂测试嵌入本节课"横向稳定性的保证"内容中。）

◈ **课堂总结**

本节课介绍了道路圆曲线设计的理论知识与应用方法（见图 4.17）。其核心思想为通过合理设置圆曲线半径，保证车辆在转弯行驶时的横向稳定性。

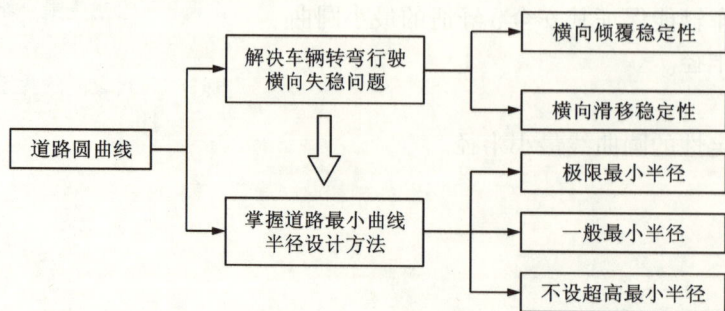

图 4.17　道路圆曲线

讲授：圆曲线的运用。

形成逻辑闭环。

★ 课程思政

增强工程师的工程伦理与责任意识、强化遵纪守法的公民意识。

设计时，要着重调查分析事故频发路段的发生原因，采取针对性的措施，修改设计方案，尽可能避免事故的发生，以强化学生的专业责任感；货车下坡行驶速度快，装载货物较多，也是事故发生的原因，借此向学生强调，应遵守法律，拒绝超高、超速、超载，强化遵纪守法的公民意识。

总结：理顺整节课的主要知识脉络。

◈ 课后作业

（1）某二级公路设计速度为 80 km/h，路拱横坡为 2%。试求不设超高的圆曲线半径及设置超高（$i_h = 8\%$）的极限最小半径（μ 值分别取 0.035 和 0.15）。

（2）请思考，针对本节课课堂导入中提到的同一下坡路段两起车祸，除了在开篇回顾中总结的主要原因以外，此处车祸事故发生的原因还有没有其他潜在的影响因素？请总结并说出理由。

◈ 教学板书

教学板书如图 4.18 所示。

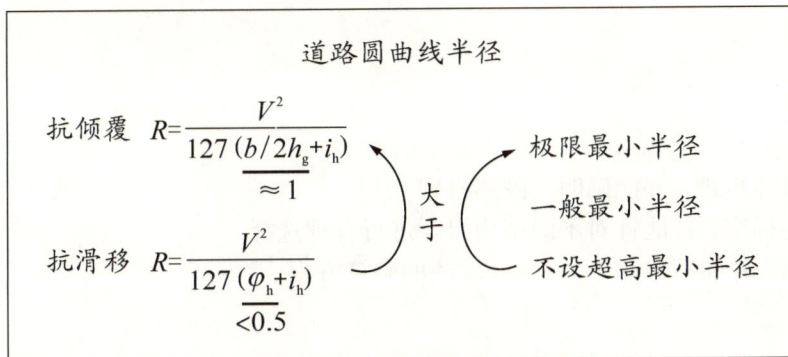

道路圆曲线半径

抗倾覆 $R = \dfrac{V^2}{127\underbrace{(b/2h_g + i_h)}_{\approx 1}}$

抗滑移 $R = \dfrac{V^2}{127\underbrace{(\varphi_h + i_h)}_{<0.5}}$

大于

极限最小半径
一般最小半径
不设超高最小半径

图 4.18　教学板书

板书要点：帮助学生理解抗倾覆与抗滑移之间的关系，以及三种曲线半径之间的关系。

4.2 沥青路面结构验算
（附 15 分钟教学视频）

云麓课堂

课堂实录

基本信息			
教学主题	沥青路面结构验算	课时安排	1 课时
所在章节	第 5 章　路面工程/第 5 节　沥青路面设计		

【教学目标】

❖ 知识目标

本次课结束时，学生应能做到：

(1)了解沥青路面结构的主要破坏机理，并能阐明其破坏机理。

(2)明确沥青路面的设计指标与标准，并能针对不同结构组合进行合理选择。

(3)掌握沥青路面结构验算方法，并能写出基于力学–经验法的验算方程。

❖ 能力目标

通过本次课程，学生应能获得：

(1)根据路面裂缝特征，初步判断裂缝产生原因的能力。

(2)运用力学–经验法，验算给定沥青路面结构是否满足设计标准的能力。

❖ 素质目标

通过本次课程，学生应能增强：

(1)科技报国的家国情怀和使命担当。

(2)遵纪守法的公民意识。

【教学重点与难点】

(1)沥青路面结构验算的力学–经验法。

(2)沥青路面结构验算方程的建立与应用。

【课程思政】

(1)在讲授路面设计荷载 BZZ–100 时适当扩展，指出其源于我国第一代重型卡车黄河 JN150 的后轴重。借此强调：中国标准的推行，需要建立在坚实的中国制造基础之上。只有做强中国制造，才能推行中国标准，以此激发学生科技报国的家国情怀和使命担当。

(2)在讲授疲劳方程时，指出其方程的形式虽然复杂，但其本质就是典型的常应变模式方程，以此引导学生分析工程问题，需要透过复杂的表象看本质，从而培养科学的思维方法与务实的实践观念。

(3)在课程结尾，回顾课程开篇所提出的问题时，利用本节内容分析超载的影响，用数据说明在设计中考虑超载，会极大增加工程的成本，以此强化学生遵纪守法、杜绝超载的公民意识。

【教学方法与思路】

（1）课前教学活动：提前一天在"学习通"平台发布沥青路面破坏图片集，让学生在课前对路面破坏形式有初步的认识。

（2）课堂教学活动：基于 BOPPPS 教学模式开展教学。部分关键环节如下：

①课堂导入：通过"超载车压坏路面"视频导入，并提出贯穿整节课的问题："超载真的是造成路面破坏的主因吗？为何不在设计阶段就考虑超载影响？"

②教学目标：明确学习目标，说明通过学习目标的达成，可以解决课堂导入环节的问题。

③讲授与互动：采用引导式讲授、提问启发、案例分析、扫码答题等多种方式开展教学活动，强调学生深度参与。适时引入研究导向型教学法，展示"基于工业 CT 的沥青混凝土细观损伤识别"这一学术前沿问题。

④课堂测试：基于本节课内容，引导学生回答课堂导入环节的两个问题。

⑤课堂总结：重点强调力学-经验法。

（3）课后教学活动：对学生课堂测试结果、作业结果进行统计分析，结合线上答疑情况，了解并强化学生对本节课内容的理解与掌握。

【教学内容的组织及时间安排】

教学内容的组织及时间安排如图 4.19 所示。

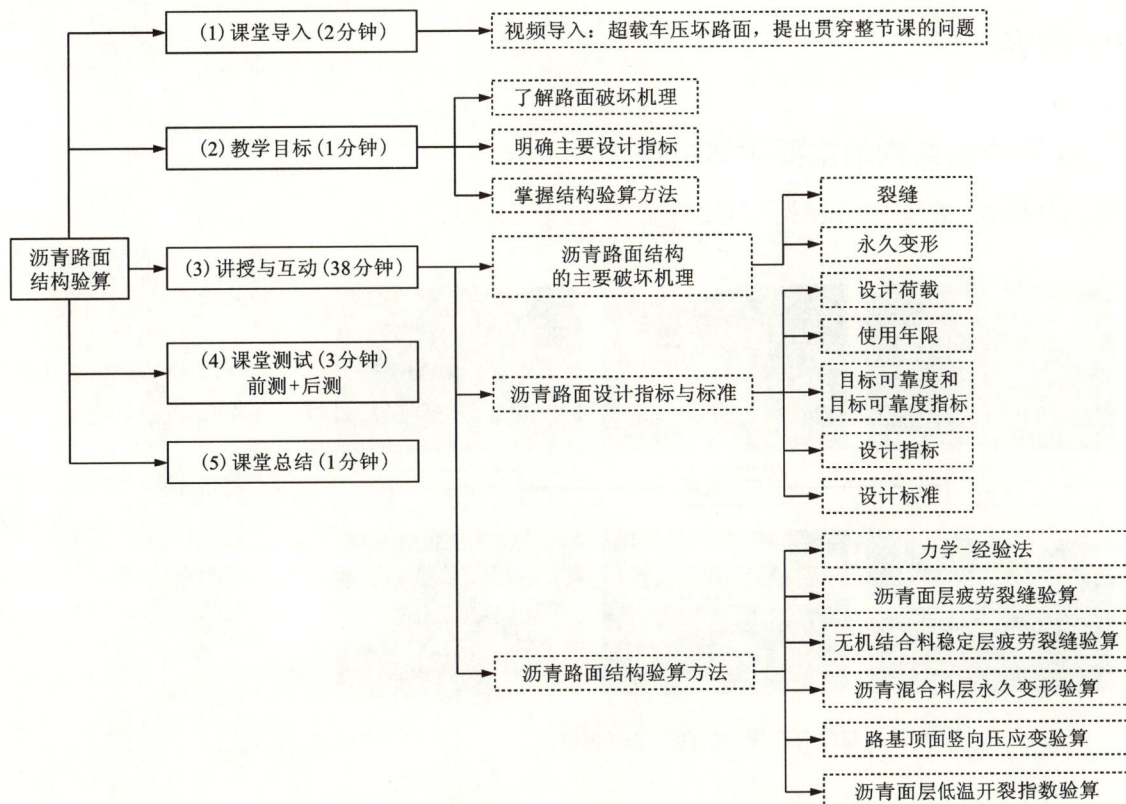

图 4.19　教学内容的组织及时间安排

教 学 过 程

◆ 课堂导入

　　观看与超载相关的新闻视频(见图4.20),解读视频关键内容,层层深入提出问题:超载真的是造成路面破坏的主因吗?为何不在设计阶段就考虑超载的影响?进而自然引出本节课的教学内容:沥青路面结构验算。

教学导入:2分钟。

引导学生总结视频中的关键词,并引出两个问题。

教师活动:播放视频,提问。
学生活动:观看视频,思考。

为课程思政埋下伏笔。

①超载真的是造成路面破坏的主因吗?
②为何不在设计阶段就考虑超载影响?　　　⟹　　沥青路面结构验算

图4.20　与超载相关的新闻视频截图

◆ 教学内容

一、沥青路面结构的主要破坏机理

　　主要破坏模式:裂缝、车辙(见图4.21)。

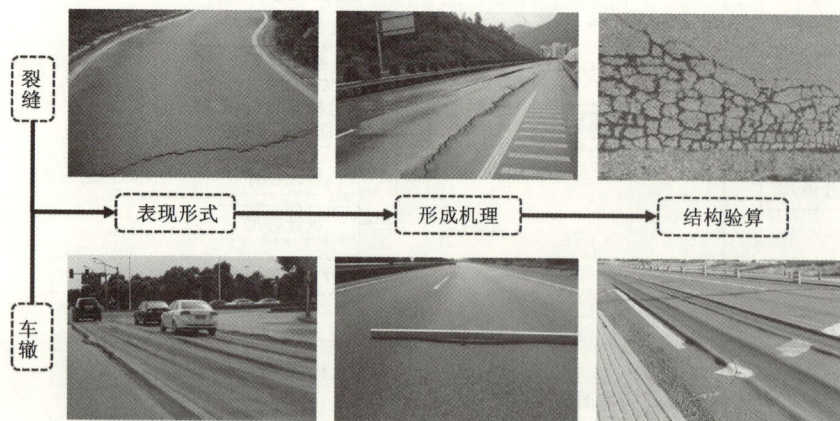

裂缝　　车辙

表现形式　→　形成机理　→　结构验算

图4.21　裂缝与车辙(部分图片源于网络)

讲授:沥青路面结构的主要破坏模式。

展示:代表性破坏图片(表象)。

逻辑过渡:结构验算不能仅凭表象,需深入分析内在机理。

(一)裂缝

(1)面层疲劳裂缝。

车辆荷载作用下路面面层受力特征如图 4.22 所示。

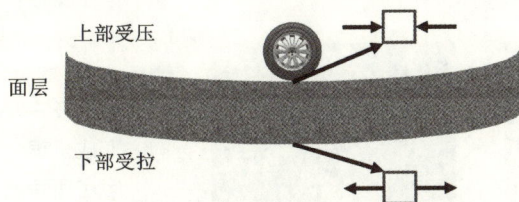

图 4.22　路面面层受力特征

分析:路面结构受损特征
复习:板体弯拉变形特性
类比:路面弯拉变形特性
对比:区别与联系。

一次荷载作用下,若荷载所产生的应力超过材料的抗压或抗拉极限强度,结构将被破坏(见图 4.23、图 4.24)。

图 4.23　单次加载破坏

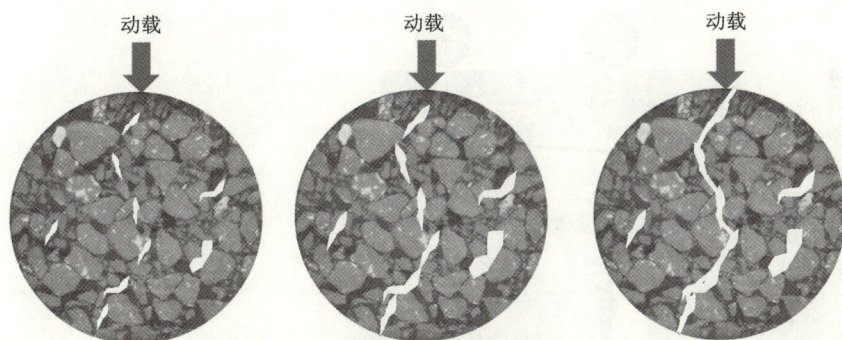

视频展示:单次足够大荷载作用下,沥青混凝土试件发生破坏。

类比:单次荷载作用下路面的破坏。

图 4.24　动载加载破坏特征

课堂提问:如果荷载造成的拉应力低于极限抗拉强度,是否还会产生裂缝?

扫码答题:

重复交通荷载作用下,沥青面层出现疲劳裂缝。

疲劳裂缝产生特点:重复荷载、荷载应力小于极限强度(见图 4.25)。

对比分析:动载作用下,试件内部的细小缺陷发展成损伤,最终成贯通裂缝的发展过程。

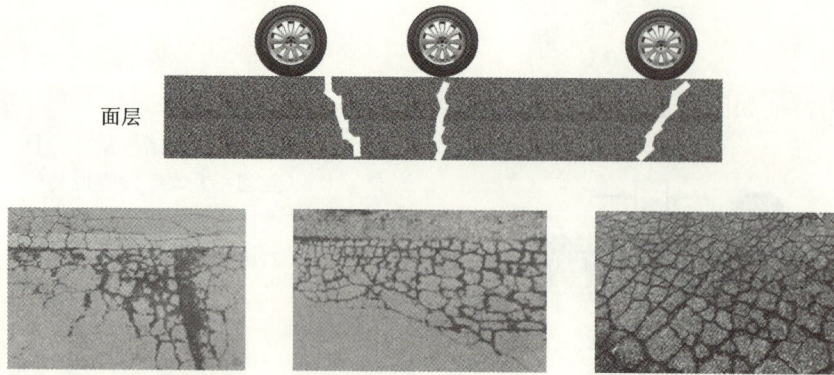

图 4.25　疲劳破坏

（2）无机结合料稳定层疲劳裂缝。

重复交通荷载作用下产生无机结合料稳定层疲劳裂缝（见图 4.26）。

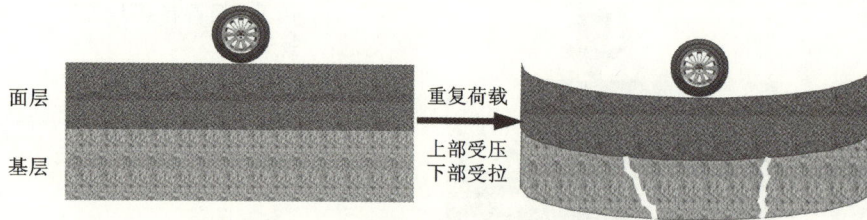

图 4.26　重复荷载下面层及基层受力特征

（3）反射裂缝。

应力集中作用下，产生由基层到面层的反射裂缝（见图 4.27）。

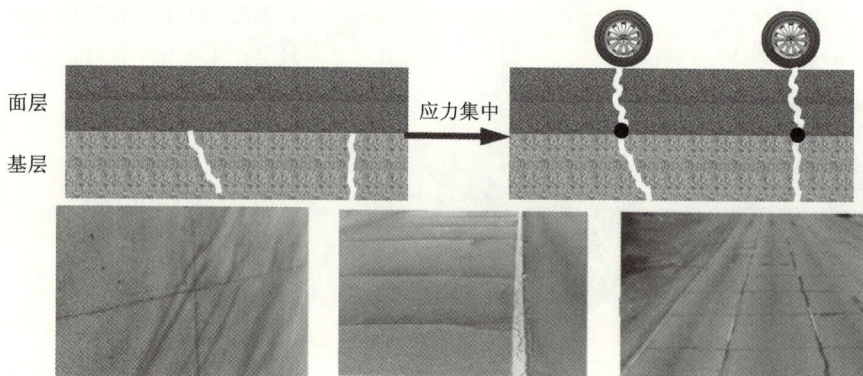

图 4.27　反射裂缝

（二）永久变形（车辙）

主要分为结构型车辙、失稳型车辙、磨耗型车辙。

车辙病害主要成因（见图 4.28）：

（1）结构型车辙：基层或路基强度不足。

（2）失稳型车辙：路面材料稳定性不足。

（3）磨耗型车辙：轮胎磨耗和环境条件的综合作用。

类比：面层疲劳裂缝的产生机理。

学生概括：面层疲劳裂缝的特点。

举一反三：根据面层疲劳裂缝形成机理，分析无机结合料稳定层疲劳裂缝形成机理。

引导分析：基层到面层反射裂缝的发生机理。

教师展示：典型的反射裂缝图片。

学生讨论：反射裂缝的特点分析：上述特点的原因。

讲授：车辙的种类。

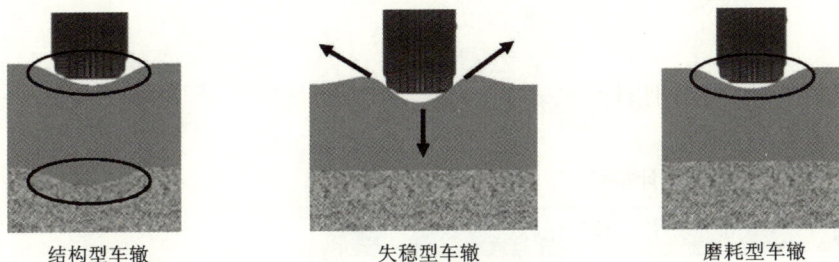

图 4.28　车辙类型

教师展示：不同类型车辙的示意图。

学生概括：不同类型车辙的特点。

总结分析：车辙病害的主要形成机理。

二、沥青路面设计指标与标准

（一）设计荷载

进行路面结构验算时，选择标准轴重 100 kN 为设计荷载进行计算（见图 4.29）。

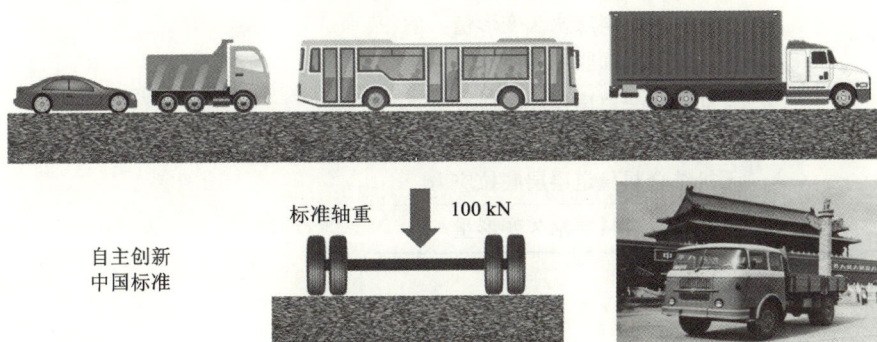

图 4.29　设计荷载标准来源

★ 课程思政

激发科技报国的家国情怀和使命担当：路面设计标准轴重的选取，必须反映本国的普遍轴载水平。1960 年，我国第一台重型卡车黄河 JN150 问世，采用其后轴重作为我国路面设计的标准轴重（BZZ－100）。借此强调中国标准的推行，需要建立在坚实的中国制造基础之上。只有做强中国制造，才能推行中国标准；强调要坚定不移地走自主创新道路，推动中国标准的不断提高。

（二）路面结构设计使用年限

新建沥青路面结构设计年限不应低于表 4.6 的规定。

讲授：路面结构设计使用年限。

表 4.6　路面结构设计使用年限

公路等级	高速公路	一级公路	二级公路	三级公路	四级公路
设计使用年限/年	15	15	12	10	8

（三）目标可靠度和目标可靠度指标

不同等级公路沥青路面结构的目标可靠度和目标可靠度指标不应低于表 4.7 的规定。

讲授：路面结构的目标可靠度和目标可靠度指标。

表 4.7　路面结构的目标可靠度和可靠度指标

公路等级	高速公路	一级公路	二级公路	三级公路	四级公路
目标可靠度/%	95	90	85	80	70
目标可靠度指标 β	1.65	1.28	1.04	0.84	0.52

（四）设计指标

设计指标：是从力学响应的角度提出的控制指标（见表4.8）。

讲授：不同结构组合路面的设计指标。

表4.8 不同结构组合路面的设计指标

基层类型	底基层类型	设计指标
无机结合料稳定类	粒料类	无机结合料稳定层层底拉应力 沥青混合料层永久变形量
	无机结合料稳定类	
沥青结合料类	粒料类	沥青混合料层层底拉应变 沥青混合料层永久变形量 路基顶面竖向压应变
	无机结合料稳定类	沥青混合料层永久变形量 无机结合料稳定层层底拉应力
粒料类	粒料类	沥青混合料层层底拉应变 沥青混合料层永久变形量 路基顶面竖向压应变
	无机结合料稳定类	沥青混合料层层底拉应变 沥青混合料层永久变形量 无机结合料稳定层层底拉应力
水泥混凝土		沥青混合料层永久变形量

学生讨论并总结表中规律。

分析：为何针对不同基层类型，采用不同的设计指标？

（五）设计标准

设计标准：路面结构根据设计指标的破坏过程和破坏机理所达到的极限状态（见表4.9）。

讲授：设计指标对应的设计标准。

表4.9 设计指标对应的设计标准

设计指标	设计标准
沥青混合料层层底拉应变	沥青混合料层疲劳开裂寿命
无机结合料稳定层层底拉应力	无机结合料稳定层疲劳开裂寿命
沥青混合料层永久变形量	规范规定的容许永久变形量
路基顶面竖向压应变	规范规定的容许竖向压应变
低温开裂指数（季节性冻土区）	规范规定的容许值

三、沥青路面结构验算方法

（一）力学-经验法

层状弹性理论如图4.30所示。

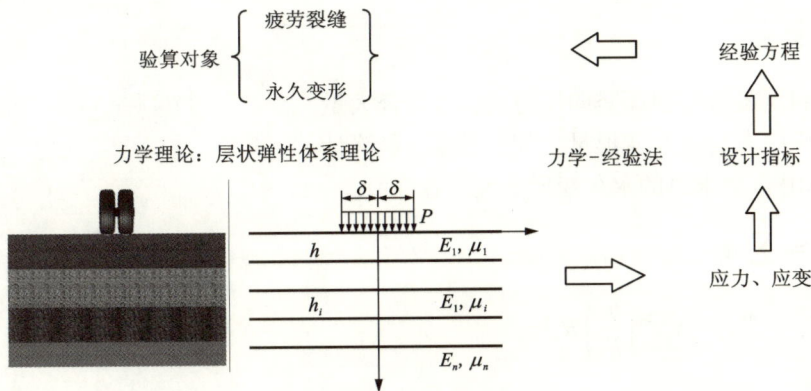

图 4.30　层状弹性理论

(二) 沥青面层疲劳裂缝验算

利用力学理论，计算沥青层层底拉应变 ε_a，再结合大量的疲劳试验与统计分析计算疲劳寿命 N_{f1}，并要求 N_{f1} 大于基于沥青混合料层层底拉应变换算得到的设计年限内当量设计轴载累计作用次数(见图 4.31)。

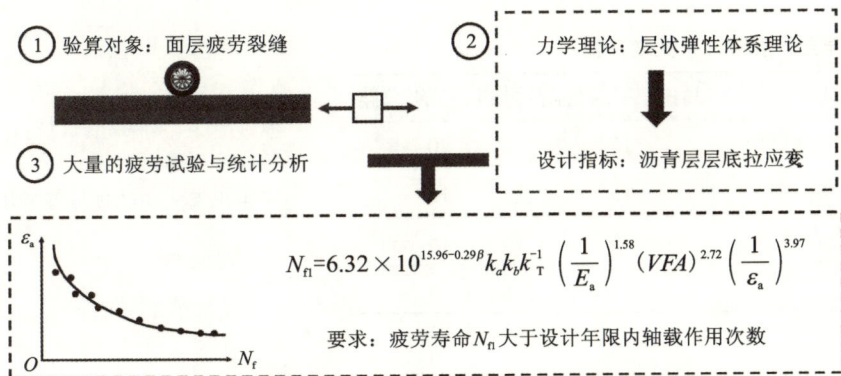

$$N_{f1}=6.32 \times 10^{15.96-0.29\beta}k_a k_b k_T^{-1}\left(\frac{1}{E_a}\right)^{1.58}(VFA)^{2.72}\left(\frac{1}{\varepsilon_a}\right)^{3.97}$$

要求：疲劳寿命 N_{f1} 大于设计年限内轴载作用次数

图 4.31　面层层底拉应变与设计年限轴载作用次数关系

(三) 无机结合料稳定层疲劳裂缝验算

利用力学理论，计算半刚性基层层底拉应力 σ_t，再结合大量的疲劳试验与统计分析计算疲劳寿命 N_{f2}，并要求 N_{f2} 大于基于无机结合料稳定层层底拉应力换算得到的设计年限内当量设计轴载累计作用次数(见图 4.32)。

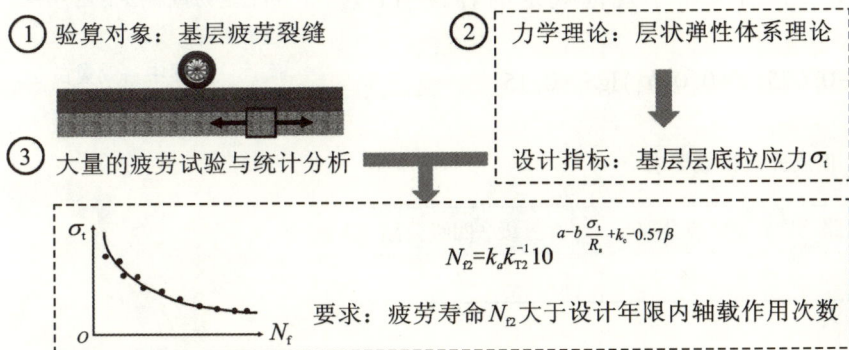

$$N_{f2}=k_a k_{T2}^{-1}10^{a-b\frac{\sigma_t}{R_s}+k_c-0.57\beta}$$

要求：疲劳寿命 N_{f2} 大于设计年限内轴载作用次数

图 4.32　基层层底拉应力与设计年限轴载作用次数关系

(四)沥青混合料层永久变形验算

利用力学理论,计算沥青混合料层各分层顶面竖向压应力,再结合大量的疲劳试验与统计分析,建立竖向压应力与永久变形量之间的关系,最终计算总的永久变形(见图4.33、表4.10)。要求总的永久变形不大于容许值。

$$R_a = \sum_{i=1}^{n} R_{ai}$$

$$R_{ai} = 2.31 \times 10^{-8} k_{Ri} T_{pef}^{2.93} p_i^{1.80} N_{e3}^{0.48} \left(\frac{h_i}{h_0}\right) R_{oi}$$

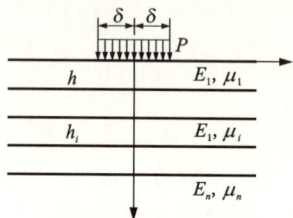

图4.33　层状弹性理论

表4.10　沥青混合料层容许永久变形量　　　　　　　　mm

基层类型	高速、一级公路	二级、三级公路
无机结合料稳定类基层	15	20
水泥混凝土基层	15	15
底基层为无机结合料稳定类的沥青混合料基层	15	15
其他基层	10	15

(五)路基顶面竖向压应变验算

利用力学理论,计算路基顶面竖向压应变,要求上述竖向压应变不大于容许值。

$$[\varepsilon_z] = 1.25 \times 10^{4-0.1\beta} (k_{T3} N_{e4})^{-0.21}$$

(六)沥青面层低温开裂指数验算

利用下式计算低温开裂指数,其值应小于规范规定的容许值(见表4.11)。

$$CI = 1.95 \times 10^{-3} S_t \lg b - 0.075 (T + 0.07 h_a) \lg S_t + 0.15$$

表4.11　低温开裂指数要求

公路等级	高速、一级公路	二级公路	三级、四级公路
CI 最大值	3	5	7

讲授:沥青混合料层永久变形验算方法。

板书:方程的等效形式。

阐述:方程中各变量的含义。

教师展示:沥青混合料层容许永久变形量。
学生思考表中的规律及原因。

讲授:路基顶面竖向压应变验算方法。
阐述:方程中各变量的含义。

讲授:沥青面层低温开裂指数验算方法。
阐述:方程中各变量的含义。

提问:何时需考虑低温开裂指数?

◆ 开篇回顾

如图 4.34 所示，根据课程内容，回答：①超载真的是造成路面破坏的主因吗？②为何不在设计阶段就考虑超载影响？

算例分析：对于某路面结构，超载 1 倍时，计算得到的疲劳寿命急剧减小。

图 4.34　"开篇回顾"举例图

◆ 课堂测试

如果荷载造成的拉应力低于极限抗拉强度，是否还会产生裂缝？（正式上课时，课堂测试被嵌入本节课的"裂缝"内容中。）

◆ 课堂小结

本节课分别从路面结构的破坏机理、设计指标、验算方法三个层面讲授了沥青路面结构验算（见图 4.35）的相关知识。其核心内容为应用力学－经验法对沥青路面结构进行设计验算。

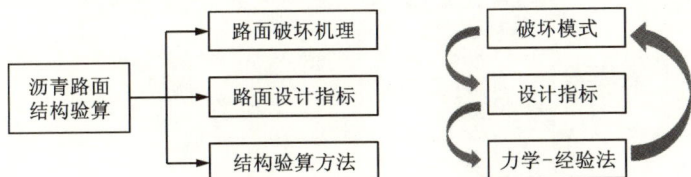

图 4.35　沥青路面结构验算

◆ 课后作业

选取任意力学－经验法公式，以试算的方式，分析其参数取值变化、对计算值的影响，并形成分析报告。

◆ 课堂板书

课堂板书如图 4.36 所示。

形成逻辑闭环，增强理论知识的实际应用能力。

★ 课程思政
强化遵纪守法的公民意识：强调在设计中考虑超载情况，会极大增加工程的成本。借此培养学生遵守法律、杜绝超载的法律意识和工程责任意识。

扫码答题：

总结：理顺整节课的主要知识脉络——根据破坏模式，提出设计指标，利用力学－经验法进行验算。

沥青路面结构验算

$$\text{验算}\begin{cases}\text{面层疲劳} & N_{f1}=F_1(\varepsilon_a) \\ \text{基层疲劳} & N_{f2}=F_2(\sigma_t) \\ \text{永久变形} & R_a=F_3(p_i)\end{cases}\text{力学-经验法}$$

图 4.36　课堂板书

板书要点：注意培养学生举一反三的能力，强调力学-经验法。

4.3　道路横断面

云麓课堂

教学设计

本节内容详见二维码。

基本信息			
教学主题	道路横断面	课时安排	1 课时
所在章节	第 3 章　道路几何设计/第 7 节　道路横断面设计		

▶【教学目标】

❖ 知识目标

本次课结束时,学生应能做到:

(1)了解道路横断面组成与形式,并能结合图片分类说明。

(2)掌握车道宽度计算方法,并能推导、阐述公路和城市道路宽度计算公式。

(3)掌握平曲线加宽设计方法,并能推导不同车型的加宽值公式。

❖ 能力目标

通过本次课程,学生应能获得:

(1)针对指定横断面,判断其横断面形式的能力。

(2)依据道路设计基础资料,初步确定车道宽度的能力。

(3)根据工程实际需求,确定平曲线加宽值的能力。

❖ 素质目标

通过本次课程,学生应能增强:

(1)科学的思维方法——理论与实践的关系。

(2)工程师与公民的责任意识与法律意识。

▶【教学重点】

(1)机动车道宽度计算。

(2)平曲线加宽设计。

▶【教学难点】

普通汽车和拖挂车加宽值的计算。

【课程思政】

（1）推导公式时，指出 $d=R-(R^2-A^2)^{1/2}$ 不便于应用。只有用无穷级数转化为 $d=A^2/2R$，才便于工程实践。以此强调，理论源于实践，又必须指导实践，否则没有实际价值。

（2）在课程结尾回顾开篇时，根据本节课的内容，分析设计缺陷会导致事故频发，向学生强调合理设计对交通安全的重要意义，强化学生的工程伦理与责任意识。

（3）车速越快，所需的摆动加宽值越大。超速可能导致摆动值大于设计值，造成事故。借此告诫学生珍爱生命，拒绝超速，强化遵纪守法的公民意识。

【教学方法与思路】

（1）课前教学活动：提前一天在"学习通"发布"盘山公路"视频合集，让学生在课前对车辆在弯路行驶的特点有个初步了解。

（2）课堂教学活动：基于 BOPPPS 教学模式开展教学。部分关键环节如下：

①课堂导入：通过"转弯卡死"和"转弯坠崖"两个视频导入，提出贯穿整节课的问题："为什么转弯会有宽度不足的问题？道路设计中需要如何解决曲线宽度问题？

②教学目标：明确学习目标，说明通过学习目标的达成，可以解决课堂导入环节的问题。

③讲授与互动：采用引导式讲授、提问启发、案例分析、扫码答题等多种方式开展教学活动，强调学生深度参与。适时引入研究导向型教学法，展示"车道横向摆动的主动调控技术"这一学术前沿问题。

④课堂测试：针对"加宽值的影响因素"进行提问，在巩固知识的同时，紧扣开篇事故案例问题。

⑤课堂总结：重点强调从基础知识到一般情况再到特殊情况的逻辑构架。

（3）课后教学活动：对学生课堂测试结果、作业结果进行统计分析，结合线上答疑情况，了解并强化学生对本节课内容的理解与掌握。

【教学内容的组织及时间安排】

教学内容的组织及时间安排如图 4.37 所示。

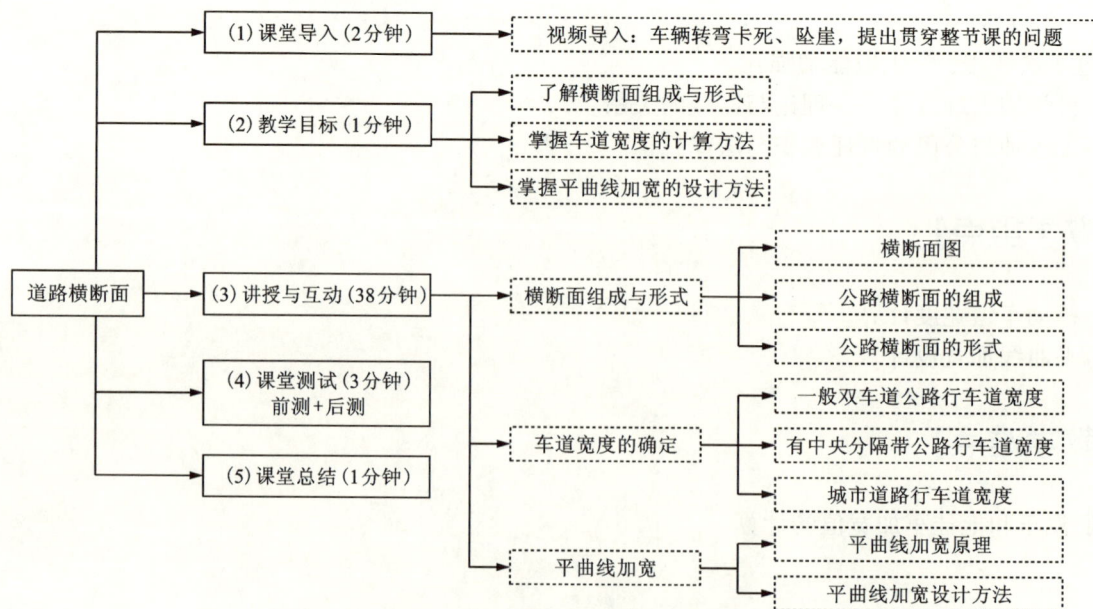

图 4.37　教学内容的组织及时间安排

4.4 路基边坡稳定性分析

云麓课堂

教学设计

本节内容详见二维码。

基本信息			
教学主题	路基边坡稳定性分析	课时安排	1 课时
所在章节	第 4 章 路基工程/第 5 节 路基边坡稳定性		

【教学目标】

❖ 知识目标

本次课结束时，学生应能做到：

(1) 了解路基边坡失稳的根本原因，并能阐明稳定系数的含义。

(2) 掌握直线滑动面边坡稳定性分析方法，并能推导出稳定系数计算公式。

(3) 掌握圆弧滑动面边坡稳定性分析方法，并能推导出稳定系数计算公式。

❖ 能力目标

通过本次课程，学生应能获得：

(1) 根据给定数据，分析砂性土边坡稳定性的能力。

(2) 根据给定数据，分析黏性土边坡稳定性的能力。

(3) 利用边坡稳定性计算理论，确定最危险滑动面的能力。

❖ 素质目标

通过本次课程，学生应能增强：

(1) 科技报国的家国情怀和历史使命感。

(2) 未雨绸缪的工程责任意识。

【教学重点】

(1) 黏性土边坡稳定性的分析方法。

(2) 瑞典条分法。

【教学难点】

最危险滑动面确定方法。

【课程思政】

(1) 通过对"公路修建可否绕开山区以避免滑坡"这一问题的讨论，强调山区基建成本巨大，修路很难盈利。但作为社会主义国家，为了实现共同发展、共同富裕，就一定要把山区公路建成、建好，以此激发学生的爱国情怀与报国热情。

（2）在讲授条分法时，指出该方法体现了先"化整为零"局部分析，再"合零为整"整体分析的思维模式，从而培养科学的思维方法与务实的实践观念。

（3）在课程结尾回顾开篇时，利用本节课的内容分析说明，降雨会降低边坡稳定系数。进而强调边坡的工程防护，要做到未雨绸缪，以达到增强工程伦理与责任意识的目的。

【教学方法与思路】

（1）课前教学活动：提前一天在"学习通"平台发布"连续降雨引发滑坡灾害"视频，并提出"为什么雨天更容易滑坡"这一问题，供学生课前充分思考。

（2）课堂教学活动：基于 BOPPPS 教学模式开展教学。部分关键环节如下：

①课堂导入：通过讨论课前预习阶段所布置的问题（为什么雨天更容易滑坡）导入。

②教学目标：明确学习目标，说明通过学习目标的达成，可以解决课堂导入环节的问题。

③讲授与互动：采用引导式讲授、提问启发、案例分析、小组讨论、"学习通"平台现场投票等多种方式开展教学活动，强调学生深度参与。适时引入研究导向型教学法，展示"基于随机非均质结构的土石混填边坡稳定性"这一学术前沿问题。

④课堂测试：针对"边坡特点对稳定性的影响"进行提问，在巩固知识的同时，紧扣开篇事故案例问题。

⑤课堂总结：再次比较各种方法的差异和适用范围。

（3）课后教学活动：对学生课堂测试结果、作业结果进行统计分析，结合线上答疑情况，了解并强化学生对本节课内容的理解与掌握。

【教学内容的组织及时间安排】

教学内容的组织及时间安排如图 4.58 所示。

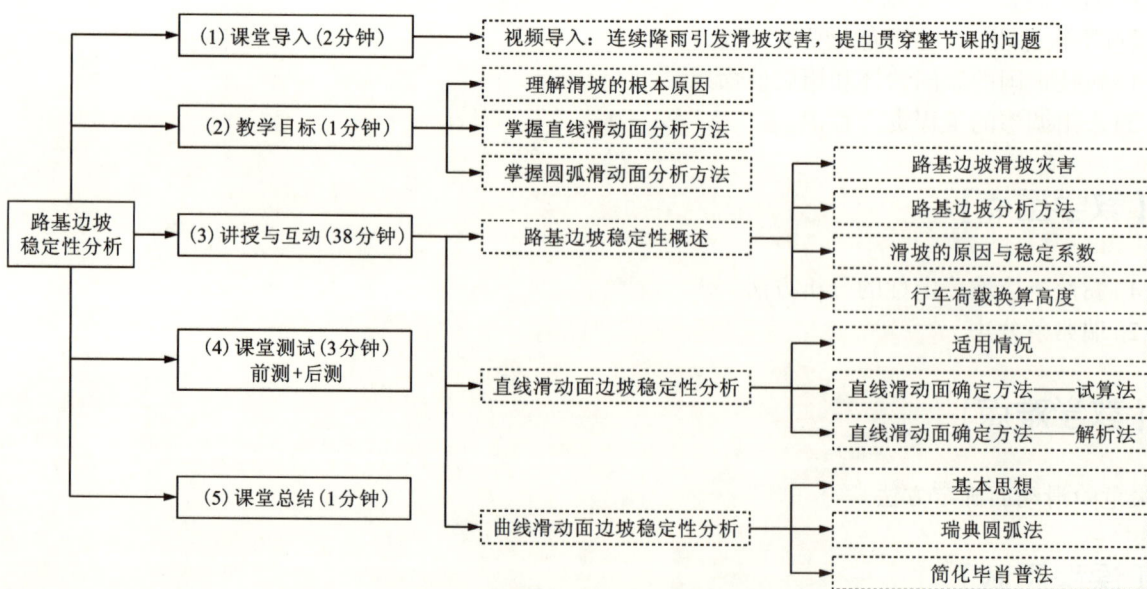

图 4.58　教学内容的组织及时间安排

4.5　道路交通荷载

云麓课堂
教学设计

本节内容详见二维码。

基本信息			
教学主题	道路交通荷载	课时安排	1 课时
所在章节	第 5 章　路面工程/第 1 节　道路交通荷载		

▶【教学目标】

❖ 知识目标

本次课结束时，学生应能做到：

(1)明确车辆荷载的传递路径，并能阐述总重、轴重、接地压强的概念与影响。

(2)理解单圆、双圆简化法原理，并能熟练计算"车-路"接触压强。

(3)掌握道路内部应力分布特点，并能阐明车辆荷载的动态重复作用对道路的影响。

❖ 能力目标

通过本次课程，学生应能获得：

(1)依据车辆荷载、轴型等资料，计算轮胎与路面接触压强的能力。

(2)运用力学知识，分析道路结构受力特性的能力。

❖ 素质目标

通过本次课程，学生应能增强：

(1)工程师的工程伦理与责任意识。

(2)工程上量变引起质变的实践观念。

▶【教学重点】

(1)轴型与轴重。

(2)车辆对道路的重复作用。

▶【教学难点】

车辆对道路的动态作用。

▶【课程思政】

(1)道路内部不同位置应力分布不同，因此采用的材料不同，可在保证质量的前提下节约成本。借此强调工程优化，需要因地制宜、合理选材，从而培养学生科学的思维方法。

(2)讲授荷载重复作用时，阐明一次荷载造成的永久变形有限，但重复作用下可能造成明显的车辙。

教师以此强调对任何细小瑕疵的忽视，都可能随着时间的推移，造成巨大的工程损失，从而培养学生的工程伦理与责任意识。

（3）课程结尾回顾开篇所提出的问题，总结路面破坏是在重复荷载作用下由量变到质变的过程。路面养护不能等到质变时再行动。教师以此培养学生科学的思维方法。

【教学思路与方法】

（1）课前教学活动：提前一天在"学习通"平台发布"常见车辆类型"图片集，让学生在课前对车辆荷载有一个初步的了解。

（2）课堂教学活动：基于 BOPPPS 教学模式开展教学。部分关键环节如下：

①课堂导入：通过道路加速加载试验系统视频导入，并提出贯穿整节课的问题："为什么要研究车辆荷载的重复作用对道路使用寿命的影响？"

②教学目标：明确学习目标，说明通过学习目标的达成，可以解决课堂导入环节的问题。

③讲授与互动：采用引导式讲授、提问启发、案例分析等多种方式开展教学活动，强调学生的深度参与。适时引入研究导向型教学法，展示"新型光伏路面技术"这一学术前沿问题。

④课堂测试：基于本教学节段内容，引导学生回答课堂导入环节的问题。

⑤课堂总结：理顺整节课的主要知识脉络。

（3）课后教学活动：对学生课堂测试结果、作业结果进行统计分析，结合线上答疑情况，了解并强化学生对本节课内容的理解与掌握。

【教学内容的组织及时间安排】

教学内容的组织及时间安排如图 4.79 所示。

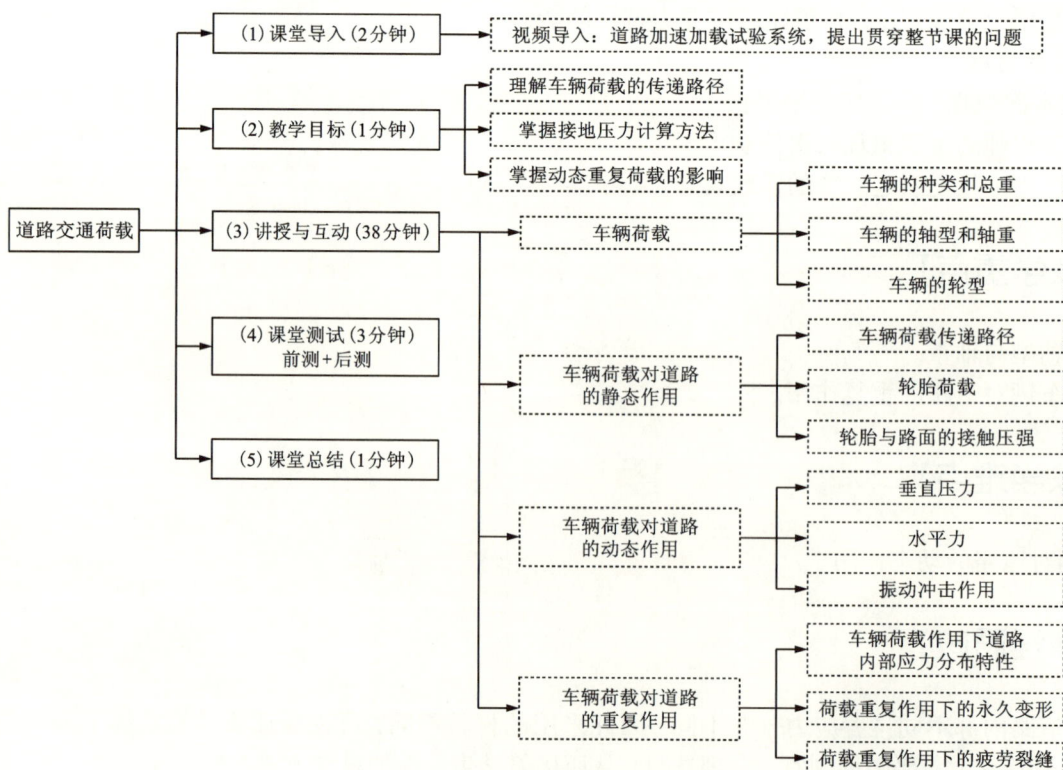

图 4.79　教学内容的组织及时间安排

数据结构 Ⅰ

扫描二维码

漆华妹，中南大学计算机学院教师，湖南省普通高校教学能手，中南大学课程思政示范教师，2020年湖南省普通高校教师课堂教学竞赛一等奖、中南大学第六届及第十届"三十佳"教学竞赛"十佳教案"获得者，多次荣获中南大学本科及研究生教学质量优秀奖，主讲的数据结构课程被评为"湖南省线下一流课程""中南金课"，参与了2020年国家首批线下一流课程《编译原理》的建设。

课　程　概　述

一、课程基本信息

本课程的基本信息见表 5.1。

表 5.1　课程基本信息

课程名称	数据结构	课程性质	专业课(必修)
学时	56(其中 8 学时实验)	开课时间	一年级二学期
先修课程	程序设计语言类学习与实践、数理逻辑和数学基础课程(数学分析、线性代数、概率与统计等)		
适用专业	计算机信息类本科生		
使用教材	严蔚敏,吴伟民.数据结构(C 语言版)[M].北京:清华大学出版社,2018		
参考教材	李春葆.数据结构教程:第 4 版[M].北京:清华大学出版社,2013		

二、课程的性质和作用

　　数据结构是计算机类专业的核心课程、学科基础课程,本科教学中的重中之重。数据结构是数据组织、管理和存储的形态,以支持对数据的高效访问和修改。所有的计算机系统软件和应用软件都要用到各种类型的数据结构,它上承程序设计语言类学习与实践、数理逻辑和数学基础课程(数学分析、线性代数、概率与统计等),下启算法设计与分析,它几乎是所有计算机核心课程(如编译原理、数据库系统、操作系统、软件工程等)的必修先行课,;此外它也是高层次的计算机应用处理技术及科学的根基所在,如人工智能、模式识别与机器学习,网络空间信息处理及安全,多媒体技术等。

　　通过本课程的教学,学生一方面能够掌握有效的数据存储方法,能更加准确和深刻地理解不同数据结构之间的共性和联系,学会选择和改进数据结构,高效地设计并实现各种算法。另一方面,学生能够运用所学的数据结构知识,高效处理具有复杂关系的数据。

三、学情分析

　　数据结构是一年级二学期课程,且是学科基础课、必修课。学生在第一学期已经学习了 C 语言和线性代数、概率论等,对编写程序具有一定的了解,且具有初步的分析问题能力。但部分学生对 C 语言掌握得不牢,同时,对数学基础课程的认识不深入,又加上是大一学生,对专业课程了解不深,学习方法的掌握上还不够完善。因此,在教学过程中,应引导学生深入专业领域,将前面学习的基础课程和正在学习的专业课程融为一个整体。

四、课程教学设计

(一)教学设计思路

坚持以学生为中心、目标导向、持续改进的教学理念,为达成以上教学目标,从课前、课中和课后实施教学，如图 5.1 所示。

图 5.1　达成教学目标

课前：主要明确教学目标，分析学生特征，解析重难点，组织教学并设计教学思路。这部分包括授课对象（学情分析）、课程性质及类型、教学课时、教学教具、教材等基本情况说明。另外，包括教学目标、教学重点、教学难点、教学组织与教学思路、教学方法及课程思政等。课程的教学目标是本节课的教学目标，从知识、能力和素质三方面阐述；并指出课程的重难点；教学组织拟从 BOPPPS 六个环节进行介绍，用游戏、故事化引入课程，并采用案例式、启发引导式、问题驱动式及线上线下混合式教学，同时辅以 PPT 动画。最后，列出课程思政的纲要，包括思政元素及融合策略（融合方法及融合目标）。

另外，课前布置预习任务，主要按照中国大学 MOOC（武汉大学，数据结构）相应的章节进行预习，并完成相应练习题，用于老师检验学生预习情况。

课中：本教学设计由课程导入、学习目标、知识回顾、课程讲授与互动、课堂练习、课程小结等 BOPPPS 六个闭合环节组成。

通过故事化的引入、游戏式互动，吸引学生注意力，激发兴趣。告知学生学习目标及本堂课的目的。同时承上启下，对前述内容进行前测，用于分析学生预习（预习是基于中国大学 MOOC）情况。讲授与互动时，充分调动学生的积极性，以学生为中心，采用案例式、启发引导及问题导向式引导学生积极主动参与课堂活动。课堂练习插入板书设计、学生演板、上机、互动，来加深对知识点的理解。课程小结采用口诀式总结，并运用思维导图的方式对知识点进行小结。课中环节中，加入课程思政点，培养学生社会主义核心价值观及职业使命感。

课后：包括学生的课后练习及教师的课后反思。学生课后练习用于巩固提升，指按照老师给出的课后拓展参考资料，完成课后作业和思考题，实现数据结构小系统，参加项目或竞赛，服务行业，同时预习下节课的学习内容。教师的课后反思即为教学后记，用以老师修正教学。

课程思政：结合课程与计算机行业发展实践性强的特点，将社会主义核心价值观，爱国主义情怀，哲学思维培养和社会秩序观贯穿教学全过程，激发学生的爱国主义情怀；结合课程理论性与实践性强的特点，将职业、工匠精神，工程伦理浸入课程，运用层层递进、问题驱动、案例讨论等方法，将数据结构设计过程中科研严谨、深入探求、实事求是的精神以及工程伦理观贯穿教学全过程；遵循言传身教的原则，身正为范，课堂上将教学内容与科研经历相结合，将自主创新、自力更生、勤奋努力的精神贯穿教学始终。本教学设计中知识点与思政结合如表 5.2 所示。

表 5.2 数据结构课程思政设计

序号	思政元素	融入策略与目标
1	逻辑结构和存储结构之间的紧密关系	人机和谐
2	算法分析的目的	精益求精，持之以恒，终究会有收获。
3	顺序表的优缺点	循规蹈矩，不适动态变化
4	单链表的优缺点	适合动态变化，节省空间
5	栈的后进先出的特性	后来者居上。要做到后来者居上：一是需要勇气，二是需要自身具有很强的蓄势待发的潜力
6	递归的分而治之特性	学习上，也可把复杂的问题，分而治之，逐步解决
7	队列的先进先出性 顺序队列浪费空间	排队要遵守秩序。 循环队列节约空间
8	串的模式匹配（BF）算法的效率	哪里跌倒，就在哪里爬起！牛耕田也是这么想的，但袁隆平就不这么想，于是才有了超级杂交水稻。学习，除了勤奋、坚持，更要思考
9	数组的顺序存储结构	数组就像抗洪抢险中战士手拉手的人墙，挡住洪水泛滥！这需要强大的勇气，坚强的意志力，还有强健的体魄。为人民子弟兵骄傲！
10	稀疏数组采用传统方法存储的缺点	碰到问题，我们要寻求新的方法，拒绝浪费
11	二叉树的形态	树的结构如家谱，我们要学习传统文化，辩证地传承传统文化，取其精华，去其糟粕
12	先序、中序和后序遍历算法的实质	三种遍历，本质一样，由先序遍历拓展到中序和后序遍历，这个过程实质就是换位思考。换位思考在我们生活中也是非常重要的做人准则，与人相处，要懂得换位思考。另外，大事情可以分解为小事情，分而治之
13	Huffman 树的构造过程	用拯救孤儿院孤儿的例子，授导学生要对社会充满爱
14	深度优先搜索的本质	由深度优先搜索的思想，其本质是一条路走到黑，授导学生：除了坚持不懈，要懂得适时变通
15	Prim 算法的本质	每天多学习一点，那么大学四年下来，就一定会收获多一点 授导学生：平时多努力一点，汇细流以成江河，积小善以成大德
16	拓扑排序示例	学习也一样，必须按部就班、遵循顺序，由浅入深
17	最短路径生活实例 介绍 Dijkstra 科学家 快递员最短路径实例	由实例感悟科技改变生活。授导学生要努力学习，承担起职业使命 引导学生向计算机的优秀科学家学习 授导学生向平凡的快递员致敬，同时运用所学，为他们解决问题
18	折半查找的时间复杂度分析	面对问题时，需要分析其本质特征，选择最合理的算法对问题进行求解，提升知识运用能力和科学素养
19	查找"相应学号的学生"的实例	找对方法，就能节省时间
20	堆排序的本质	能挑选最优者出来 如何在芸芸众生中发掘出优秀人才，需要人力资源部门的负责人具有超前的意识和眼光，以及超凡的智慧

（二）教学目标

本课程的教学目标，包括知识目标、能力目标及素质目标，如图 5.2 所示。

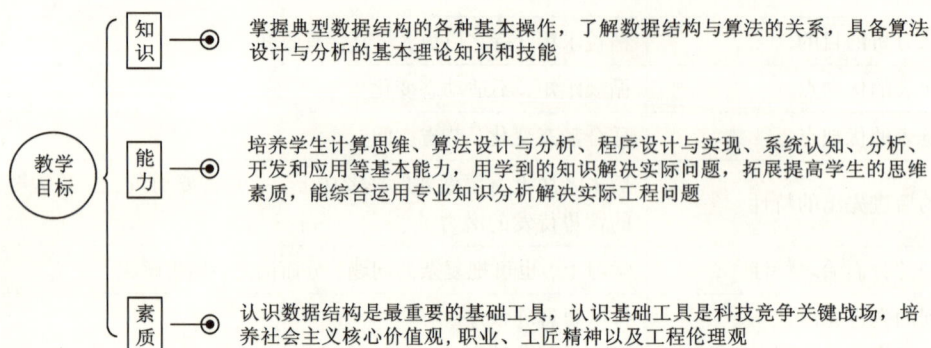

知识 ◉ 掌握典型数据结构的各种基本操作，了解数据结构与算法的关系，具备算法设计与分析的基本理论知识和技能

教学目标

能力 ◉ 培养学生计算思维、算法设计与分析、程序设计与实现、系统认知、分析、开发和应用等基本能力，用学到的知识解决实际问题，拓展提高学生的思维素质，能综合运用专业知识分析解决实际工程问题

素质 ◉ 认识数据结构是最重要的基础工具，认识基础工具是科技竞争关键战场，培养社会主义核心价值观、职业、工匠精神以及工程伦理观

图 5.2　教学目标

（三）教学内容

数据结构，是由某种逻辑关系组织起来的一批数据，按一定的存储方法被存储于计算机中，并在这些数据上定义了一个运算的集合。数据的结构具有三个方面：数据的逻辑结构、数据的存储结构以及数据的运算。其数据结构体系图如图 5.3 所示。

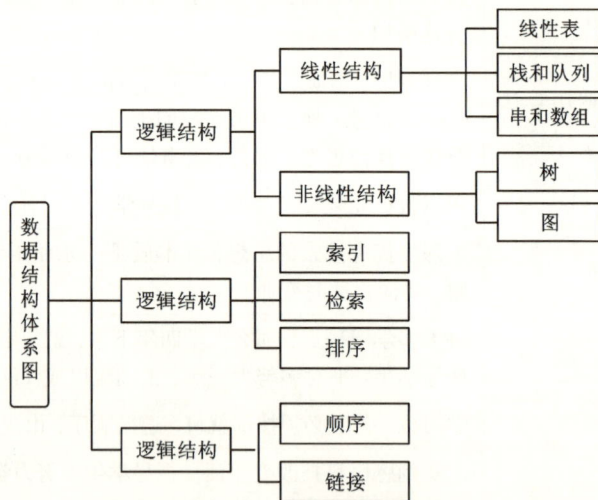

图 5.3　数据结构体系图

（四）教学方法

采用启发式、案例式教学，上课前给学生一个思考问题，让学生带着问题有针对性地学习知识点，更深层次地理解课堂所学。最后，进行必要的课堂小结，布置课外习题及参考资料。同时采用前后呼应的方式引导学生对下一节课的兴趣点。如图 5.4 所示。

（五）课程考核

课程考核采用百分制，包括：课前预习、课堂互动、作业研讨、课后拓展练习及思考题、实验、综合实践和期末考试环节。其成绩构成及分布如图 5.5 所示。同时通过设计性实验强化学生构思、设计、实施和操作能力。运用提问、讨论、作业、报告等方式，让学生掌握提升创新能力的途径与方法。

图 5.4 闭环教学模式

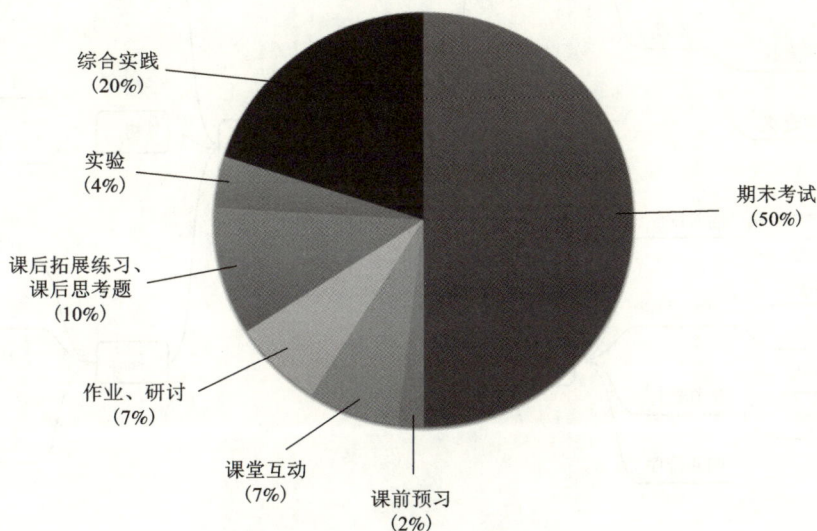

图 5.5 成绩构成及分布

五、思维导图定向、板书设计定线

坚持目标导向,强化创新能力培养,同时,浸润式培养学生的社会主义核心价值观。如图 5.6 所示。

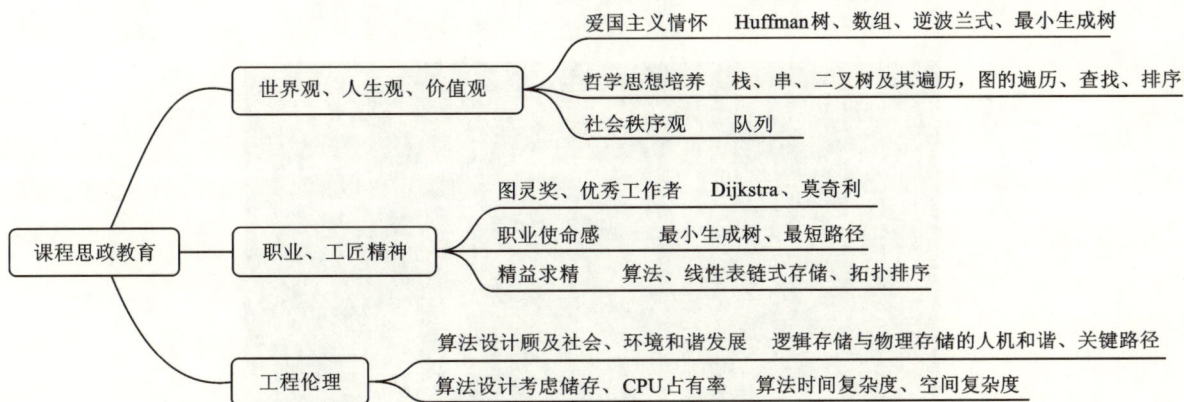

图 5.6 课程思政教育

引导学生采用思维导图归纳总结知识点，让学生养成自主学习的习惯，如图 5.7 所示。同时，充分运用课程评价功能，在每个教学设计中通过手机二维码发布问卷、评价和课外思考题，用于了解学生对知识点的掌握情况、对授课方式满意度调查以及对课程的意见和建议等，辅助课堂教学，合理利用课前、课后的时间，并通过反馈，进行教学反思，调整教学策略，持续改进教学工作。

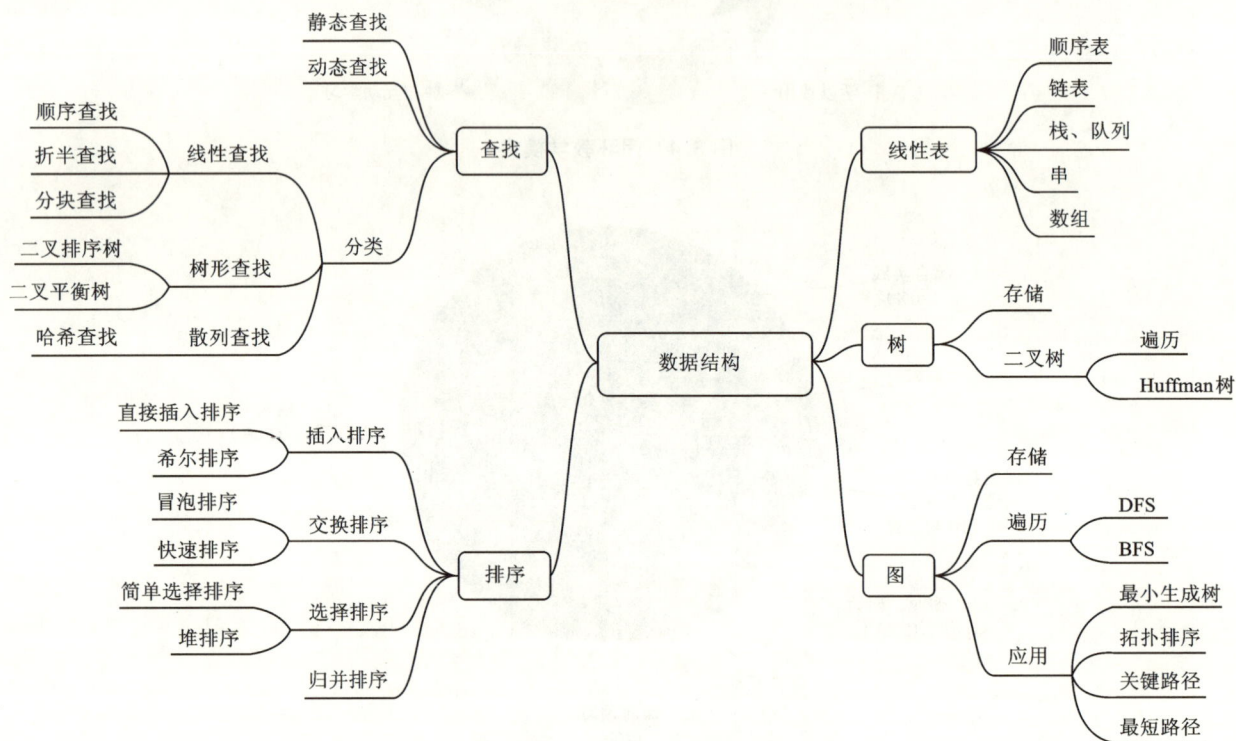

图 5.7　思维导图

板书设计定线，引导学生总结，巩固加深印象（见图 5.8）。

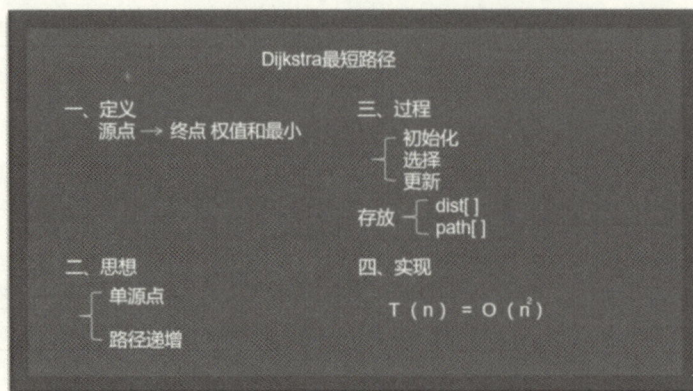

图 5.8　板书设计

5.1 循环队列
（附 15 分钟教学视频）

云麓课堂

课堂实录

基本信息			
教学主题	循环队列	课时安排	1 课时(45 分钟)
所在章节	第 3 章　栈和队列/第 3.4.3 节　循环对队		

【教学目标】

❖ 知识目标

(1)理解：循环队列的概念及特征。

(2)掌握：循环队列判断队空、满的条件及入队出队的实现。

(3)运用：会根据不同的条件，运用循环队列设计相应的算法。

❖ 能力目标

(1)提取要素：在理解概念，阅读教材、文献中对抽象概念的表述时，锻炼自己提取概念关键词和要素的能力。

(2)举一反三、主动思考：培养学生发现问题、分析问题和解决问题的能力，针对不同的情况，探究如何运用循环队列解决实际问题，提高创新能力。

(3)逻辑思维：学会查阅文献资料，培养学生运用分析、比较、归纳与演绎等科学研究方法的逻辑思维能力。

❖ 素质目标

(1)专注、投入：培养学生学习兴趣、良好的思维习惯、自主学习的积极性以及专注投入的学习习惯。

(2)钻研、创新：培养学生复习+总结、预习+思考的良好的学习习惯和严谨务实的学习态度，并通过知识拓展开阔视野，引导学生敢于创新，提高自主探索的创新品质。

(3)社会秩序观：培养学生遵守社会秩序的观念。

【教学内容】

(1)顺序队列假溢出问题及循环队列的定义【重点】。

(2)循环队列判队空、队满条件【重点】【难点】。

(3)循环队列的基本操作【重点】【难点】。

【教学组织与教学思路】

❖ 教学组织

教学时间共计 45 分钟，课堂组织从"生活中要厉行节约，那计算机存在浪费吗?"引入，继而介绍本次课学习目标，之后回顾上节课的知识点，再详细讲解循环队列判队空、队满条件及基本操作等知识点。教学课堂的活跃、学生思维的调动等环节展开。

❖ 教学思路

将教学环节分为课前、课中和课后三个阶段。各阶段综合应用信息化教学法、BOPPPS 教学模式等。

（1）课前：基于学校的教学平台，推送教学课件、MOOC 链接等进行多维度导学，使学生初步了解将要学习的内容。通过学生完成 MOOC 链接中的前测，了解学生预习情况，确定本堂课教学重点及难点。

（2）课中：应用 BOPPPS 教学模式。

①课堂导入。提出问题或实际案例导入。设置情境，激发学生学习兴趣。

②知识回顾。承上启下回顾知识，进行课程前测，了解学生的前期知识掌握情况。

③学习目标。明确本节课的学习目标和学习要求。

④讲授与互动。重点及难点内容详讲，辅以提问、启发、类比、讨论等方式进行互动式讲授，以期强化学习目标，活跃课堂氛围，加深内容理解，拓展认知思维。

⑤学以致用。课堂练习题，加入板书及学生演板等互动，以了解学情，督促学生主动参与教学过程，提升学生学习参与度。

⑥课程小结与课后导学。通过思维导图等总结本节主要内容，布置课后练习巩固提升，同时通过设置问题，引出下次课教学内容。

本次课通过"生活中要厉行节约，那计算机存在浪费吗?"引入，继而回顾上节课的知识点，再介绍本次课学习目标：理解循环队列的概念及特征；掌握循环队列判断队空、满的条件及入队出队的实现；会根据不同的条件，运用循环队列设计相应的算法，理解算法的概念及算法特性。之后详细讲解循环队列等知识点。

在讲授和互动环节，首先介绍顺序队列存在的"假溢出"问题，用动画动态显示，以帮助学生理解假溢出问题。接着重点介绍循环队列的定义、特点、队列判队空队满的条件及基本操作。授课过程中，综合应用提问、讨论、课堂练习的方式，使学生真正理解和掌握本节学习内容。

讲授环节后，通过"学以致用"课堂测试来评价学生对知识的理解掌握情况，最后进行教学总结，归纳本节课的学习内容。

（3）课后：练习、复习、拓展。

①通过学校教学平台布置课后作业，作业完成后，线上批阅。

②鼓励学生积极参与 MOOC 平台的交流与讨论。

③布置拓展阅读资料，鼓励学生提出挑战性或批判性问题。

【教学方法】

（1）结合趣味游戏导入，针对性地分析问题和解决问题，提高学生学习兴趣。

（2）采用多媒体动画的方式形象地描述队列顺序存储，刺激学生感官，加深对存储结构的理解；同时合理地设计板书，避免 PPT 放映过快导致学习"短路"，利于学生掌握学习内容。

（3）以问答方式进行知识点回顾的讲解，活跃课堂气氛。

（4）采用启发式、案例式教学，上课前向学生提一个思考问题"什么是假溢出"，然后让学生带着问题有针对性地学习知识点，更深层次地理解课堂所学。

（5）进行必要的课堂小结，布置课外习题及参考资料。

（6）采用前后呼应的方式引导学生对下一节课的兴趣点。

课堂教学思维导图如图 5.9 所示。

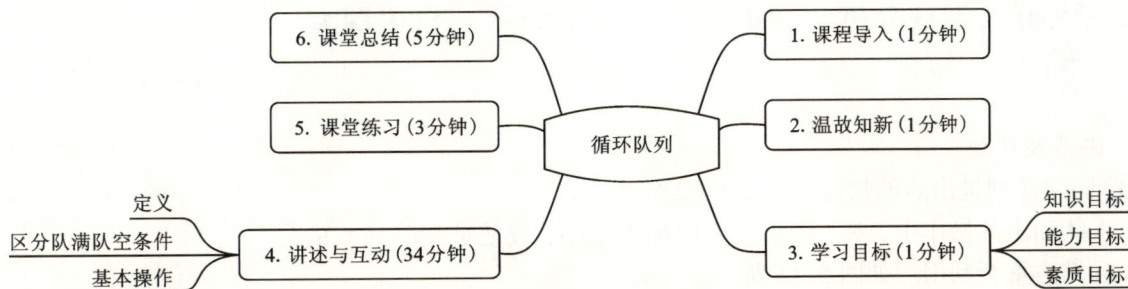

图 5.9　课堂教学思维导图

【课程思政】

通过队列的分析，让学生思考这样几个问题：

(1)生活中的"光盘行动"、顺序队列存在的问题？（思政元素）

(2)我们能从队列中悟出什么道理？（融合策略）

顺序队列存在的假溢出问题，浪费空间，教导学生要厉行节约，反对铺张浪费。同时，讲到队列，就想到排队，授导学生要遵守社会秩序。

教 学 过 程

◈ 课堂导入(1分钟)

引例：以"生活中提出光盘行动，那计算机呢?"的问题引出。如图 5.10 所示。

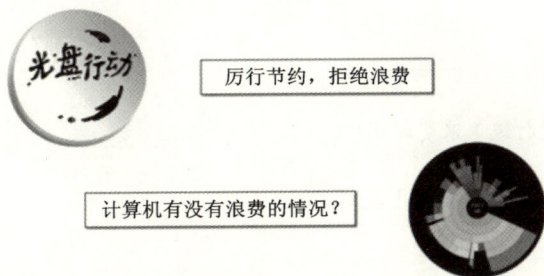

厉行节约，拒绝浪费

计算机有没有浪费的情况？

图 5.10　"光盘行动"

用"生活中提出光盘行动，那计算机呢"的问题引入课程，引出思政点。如图 5.10 所示。

★ 课程思政
生活中我们提倡光盘行动。授导学生要厉行节约、拒绝浪费。

◈ 明确目标(1分钟)

＊本节目标

(1)理解循环队列的概念及特征；

(2)掌握循环队列判断队空、队满的条件及入队出队的实现；

(3)会根据不同的条件，运用循环队列设计相应的算法。

提升视角，强调本节课的学习目标。

◈ 重点讲解　难点分析　理论实践　虚拟演示　自主探究（38分钟）

＊ 讲授及互动

(1) 顺序队列进出队的情况是什么？(2分钟)

在入队和出队操作中，头、尾指针只增加不减小，致使被删除元素的空间永远无法重新利用。如图5.11所示。

实现：用一维数组实现sq[M]

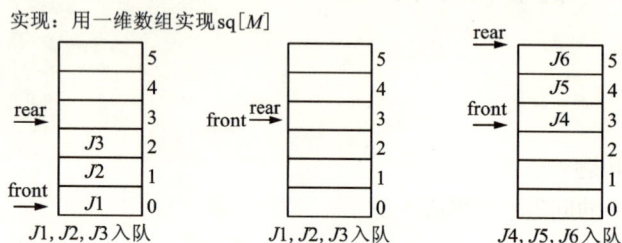

图5.11　进出队操作

因此，尽管队列中实际元素个数可能远远小于数组大小，但可能由于尾指针已超出向量空间的上界而不能做入队操作。

(2) 顺序队列存在的问题。(4分钟)

放映PPT。

> 存在问题：
> 设数组维数为M，则：
> 当front=0，rear=M时，再有元素入队发生溢出——真溢出；
> 当front≠0，rear=M时，再有元素入队发生溢出——假溢出。

解决方案是什么？

放映PPT。

> 解决方案：
> ➤ 队首固定，每次出队剩余元素向下移动（食堂打饭）浪费时间！
> ➤ 循环队列。
> 　基本思想：把队列设想成环形，让sq[0]接在sq[M-1]之后，若rear=M，则令rear=0。

(3) 什么是循环队列？(1分钟)

● 将为队列分配的向量空间看成为一个首尾相接的圆环，即为循环队列。

● 用模运算来实现：$i=(i+1)\%MAX\_QUEUE\_SIZE$；

＊ 案例分析（4分钟）

例：设有循环队列Q，其初始状态是front＝rear＝0，各种操作后队列的头、尾指针的状态变化情况如图5.12所示。

知识回顾：回顾上节课知识点，承上启下，引出本堂课的学习内容。

图片展示+实例分析：通过动画演示阐述的方式，描述顺序队列存在的问题——形象生动。

★ 课程思政
顺序列队存在的问题，进一步强调我们要拒绝浪费。
同时，讲到队列，教导学生要遵守社会秩序。

归纳讲授法：提出几种解决方案，并简单分析方案的可行性。

归纳讲授法：正式介绍循环队列。
——为充分利用向量空间，克服上述"假溢出"现象。

案例分析：通过案例分析，阐述循环队列入队出队操作。

问题驱动：(点名学生回答问题)
问题驱动式，让学生参与式进行学习。

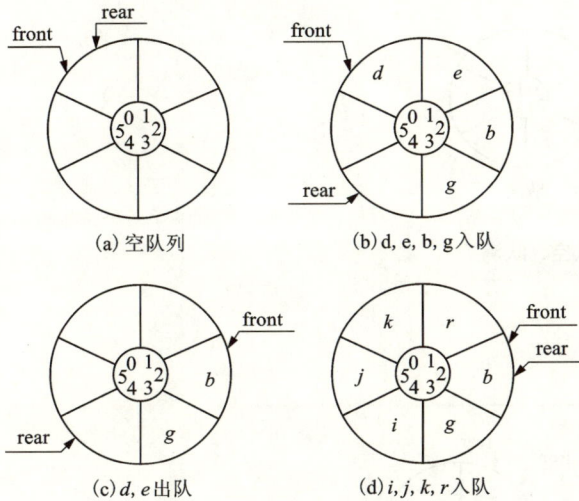

图 5.12　循环队列操作及指针变化情况

＊ 提问(4 分钟)

如何判断循环队列的队空、队满呢? 空队列和满队列时，front ＝＝ rear。如图 5.13 所示。

层层递进地分析。
提出两种解决方案：重点介绍第一种(培养学生理解力)。

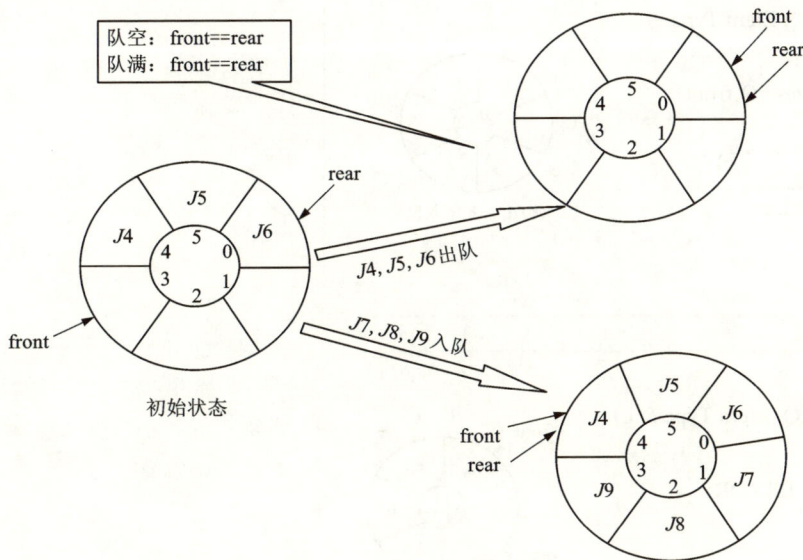

图 5.13　判断队空队满

存在问题：

无法通过 front＝rear 来判断队列"空"还是"满"。

解决方案：

①少用一个元素空间：

队空：front ＝＝ rear

队满：(rear+1)%M ＝＝ front

②另外设一个标志以区别队空、队满(见图 5.14)。

代码分析：从初始化、入队、出队介绍循环队列的基本运算，提升学生学习的兴趣，并留有学习空间。

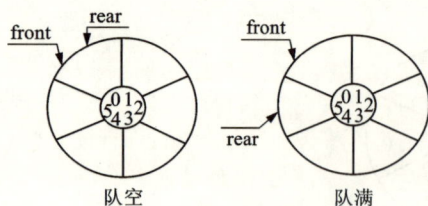

图 5.14　设标志以区别队空、队满

（4）循环队列的基本运算。（20 分钟）

放映 PPT。

```
①循环队列的初始化代码
SqQueue Init_CirQueue(void)
{
    SqQueue Q;
    Q.front=Q.rear=0;
    return(Q);
}
```

(a) 空队列

```
②入阶操作代码。
Status EnQueue(SqQueue & Q, Elem Type e)
{
    if((Q.rear+1)% Q.queuesize==Q.front)
        return ERROR;
    Q.base | Q.rear | =e;
    Q.rear=(Q.rear+1)% Q.queuesize;
    return OK;
}
```

(b) d, e, b, g 入队

```
③出队操作代码。
Status DeQueue (SqQueue & Q, Elem Type & e)
{
    if (Q.front==Q.rear) return ERROR;
    e=Q.base | Q.front | ;
    Q.front=(Q.front+1)% Q.queuesize;
    return OK;
}
```

(c) d, e 出队

（5）学以致用。（3 分钟）

【练习】选猴王问题：N 只猴子，报数到 M 就退出，最后剩下的为王。

【解题思路】将计数器数到 M 的指针指向的内容变为 0，直到队列中只有一个元素不为 0 时，最后不为 0 的元素的值即为大王。

第一步：建立数组，填入猴子编号及猴子出局时报的数 M；

第二步：从第一个猴子报数；

第三步：数到 M 让指针指向元素变为 0；

课堂练习。

学以致用：将课堂所学运用到练习中。

第四步：继续报数，重复第三步，最后不为 0 的为王。
如图 5.15 所示。

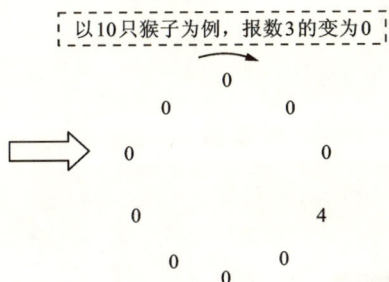

图 5.15　练习图

◆ 课堂总结　课后拓展　预习提示(5 分钟)

★ 课堂总结
归纳本节课的重点内容：
(1)顺序队列存在的问题；
(2)循环队列定义、判空满条件；
(3)循环队列的基本操作。
思维导图如图 5.16 所示。

用思维导图对本节课进行总结。

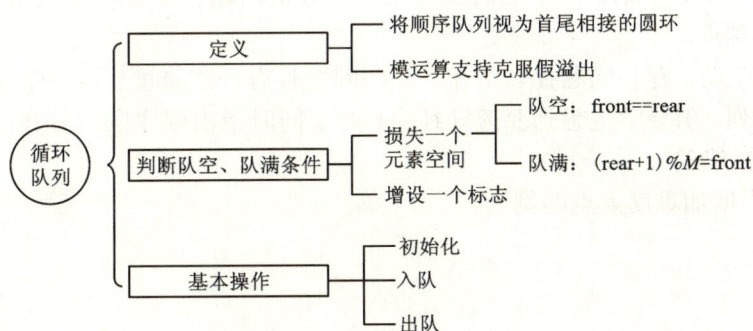

图 5.16　思维导图

★ 课后导学
【作业】要求循环队列不损失一个空间，设置一个标志 tag，以 tag 为 0 或 1 来区分头尾指针相同时的队列状态，请编写相应入队与出队算法。

【拓展】研读科研文献(全文已发 QQ 群)，欢迎学生在线上平台随时与老师讨论。

Albu-Rghaif, Ali N, Jassim, et al. A data structure encryption algorithm based on circular queue to enhance data security. Proceedings of 1st International Scientific Conference of Engineering Sciences – 3rd Scientific Conference of Engineering Science

课后导学：包括三个部分，即作业、拓展及预习工作。
通过课后作业，巩固课堂所学，拓展文献阅读，引导学生自主学习，加深对循环队列的理解，并综合应用、积极创新。
通过预习提示，提示下节课的学习内容。
作业及思考题扫描二维码完成。
同时，学生可以对本节课进行评价，老师用以修正教学。

【预习】队列的应用：杨辉三角问题。

【板书设计】

板书设计如图 5.17 所示。

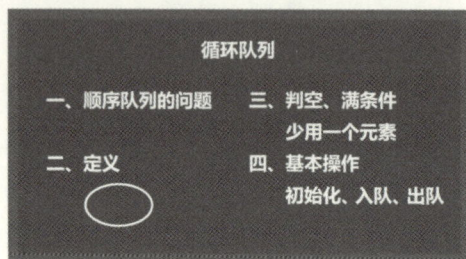

图 5.17　板书设计

教　学　后　记

（1）课程通过中国大学 MOOC 预习了解学情，课堂上启发学生独立分析问题、解决问题，同时通过大量的图片、动画有效地化解本堂课难点。

（2）课堂上设计很多提问与学生互动，有些问题比较简单，有些问题具有一定难度，培养学生独立思考、融会贯通的学习能力。讲到队列，引导学生想到要遵守社会秩序，同时指出顺序队列存在的假溢出问题，授导学生厉行节约，反对铺张浪费。

（3）考虑计算时间、复杂度，适当增加难度大点的例题。

5.2 遍历二叉树

基本信息			
教学主题	遍历二叉树	课时安排	1课时(45分钟)
所在章节	第6章　树和二叉树/第6.3.1节　遍历二叉树		

▶【教学目标】

❖ 知识目标
(1)理解：遍历二叉树的定义及分类。

(2)掌握：遍历过程及算法实现。

(3)运用：会根据遍历算法解决实际问题。

❖ 能力目标
(1)提取要素：在理解概念，阅读教材、文献中对抽象概念的表述时，锻炼自己提取概念关键词和要素的能力。

(2)举一反三、主动思考：培养学生发现问题、分析问题和解决问题的能力，针对不同的应用问题，探究采用何种遍历算法解决，提高创新能力。

(3)逻辑思维：学会查阅文献资料，培养学生运用分析、比较、归纳与演绎等科学研究方法的逻辑思维能力。

❖ 素质目标
(1)专注、投入：培养学生学习兴趣、良好的思维习惯、自主学习的积极性以及专注投入的学习习惯。

(2)钻研、创新：培养学生复习+总结、预习+思考的良好的学习习惯和严谨务实的学习态度，并通过知识拓展开阔视野，引导学生敢于创新，提高自主探索的创新品质。

(3)换位思考：培育学生换位思考及大问题分解为小问题解决的能力。

▶【教学内容】

(1)遍历的定义及形态【重点】。

(2)各种遍历过程及算法实现【重点】【难点】。

(3)遍历算法的应用【重点】【难点】。

▶【教学组织与教学思路】

❖ 教学组织
教学时间共计45分钟，课堂组织从"记录爬山的景点"引入，继而温故知新，承上启下回顾知识点，再介绍本次课学习目标,之后详细讲解遍历的定义、各种遍历算法及实现等知识点。教学课堂的活跃、学生思维的调动等环节展开。

❖ **教学思路**

(1)课前:基于学校的教学平台,推送教学课件、MOOC 链接等进行多维度导学,使学生初步了解将要学习的内容。通过学生完成 MOOC 链接中的前测,了解学生预习情况,确定本堂课教学重点及难点。

(2)课中:应用 BOPPPS 教学模式。

①课堂导入。以思维导图进行课程导入。设置情境,激发学生学习兴趣。

②知识回顾。承上启下回顾知识,进行课程前测,了解学生的前期知识掌握情况。

③学习目标。明确本节课的学习目标和学习要求。

④讲授与互动。重点及难点内容详讲,辅以提问、启发、类比、讨论等方式进行互动式讲授,以期强化学习目标,活跃课堂氛围,加深内容理解,拓展认知思维。

⑤学以致用。课堂练习题,加入板书及学生演板等互动,以了解学情,督促学生主动参与教学过程,提升学生学习参与度。

⑥课程小结与课后导学。通过思维导图等总结本节主要内容,布置课后练习巩固提升,同时通过设置问题,引出下次课教学内容。

本次课通过"记录爬山的景点"引入,继而回顾上节课的知识点,再介绍本次课学习目标:理解遍历二叉树的定义及形态;掌握遍历过程及算法实现;会根据遍历算法解决实际问题。

在讲授和互动环节,首先介绍遍历二叉树的定义及遍历的形态,接着重点介绍各种遍历的过程及算法实现,用动态动画帮助学生理解掌握。授课过程中,综合应用提问、讨论、课堂练习的方式,使学生真正理解和掌握本节学习内容。

讲授环节后,通过"学以致用"课堂测试来评价学生对知识的理解掌握情况,最后进行教学总结,归纳本节课的学习内容。

(3)课后:练习、复习、拓展。

①通过学校教学平台布置课后作业,作业完成后,线上批阅。

②鼓励学生积极参与 MOOC 平台的交流与讨论。

③布置拓展阅读资料,鼓励学生提出挑战性或批判性问题。

▶【教学方法】

(1)结合线性和非线性的关系,针对性地分析问题和解决问题,提高学生学习兴趣。

(2)采用多媒体动画的方式形象地描述二叉树遍历过程,刺激学生感官,加深对遍历的理解;同时合理地设计板书,避免 PPT 放映过快导致学习"短路",利于学生掌握学习内容。

(3)以问答方式进行知识点回顾,活跃课堂气氛。

(4)采用启发式、案例式教学,上课前向学生提一个思考问题"如何将树这类非线性结构,转化为线性结构?"然后让学生带着问题有针对性地学习知识点,更深层次地理解课堂所学。

(5)进行必要的课堂小结,布置课外习题及参考资料。

(6)采用前后呼应的方式引导学生对下一节课的兴趣点。

课堂教学思维导图如图 5.18 所示。

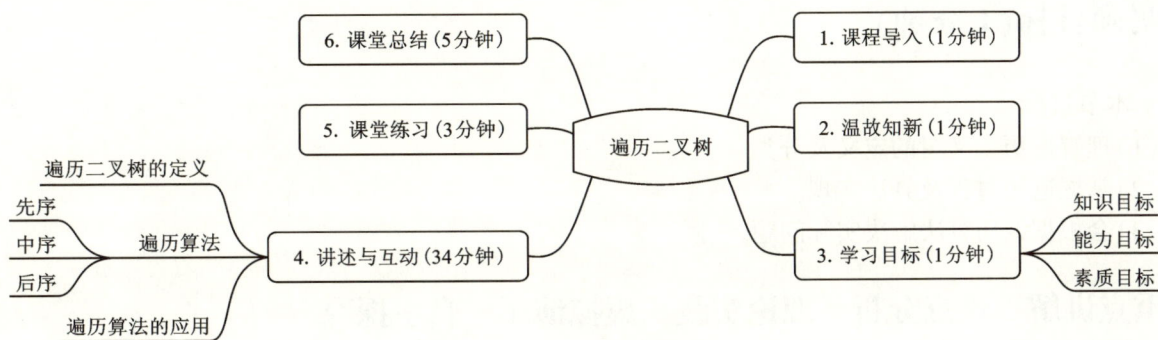

图 5.18　课堂教学思维导图

【课程思政】

通过对二叉树遍历的分析，让学生思考这样几个问题：

(1) 先序、中序和后序遍历，算法的实质是否一样？（思政元素）

(2) 我们能从中悟出什么道理？（融合策略）

通过这些问题探讨，授导学生：通过举一反三，激发学生计算思维能力的拓展，由先序遍历拓展到中序和后序遍历。这个过程实质就是换位思考。换位思考在我们生活中也是非常重要的做人准则，做事先做人。同时，二叉树可以把一个大问题看成两个小问题，求解过程相似，仅仅是大小规模不同而已。授导学生：如科研攻关的卡脖子问题，大问题分成小问题研究，各个击破。

教　学　过　程

◆ 课堂导入(1 分钟)

引例："记录爬山景点"引入课程。如图 5.19 所示。

用爬山动画表示遍历，它是将非线性结构转化为线性结构的过程。

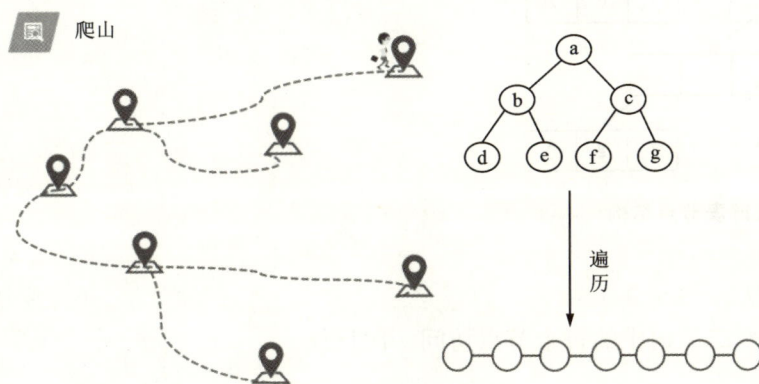

图 5.19　记录爬山景点

◈ 明确目标(1分钟)

＊本节目标
(1)理解遍历二叉树的定义及分类。
(2)掌握遍历过程及算法实现。
(3)会根据遍历算法解决实际问题。

提升视角,强调本节课的学习目标。

◈ 重点讲解　难点分析　理论实践　虚拟演示　自主探究(38分钟)

＊讲授及互动
(1)回顾二叉树的存储。(1分钟)
如图5.20所示的二叉树,写出它的二叉链表表示。

知识回顾:回顾上节课知识点(二叉树的存储),承上启下,引出本堂课的学习内容:二叉树的遍历。

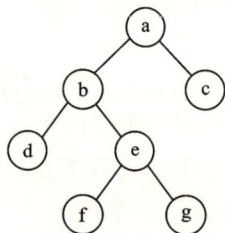

图5.20　二叉树

二叉链表节点结构表示如图5.21所示。

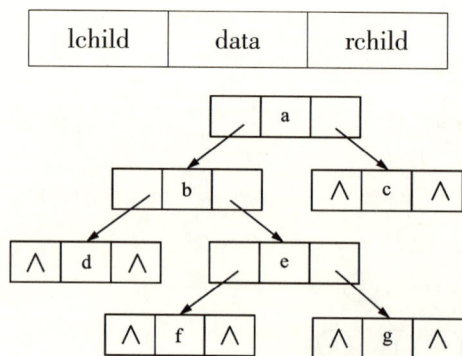

图5.21　二叉链表节点结构

(2)遍历二叉树的定义及遍历方法。(3分钟)
遍历二叉树:是指按指定的规律对二叉树中的每个节点访问一次且仅访问一次。
二叉树的遍历方法:若以 L、D、R 分别表示遍历左子树、遍历根结点和遍历右子树。如图5.22所示。

归纳讲述法:通过阐述的方式,介绍遍历二叉树的定义及其遍历方法:先序、中序和后序。

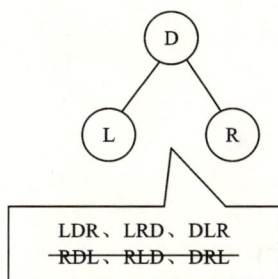

图 5.22　二叉树的遍历

➤ 先序遍历 DLR：先访问根结点，然后分别先序遍历左右子树。

➤ 中序遍历 LDR：先中序遍历左子树，然后访问根结点，最后中序遍历右子树。

➤ 后序遍历 LRD：先后序遍历左、右子树，然后访问根结点。

（3）遍历二叉树。（26 分钟）

1）先序遍历二叉树。

①算法的递归定义。

若二叉树为空，则遍历结束；否则：

a. 访问根节点；

b. 先序遍历左子树（递归调用本算法）；

c. 先序遍历右子树（递归调用本算法）。

②先序遍历，如图 5.23 所示。

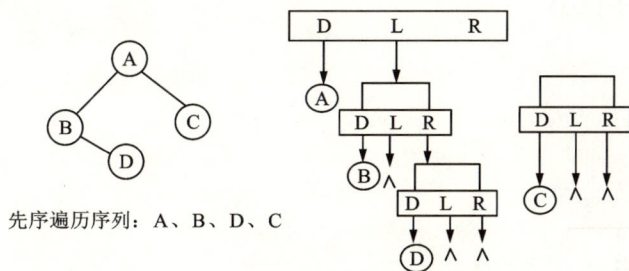

先序遍历序列：A、B、D、C

图 5.23　先序遍历

递归算法：

```
void PreorderTraverse(BTNode * T){
    if (T! =NULL)
    {
        visit(T->data);      /* 访问根节点* /
        PreorderTraverse(T->Lchild);
        PreorderTraverse(T->Rchild);
    }
}
```

2）中序遍历。

①算法的递归定义。

若二叉树为空，则遍历结束；否则：

归纳讲述+动画演示+代码分析。

阐述先序遍历的规则，配合 PPT 动画挖掘特征：按先根节点、左子树、右子树顺序遍历。

a. 中序遍历左子树(递归调用本算法);

b. 访问根节点;

c. 中序遍历右子树(递归调用本科算法)。

②中序遍历,如图 5.24 所示。

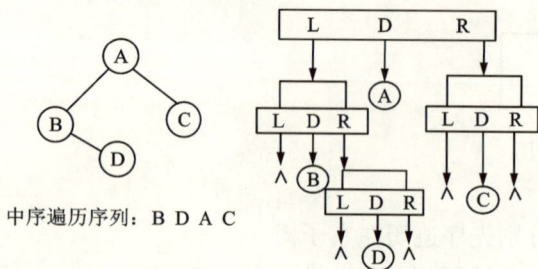

中序遍历序列:B D A C

图 5.24　中序遍历

* 提问:仿照先序遍历的算法,写出中序遍历算法。

答:中序遍历。

```
void InorderTraverse(BTNode * T)
{
    if(T! =NULL)
    {
        InorderTraverse(T->Lchild);
        visit(T->data);      /* 访问根结点* /
        InorderTraverse(T->Rchild);
    }
}
```

3)后序遍历。

①算法的递归定义。

若二叉树为空,则遍历结束;否则:

a. 后序遍历左子树(递归调用本算法);

b. 后序遍历右子树(递归调用本算法);

c. 访问根结点。

②后序遍历,如图 5.25 所示。

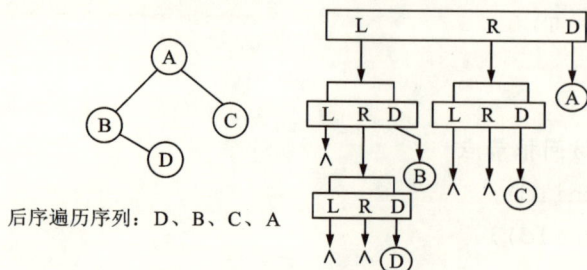

后序遍历序列:D、B、C、A

图 5.25　后序遍历

提问:仿照先序遍历的算法,写出后序遍历算法。

答:

归纳讲述+动画演示+问题驱动(点名学生回答问题)。
接着阐述中序遍历的递归定义及动画演示。
设计启发性提问加以引导,让学生自己写出中序遍历的递归算法。(培养学生创造力)

```
void PostorderTraverse(BTNode * T)
{
    if (T! =NULL)
    {
        PostorderTraverse(T->Lchild);
        PostorderTraverse(T->Rchild);
        visit(T->data);      /* 访问根结点* /
    }
}
```

（4）三种遍历算法的本质。（5分钟）

三种遍历算法的本质如图5.26所示。

图 5.26　换位思考

（5）学以致用。（3分钟）

假设二叉树采用二叉链存储结构存储，设计一个算法，计算一棵给定二叉树的所有结点个数。算法思路如图5.27所示。

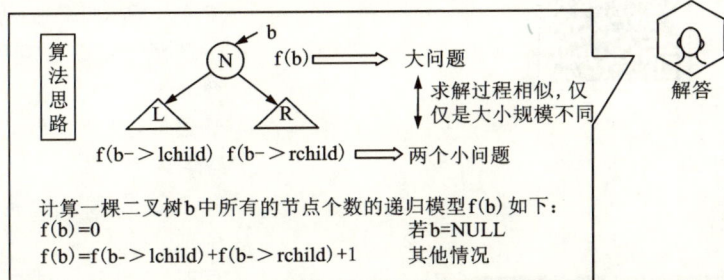

图 5.27　算法思路

```
int Nodes(BTNode * b)
{
    int num1, num2;
    if(b=NULL)
        return 0;
    else
        returr Nodes(b->lchild)+Nodes(b->rchild)+1
}
```

先左子树，再右子树，最后根节点（计1），是后序遍历的思路。
实际任何一种遍历算法都可以。

◆ 课堂总结　课后拓展　预习提示(5 分钟)

★ 课堂总结

归纳本节课的重点内容：

(1)遍历的定义及基本形态。

(2)遍历过程及算法实现。

思维导图，如图 5.28 所示。

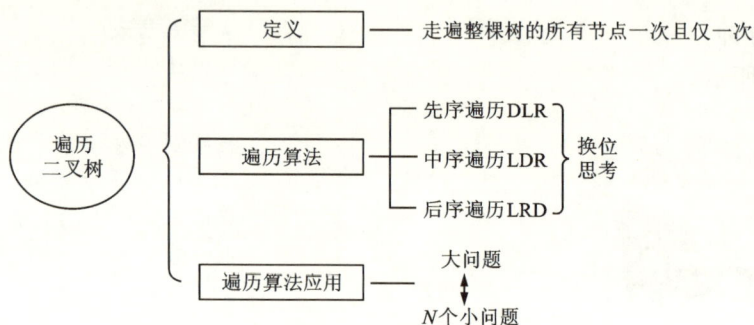

图 5.28　思维导图

★ 课后导学

【板书设计】

板书设计如图 5.29 所示。

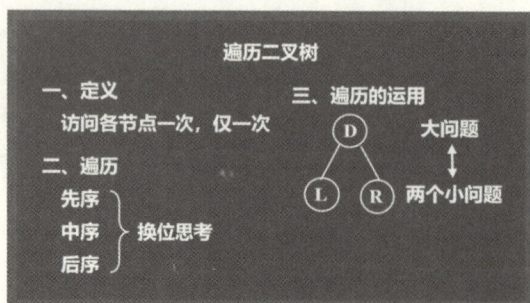

图 5.29　板书设计

PPT 演示+互动。

运用思维导图总结本节课主要内容。

课后导学：包括三个部分，即作业、拓展及预习工作。

通过课后作业，巩固课堂所学，拓展文献阅读，引导学生自主学习，加深对遍历二叉树的理解，并综合应用、积极创新。

通过预习提示，提示下节课的学习内容。

作业及思考题扫描二维码完成。

同时，学生可以对本节课进行评价，老师用以修正教学。

教 学 后 记

（1）课程通过中国大学 MOOC 预习了解学情，课堂上启发学生独立分析问题、解决问题，同时通过大量的图片、动画有效地化解本堂课难点。

（2）课堂上设计很多提问与学生互动，有些问题比较简单，有些问题具有一定难度，培养学生独立思考、举一反三、融会贯通的学习能力。在讲述三种遍历算法时，授导学生与人相处时要换位思考。同时，二叉树可以把一个大问题看成两个小问题，求解过程相似，仅仅是大小规模不同而已。授导学生：如科研攻关的卡脖子问题，可以分成小问题，各个击破。

（3）考虑适当增加难度大点的例题，引导学生进一步应用遍历二叉树的原理解决问题。

云麓课堂

教学设计

5.3 最小生成树

本节内容详见二维码。

基本信息			
教学主题	最小生成树	课时安排	1 课时(45 分钟)
所在章节	第 7 章 图/第 7.4.3 节 最小生成树		

▶【教学目标】

❖ **知识目标**

(1)理解:最小生成树的概念。

(2)掌握:构造最小生成树的算法及实现。

(3)运用:最小生成树解决实际问题。

❖ **能力目标**

(1)提取要素:在理解概念,阅读教材、文献中对抽象概念的表述时,锻炼自己提取概念关键词和要素的能力。

(2)举一反三、主动思考:培养学生发现问题、分析问题和解决问题的能力,针对不同的实际问题,会灵活运用最小生成树的概念解决,提高创新能力。

(3)逻辑思维:学会查阅文献资料,培养学生运用分析、比较、归纳与演绎等科学研究方法的逻辑思维能力。

❖ **素质目标**

(1)专注、投入:培养学生学习兴趣、良好的思维习惯、自主学习的积极性以及专注投入的学习习惯。

(2)钻研、创新:培养学生复习+总结、预习+思考的良好的学习习惯和严谨务实的学习态度,并通过知识拓展开阔视野,引导学生敢于创新,提高自主探索的创新品质。

(3)积少成多:授导学生每天学习多一点,努力多一点,坚持后收获就会更多。

▶【教学内容】

(1)最小生成树的概念【重点】。

(2)Prim 算法构造最小生成树【重点】【难点】。

▶【教学组织与教学思路】

❖ **教学组织**

教学时间共计 45 分钟,课堂组织从"找最经济的煤气输送网"引入,继而介绍本次课学习目标,在回顾上节课的知识点后，再详细讲解最小生成树的定义、构造最小生成树的原则及 Prim 算法的思想、设计及实现等知识点。教学课堂的活跃、学生思维的调动等环节展开。

❖ **教学思路**

将教学环节分为课前、课中和课后三个阶段。各阶段综合应用信息化教学法、BOPPPS 教学模式等。

（1）课前：基于学校的教学平台，推送教学课件、MOOC 链接等进行多维度导学，使学生初步了解将要学习的内容。通过学生完成 MOOC 链接中的前测，了解学生预习情况，确定本堂课教学重点及难点。

（2）课中：应用 BOPPPS 教学模式。

①课堂导入。提出问题或实际案例导入。设置情境，激发学生学习兴趣。

②温故知新。承上启下回顾知识，进行课程前测，了解学生的前期知识掌握情况。

③学习目标。明确本节课的学习目标和学习要求。

④讲授与互动。重点及难点内容详讲，辅以提问、启发、类比、讨论等方式进行互动式讲授，以期强化学习目标，活跃课堂氛围，加深内容理解，拓展认知思维。

⑤学以致用。课堂练习题，加入板书及学生演板等互动，以了解学情，督促学生主动参与教学过程，提升学生学习参与度。

⑥课程小结与课后导学。通过思维导图等总结本节主要内容，布置课后练习巩固提升，同时通过设置问题，引出下次课教学内容。

本次课通过"找最经济的煤气输送网"引入，继而回顾上节课的知识点，再介绍本次课学习目标：理解最小生成树的概念、掌握构造最小生成树的算法及实现、运用最小生成树解决实际问题。之后详细讲解最小生成树的定义、Prim 算法构造最小生成树的思想、设计及实现等知识点。

在讲授和互动环节，首先介绍最小生成树的定义。接着重点介绍 Prim 算法构造最小生成树的思想、设计及实现等。授课过程中，综合应用提问、讨论、课堂练习的方式，使学生真正理解和掌握本节学习内容。

讲授环节后，通过"学以致用"课堂测试来评价学生对知识的理解掌握情况，最后进行教学总结，归纳本节课的学习内容。

（3）课后：练习、复习、拓展。

①通过学校教学平台布置课后作业，作业完成后，线上批阅。

②鼓励学生积极参与 MOOC 平台的交流与讨论。

③布置拓展阅读资料，鼓励学生提出挑战性或批判性问题。

【教学方法】

（1）结合生活中的例子"找最经济的煤气输送网"引出本节课，针对性地分析问题和解决问题，提高学生学习兴趣。

（2）采用多媒体动画的方式形象地描述 Prim 算法构造最小生成树过程，刺激学生感官，加深对构造算法的理解；同时合理地设计板书，避免 PPT 放映过快导致学习"短路"，利于学生掌握学习内容。

（3）以问答方式进行知识点回顾，活跃课堂气氛。

（4）采用启发式、案例式教学，上课前引导学生对线性表进行归纳总结，画出思维导图，然后让学生带着问题有针对性地学习知识点，更深层次地理解课堂所学。

（5）进行必要的课堂小结，布置课外习题及参考资料。

（6）采用前后呼应的方式引导学生对下一节课的兴趣点。

课堂教学思维导图如图 5.30 所示。

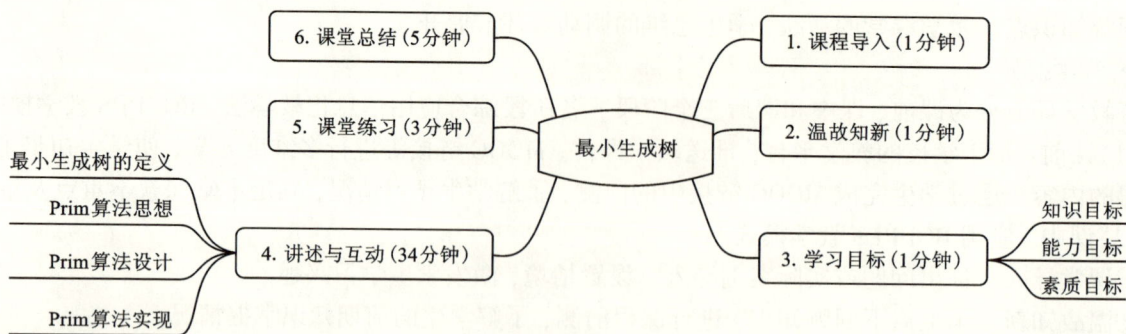

图 5.30　课堂教学思维导图

【课程思政】

通过 Prim 算法的分析，让学生思考这样几个问题：

（1）Prim 算法的本质是什么？（思政元素）

（2）我们能从中悟出什么道理？（融合策略）

Prim 算法加点不构成回路，是局部最优+调整＝全局最优，局部最优就是贪心算法思想。我们也可以贪心地认为：我们每天多学习一点，多努力一点，那么大学四年下来，就一定会收获多一点。

授导学生：平时应该多努力一点，积少成多，终会有所作为。

5.4　**Dijkstra** 最短路径

云麓课堂

教学设计

本节内容详见二维码。

基本信息			
教学主题	Dijkstra 最短路径	课时安排	1 课时(45 分钟)
所在章节	第 7 章　图/第 7.6.1 节　从某个源点到其余各顶点的最短路径		

▶【教学目标】

❖ 知识目标

(1)理解："最短路径"的含义。

(2)掌握：Dijkstra 算法的思想、过程及实现。

(3)运用：Dijkstra 算法解决生活中的问题。

❖ 能力目标

(1)提取要素：在理解概念，阅读教材、文献中对抽象概念的表述时，锻炼自己提取概念关键词和要素的能力。

(2)举一反三、主动思考：培养学生发现问题、分析问题和解决问题的能力，培养学生分析建模和利用算法解决实际问题的能力。

(3)逻辑思维：学会查阅文献资料，培养学生运用分析、比较、归纳与演绎等科学研究方法的逻辑思维能力。

❖ 素质目标

(1)专注、投入：培养学生学习兴趣、良好的思维习惯、自主学习的积极性以及专注投入的学习习惯。

(2)合作、创新：培养学生良好的团队合作精神，以及复习+总结、预习+思考的良好的学习习惯和严谨务实的学习态度，并通过知识拓展开阔视野，引导学生敢于创新，提高自主探索的创新品质。

▶【教学内容】

(1)Dijkstra 算法思想、算法实现【重点】。

(2)运用 Dijkstra 算法解决实际问题【重点】【难点】。

▶【教学组织与教学思路】

❖ 教学组织

教学时间共计 45 分钟，课堂组织从"最短路径的生活应用"引入，继而介绍本次课学习目标，接着承上启下温故知新，回顾上节课的知识点，并对本次课做个前测，之后详细讲解 Dijkstra 算法的思想、设计过程及实现等知识点。教学课堂的活跃、学生思维的调动等环节展开。

❖ 教学思路

将教学环节分为课前、课中和课后三个阶段。各阶段综合应用信息化教学法、BOPPPS 教学模式等。

（1）课前：基于学校的教学平台，推送教学课件、MOOC 链接等进行多维度导学，使学生初步了解将要学习的内容。通过学生完成 MOOC 链接中的前测，了解学生预习情况，确定本堂课教学重点及难点。

（2）课中：应用 BOPPPS 教学模式。

①课堂导入。以实际案例导入。设置情境，激发学生学习兴趣。

②学习目标。明确本节课的学习目标和学习要求。

③温故知新。承上启下回顾知识，进行课程前测，了解学生的前期知识掌握情况。

④讲授与互动。重点及难点内容详讲，辅以提问、启发、类比、讨论等方式进行互动式讲授，以期强化学习目标，活跃课堂氛围，加深内容理解，拓展认知思维。

⑤学以致用。课堂练习题，加入板书及学生演板等互动，以了解学情，督促学生主动参与教学过程，提升学生学习参与度。

⑥课程小结与练习。通过思维导图等总结本节主要内容，布置课后练习巩固提升，同时通过设置问题，引出下次课教学内容。

本次课通过"最短路径的生活应用"引入，继而回顾上节课的知识点，再介绍本次课学习目标：理解"最短路径"的含义；掌握 Dijkstra 算法的思想、算法过程及算法实现；运用 Dijkstra 算法解决生活中的实际问题。之后详细讲解 Dijkstra 最短路径实现等知识点。

在讲授和互动环节，首先介绍 Dijkstra 最短路径的含义，接着介绍 Dijkstra 算法的思想、算法过程，按照 Dijkstra 算法思想，设计算法需要用到的参数，求解 Dijkstra 最短路径，并进行实现。授课过程中，综合应用提问、讨论、课堂练习的方式，使学生真正理解和掌握本节学习内容。

讲授环节后，通过"学以致用"课堂测试来评价学生对知识的理解掌握情况，最后进行教学总结，归纳本节课的学习内容。

（3）课后：练习、复习、拓展。

①通过学校教学平台布置课后作业，作业完成后，线上批阅。

②鼓励学生积极参与 MOOC 平台的交流与讨论。

③布置拓展阅读资料，鼓励学生提出挑战性或批判性问题。

【教学方法】

（1）结合生活中的"最短路径应用"引入课程，针对性地分析问题和解决问题，提高学生学习兴趣。

（2）采用多媒体动画的方式形象地描述寻找最短路径过程，刺激学生感官，加深对 Dijkstra 算法的理解；同时合理地设计板书，避免 PPT 放映过快导致学习"短路"，利于学生掌握学习内容。

（3）以问答方式进行知识点回顾及讲解，活跃课堂气氛。

（4）采用启发式、案例式教学，上课前向学生提一个思考问题：生活中有哪些应用是和最短路径相关的？作为计算机专业的学生，我们能做点什么？然后让学生带着问题有针对性地学习知识点，更深层次地理解课堂所学。

（5）进行必要的课堂小结，布置课外习题及参考资料。

（6）采用前后呼应的方式引导学生对下一节课的兴趣点。

课堂教学思维导图如图 5.41 所示。

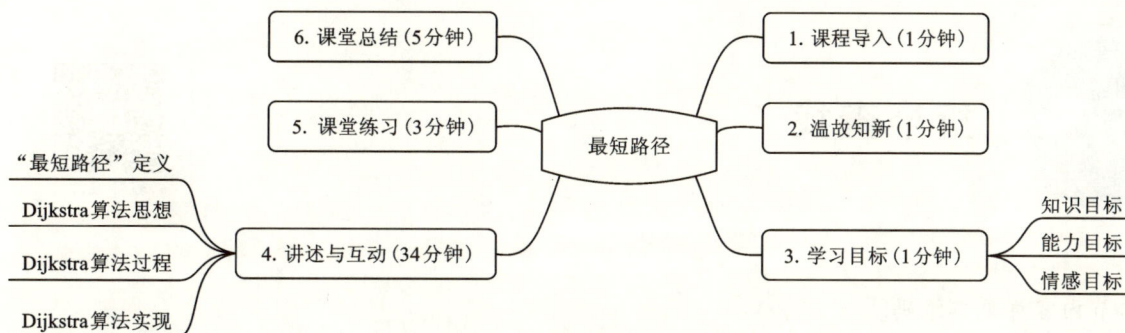

图 5.41　课堂教学思维导图

【课程思政】

通过 Dijkstra 最短路径的求解，引导学生学习思考：

（1）通过"生活中最短路径的应用"（思政元素），引出"科技改变生活"，引导学生确定正确的职业使命感。（融合策略）

（2）通过讲述最短路径的提出者、计算机图灵奖获得者也是算法命名者 Dijkstra 的故事，开展理想信念教育和人生价值教育。

（3）通过"最短路径"的案例"快递员寻找最优路径"引导学生"向平凡的快递员致敬"。

云麓课堂

教学设计

5.5 折半查找

本节内容详见二维码。

基本信息			
教学主题	折半查找	课时安排	1课时(45分钟)
所在章节	第9章 查找/第9.1.2节 有序表的查找		

【教学目标】

❖ 知识目标

(1)理解：折半查找的定义及起源。

(2)掌握：折半查找算法思路及实现。

(3)运用：折半查找，解决实际问题，提升知识运用能力。

❖ 能力目标

(1)提取要素：在理解概念，阅读教材、文献中对抽象概念的表述时，锻炼自己提取概念关键词和要素的能力。

(2)举一反三、主动思考：培养学生发现问题、分析问题和解决问题的能力，针对不同的情况，让学生理解如何实现高效的查找，提高创新能力。

(3)逻辑思维：学会查阅文献资料，培养学生运用分析、比较、归纳与演绎等科学研究方法的逻辑思维能力。

❖ 素质目标

(1)专注、投入：培养学生学习兴趣、良好的思维习惯、自主学习的积极性以及专注投入的学习习惯。

(2)钻研、创新：培养学生复习+总结、预习+思考的良好的学习习惯和严谨务实的学习态度，并通过知识拓展开阔视野，引导学生敢于创新，提高自主探索的创新品质。

【教学内容】

(1)折半查找的定义及起源【重点】。

(2)折半查找算法思路及算法实现【重点】【难点】。

(3)折半查找算法分析【重点】【难点】。

【教学组织与教学思路】

❖ 教学组织

教学时间共计45分钟，课堂组织从"猜猜我家住几楼"引入，继而介绍本次课学习目标，之后回顾上节课的知识点，再详细讲解折半查找的基本思路及算法实现等知识点。教学课堂的活跃、学生思维的调动等环节展开。

❖ 教学思路

将教学环节分为课前、课中和课后三个阶段。各阶段综合应用信息化教学法、BOPPPS 教学模式等。

（1）课前：基于学校的教学平台，推送教学课件、MOOC 链接等进行多维度导学，使学生初步了解将要学习的内容。通过学生完成 MOOC 链接中的前测，了解学生预习情况，确定本堂课教学重点及难点。

（2）课中：应用 BOPPPS 教学模式。

①课堂导入。提出问题或实际案例导入。设置情境，激发学生学习兴趣。

②温故知新。承上启下回顾知识，进行课程前测，了解学生的前期知识掌握情况。

③学习目标。明确本节课的学习目标和学习要求。

④讲授与互动。重点及难点内容详讲，辅以提问、启发、类比、讨论等方式进行互动式讲授，以期强化学习目标，活跃课堂氛围，加深内容理解，拓展认知思维。

⑤学以致用。课堂练习题，加入板书及学生演板等互动，以了解学情，督促学生主动参与教学过程，提升学生学习参与度。

⑥课程小结与练习。通过思维导图等总结本节主要内容，布置课后练习巩固提升，同时通过设置问题，引出下次课教学内容。

本次课通过"猜猜我家住几楼"结构引入，吸引学生注意力，继而回顾上节课的知识点，再介绍本次课学习目标：理解折半查找的定义及起源；掌握折半查找算法思路及实现；运用折半查找，解决实际问题，提升知识运用能力。之后详细讲解折半查找算法设计及实现等知识点。

在讲授和互动环节，首先介绍折半查找的概念及起源，用动画动态显示，以帮助学生理解。接着重点介绍折半查找算法基本思路、算法示例、算法实现及算法分析。授课过程中，综合应用提问、讨论、课堂练习的方式，使学生真正理解和掌握本节学习内容。

讲授环节后，通过"学以致用"课堂测试来评价学生对知识的理解掌握情况，最后进行教学总结，归纳本节课的学习内容。

（3）课后：练习、复习、拓展。

①通过学校教学平台布置课后作业，作业完成后，线上批阅。

②鼓励学生积极参与 MOOC 平台的交流与讨论。

③布置拓展阅读资料，鼓励学生提出挑战性或批判性问题。

▶【教学方法】

（1）结合趣味游戏导入，针对性地分析问题和解决问题，提高学生学习兴趣。

（2）采用多媒体动画的方式形象地描述折半查找过程，刺激学生感官，加深对折半查找的理解；同时合理地设计板书，避免 PPT 放映过快导致学习"短路"，利于学生掌握学习内容。

（3）以问答方式进行知识点回顾，活跃课堂气氛。

（4）采用启发式、案例式教学，上课前向学生提一个思考问题"顺序查找的缺点是什么？有更好的解决方案吗？"，然后让学生带着问题有针对性地学习知识点，更深层次地理解课堂所学。

（5）进行必要的课堂小结，布置课外习题及参考资料。

（6）采用前后呼应的方式引导学生对下一节课的兴趣点。

课堂教学思维导图如图 5.52 所示。

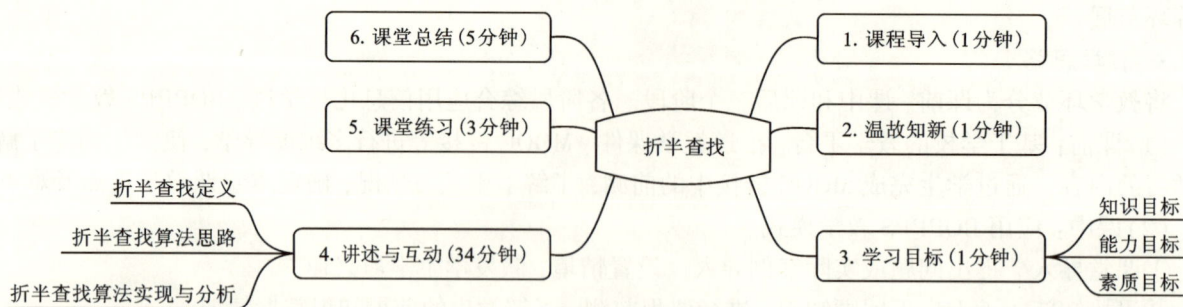

图 5.52　课堂教学思维导图

【课程思政】

（1）通过讲述折半查找提出者莫奇利的故事，开展理想信念教育，引导学生树立积极向上的人生观和价值观。（融合策略）

（2）通过对折半查找的时间复杂度分析（思政元素），顺序查找和折半查找的时间复杂度区别在于利用了数据的有序性，让学生懂得面对问题时，需要分析其本质和特征，选择最合理的解决问题的办法。（融合策略）

数据结构Ⅱ

胡丽霞，湖南科技学院信息工程学院教师，2020年湖南省普通高校教师课堂教学竞赛二等奖获得者，主持1门省级一流本科课程。

课　程　概　述

一、课程基本信息

本课程的基本信息见表6.1。

表 6.1　课程基本信息

课程名称	数据结构	课程性质	专业核心课
学时	32（理论）+32（实验）	开课时间	大二第一学期
先修课程	C 语言程序设计、离散数学		
适用专业	软件工程		
使用教材	李春葆.数据结构教程［M］.5 版.北京：清华大学出版社，2017		
参考教材	严蔚敏，等.数据结构（C 语言版）［M］.2 版.北京：人民邮电出版社.2015 陈越.数据结构［M］.2 版.北京：高等教育出版社，2016		

二、课程的性质和作用

本课程是软件工程专业的重要专业基础课，是一门承上启下的核心基础课程。

通过本课程的教学，为学生用计算机语言进行程序设计提供了方法性的理论指导，总结了程序设计的常用方法和常用技巧，使学生掌握数据的各种组织形式以及建立在这些结构之上的典型算法的实现，提高学生对数据结构的理解与应用能力、复杂程序设计的能力及解决实际问题的能力，提升学生在程序设计中的逻辑思维能力，让学生能够灵活运用数据结构和算法进行具体问题的分析和程序设计，并初步具备解决复杂工程问题的能力。

三、学情分析

"数据结构"主要面向软件工程专业大二学生。它是一门概念多、算法灵活和抽象性强的专业基础课程，想要上好这门课，首先得对教学对象进行分析。下面从三个方面进行学情分析。

（一）学生的生理、心理特点分析

本课程在大二期间开设，经过大学第一学年的学习，学生感受了大学不同于高中传统教授方式的新型课堂教学，其身心趋于成熟，已经摸索出了适合自己的学习方法。学生在大一学习的专业课程并不多，对专业知识的渴望应该非常强烈，因此，本课程的多样化教学设计应该易于实施，学生的学习积极性和主动性也易于被调动。

（二）已有的知识与能力基础分析

学生已经在大一学习了"C 语言程序设计"和"面向对象程序设计"两门课程，具有一定的编程基础，能够实现简单运算的编程；对简单的算法已有所了解，具有一定的计算思维能力，但是对复杂的数据结构还未涉及；学生之前还学习了"离散数学"课程，具备了一定的逻辑推理能力，对树和图的概念也有了一定的了解，但是将理论知识转化成编程实现的能力还比较欠缺，学生对算法设计的掌握还处于"知其然而不知其所以然"的初级阶段。综上分析，学生已具备学习本课程的基础知识和能力，但较为片面、基础，还需通过本课程的学习扎实地掌握数据结构的基本知识和基本技能，才能进一步提升专业技能。

(三)情感态度与价值观

学生在大一开设的专业课程非常少，对专业缺乏了解，在程序设计课程中编程实现的都是非常简单的小程序，专业自信与专业认同感不强。通过本课程的学习，学生学会复杂数据结构的设计和实际问题的解决方法，增加专业自信与专业自豪感，为后续学习形成积极的学习态度。另外数据结构的一些基本运算实现将空间利用率体现到极致的思想，让学生体会到"任何事情做到极致都是美"，从而树立正确的人生观与价值观。

四、课程总体设计

(一)教学设计思路

本课程以培养学生抽象分析能力、思辨能力和创新能力为目标，秉承学生中心、产出导向、持续改进的教学理念，以立德树人为根本，采用线上线下混合式教学，主要设计思路如下：

(1)课程思政润物无声。以"立德树人"为根本，寓价值观引导于知识传授和能力培养之中，深挖课程中的思政元素，帮助学生塑造正确的世界观、人生观和价值观，同时让学生对应地树立正确的专业观、学科观和课程观。

(2)理论、实践线上教学双通道实施。以 SPOC 为基于 MOOC 的教学流程创新实践的重要抓手，梳理教学内容，对知识点进行线上线下划分，并在超星平台建设理论课程网站。同时，理论联系实际，为理论课程配套的实践课程建设了翻转课堂，发布了实践闯关任务，以便学生更好地将理论联系实践，再由实践反馈至理论，提高课堂参与度。

(3)教学方法创新。本课程以研讨式教学为核心，在"学生是主体，教师主导"的理念指导下，对学生学情进行了详细分析。根据学情分析，分别从知识、能力和情感三方面对教学目标进行拟定，然后根据目标导向进行研讨式教学设计，大力改革课堂教学，充分调动了学生的学习积极性和主动性。

(4)项目驱动教学内容设计。适应学校"应用型"大学定位，教学内容采用项目驱动设计，旨在培养学生的工程应用和创新创业能力。

(二)教学目标

课程教学以知识获取、能力培养、素质(情感)教育为基本教学理念，教学目标力求从知识、能力、情感和思政四方面分别实现，具体如下。

(1)知识目标。

本课程系统地介绍数据结构的基本概念、基本运算及其典型的应用实例。通过课程学习，学生应达到以下几点目标。

①学习数据结构的基础知识和基本理论知识，掌握其数据结构，主要包括线性表、栈、队列、字符串、数组、广义表、树、二叉树、图、查找表等多种数据结构以及基于各种数据结构的排序算法等。

②熟练掌握抽象数据类型的表示和实现，具有合理地选择和使用数据结构进行数据存储和处理的能力。

③掌握高层次程序设计的常用方法和常用技巧。

（2）能力目标。

根据"工程教育认证"的标准，对照专业培养目标，学生在学习"数据结构"课程中应该在以下几项毕业生应具备的能力方面得到培养和提升。

①工程知识：能够将数学、自然科学、工程基础和专业知识用于解决复杂工程问题。

②问题分析：能够应用数学、自然科学和工程科学的基本原理，识别、表达并通过文献研究分析软件工程相关领域复杂工程问题，以获得有效结论。

③设计/开发解决方案：能够设计针对复杂工程问题的解决方案，设计满足特定需求的系统，并能够在设计环节中体现创新创业意识，考虑社会、健康、安全、法律、文化以及环境等因素。

④研究：能够基于软件科学与工程基本理论并采用科学方法对复杂工程问题进行研究，包括设计实验、分析与解释数据并通过信息综合得到合理有效的结论。

⑤工程与社会：能够基于软件工程相关背景知识进行合理分析，评价软件专业工程实践和复杂工程问题解决方案对社会、健康、安全、法律以及文化的影响，并理解应承担的责任。

⑥沟通：能够就软件工程相关领域复杂问题与业界同行及社会公众进行有效沟通和交流，包括撰写报告和设计文稿、陈述发言、清晰表达或回应指令，并具备一定的国际视野，能够在跨文化背景下进行沟通和交流。

⑦终身学习：具有自主学习和终身学习的意识，有不断学习和适应发展的能力。

（3）情感目标。

①通过线上线下混合式教学，促进学生自主学习，激发学生专业学习兴趣。

②通过各种驱动任务的完成，增加学生专业自信与专业自豪感，为后续专业课程学习形成良好的、积极的学习态度。

③通过专业名人事迹的讲述，培养学生刻苦钻研的学习态度和勇于拼搏的创新精神。

④通过分组和研讨式教学，培养学生的团队合作精神。

（4）思政目标。

课程中的思政教育设计主要以"立德树人"为根本，寓价值观引导于知识传授和能力培养之中，帮助学生塑造正确的世界观、人生观和价值观，同时让学生对应地树立正确的专业观、学科观和课程观。具体设计思路主要从以下几个方面展开。

①讲历史文化以自信。

以知识点展开搜索，寻找与中国相关的历史起源和文化信息，让学生了解我国悠久的科学文化发展史，从而树立起知识自信、民族自豪感。例如"什么是数据结构"中的南宋数学家秦九韶、"队列（节选）"中的扑克牌起源、"最短路径"中的祖国山河和宏伟建筑等。

②讲科学前沿以开眼。

查找相关资料，搜索知识点所涉及的前沿应用，帮助学生拓宽思维，为学生的学习指明方向，为学生的创新创业提供探路明灯。例如队列在操作系统中的应用，串的模式匹配应用在生物工程 DNA 匹配中，图的搜索算法在人工智能中的应用等。

③讲大师事迹以励志。

数据结构中很多经典的结构算法都是计算机界的大师们的智慧结晶。在对应的教学设计中加入大师事迹介绍，用他们或传奇、或奋进、或努力的人生激励学生做有志青年，创美好未来。例如结构程序设计之父 Edsger Wybe Dijkstra，大师 D. E. Knuth，Huffman 等。

④讲故事传说以共情。

创造沉浸式课堂，利用故事创造情境，让学生更深地融入课堂教学中，在故事中体会知识的高价值，体会知识的重要性，体会知识的创造力，从而产生知识共情，找到正确的课程观、学科观和专业观。例如约瑟夫环的故事，汉诺塔的故事，007 的故事等。

⑤讲时事政治以自强。

近年来我国科技飞速发展，多领域实现了突破，走在了世界前列，因此在国际上也遭到了一些国家的打压。在课堂教学中适宜地插入一些时事问题，激发学生的爱国情怀，同时激励学生做新时代的青年，砥砺前行。

（三）教学内容

数据结构课程教学大纲中教学内容共10个章节，主要分为数据结构实现基础、线性结构、非线性结构、查找和排序四大部分（见图6.1~图6.5），包含6种典型的数据结构、6种查找算法和9种排序算法。教学设计对数据结构的知识结构体系进行了重构和整合，采用知识导图的形式，充分发挥网络超媒体的优势，将教学内容进行了合理的线上线下划分，利用综合案例的学与练将线上线下教学有机融合，促使学生掌握各类数据结构的设计与实现，探索其中的规律原理与方法技巧。

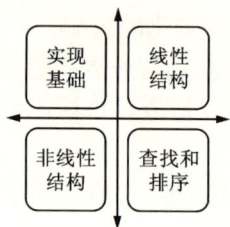

图 6.1　数据结构课程教学大纲中教学内容

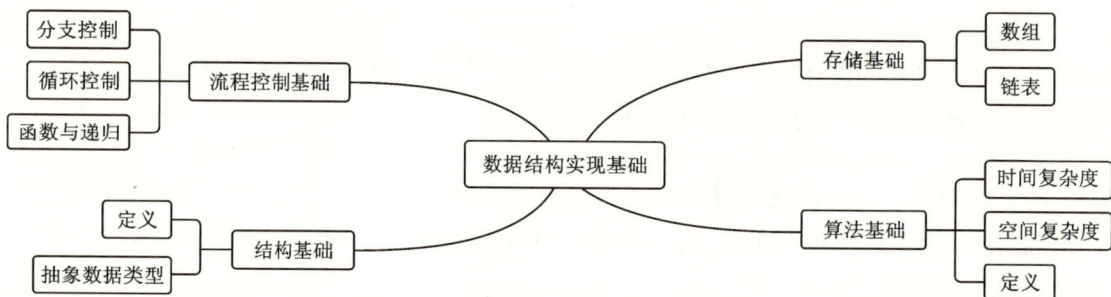

图 6.2　数据结构实现基础知识结构

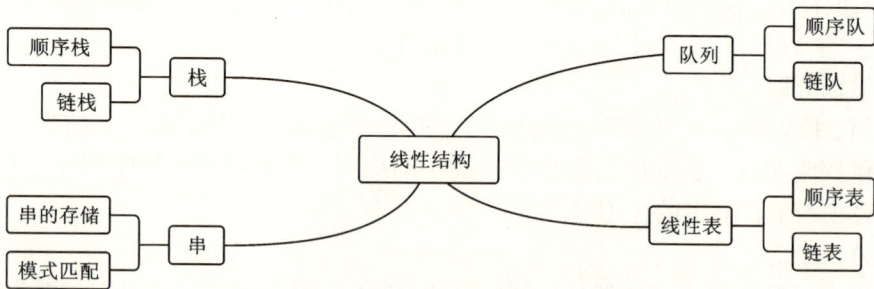

图 6.3　线性结构知识结构

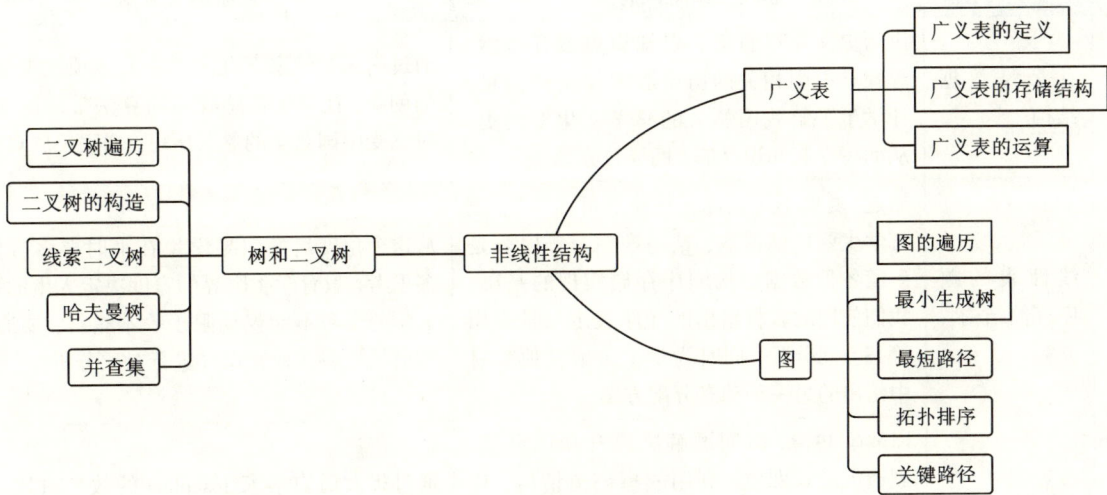

图 6.4　非线性结构知识结构

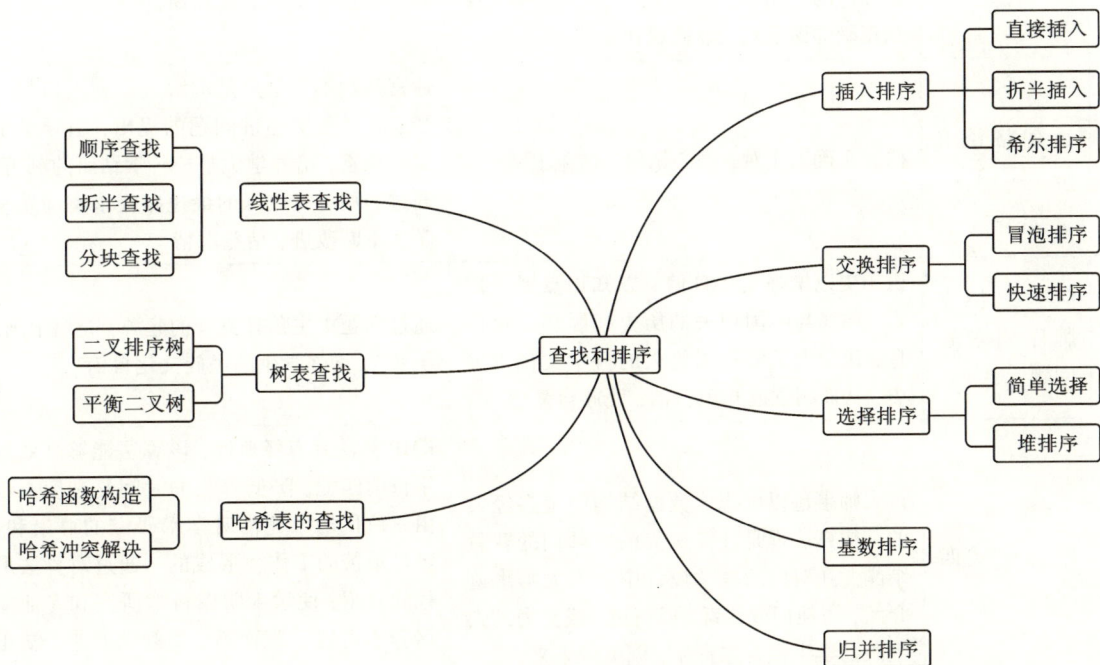

图 6.5　查找和排序知识结构

（四）课程思政

课程思政教学设计如表 6.2 所示。

表6.2 数据结构Ⅱ课程思政设计

序号	章节内容	思政元素融入思路	具体融入方案
1	什么是数据结构	讲历史文化以自信。以知识点展开搜索，寻找与中国相关的历史起源和文化信息，让学生了解我国悠久的科学文化发展史，从而树立起知识自信、民族自豪感	通过南宋数学家秦九韶对一元多项式求解算法的创新，让学生在感叹不同算法带来便捷的同时感受中国数学的悠久历史，增强民族自豪感
2	线性表的顺序存储结构	通过"夏虫不可语冰，井蛙不可语海"，教育学生要广纳博取，精益求精。顺序表是后续各种数据结构顺序存储实现的基础，我们使用的教材给出的顺序表定义是采用静态空间分配，同时为学生讲解其他教材中给出的另一种动态分配方案	从这个角度启发引导学生在平时要多查资料、多思考，教育学生界限的宽度决定人生的高度，大学的学习不能仅局限于一本教材，要通过多方面的资料获取知识并进行对比分析
3	线性表的应用	以故事共情，以问题解决提升知识自信。创造沉浸式课堂，利用故事创造情境，让学生更深地融入课堂教学中，在故事中体会知识的高价值，体会知识的重要性，体会知识的创造力，从而产生知识共情，找到正确的课程观、学科观和专业观	通过犹太历史学家Josephus的故事讲述"约瑟夫问题"的由来，让学生感受知识的重要性。通过"约瑟夫问题"的扩展，让学生在讨论和解决问题的过程中建立起知识自信
4	迷宫路径求解	树立正确人生观，潜心钻研，精益求精	迷宫问题不单单只是求解入口到出口的一条路径，通过逐层递进问题的提出，引导学生不断深入探索，培养学生坚持科学钻研的刻苦精神。通过利用寻找更好的最短路径求解问题来鼓励学生不断改进，精益求精
5	队列之扑克牌序列求解问题	讲历史以增强文化自信。以知识点展开搜索，寻找与中国相关的历史起源和文化信息，让学生了解我国悠久的科学文化发展史，从而树立起知识自信，民族自豪感	通过问题中主角扑克牌的起源，介绍中国的"叶子戏"，增强学生的民族文化自信
6	串的模式匹配	讲大师事迹以励志。数据结构中很多经典的结构算法都是计算机界的大师们的智慧结晶。在对应的教学设计中加入大师事迹介绍，用他们或传奇、或奋进、或努力的人生激励学生做有志青年，创美好未来	KMP算法具有经典性，该算法能够高效地实现字符串匹配，降低算法的时间复杂度。该算法由三位科学家凭借对学术研究的尊崇和热爱，经过艰苦的工作才形成的。通过对算法形成过程的介绍，使学生明白科学研究和专业能力的培养不可能一蹴而就，要静下心来，端正学习态度，勇于攻坚克难，才能够使自己不断充实和健康成长，在专业学习方面有所建树
7	递归之汉诺塔	讲故事以共情。创造沉浸式课堂，利用故事创造情境，让学生更深地融入课堂教学中，在故事中体会知识的高价值，体会知识的重要性，体会知识的创造力，从而产生知识共情，找到正确的课程观、学科观和专业观	通过引入"汉诺塔"游戏，讲述故事传说，让学生明白遇到难题不要怕，可以集众人之力来攻克，也让学生深刻感受"团结就是力量"的合作精神

续表6.2

序号	章节内容	思政元素融入思路	具体融入方案
8	广义表的链式结构	匠心设计——将程序精炼到极致。在存储器飞速发展的今天,"数据存储空间不足"的问题似乎已不再是什么难题,但我们依然不可忽视空间利用率的问题	这里利用广义表链式结构中的共用体设置,教育学生要想做一名优秀的程序员,要尽可能地将空间利用率提高到极致,要学习工匠精神,争取将自己所编写的每一个程序都精炼到极致
9	二叉树的遍历	大局意识,着眼全局。二叉树的分支很多,对于孩子链存储的二叉树结构,从每个结点出发都可以有两个分支,访问时要确认每个结点都访问了一遍,这就必须熟悉树的结构特点,然后有规律有章法地访问	从这点出发,联系到实际学习过程中,教育学生要着眼全局,建立专业知识体系架构,有规律、有章法的学习各项专业知识
10	线索二叉树	变废为宝,可持续发展	线索二叉树主要是充分利用空指针域,将其在第一次遍历过程中改为线索,换取今后遍历速度的提升,可以说这是一个"废物"再利用的过程。从这个角度出发,教育学生节约资源,实现可持续发展
11	哈夫曼编码	讲人物以励志——鼓励创新精神。数据结构中很多经典的结构算法都是计算机界的大师们的智慧结晶。在对应的教学设计中加入大师事迹介绍,用他们或传奇、或奋进、或努力的人生激励学生做有志青年,创美好未来	哈夫曼在麻省理工学院攻读博士学位,他修读的信息论课程需要完成学期报告:查找最有效的二进制编码。由于无法证明哪个已有编码是最有效的,于是哈夫曼放弃对已有编码的研究,转向新的探索,最终发现了基于有序频率二叉树编码的想法,并很快证明了这个方法是最有效的。哈夫曼使用自底向上的方法构建二叉树,避免了次优算法香农-范诺编码(Shannon-Fano coding)的最大弊端——自顶向下构建树
12	图的遍历之"解救007"	讲时事政治以自强。近年来我国科技飞速发展,多领域实现了突破,走在了世界前列,因此在国际上也遭到了一些国家的打压。在课堂教学中适宜地插入一些时事问题,激发学生的爱国情怀,同时激励学生做新时代的青年,砥砺前行	通过要求学生做"007"背后的技术团队完成"解救007"的任务,再引出实时热门话题"中美贸易战",引导学生做中国的技术团队,帮助中国取得胜利,激发学生的爱国精神,并用习近平总书记在纪念五四运动100周年大会上的讲话激励学生担当时代责任,砥砺前行
13	最小生成树	学好知识,反哺社会。城乡结合、乡村发展非常迅速,这都离不开乡村道路的建设。作为社会主义新时代的大学生,如何为乡村建设贡献一分力量呢?借此教育学生,能够把所学所知所会运用到乡村建设中,就是为国做贡献	通过"村村通公路"问题,介绍祖国道路的建设成果,展示中国道路的飞速发展;再转换成最小生成树求解问题,引出课堂内容。求解完成后,让学生感到自己的所学所知可以反哺社会,增强成就感
14	最短路径	创情境,展国威	利用一幅中国地图展示祖国轮廓,通过多个景点照片,让学生感受祖国大好河山,著名建筑,激发学生的爱国情怀,增强民族自豪感。创造旅游情境,让学生思考路线选择,引入主题内容——最短路径

续表6.2

序号	章节内容	思政元素融入思路	具体融入方案
15	关键路径	大局意识——既为一域争光，又为全局添彩	工程项目的管理不能只盯着某几项活动，要想计算整个工程的最短时间，需要放眼大局；要想加快工程进度，进行工程项目的宏观调控，更要放眼大局，找出关键活动，适当调整非关键活动的人力物力，使各项工作既为一域争光，又为全局添彩
16	哈希表的查找	辩证眼光看问题	哈希表的装填因子越小，冲突的可能性就越小，但是空间利用率却越低。与拉链法相较而言，开放定址法发生冲突堆积现象的可能性较高，拉链法处理冲突简单，且无堆积现象，但是需要额外空间。从以上两个问题讨论的角度，教育学生要用辩证思维看待问题，多方面考虑，在实际运用中选取最合适的方法
17	插入排序	讲科学前沿以开眼。查找相关资料，搜索知识点所涉及的前沿应用，帮助学生拓宽思维，为学生的学习指明方向，为学生的创新创业提供探路明灯	希尔算法的性能与所选取的分组长度序列有很大关系。而只对特定的待排序记录序列，可以准确地估算关键词的比较次数和对象移动次数。但想要弄清关键词比较次数和记录移动次数与增量选择之间的关系，并给出完整的数学分析，至今仍然是数学难题。通过介绍从算法提出到现在多位大师想出的增量序列及具体性能分析，教育学生向各位大师学习，要具有攻坚克难的拼搏精神
18	交换排序	不断改进、追求革新、分而治之	通过探究冒泡排序的改进，培养学生在算法设计中精益求精、严谨耐心、追求革新的工匠精神。用快速排序算法的分治法思想，教育学生遇到难解问题时，尝试改变思考方式，更换角度，分而治之，有时也会获得意想不到的效果
19	选择排序	中国创造梦 辩证思维看世界	通过百度的TOP热榜引出选择排序，然后顺理成章地简要介绍百度——世界上最大的中文搜索引擎，全球领先的人工智能平台型公司，增强学生的民族自豪感，借机鼓励学生努力学习，学成之后也能像百度一样为祖国实现更多的全球之最 堆排序看似是一个线性问题，实则是非线性问题，而且综合运用多种方法才能求解。从这个角度教育学生要用辩证思维去理清复杂对象中的相互联系和相互作用的规律

（五）教学方法

课程以培养学生抽象分析能力、思辨能力和创新能力为目标，以立德树人为教学理念，采用线上线下混合，多种方法相融合组织教学。

（1）本课程教学实施过程中应使用多样化的教学方法，包括研讨式教学法、讲授法、直接演示法、对比分析法、案例分析法、启发探究法、任务驱动法等。此外，针对特定教学内容可应用翻转课堂、问题讨论式等现代教学方法，遵循建构主义的教学理念，符合以学生发展为中心、以学生为主体的人才培养观，多方面培养学生的逻辑思维能力。

（2）适当地结合数学学科的思想方法，以拓宽学生的视野，提高创新思维能力。

（3）同时利用现代化教学手段(网络、多媒体、动画等)，课堂教学与网络教学相结合，提高学生对本课程的兴趣。学生通过课前微课视频预习、课堂教学、课程网站自助复习、阅读参考文献、答疑和习题练习六个主要教学环节，掌握本课程的重点内容。

（六）考核方法

课程采用百分制，满分 100 分。从 2020 年起，采用 3∶3∶4 分配，线上学习、讨论和作业占比 30%，课堂研讨及平时表现占比 30%，期末考试占比 40%。以考促学，通过考核方式改革，促进学生主动学习，以期提高学生的学习积极性和课堂参与度。如表 6.3 所示。

表 6.3　成绩考核分配

	考核项目	占比/%
线上	线上学习	10
	线上讨论	10
	线上测验	10
课堂	出勤	10
	主题研讨	10
	作业	10
期末	笔试	40

6.1 什么是数据结构

基本信息			
教学主题	什么是数据结构	课时安排	1 课时
所在章节	第 1 章　绪论		

▶【内容分析】

本次课程内容选自李春葆主编的《数据结构教程》(第 5 版)教材中第 1 章绪论部分。数据结构作为课程开篇第一节课，首先要对课程总览进行简要介绍。如何让学生自发地认识到课程的重要性呢？课程的起源是比较好的入手点。因此先通过计算机的发展史了解数据结构产生的必然性及重要性，再通过多案例展示让学生理解数据结构的研究范围，从而深入参与到数据结构课程学习中。其次，本堂课的第二部分内容则是让学生掌握什么是数据结构。这部分内容较为抽象，因此选取三个典型案例进行分析，让学生在分析讨论中掌握数据结构的概念和解决问题方法的效率相关联的三个因素。最后，抽象类型定义的学习为后续章节做准备。

▶【教学思路】

教学思路如图 6.6 所示。

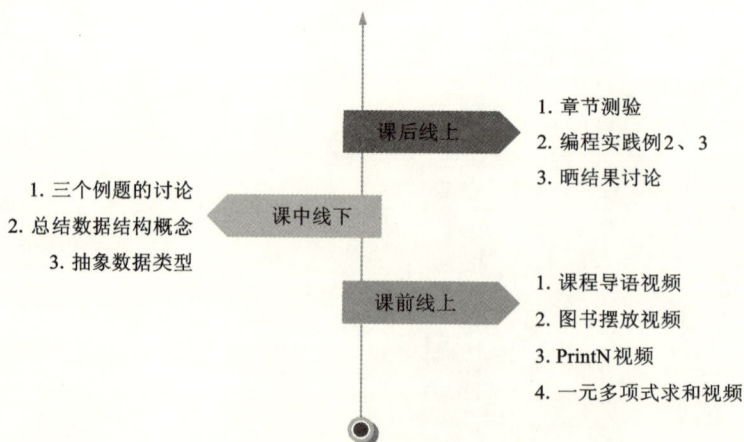

图 6.6　教学思路

一门课的首堂课非常重要，正如一个故事的开始，既要有精彩的开篇，又要留下悬念，才能让读者充满期待地继续读下去。本堂课将主要分为三个环节：第一个环节为课程导语的总结及课程学习方法；第二个环节为线上三个例题视频的分析，通过渐进的引导式提问，鼓励学生各抒己见，引导从问题答案中总结出数据结构的概念及研究内容，提升知识自信；第三个环节为研讨式环节，通过具体的案例让学生讨论数据结构的抽象描述方法，从而掌握抽象数据类型的含义及表述。最后在课堂结束之际，抛出多个问题，例如迷宫问题、解救007、村村通问题等，埋下伏笔，也留下悬念，引发学生不断探索学习的求知欲。

【教学目标】

根据教学大纲的规定，按照质量工程的教育要求，并结合学生的实际情况，分别从知识获取、能力培养和价值塑造三个方面，确定本次课的教学目标如下：

❖ 知识目标

(1)了解各种逻辑结构(即线性结构、树形结构和图形结构)的特点。

(2)理解数据结构的概念，数据结构包含的逻辑结构、存储结构和运算三方面的相互关系。

(3)掌握数据类型和抽象数据类型的概念和区别，以及抽象数据类型的定义。

❖ 能力目标

(1)通过三个例题的分析讨论，培养学生分析问题、归纳总结的能力。

(2)要求学生课后编程实现例题 2 和例题 3，对比两种方案具体运行时间，培养学生灵活运用数值计算方法和数学建模的能力。

❖ 情感目标

(1)通过图示和类比的方法把数据结构在课程体系中的位置与语文中的写作进行类比，让学生了解数据结构的重要性，从而激发学生的学习兴趣和求知欲。

(2)通过三个案例的分析讨论，引导学生主动分析总结出"数据结构"的含义，从而使学生在探索的过程中逐渐建立起知识自信。

(3)通过复数抽象描述的研讨，促进学生之间的交流沟通，思想碰撞，增强学生的团队意识。

【课程思政】

一、价值塑造——做有能力的人

"一个用人单位并不需要你的知识，需要的是你的能力。"大学的学习主要不在于课程知识，而在于课程知识所转化的能力。"数据结构"课程培养学生的主要能力就是编程方法，这需要依靠大量的编程实践获得，因此教育学生"实践出真知、实践验真知、实践变能力"，只有通过大量的编程训练才能提高自身的程序设计能力，从而提高自身的核心竞争力。

二、增强民族自豪感

利用我国南宋时期数学家秦九韶提出的算法求解例 3，让学生在感叹算法不同带来的便捷之外，同时感受到中国数学的悠久历史，增强民族自豪感。

三、建立知识自信

通过三个例题的讨论与分析，鼓励学生自主总结出数据结构的概念及研究内容，让学生建立知识自信。

【教学内容】

❖ 教学重点

数据结构的概念。

❖ 教学难点

抽象数据类型的定义。

❖ 重点及难点的处理

对于数据结构的概念，教材上给出了定义，但是非常抽象，学生难以理解，因此本节课通过三个具体实例分析总结出数据结构的概念，引出重点并突出重点。对教学难点的处理，首先让学生理解为什么要用抽象数据类型定义，明白其意义和目的，再通过具体实例的研讨，让学生掌握抽象数据类型的定义方式，从而化解难点。

▶【教学方法】

一、智慧课堂辅助教学

主题研讨采用了在超星平台上创建的在线智慧课堂，方便教师及时了解每位学生的参与情况，也方便所有学生发表自己的观点并与老师和同学进行交流。课后作业的布置也运用了线上课堂。

二、案例教学法

通过选取有代表性且被学生熟悉又贴切的实例，充分调动学生的学习兴趣和探索欲。总结归纳三个实例讲解数据结构的基本概念和基础知识，更便于学生理解掌握。

三、研讨式教学法

通过主题研讨让学生分组讨论，引导学生探究问题的多面性，教育学生遇到问题要善于思考、勤于思考。

四、对比教学法

通过对比例2和例3的不同解决方法，帮助学生理解解决问题方法的效率与空间利用率和算法巧妙程度的关系。

五、多媒体辅助教学法

借助生动有趣的动画深入浅出地展示实例的解决步骤，使教学更直观、更生动，帮助学生理解新课程知识。

▶【教学设计】

教学设计见表6.4。

表6.4 教学设计

教学环节	教师教学	学生活动	设计意图	时间/min
课程导入	计算机的发展史： 早期：主要用于数值计算 后来：处理逐渐扩大到非数值计算领域，能处理多种复杂的具有一定结构关系的数据 案例展示： 1. 书目自动检索系统——线性表 2. 人机对弈问题——树 3. 多岔路口交通灯管理问题——图 数据结构课程的发展及学习方法 从知识中获取能力的唯一途径——编程	1. 听讲解，了解计算机发展史 2. 思考展示案例中的数据关系，了解数据结构研究内容 3. 了解课程的由来，掌握学习方法	通过发展史的讲解，培养学生追根溯源的习惯 案例展示激发学生学习热情 通过课程发展介绍让学生了解课程的重要性，掌握将课程知识转换成自身能力的主要方法——编程实践	3

续表6.3

教学环节	教师教学	学生活动	设计意图	时间/min
智慧课堂	有奖竞答(小测验)：预习视频中总共讲了几个例题，分别是什么？	回顾预习，完成测试	通过小测验，活跃课堂气氛，同时检验学生的预习效果	1
教学过程	问题探究1：什么是数据结构？ 官方没有统一定义，罗列出多本经典教材中的定义及百度百科的定义。通过接下来的三个例题分析总结答案	学习教材内容，思考什么是数据结构	通过多种资料给出的定义总结出数据结构与算法的密切关系	37
	例题1分析：如何在书架上摆放图书？ 引导式提问： 这个问题中的数据是什么？ 书摆放方式决定因素有哪些？ 摆放方法影响哪些操作？ 解决问题方法的效率与什么有关？	思考问题，积极回答，参与总结	通过分析探索，总结出解决问题方法的效率与数据组织有关	
	例题2分析：写程序实现一个函数 $PrintN$，使得传入一个正整数为 N 的参数后，能顺序打印从1到 N 的全部正整数 引导式提问： 为什么 N 值达到一定大时，递归算法就无法输出结果了呢？ 解决问题方法的效率与什么有关？	仔细分析两种算法实现的不同，积极参与课堂，回答并总结思考	总结解决问题方法的效率与空间利用率有关	
教学过程	例题3分析：写程序计算给定多项式在给定点 x 处的值 思政教育： 介绍此例题中的解法二为南宋时期的秦九韶提出的算法，让学生了解我国的数学历史悠久。 引导式提问： 两种方法你认为哪一种更好？为什么？ 解决问题方法的效率与什么有关？	思考两种方法的不同之处，分析两种方法的效率，参与总结	总结解决问题方法的效率与算法的巧妙度有关 讲述古代历史以增强学生民族自豪感	37
	知识总结：数据结构的概念及常见的逻辑结构 通过上述三个例题分析，鼓励学生归纳总结数据结构概念及其研究内容	认真参与总结，思考知识的联系	提升知识自信 逐步引导，鼓励学生自行总结出数据结构概念，既有助于理解，又能提升自信	
	问题探究2：数据结构的描述方式 通过启发式地提问，让学生思考抽象数据类型的意义，并讲述抽象数据类型的定义方式	跟随老师的启发思考复数抽象数据类型的具体定义	让学生知其然并知其所以然。不但理解抽象数据类型的定义方式，也要理解抽象数据类型定义的优点	
	主题讨论：复数的抽象数据类型定义 (提示学生先确定复数如何存储，然后再分析复数的相关运算)	分组讨论，将结果发送到智慧课堂讨论区	通过讨论让学生掌握抽象数据类型的定义 利用智慧课堂记录学生的课堂讨论情况，作为平时成绩考核依据	
教学小结	教学小结： 1. 数据结构的概念 2. 数据的逻辑结构 3. 抽象数据类型定义	参与小结，听讲解	帮助学生更好地梳理与掌握本次课的重点内容	1
拓展	拓展： 为学生列举本课程后期将会讲解的经典案例。 (如迷宫大作战、解救007、道路村村通等)	听讲解、思考案例中的相关数据结构	通过成果导向让学生更直观地感受到本门课程的作用	2

续表6.3

教学环节	教师教学	学生活动	设计意图	时间/min
作业	课后作业： 1.编程分别实现例2、例3的两种方法(要求学生将结果对比截图到线上讨论区，老师根据学生答案进行打分，计入平时成绩。) 2.通过老师推送的视频资料预习算法分析 3.完成章节测验中相关习题	课后完成，在线预习	1.提升学生的编程能力 2.督促学生预习	1

▶ 【预习与作业】

一、预习任务

(1)完成课程网站上的视频学习，参与课前问卷调查。

(2)搜索资料，了解数据结构的研究内容。

(3)阅览教材，了解课程教学内容的框架。

二、课后作业

(1)编程分别实现例2、例3的两种方法，并将结果对比截图到线上讨论区。

(2)完成章节测验中相关习题。

教 学 过 程

◈ 课堂导入(3分钟)

计算机的发展史：计算机，20世纪人类最伟大的发明之一。

ENIAC——世界第一台计算机的诞生主要用于数值计算，当时美国国防部用它来进行弹道计算，如图6.7所示。

图6.7　世界第一台计算机 ENIAC

随着硬件设备不断更新换代，计算机的应用范围逐渐扩大到非数值领域，能处理多种复杂的具有一定结构关系的数据。

数据结构也就应运而生。

❖ 案例展示

（1）书目自动检索系统——线性表（见图6.8）。

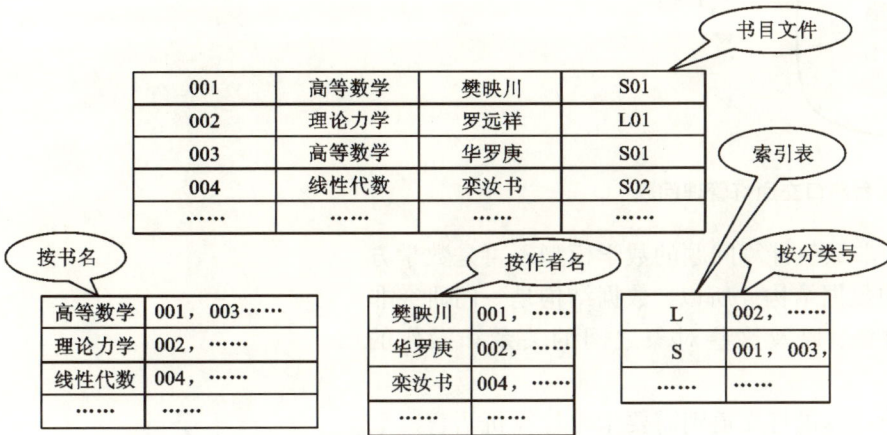

图 6.8　书目自动检索系统数据表设计

（2）人机对弈问题——树（见图6.9）。

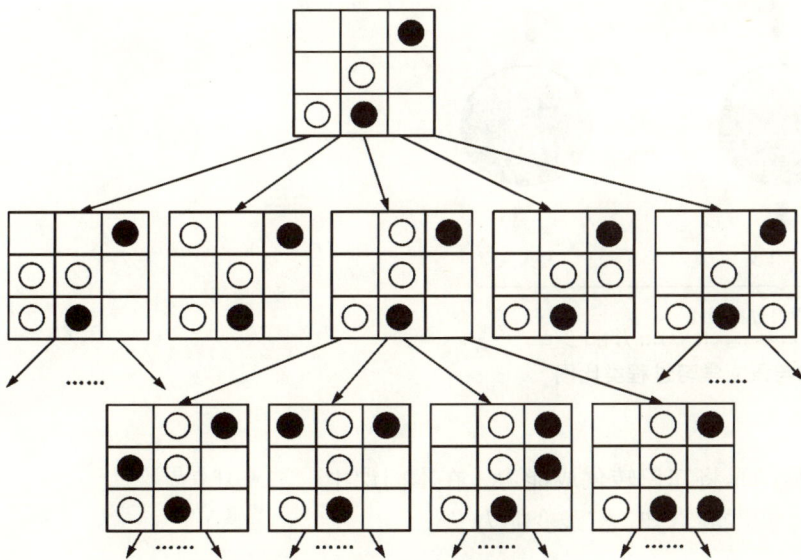

图 6.9　井字棋的对弈树

（3）多岔路口交通灯管理问题——图（见图6.10）。

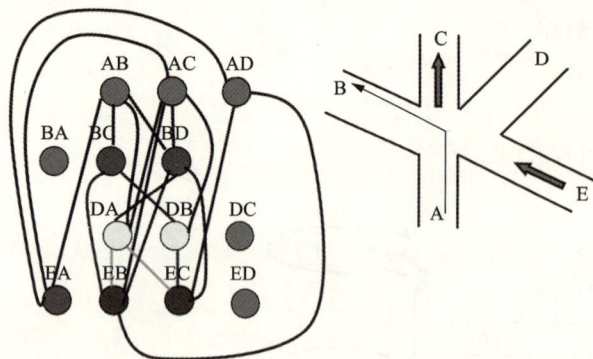

图 6.10 多岔路口交通灯管理问题

从上面三个案例可以看出，非数值计算问题的数学模型不再是数学方程，而是诸如线性表、树和图的数据结构。所以，数据结构是一门研究非数值计算程序设计中的操作对象，以及这些对象之间的关系和操作的学科。

与人打交道要语言共通，与计算机打交道则需要学习计算机语言。数据结构课程就好比语文中学习小作文的过程。如图 6.11 所示。

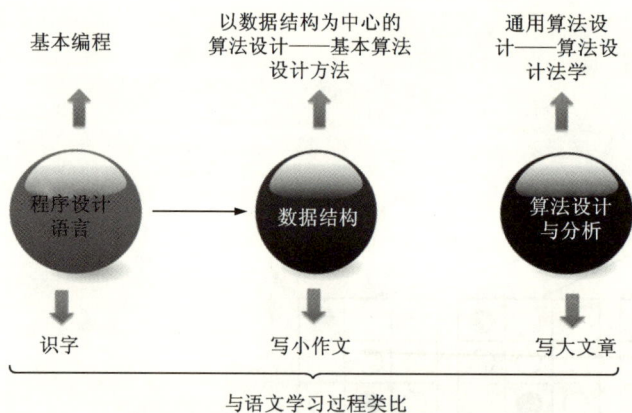

图 6.11 数据结构与语文学习过程类比图

课堂讲授的是知识，同学们要做的是将知识转化成能力。在本门课中如何实现这个步骤呢？实践出真知，实践验真知，实践变能力。

编程、编程、再编程。

◆ 智慧课堂(1分钟)

有奖竞答(小测验)：预习视频中总共讲了几个例题？分别是什么？

通过小活动吸引学生注意力，引导学生进入课堂，通过测验查看学生的课前预习效果。回答最快且答案正确的前 5 位同学奖励课堂积分，最终可计入平时成绩。

★ 课程思政
思政育人，润物无声。

◈ 正文（37 分钟）

❖ 问题探究 1：什么是数据结构

官方没有统一定义，罗列出多本经典教材中的定义及百度百科的定义。通过多种资料给出的定义总结数据结构与算法的密切关系。接下来给出三个较为典型的例题分析，引导学生理解并归纳总结出数据结构的概念。

【PPT 课件演示】

如图 6.12 所示。

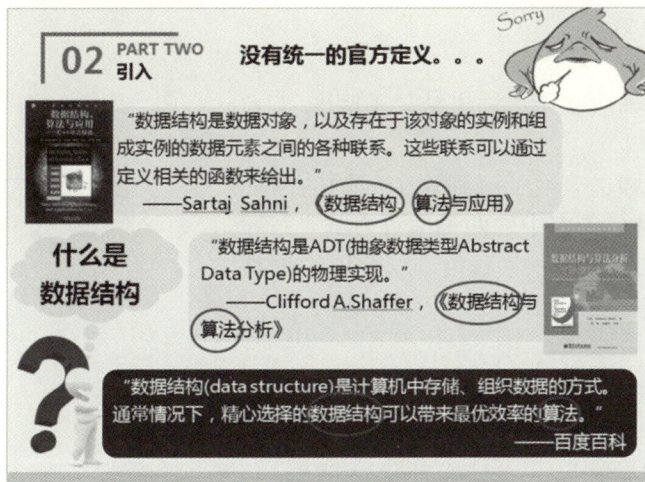

图 6.12 数据结构

- 例题 1：如何在书架上摆放图书（见图 6.13）？

图 6.13 各类书架展示图

引导式提问：

(1)这个问题中的数据是什么？

(2)书摆放方式决定因素有哪些？

(3)摆放方法影响哪些操作？

(4)解决问题方法的效率与什么有关？

(通过预习课程网站上的"图书摆放问题"视频，学生已经对问题有了大概的了解，课堂上主要是从现象看本质，通过一系列的引导式提问，引导学生自主总结出"解决问题方法的效率与数据组织有关"，而数据组织则是数据结构研究的主要内容之一。)

● 例题2：写程序实现一个函数 PrintN，使得传入一个正整数为 N 的参数后，能顺序打印从 1 到 N 的全部正整数。

引导式提问：

(1)为什么 N 值达到一定大时，递归算法就无法输出结果了呢？

(2)解决问题方法的效率与什么有关？

(通过预习课程网站上的"PrintN"视频，学生了解到这个问题的两种解决方法。根据引导式提问带领学生回顾 C 语言中的两种编程方式：循环和递归。根据学生的回答，掌握学生的前期知识积累程度，以便后续调整教学方案。)

【PPT 课件演示】

如图 6.14 所示。

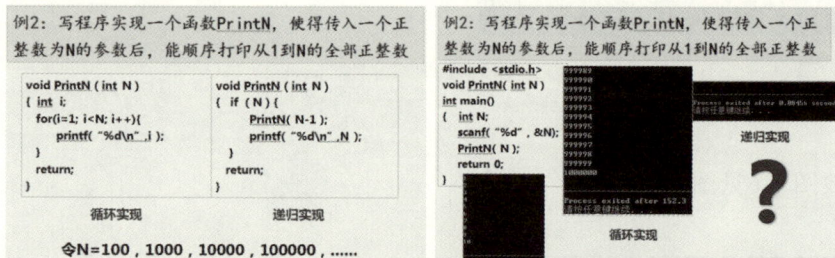

图 6.14 PrintN

● 例题3：写程序计算给定多项式 $f(x) = a_0 + a_1 x + \cdots + a_{n-1} x^{n-1} + a_n x^n$ 在给定 x 点处的值。

引导式提问：

(1)两种方法你认为哪一种更好？为什么？

(2)解决问题方法的效率与什么有关？

通过两种不同的方式实现给定多项式 $f(x) = \sum_{i=0}^{9} i \cdot x^i$ 在给定点 $x = 1.1$ 处的值 $f(1.1)$ 并进行运行时间的对比。引导学生总结解决问题方法的效率与算法的巧妙度有关。

● 知识点：clock( )函数。

此处为学生介绍一个新的工具 clock( )函数，鼓励学生用数据说话，实践出真知。

【PPT 课件演示】

如图 6.15 所示。

★ 课程思政

讲历史以自信：介绍此例题中的解法二为南宋时期的秦九韶提出的算法，让学生感受我国悠久的数学历史。

★ 课程思政

价值塑造——做有能力的人。通过 clock 函数知识点教育学生"实践出真知、实践验真知、实践变能力"，只有通过大量的编程训练才能提高自身的编程能力，从而提高自身的核心竞争力。

例3: 写程序计算给定多项式在给定点x处的值
$$f(x) = a_0 + a_1x + \ldots + a_{n-1}x^{n-1} + a_nx^n$$

```
double f1 (int n, double a[], double x)
{ int i; double p = a[0];
  for(i=1; i<=n; i++)
    p += ( a[i] * pow(x,i) );
  return  p;
}
```

南宋数学家秦九韶　$f(x) = a_0 + x(a_1 + x(\ldots(a_{n-1} + x(a_n)) \ldots))$

```
double f2 (int n, double a[], double x)
{ int i; double p = a[n];
  for(i=n; i>0; i--)
    p = a[i-1] +x*p;
  return  p;
}
```

例3: 写程序计算给定多项式$f(x) = \sum_{i=0}^{9} i \cdot x^i$在给定点$x = 1.1$处的值$f(1.1)$

```
ticks1 = 10093.000000
duration1 = 1.01e-006
ticks2 = 1325.000000
duration2 = 1.38e-007
Press any key to continue
```

图 6.15　clock( )函数

- 知识总结：数据结构的概念及常见的逻辑结构。

让学生畅所欲言，通过前三个例题的引导，自主总结出数据结构的概念，提升知识自信。如图 6.16 所示。

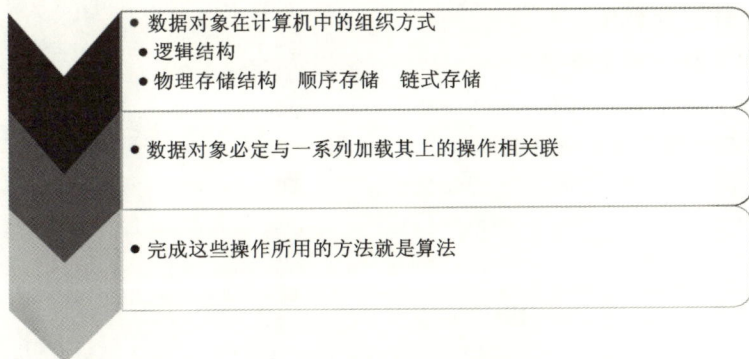

- 数据对象在计算机中的组织方式
- 逻辑结构
- 物理存储结构　顺序存储　链式存储

- 数据对象必定与一系列加载其上的操作相关联

- 完成这些操作所用的方法就是算法

图 6.16　数据结构概念总结

介绍常见的两种逻辑结构划分。

(1)划分方法一。

①线性结构——有且仅有一个开始和一个终端节点，并且所有节点都最多只有一个直接前趋和一个后继。

例如：线性表、栈、队列、串。

②非线性结构——一个节点可能有多个直接前趋和直接后继。

例如：树、图。

(2)划分方法二，如图 6.17 所示。

集合——数据元素间除"同属于一个集合"外，无其他关系

线性结构——一个对一个，如线性表、栈、队列

树形结构——一个对多个，如树

图形结构——多个对多个，如图

图 6.17　数据逻辑结构种类划分

❖ 问题探究 2：数据结构的描述方式

探究数据结构的描述方式。通过启发式地提问，让学生思考抽象数据类型的意义，并讲述抽象数据类型的定义方式。

● 主题讨论：复数的抽象数据类型定义

以定义复数抽象类型 Complex 为例。让学生分组研讨，并给出讨论结果，计入平时成绩中的课堂表现一栏。

```
ADT Complex
{
数据对象：
    D={e1，e2|e1，e2 均为实数}
数据关系：
    R={<e1，e2>|e1 是复数的实部，e2 是复数的虚部}
基本运算：
    AssignComplex(&z, v1, v2)：构造复数 Z。
    DestroyComplex(&z)：复数 z 被销毁。
    GetReal(z, &real)：返回复数 z 的实部值。
    GetImag(z, &Imag)：返回复数 z 的虚部值。
    Add(z1, z2, &sum)：返回两个复数 z1、z2 的和。
}ADT Complex
```

◈ 教学小结(1 分钟)

(1)数据结构的概念。
(2)数据的逻辑结构。
(3)抽象数据类型定义。

◈ 拓展(2 分钟)

预埋伏笔，留下悬念。

为学生列举学习本课程可以解决的经典案例(如迷宫大作战、解救007、道路村村通等)。

◈ 作业(1 分钟)

(1)编程分别实现例题 2、例题 3 的两种方法。(要求学生将结果对比截图到线上讨论区，老师根据学生答案进行打分，计入平时成绩。)
(2)通过老师推送的视频资料预习算法分析。
(3)完成章节测验中相关习题。

教　学　反　思

　　本节课通过提出问题"什么是数据结构"，引导学生思考；然后通过引导式提问对三个例题进行分析讨论，使学生掌握了"与解决问题方法的效率"相关联的三个因素：数据组织、空间利用率和算法巧妙度；再提出如何描述数据结构从而引出"抽象数据类型"这个概念，并利用主题讨论让学生通过实践掌握抽象数据类型的定义。整堂课设计合理，气氛活跃。

　　教学小结只对本堂课知识点进行了总结，其实作为课程的开篇第一节课，所学知识点并不多，且多为概述性内容，今后再教时，可将课堂小结的内容提升到学习方法上来，以便更好地教育学生掌握方法，提升能力。

6.2 选择排序

（附 15 分钟教学视频）

基本信息			
教学主题	选择排序	课时安排	1 课时
所在章节	第 10 章第 4 小节		

【内容分析】

本次课的内容选自李春葆编著的《数据结构教程》（第 5 版）教材中第 10 章第 4 小节的内容。本讲中主要介绍两种选择排序算法：简单选择排序和堆排序。两种排序算法的基本思想是一致的，每一趟从待排序的元素中选出关键字最小的元素，顺序放在已排好序的子表的最后，直到全部元素排序完毕。

堆排序是在简单选择排序基础上对选择最小元方法进行改进而得出。本讲内容首先要让学生掌握两种算法的基本原理和实现过程，其次对算法分别从时间复杂度和空间复杂度两方面进行分析，最后介绍算法适合的应用环境。在教学过程中要引导学生了解排序时所依据的原则，并从算法改进的思路着手分析两种算法的不同，培养学生批判性思维和探究意识，以利于学习和创造更新的算法。

【教学思路】

教学思路如图 6.18 所示。

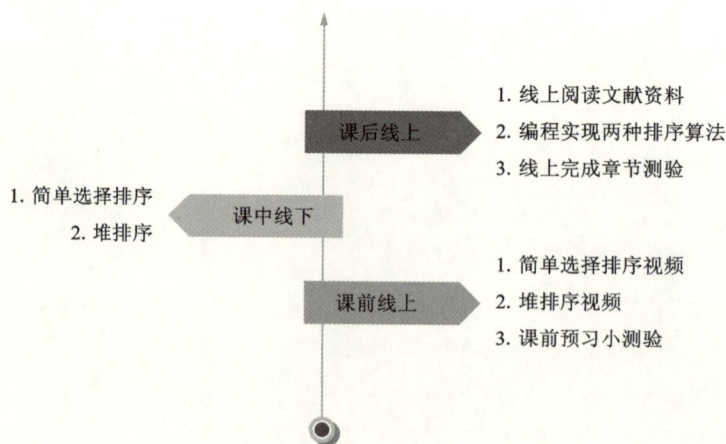

图 6.18　教学思路

畅游网络世界，经常会看到各种热榜或者 TOP 榜，这是如何实现的呢？显然是按照某种关键字排序而来，那么如何快速排出 TOP 榜，什么样的排序最合适呢？由此引入今天的主题——选择排序。主要教学过程分为两大部分：简单选择排序部分和堆排序部分。首先以"按高矮顺序排队"的生活实例为切入点，引出简单选择排序；然后讲解简单选择排序基本原理并通过动画演示具体实例的简单选择排序过程。第二部分引导学生思考通过提高选择最小元的效率来对算法进行优化，从而引出堆排序。堆是一种按照层次顺序连续存储的、特殊的完全二叉树，堆排序的过程比较复杂。在教学过程中首先设计问题探究让学生了解什么是堆，再通过课堂练习帮助学生掌握堆的判别方法，最后通过动画演示讲解堆排序的过程，并分析堆排序的效率。堆是一种用非线性手段提高存取速度的优先级队列，在教学过程的最后，为学生介绍堆在操作系统中的应用。

▶ 【教学目标】

根据教学大纲的规定，按照质量工程的教育要求，并结合学生的实际情况，分别从知识获取、能力培养和价值塑造三个方面，确定本次课的教学目标如下：

❖ 知识目标
（1）理解选择排序的基本思路。
（2）掌握简单选择排序的过程和算法实现。
（3）掌握堆排序的过程和算法实现。

❖ 能力目标
（1）通过启发式提问，引导学生思考简单选择排序到堆排序的改进原理，培养学生创新精神和探究意识。
（2）通过堆排序算法的学习，培养学生联系前后所学知识的综合运用能力和辩证思维能力。

❖ 情感目标
（1）通过两种排序算法的对比分析，让学生了解选择类排序算法的原理及关键点，激发学生的学习兴趣和求知欲。
（2）通过堆排序算法的学习，让学生理解线性与非线性的相互联系，感受二者完美结合的精妙。

▶ 【课程思政】

一、中国创造梦

通过百度的 TOP 热榜引出选择排序，然后顺理成章地简要介绍百度——世界上最大的中文搜索引擎，全球领先的人工智能平台型公司，增强学生的民族自豪感，借机鼓励学生努力学习，学成之后也能像百度一样为祖国实现更多的全球之最。

二、辩证思维看世界

一个对象之所以复杂，难以理解，是因为这个对象包含太多相互联系和相互作用的因素。用恩格斯的话讲："事物是相互作用着的，并且在大多数情形下，正是忘记了这种多方面的运动和相互作用，阻碍我们的自然科学家去看清最简单的事物。"堆排序就是一个看似线性问题，实则是非线性问题，而且综合运用多种方法才能求解。从这个角度教育学生要用辩证思维去理清复杂对象中的相互联系和相互作用的规律。

▶ 【教学内容】

❖ 教学重点
简单选择排序的算法实现和堆排序的原理。

❖ 教学难点

堆排序的过程。

❖ 重点及难点的处理

首先通过身高排序问题进行情境教学，引出重点内容简单选择排序；通过传统讲授教学法讲解简单选择排序，突出重点；再用问题探究引出重点内容堆排序，设置课堂练习环节让学生掌握堆排序的关键点。最后通过动画演示辅助讲解，化解难点堆排序。

【教学方法】

一、情境教学法

创建身高排队情境，鼓励学生充当课堂的主角，充分调动学生的课堂参与度，提升教学效果。

二、讲授教学法

由于简单选择排序算法较易理解，因此采用传统的讲授法，让学生快速掌握算法的原理及实现。

三、启发式教学法

通过情境创建，引导学生思考不同的排序算法对 TOP 榜的实用性。强调师生互动，使学生主动探究，掌握从简单选择排序到堆排序的改进原理。

四、线上线下混合式教学法

课前发布预习视频和讨论话题，让学生为课堂教学做好充分准备。课内练习采用了在超星平台上创建的在线智慧课堂，方便教师及时了解每位学生的掌握情况，也方便所有学生发表自己的观点，与老师和同学进行交流。课后练习和实践分别在超星和 Educoder 两个线上教学平台上完成，打破时域地域限制，方便师生随时交流。

五、多媒体辅助教学法

在教学过程中利用动画生动具体地展现简单选择排序算法和堆排序算法的过程，让学生更直观地了解排序思路。

【教学过程】

教学过程见表 6.4。

表 6.4　教学过程

教学环节	教师教学	学生活动	设计意图	时间/min
引入	新知引入：TOP 榜 通过百度热榜等 TOP 榜提出疑问：如何从海量数据中快速排出 TOP 榜？ 分析对比学过的所有排序，抛出问题：有没有更高效的算法可以排出 TOP 榜？	感受全球之最，增强民族自豪感 回顾已学知识，对比分析，思考算法改进	通过百度介绍，增强学生的民族自豪感，鼓励学生为"实现更多的全球之最"而学习。回顾旧知，巩固所学，提出问题，引出新知	2

续表6.4

教学环节	教师教学	学生活动	设计意图	时间/min
教学过程	生活情境创建： 用一张图片提出从矮到高排队的问题，创建情境，让学生扮演老师，为图片中的人物按身高排队	思考排序方法，阐述观点	激发学生探究兴趣，引出本节课的主线，加强师生互动，活跃课堂气氛	37
	原理讲解：选择排序的基本原理 借助多媒体课件辅助讲解选择排序的基本原理	在老师的引导启发下思考，并理解掌握基本原理	让学生掌握选择排序的基本原理，为后续内容学习做准备	
	知识讲解：简单选择排序的过程 通过具体实例的排序动画，讲解简单选择排序的整个过程。讲解完算法实现后，采用启发式提问，引导学生思考对简单选择排序算法的改进关键点	认真观看动画，仔细听老师讲解并思考算法改进方式	通过传统讲授法突出本节课的重点，借助多媒体课件辅助教学。通过启发式提问引导学生主动探究，引出后续内容	
	问题探究：什么是堆？ 讲解堆的定义，回顾完全二叉树的顺序存储，通过两个具体实例展示最大堆和最小堆，并引导学生用辩证思维理清堆的非线性表示和线性存储两者之间的联系	回忆完全二叉树的性质及顺序存储结构，理解堆的概念，掌握堆的判别方式	通过问题探究引导学生主动思考学习堆的概念，为后续的堆排序内容打基础	
	课堂练习：判断给定序列是否是堆。 给定两个整数序列，让学生画出序列的树形表示，并判断是否为堆。要求学生将结果拍照发送到讨论区，老师根据结果进行点评，并计入平时成绩	可相互讨论完成练习，拍照发送到线上讨论区	通过课堂练习实时掌握学生的学习情况，及时调整教学环节，查漏补缺。通过信息化教学手段查看学生的参与度	
	知识讲解：堆排序 知识点： （1）堆排序的基本步骤 （2）堆排序的过程 （3）堆排序的算法分析 首先给出堆排序的基本思想及步骤，然后通过具体实例及多媒体动画辅助讲解堆排序的全过程，最后分析堆排序算法的性能	学习堆排序的基本思想，与老师一同对具体实例进行堆排序，仔细听老师讲解堆排序算法的性能分析，及时提出问题	通过算法讲解的一般步骤：算法思想——算法实现过程——算法分析，让学生学习算法的同时，也掌握学习算法的步骤，以便学生后续自主学习	
拓展	引用拓展：讲解堆排序的应用场景，为学生提供相关文献，供学生课后继续学习 文献拓展：基于堆排序的重要关联规则挖掘算法研究	认真听讲解，并思考选择排序的应用场景	通过应用场景的介绍，增加学生的学习动力，通过文献阅读，提高学生的阅读能力及自学能力	3
教学小结	数据结构经典算法的启示： 简单选择排序到堆排序的改进利用了连续多次查找最大记录的特性	参与小结 听讲解	帮助学生更好地梳理与掌握本次课的重点内容	2
作业	课后作业：编程实现简单排序算法和堆排序算法，并进行绝对执行时间的比较（要求学生将运行结果截图至讨论区）	课后完成 在线讨论	1.提升学生的编程能力 2.督促学生思考讨论	1

【预习与作业】

（1）预习任务。

①观看"简单选择排序"和"堆排序"预学微课视频，了解两种排序算法的基本思路。

②完成课前预习小测验。

③查找资料，对比分析各种排序算法。

（2）课后作业。

①完成实践平台 Educoder 上的闯关项目和"学习通"上的章节测验。

②阅读文献资料，撰写 300 字的阅读小报告。

③编程实现两种排序算法，观察对比其绝对执行时间。

教 学 过 程

◆ 课堂导入（2 分钟）

介绍百度——全球最大的中文搜索引擎，提升学生的民族自豪感，鼓励学生为"实现更多的全球之最"而学习。

通过百度热榜、贴吧热榜、音乐排行榜等 TOP 榜提出疑问：如何从海量数据中快速排出 TOP 榜？

选择排序每一趟总是从无序区中选出全局最小（或最大）的关键字，所以适合于从大量的元素中选择一部分排序元素，例如从 10000 个元素中选择出关键字大小为前 10 位的元素就适合采用选择排序方法。

【PPT 课件演示】

如图 6.19 所示。

★ 课程思政
中国创造梦。通过百度的 TOP 热榜引出选择排序，然后简要介绍百度——世界上最大的中文搜索引擎，全球领先的人工智能平台型公司，增强学生的民族自豪感，借机鼓励学生努力学习，学成之后也像百度一样为祖国实现更多的全球之最。

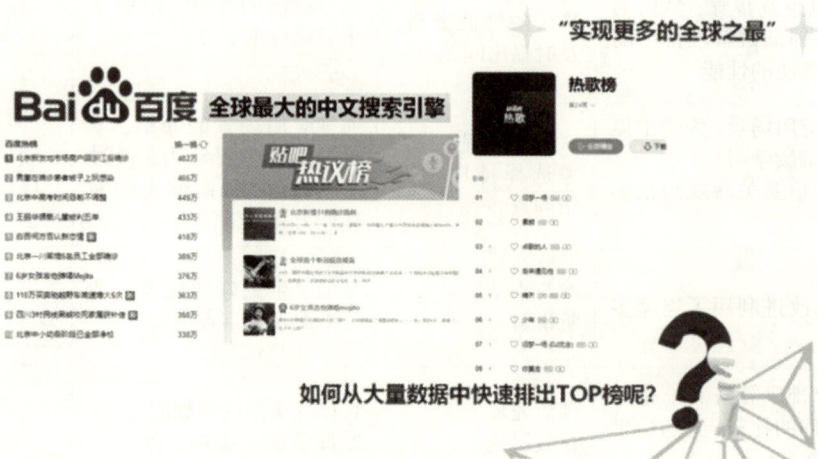

图 6.19　PPT 课件演示

◆ 正文 37 min

- 生活情境创建：高矮站队

用一张图片提出从矮到高排队的问题，创建情境，让学生扮演老师，为图片中的人物按身高排队。激发学生探究兴趣，引出本节课的主线，加强师生互动，活跃课堂气氛。

【PPT 课件演示】

如图 6.20 所示。

图 6.20　高矮站队

- 原理讲解：选择排序的基本思想

选择排序的基本思想：每一趟从待排序的记录中选出关键字最小的记录，按顺序放在已排序的记录序列的最后，直到全部排完为止。

通过动画演示选择排序的基本原理(见图 6.21)。

图 6.21　选择排序的基本原理

- 知识讲解：简单选择排序的基本思想

简单选择排序的基本思想第 i 趟排序开始时，当前有序区和无序区分别为 $R[0..i-1]$ 和 $R[i..n-1]$($0 \leq i < n-1$)，该趟排序是从当前无序区中选出关键字最小的元素 $R[k]$，将它与无序区的第 1 个元素 $R[i]$ 交换，使 $R[0..i]$ 和 $R[i+1..n-1]$ 分别变为新的有序区和新的无序区，经过 $n-1$ 趟排序之后整个表 $R[0..n-1]$ 递增有序。

通过具体实例的排序动画，讲解简单选择排序的整个过程。讲解完算法实现后，采用启发式提问，引导学生思考对简单选择排序算法的改进关键点。

【PPT 课件演示】

如图 6.22 所示。

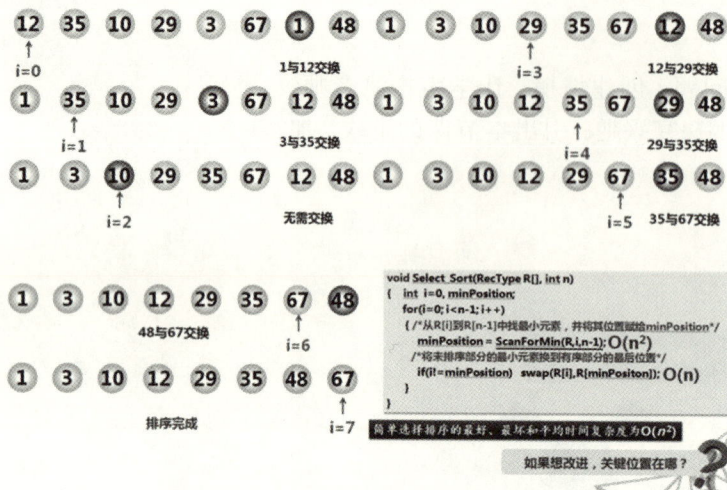

图 6.22　简单选择排序的基本思想

● 问题探究：什么是堆？

堆的定义：一个序列 $R[1..n]$，关键字分别为 $k_1, k_2, \cdots, k_n$。

该序列满足如下性质（简称为堆性质）：

①$k_i \leqslant k_{2i}$ 且 $k_i \leqslant k_{2i+1}$；

或②$k_i \geqslant k_{2i}$ 且 $k_i \geqslant k_{2i+1}$（$1 \leqslant i \leqslant \lfloor n/2 \rfloor$）。

满足第①种情况的堆称为最小堆，满足第②种情况的堆称为最大堆。

回顾完全二叉树的顺序存储，通过两个具体实例展示最大堆和最小堆，并引导学生用辩证思维理清堆的非线性表示和线性存储两者之间的联系。

【PPT 课件演示】

如图 6.23 所示。

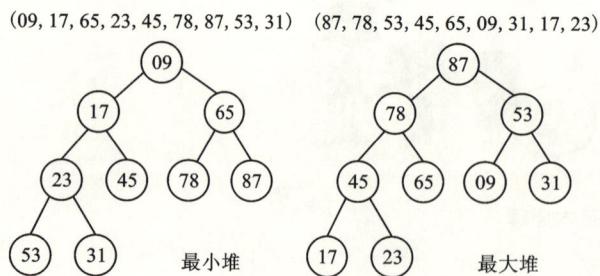

图 6.23　堆

● 智慧课堂：课堂练习

画一画、练一练：以下序列是堆吗？

序列 1：(16, 11, 9, 1, 5, 6, 8, 10, 2, 4)

序列 2：(80, 75, 40, 62, 73, 35, 28, 50, 38)

给定上述两个整数序列，让学生画出序列的树形表示，并判断是否为堆。要求学生将结果拍照发送到讨论区，老师根据结果进行点评，并计入平时成绩。

● 知识讲解：堆排序

（1）堆排序的基本步骤：

①将无序序列建成一个堆；

②输出堆顶的最小（大）值；

③使剩余的 $n-1$ 个元素又调整成一个堆，则可得到 n 个元素的次小值；

④重复执行，得到一个有序序列。

（2）堆排序的过程。

例：设待排序的表有 10 个记录，其关键字分别为 $\{6, 8, 7, 9, 0, 1, 3, 2, 4, 5\}$。说明采用堆排序方法进行排序的过程（通过动画讲解）。

【PPT 课件演示】

如图 6.24 所示。

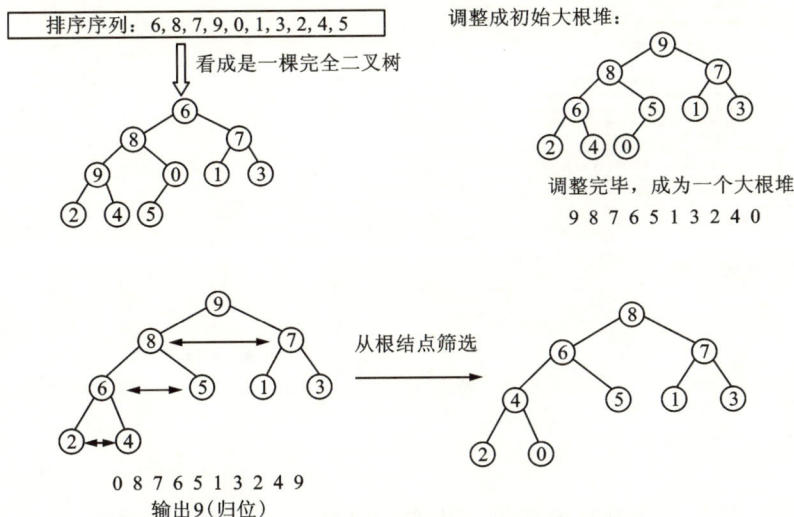

图 6.24　堆排序的过程

（3）堆排序算法的分析。

①对高度为 h 的堆，一次"筛选"所需进行的关键字比较的次数至多为 $2(h-1)$。

②对 n 个关键字，建成高度为 $h(=\lfloor \log_2 n \rfloor + 1)$ 的堆，所需进行的关键字比较的次数不超过 $4n$。

③调整"堆顶" $n-1$ 次，总共进行的关键字比较的次数不超过：

$$2(\lfloor \log_2(n-1) \rfloor + \lfloor \log_2(n-2) \rfloor + \cdots + \log_2 2) < 2n(\lfloor \log_2 n \rfloor)$$

因此，堆排序的时间复杂度为 $O(n\log_2 n)$，空间复杂度为 $O(1)$，不稳定。

◆ 拓展（3 分钟）

● 应用拓展

讲解堆排序的应用场景，例：在操作系统中，将多个进程放在一个队列中，每个进程有一个优先级，总是出队优先级最高的进程执行。采用优先队列，用堆来实现。

- 文献拓展

如图 6.25 所示。

图 6.25　文献拓展

◈ 教学小结（2 分钟）

（1）堆排序。

它是将线性序列看成一棵完全二叉树，不断调整形成堆，并连续取出最值的一种排序算法。这是一个看似线性实则非线性的问题。我们要学会用辩证思维去理清复杂对象中的相互联系和相互作用的规律。

（2）数据结构经典算法的启示。

简单选择排序到堆排序的改进利用了连续多次查找最大记录的特性。

◈ 作业（1 分钟）

（1）完成实践平台 Educoder 上的闯关项目和"学习通"上的章节测验。

（2）阅读文献资料，撰写 300 字的阅读小报告。

（3）编程实现两种排序算法，观察对比其绝对执行时间。

★ 课程思政

辩证思维看世界。所谓一个对象复杂，难以理解，是因为这个对象包含太多相互联系和相互作用的因素。恩格斯曾说过："事物是相互作用着的，并且在大多数情形下，正是忘记了这种多方面的运动和相互作用，阻碍我们的自然科学家去看清最简单的事物。"堆排序看似是一个线性问题，实则是非线性问题，而且综合运用多种方法才能求解。从这个角度教育学生要用辩证思维去理清复杂对象中的相互联系和相互作用的规律。

教　学　反　思

　　引入部分用情境教学法激发学生学习兴趣,引出本节课的主线,加强师生互动,活跃课堂气氛。堆排序算法作为本节课的难点,在教学环节设计中,先采用辩证思维为学生理清堆的非线性表示和线性存储,再通过动画演示辅助教学,为学生展示具体实例的堆排序过程,从而使学生知其然并知其所以然。

　　排序算法的深入掌握还需依靠编程实践来完成,因此在课后需要为学生设置大量的编程任务督促学生进一步将知识转换成能力,从而提高自身的核心竞争力。

6.3 队列

云麓课堂
教学设计

本节内容详见二维码。

基本信息			
教学主题	队列	课时安排	1 课时
所在章节	第 3 章第 2 小节		

【内容分析】

本次课的内容选自李春葆编著的《数据结构教程》(第 5 版)教材中第 3 章第 2 小节的内容。本讲内容主要包括队列的基本概念及结构、顺序队的基本运算以及队列的实践应用。顺序队分为两种：非环形队列和环形队列。两者基本运算稍有不同，在内容处理上应该注重于两者之间的区别。在实际应用中，队列通常作为一种存放临时数据的容器。如果先存入的元素先处理，则采用队列。整堂课以"扑克牌序列"案例贯穿，引导学生应用队列解决实际问题。

通过本讲教学，学生要掌握队列的基本逻辑结构、操作特性以及建立在顺序存储结构之上的基本运算，并能够初步尝试应用队列这种数据结构求解复杂问题。

【教学思路】

教学思路如图 6.26 所示。

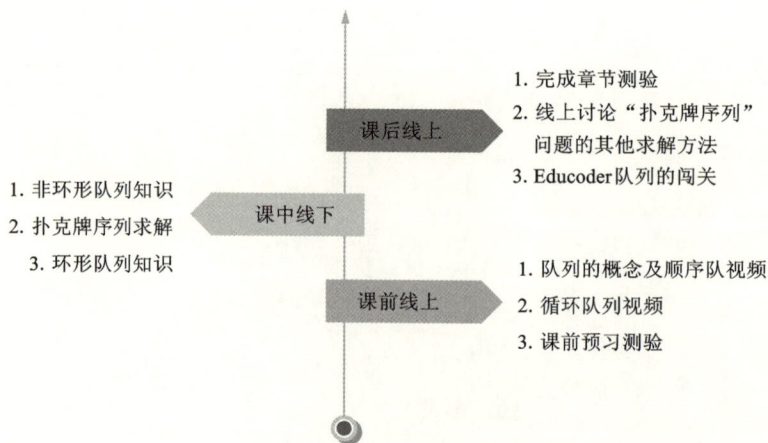

图 6.26 教学思路

队列的概念及基本运算的实现并不难，学生在学习过线性表后比较容易快速地接受。本节课首先以"扑克牌小游戏"为引入，讲解队列的基本概念及顺序存储结构实现；接着让学生分组讨论求解扑克牌原始序列，以达到学生主动探知、互相探讨和深入理解的效果；然后针对研讨问题的解决方案进一步提出疑问，引出假溢的概念；最后讲解环形队列，解决假溢现象。

▶【教学目标】

根据教学大纲的规定，按照质量工程的教育要求，并结合学生的实际情况，分别从知识获取、能力培养和价值塑造三个方面，确定本次课的教学目标如下。

❖ 知识目标
(1)理解队列的基本概念。
(2)掌握队列的基本运算实现。
(3)掌握队列在实际问题中的应用。

❖ 能力目标
(1)通过解决扑克牌问题，提高学生分析数据、组织数据的能力。
(2)通过层层深入的问题培养学生发散性的思考方式。

❖ 情感目标
(1)培养学生勇于创新、主动探究、团结协作的精神。
(2)让学生在解决问题的过程中建立自信，提高学生学习的主观能动性。

▶【课程思政】

一、讲历史以自信

本节课的主线是"求解扑克牌序列"。关于扑克牌的起源，有人认为其是在第一次鸦片战争期间，由西方传入中国，但是若究其本源，扑克牌并非出于西方，而是源于中国的"叶子戏"。讲述扑克牌的历史起源，以增强学生的民族文化自信感。

二、社会离不开秩序

在现实生活中，我们经常会遇到为了得到某种服务而排队的情况，比如，食堂买饭时需要排队，银行存款时也需要排队。由现实生活中的排队引申到社会秩序，教育学生万事离不开方法，世界离不开秩序。要想社会和谐，秩序是不可或缺的。

▶【教学内容】

❖ 教学重点
队列的基本运算。

❖ 教学难点
应用队列解决实际问题。

❖ 重点及难点的处理
队列基本运算的实现是建立在队列的工作特性的基础上，即先进先出，而队列的应用也是基于这一点，因此在重点内容的讲授时，一方面以队列的操作和工作特性为主线，贯穿算法的设计与实现，另一方面注意强调其应用场景。在算法实现过程中，队列的队空、队满条件要进行强调，并且随着算法介绍的深入，从传统队列存在的缺陷引出循环队列，通过层层递进，不断地提出问题、分析问题和解决问题，并将应用贯穿于基本运算的实现，在讲解应用实例时，就可以使难点问题迎刃而解，取得良好的教学效果。

【教学方法】

一、玩中学——扑克牌案例教学法

整节课利用大众熟知的扑克牌工具，以"求解扑克牌序列"案例为主线，创造沉浸式课堂，实现学生玩与学的有效结合。

二、线上线下混合教学法

对学情进行详细剖析，将教学内容合理划分为线上和线下两部分。通过预习、课堂教学和课后任务将线上线下有机结合，以求行之有效地督促学生掌握所有知识点。

三、研讨式教学法

引入扑克牌游戏，让学生讨论如何还原扑克牌初始序列，并引导学生改用计算机的思维方式去寻找扑克牌问题的求解方案。

四、多媒体辅助教学法

通过课件中精美动画设计，使教学更直观、更生动，从而激发学生的学习兴趣，调动学习积极性，达到提高课堂教学效率的目的。

五、探究式教学法

授课采用提出问题—分析问题—解决问题—问题延伸的教学设计层层深入，引导学生在理解新知识的同时进行探究，运用所学知识解决问题，从而提高学习的自信心。

【教学过程】

教学过程见表6.5。

表6.5　教学过程

教学环节	教师教学	学生活动	设计意图	时间/min
引入	增强民族文化自信： 扑克是流行全世界的一种娱乐性纸质玩具。关于扑克牌的起源，有人认为其是在第一次鸦片战争期间，由西方传入中国，但是若究其本源，扑克牌并非出于西方，而是源于中国的"叶子戏"。讲述扑克牌的历史起源，以增强学生的民族文化自信感。 扑克牌序列引入： 扑克牌与队列相碰撞，会产生什么样的火花呢？用扑克牌的 A~K 为学生展示一种出牌方法，出牌的序列是 A~K，问：牌的原始序列是什么？	1. 思考牌的初始序列，积极阐述自己的观点 2. 与老师共情，拒绝赌博	1. 讲述扑克牌的历史起源，以增强学生的民族文化自信感 2. 通过有趣的游戏引出本节课的主题队列	3

续表6.5

教学环节	教师教学	学生活动	设计意图	时间/min
智慧课堂	课堂小测验 线上发布两个有关顺序队的基础知识题的小测验，要求学生在现场完成作答	完成测验	通过课堂小测验，考查学生预习效果及对队列的基础知识的掌握程度	2
教学过程	知识讲解：队列 知识点： (1)队列的定义 (2)队列的顺序存储结构 思政教育： 以队列比拟现实生活中的排队，教育学生要遵守秩序，社会才能和谐	认真听讲解、记笔记，与前面学习过的栈以及线性表进行对比，加深理解	讲解新知，为解决前面引入的问题做准备 思政教育： 万事离不开方法，世界离不开秩序	36
	研讨主题：扑克牌的原始序列 在研讨过程中启发学生可以逆向恢复扑克牌的序列。要求每组给出推理方法，并上台讲解。最后老师根据学生给出的结果点评并讲解	分组讨论，利用老师提供的扑克牌进行推理	通过学生分组讨论，快速地掌握队列的知识，并提高运用队列解决问题的能力	
	问题探究：在扑克牌求解问题中所用队列的长度至少是多少？ 知识点： (1)队空及队满条件 (2)假溢现象	根据讨论时的推理过程思考队列的长度，积极阐述观点	在求解完扑克牌问题后进一步思考队列长度，发现假溢问题，从而引出环形队列的概念	
	知识讲解：环形队列 知识点： (1)环形队列的概念 (2)环形队列的入队出队操作 (3)环形队列的队空队满判定	认真听讲解，学习环形队列，与前面的非环形队列进行对比	通过前面的问题探究引入环形队列解决假溢问题，提高学生知识的连贯性	
教学小结	教学小结： (1)队列的定义 (2)队列的顺序存储结构 (3)环形队列的实现	参与小结 听讲解	帮助学生更好地梳理与掌握本次课的重点内容	1
拓展	应用拓展： (1)银行排队叫号机 (2)操作系统处理等待的进程 (3)网络资源调度 文献拓展： (1)Shortest-path-based back-pressure routing with single-FIFO queueing in ad hoc networks (2)An efficient sorting techniques for priority queues in high-speed networks	联系生活，思考队列的其他应用，课后阅读文献	1.通过应用拓展，开阔学生眼界，提高专业站位 2.通过文献阅读，培养学生的自学能力和创新创业能力	2
作业	课后作业： (1)编程实现非环形队列及环形队列的顺序存储结构及基本运算 (2)编程实现扑克牌序列求解问题 (3)预习队列的链式存储结构 (在课程网站上通过微课视频预习链队内容)	课后完成 在线预习	1.提升学生的编程能力 2.督促学生预习	1

【预习与作业】

（1）预习任务

①观看"顺序队"的预学视频，掌握顺序队的基本运算的实现。

②完成课程网站上老师发布的预习视频，分组讨论，思考扑克牌序列问题的解决方案，为课堂主题研讨做准备。

（2）课后作业

①编程实现非环形队列及环形队列的顺序存储结构及基本运算。

②编程实现扑克牌序列求解问题。

③完成 Educoder 实践平台上的队列的闯关。

板书设计

板书设计如图 6.27 所示。

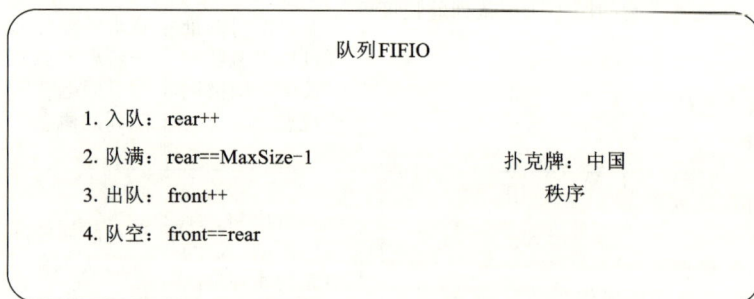

队列FIFIO

1. 入队：rear++
2. 队满：rear==MaxSize-1   扑克牌：中国
3. 出队：front++   秩序
4. 队空：front==rear

图 6.27　板书设计

6.4 哈夫曼树

本节内容详见二维码。

基本信息			
教学主题	哈夫曼树	课时安排	1 课时
所在章节	第 7 章第 8 小节		

▶【内容分析】

本次课的内容选自李春葆编著的《数据结构教程》(第 5 版)教材中第 7 章第 8 小节的内容。树结构是一种应用非常广泛的结构，在一些特定的应用中，树具有一些特殊特点，利用这些特点可以解决很多工程问题。随着大数据时代的到来，如何采用有效的数据压缩技术来节省数据文件的存储空间和网络传输时间越来越引起人们的重视。本节课所讲的哈夫曼树便可以应用于数据压缩技术中。哈夫曼树的构造算法较易理解，但其由来及原理会让学生有所困惑，导致学生出现知其然而不知其所以然的情况，因此在教学过程中应该注重介绍哈夫曼树的由来及构造原理，然后为学生介绍哈夫曼树的应用，让学生能够了解知识的产生、发展到应用的全过程。通过本讲学习，学生应该掌握哈夫曼树的概念、构造算法和哈夫曼编码算法的实现。

▶【教学思路】

教学思路如图 6.34 所示。

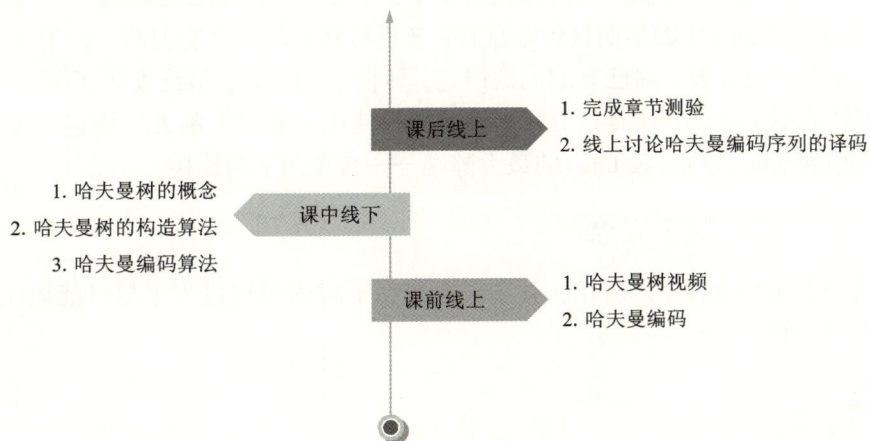

图 6.34 教学思路

一堂课是否能够吸引学生的注意力，且让学生从中获益，关键取决于导入以及案例讲解。本节课先提出学生熟悉的成绩转换问题，让学生展示不同的判断流程，通过对比大量数据转换时不同流程所需比较次数，引出哈夫曼树的定义，并讲解哈夫曼树的特点及构造算法；然后通过讲述大数据时代，如何采用有效的数据压缩再次引入，给学生提出研讨主题，要求学生分组讨论并为一段字符给出编码方案；接着对比分析学生讨论的结果，为学生讲授哈夫曼编码；最后提出课后思考——"如何译码"，引导学生进一步思考。

【教学目标】

根据教学大纲的规定，按照质量工程的教育要求，并结合学生的实际情况，分别从知识获取、能力培养和价值塑造三个方面，确定本次课的教学目标如下：

知识目标：

（1）理解哈夫曼树的概念及特点。

（2）掌握哈夫曼树的构造算法。

（3）掌握哈夫曼编码算法的实现。

能力目标：

（1）通过学生熟知的成绩转换问题培养学生横向联系知识的能力，提升学生灵活运用的能力；

（2）通过分组讨论字符段的编码问题，将抽象知识点的被动输入学习转变为主动的探索学习，提升学生的主动思考能力和自主学习能力。

情感目标：

（1）通过前沿热门话题的引入，让学生联系起当前学的知识，增强学生学习的动力，让学生看到希望。

（2）通过具体的案例让学生讨论并实现，让学生在解决问题的同时获得成就感，增加学生的学习动力。

【课程思政】

一、讲人物以励志——鼓励创新精神

1951年，哈夫曼在麻省理工学院（MIT）攻读博士学位，他修读的信息论课程需要完成学期报告。导师罗伯特·法诺（Robert Fano）出的学期报告题目是：查找最有效的二进制编码。由于无法证明哪个已有编码是最有效的，于是哈夫曼放弃对已有编码的研究，转向新的探索，最终发现了基于有序频率二叉树编码的想法，并很快证明了这个方法是最有效的。哈夫曼使用自底向上的方法构建二叉树，避免了次优算法香农-范诺编码（Shannon-Fano coding）的最大弊端——自顶向下构建树。

二、节约空间，减少数字冗余

通过哈夫曼编码在压缩软件中的应用，引导同学们在平时的编程过程中尽可能地压缩和节约空间，让数字世界少一点"垃圾"。

【教学内容】

❖ 教学重点

哈夫曼树的建立及哈夫曼编码的建立。

❖ 教学难点

哈夫曼树的实现。

❖ 重点及难点的处理

通过百分制成绩转换五分制成绩的判定树引出重点，之后通过具体实例讲解哈夫曼树的建立过程，再通过具体编码实例引出哈夫曼编码的优势，然后讲解哈夫曼编码的建立。对于教学难点——哈夫曼树的实现，先通过动画讲解让学生掌握哈夫曼树的实现过程，再分析代码。

▶【教学方法】

一、智慧课堂辅助——线上线下混合教学法

对教学内容进行分析，合理地划分线上线下部分，让学生课前通过微课视频预习，课上利用智慧课堂辅助记录学生参与讨论情况，以便老师能够实时了解所有学生的上课状态。

二、案例分析法

通过熟悉"成绩转换"案例分析，学生能够更深刻地理解哈夫曼树的概念及原理。通过"字符编码"案例，学生掌握哈夫曼编码算法。

三、研讨式教学法

给出编码的研讨主题，让学生分组讨论，并给出编码方案，再进行组间研讨，让学生能够通过讨论过程理解哈夫曼编码的优缺点，并在不断地改良编码方案的过程中提高解决问题的能力。

四、启发式教学法

在教学过程中不断地提出问题，深化问题，让学生在逐步解决问题的过程中不断深入思考，培养学生追根究底的探索精神。

五、探究式教学法

授课采用提出问题—分析问题—解决问题—问题延伸的教学设计层层深入，引导学生在理解新知识的同时进行探究，运用所学知识解决问题，从而提高学习的自信心。

六、多媒体辅助教学法

通过精心制作的动画展示哈夫曼树的构造过程以及哈夫曼编码算法过程，使教学更直观、更生动，帮助学生理解新课程知识。

▶【教学过程】

教学过程见表6.6。

表 6.6　教学过程

教学环节	教师教学	学生活动	设计意图	时间/min
引入	案例引入： 请将百分制成绩转换成五分制成绩(给出成绩在各分数段的占比)	调整状态 沉浸在课堂中	引出本节课的主要内容"哈夫曼树"，通过流程判定树的平均比较次数，让学生理解哈夫曼树的意义	2
智慧课堂	线上选人展示课前准备结果 利用"学习通"的选人活动开展随机抽取学生展示课前准备的转换方案，然后分析平均比较次数并进行对比	参与智慧课堂，展示自己的方案，与老师共同计算和分析	通过不同的对比分析，引导学生总结出规律，从而引出本节课主讲内容哈夫曼树	3
教学过程	知识讲解：哈夫曼树 知识点： (1)带权路径长度 (2)最优二叉树 (3)哈夫曼树的构造 将引入中的判断流程转化成判定树，以之解释判定树中的平均比较次数便是带权路径长度。通过一个具体实例讲解哈夫曼树的构造过程 介绍哈夫曼勇于创新的故事，讲解哈夫曼树的由来	认真听讲解，学习哈夫曼树的相关概念，参与具体实例中哈夫曼树的构造过程	1.讲授法加举例法讲解树的带权路径长度的概念，并通过实例比较法让学生加深对哈夫曼树的理解 2.以名人事迹激励学生勇于创新	35
	研讨主题一：给一段特定的字符编码 学生分组讨论，每组给出一种编码方案，然后再组间相互质疑和解疑，最终对比各组结果进行总结	思考多种编码方案并进行对比，分组讨论，阐述小组结果，组间研讨	通过分组讨论与组间讨论培养学生的协同合作的能力，让学生在讨论中能够总结出最佳的编码方案——哈夫曼编码	
	知识讲解：哈夫曼编码 知识点：二叉树编码 根据上一环节的研讨结果，总结常见的几种编码，对比分析讲解哈夫曼编码的优势	仔细听讲解，参与计算几种常见编码的长度，学习哈夫曼编码思想	通过多种编码方案分析对比，培养学生严谨的治学态度和创新精神	
	研讨主题二：为研讨主题一中的字符建立哈夫曼编码 观察各组的哈夫曼编码过程及结果，及时点评并讲解	分组讨论，写出讨论结果，听点评和讲解	通过组内研讨及组间比较，让学生能够总结出哈夫曼编码的特点	
教学小结	教学小结： (1)哈夫曼树的特点及建立 (2)哈夫曼编码的特点	参与小结 听讲解	帮助学生更好地梳理与掌握本次课的重点内容	2
拓展	应用拓展： (1)最佳判定树 (2)数据压缩 文献拓展： 基于哈夫曼编码的稀疏矩阵的存储与计算	了解哈夫曼树的应用，感受节约空间，减少数字冗余的重复性；课后阅读文献	1.拓展应用知识，培养学生阅读文献的能力 2.通过哈夫曼编码在压缩软件中的应用，倡导同学们在平时编程时应尽可能压缩和节约空间，让数字世界少一些"垃圾"	2

续表6.6

教学环节	教师教学	学生活动	设计意图	时间/min
思考	思考题： 当我们收到一串编码后的数据时如何译码呢? (编程实现编码及译码过程)	课后完成 在线讨论	1.提升学生的编程能力 2.督促学生思考	1

【预习与作业】

(1)预习任务。

①观看"哈夫曼树"和"哈夫曼编码"的预学视频,初步了解哈夫曼树的概念及构造。

②完成案例"百分制转换成五分制"的转换方案,为课堂学习做准备。

(2)课后作业。

①完成"学习通"上的章节测验。

②线上讨论哈夫曼编码序列的译码。

③阅读文献,撰写300字的阅读小报告。

板书设计

板书设计如图 6.35 所示。

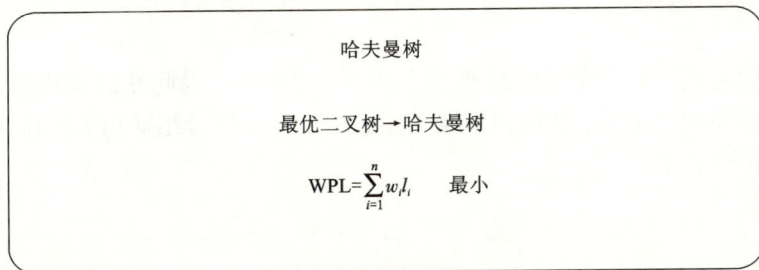

哈夫曼树

最优二叉树→哈夫曼树

$$\text{WPL}=\sum_{i=1}^{n}w_il_i \quad 最小$$

图 6.35　板书设计

6.5 解救 007——图的遍历算法的应用

本节内容详见二维码。

基本信息			
教学主题	解救 007——图的遍历算法的应用	课时安排	1 课时
所在章节	第 8 章第 3 小节		

【内容分析】

本次课的内容选自李春葆编著的《数据结构教程》(第 5 版)教材中第 8 章第 3 小节的内容。图形结构属于复杂的非线性数据结构,在实际应用中很多问题可以用图来描述。图的遍历是从图中某一顶点出发,按照某种方法对图中所有顶点访问且仅访问一次。图的遍历算法是求解图的连通性问题、拓扑排序和关键路径等算法的基础。图的遍历算法主要有两种:深度优先搜索遍历和广度优先搜索遍历。两种算法在路径搜索中的应用各有特色。深度优先遍历在路径搜索中可以找到两点之间一条简单路径,也可以找出两点之间所有简单路径,而广度优先遍历在无权图中可以找到两点之间的最短路径,但很难找出所有路径。

在两种遍历算法的应用中有几个关键修改点,学生难以理解,因此在这块内容的处理上,可以将部分内容放在课前的微课视频中讲解,然后课上再着重设计,让学生分组研讨,在相互讨论交流的过程中,碰撞出思想的火花,共同掌握。

【教学思路】

图 6.43 所示为教学思路。

大学教育应该在"学生是主体,教师主导"的理念指导下,运用多种教学方式如启发式、案例式、研讨式等展开教学设计。本节课主要以"解救 007"为任务,采用任务驱动的方式让学生学会利用图的遍历算法去搜索路径。首先通过分析"解救 007"的任务,让学生了解整个问题的求解方向——图的遍历算法;其次通过线上课堂小测验考查学生对图的两种遍历算法的掌握情况并进行知识回顾;再次回到"解救 007"的任务,让学生分组讨论选择求解逃生路线的方式。在学生讨论的过程中,启发学生思考两种搜索方式的不同,并分析两种方式在"解救 007"这个任务中的优劣;然后让学生根据自己的选择进行算法设计;接着提出问题,与学生探究要实现算法应该用什么方式存储图更好;最后提出课后作业让学生实现算法并进行两种算法的对比,教育学生"实践才是检验真理的唯一标准",让学生用实际数据对比分析,确认哪种算法更合适。

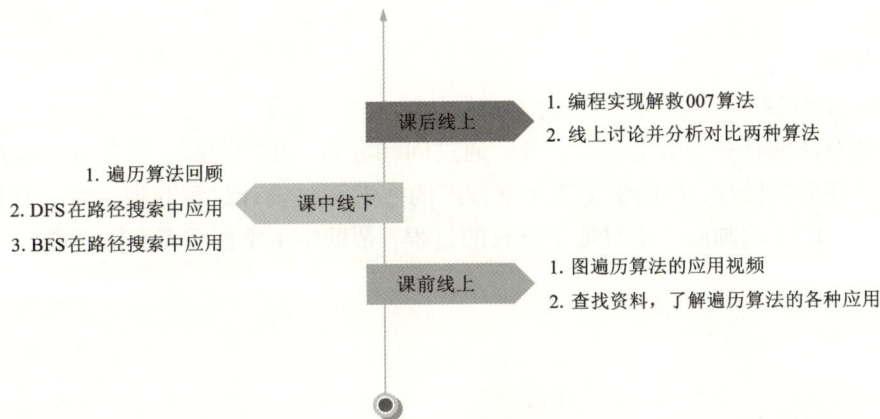

图 6.43　教学思路

【教学目标】

根据教学大纲的规定，按照质量工程的教育要求，并结合学生的实际情况，分别从知识获取、能力培养和价值塑造三个方面，确定本次课的教学目标如下：

❖ **知识目标**

(1)理解图的遍历的概念。

(2)掌握图的两种遍历算法。

(3)灵活运用两种遍历算法解决图的路径搜索问题。

❖ **能力目标**

(1)通过三个主题研讨，培养学生的表达能力，提高学生分析问题、解决问题的能力；

(2)通过任务驱动培养学生的实际工程应用能力；

(3)通过最后启发式搜索的引导，培养学生着眼当前、放眼未来的创新创业能力。

❖ **情感目标**

(1)要求学生课后用实际数据分析对比两种方案，培养学生严谨治学的态度，让学生用实际行动领悟"实践出真知"的道理。

(2)让学生作为 007 的技术团队帮助 007 求解出逃生路径，增强学生的学习成就感。

【课程思政】

一、实践出真知

在课程的三个主要环节结束后要求学生课后编程实现两种搜索算法，并在线上进行数据对比，以此教育学生"实践是检验真理的唯一标准"，培养学生治学严谨的学术态度。

二、担当时代责任，砥砺前行

首先通过要求学生做 007 背后的技术团队完成解救 007 的任务，再引出实时热门话题"中美贸易战"，引导学生做中国的技术团队，帮助中国取得胜利，激发学生的爱国精神，并用习近平在"五四运动"一百周年纪念会上的讲话激励学生担当时代责任，砥砺前行。

【教学内容】

❖ **教学重点**

图的搜索算法设计。

❖ 教学难点

搜索路径的存储。

❖ 重点及难点的处理

首先通过解救 007 的任务，引出重点；然后通过问题分析、知识回顾、解救方案选择和算法设计关键点研讨四个教学环节的设计，帮助学生逐步掌握图的搜索算法设计过程和搜索路径存储方式；最后利用现代教学技术——PPT 动画展示求解逃生路径的过程，帮助学生掌握重点、化解难点。

【教学方法】

一、任务驱动教学法

通过"解救007"的任务布置，让学生在完成任务的过程中，学会两种遍历算法在路径搜索中的应用。

二、研讨式教学法

在教学过程中不断地提出问题，深化问题，让学生在逐步解决问题的过程中不断深入思考，培养学生追根究底的探索精神。

三、智慧课堂辅助——线上线下混合教学法

课前制作了预学视频，让学生具有了一定的知识基础，了解了遍历算法如何进行路径搜索。课内测验及主题研讨都采用了在超星平台上创建的在线智慧课堂，方便教师及时了解每位学生的掌握情况，也方便所有学生发表自己的观点，与老师和同学进行交流。课后作业的布置也运用了线上课堂。

四、启发式教学法

授课采用提出问题—分析问题—解决问题—问题延伸的教学设计层层深入，引导学生在理解新知识的同时进行探究，运用所学知识解决问题，从而提高学习的自信心。

五、多媒体辅助教学法

在教学过程中利用动画生动具体地展现两种方案求解逃生路径的过程，让学生更直观地了解算法求解思路。

【教学过程】

教学过程见表6.8。

表 6.8　教学过程

教学环节	教师教学	学生活动	设计意图	时间/min
引入	007 视频引入： 每个人从小都有各种各样不同的梦想，有的梦想当科学家，有的梦想当英雄，有的梦想当超能的特工……用 007 系列电影吸引学生目光，然后抛出本节课的主线任务——"解救 007"	观看视频，仔细听讲解，联系任务与学习内容	引出本节课的主线，吸引学生注意力，激发学生的学习兴趣	2

续表6.8

教学环节	教师教学	学生活动	设计意图	时间/min
教学过程	问题分析： 分析问题，建立数学模型，通过层层递进的启发式提问引导学生思考任务的解决方向	跟随老师的引导，回答问题，思考任务解决方案	培养学生分析问题的能力，让学生掌握用算法解决实际问题首先要建立数学模型，再确立解决方向	38
	知识回顾： 在线上课堂发布关于图的两个遍历算法的测试题，让学生通过手机端答题，查看学生答题情况汇总，并对两个题目进行讲解	回顾前面学习的知识，在线答题，参与老师的讲解	通过线上答题，唤起学生对两个遍历算法的记忆，通过讲解题目，进一步加深学生对遍历算法的理解	
	研讨主题一：用什么方式搜索逃生路线 给学生分发图片资料，让学生在分组讨论时，可以通过图片分析环境，在老师给出的地图中绘制可能的路线	分析资料，对比两种遍历方式，分组阐述观点，组间研讨	通过学生思考和讨论找出更合适的搜索方法，通过学生回答提高学生的表达能力及自信心	
	研讨主题二：算法设计中的关键点 在研讨过程中要求学生针对第一个问题所选择的遍历算法进行改进，并将研讨方案写在黑板上进行解说	根据上一环节所选择的算法，分组讨论思考关键点，并对算法进行设计	通过算法设计的关键点讨论，为后续算法设计讲解做准备	
	知识讲解：两种搜索算法的过程 通过动画讲解两种搜索算法的全过程，让学生更深入理解和掌握两种搜索算法的设计	仔细听讲解，参与搜索过程讲解，思考实现方法	动画讲解有助于学生直观理解，加深学生印象，从而掌握两种搜索算法	
	研讨主题三：图的数据存储方式 采用启发式提问引导学生思考任务中的图如何存储。要求学生将自己的选择发送到线上主题讨论区	分析任务图的特点，选择合适的存储方式并阐述观点	让学生理解图的存储方式可以根据具体应用而有不同的设计	
	数据对比及思政教育： 回归最初讨论，总结两种方案到底哪种更好，需要实现后进行数据对比分析，教育学生"实践是检验真理的唯一标准"，并给出最终结论，广度更合适	观察数据对比图，进一步分析两种方案，选出合适的方案	培养学生严谨的治学态度，布置课后任务让学生完成方案实现，并进行数据对比分析	
课堂小结	教学小结： 图的搜索算法设计可转化成图的深度优先搜索或广度优先搜索算法求解	参与小结、听讲解，思考创新	帮助学生更好地梳理与掌握本次课的重点内容	1
前沿拓展	人工智能时代，引导学生在盲目式搜索上做改进，引出启发式搜索，让搜索变得智能，并为学生提供线上资料供学生阅读学习	思考算法改进课后阅读文献	通过算法改进的提问，培养学生勤于思考、善于创新的精神	2
结束语	思政教育：总结007化险为夷的原因，肯定学生合格完成本堂课任务充当了一回007背后技术人员，然后提出热门话题"中美贸易战"，引导学生做中国的技术团队 课后作业：完成线上布置的作业及讨论	联系实际，点燃自身的爱国情怀，提升自己的民族自豪感	1. 激发学生爱国精神 2. 教育学生作为新时代青年要担当时代责任，鼓励学生砥砺前行	2

▶【预习与作业】

一、预习任务

(1)观看"图遍历算法的应用"的预学视频,学习采用遍历算法解决不同的搜索问题。

(2)查找资料,了解遍历算法的各种应用。

二、课后作业

(1)完成"学习通"上的章节测验。

(2)编程实现解救 007 算法,线上讨论并分析对比两种算法。

(3)阅读文献,了解 A * 算法。

电力系统继电保护原理

课程7

扫描二维码

邓丰，长沙理工大学电气与信息工程学院教师，全国高校黄大年式教师团队骨干成员，湖南省普通高校教学能手，2020年湖南省普通高校教师课堂教学竞赛一等奖获得者。曾获湖南省科技进步一等奖、湖南省高校信息化教学竞赛一等奖和湖南省"我最喜爱青年教师"称号。

课　程　概　述

一、课程基本信息

本课程的基本信息见表 7.1。

表 7.1　课程基本信息

课程名称	电力系统继电保护原理	课程性质	专业核心课
学时	64	开课时间	第 6 学期
先修课程	电路理论、电机学、电力系统稳态分析、电力系统暂态分析、信号与系统		
适用专业	电气工程及其自动化、能源与动力工程		
使用教材	贺家李.电力系统继电保护原理(第五版).2017		
参考教材	[1]贺家李,宋从矩.电力系统继电保护原理(第四版)[M].北京:中国电力出版社,2010 [2]张保会,尹项根.电力系统继电保护(第二版)[M].北京:中国电力出版社,2010 [3]张志竟,黄玉铮.电力系统继电保护原理与运行分析(上册)[M].北京:水利电力出版社,1995 [4]王广延,吕继绍.电力系统继电保护原理与运行分析(下册)[M].北京:水利电力出版社,1995 [5]刘学军.继电保护原理[M].北京:中国电力出版社,2004 [6]朱声石.高压电网继电保护原理与技术第三版[M].北京:中国电力出版社,2005 [7]张保会,潘贞存.电力系统继电保护习题集[M].北京:中国电力出版社,2008 [8]主讲教师 Cctalk 线上慕课:《电力系统继电保护原理》,课程码:87920690 [9]继电保护专家线上讲座:https://www. bilibili. com/video/av9896859? from = search&seid =4841851193339485444 [10]发电厂继电保护虚拟仿真实验平台:http://119.23.40.38:15400/ [11]长沙理工大学网络教学平台:http://pt.csust.edu.cn/meol/loginCheck.do		

二、课程的性质和作用

本课程是电气工程专业的专业核心课程,必修课,64 学时。它奠基于理论电工、电机学、电力系统分析等专业基础理论,并与电子技术、通信技术、计算机技术和信息科学等新理论、新技术密切相关,是一门综合性很强、理论与实践并重的学科。本课程以培养电力工程应用创新型人才为目标宗旨,既重视理论教学,又重视宏观系统分析和实际操作能力,是将理论知识与工程实践衔接的桥梁,如图 7.1 所示。

通过本课程的教学,使学生掌握继电保护作为一种安全自动装置在电力系统中的重要作用、电力系统对继电保护的基本要求、继电保护的基本原理、基本概念、配置原则、整定计算方法和试验方法以及继电保护的发展过程和发展趋势;使学生掌握电力系统继电保护技术,提高工程计算能力以及分析和解决复杂工程实际问题的能力,为学生学习有关专业课程以及毕业后从事本专业范围内各项工作打下坚实的基础。

本课程作为建校初首批设立的专业课程,历经 60 余年风雨,从前辈专家的开疆拓土,到中坚力量的勠力同心,再到年轻一代的夯实发展,课程发展历程如图 7.2 所示。

三、学情分析

(一)学生已有知识分析

学生在学习本门课程是处于本科三年级下学期,已经完成了"电路理论""电工电子技术"等专业基

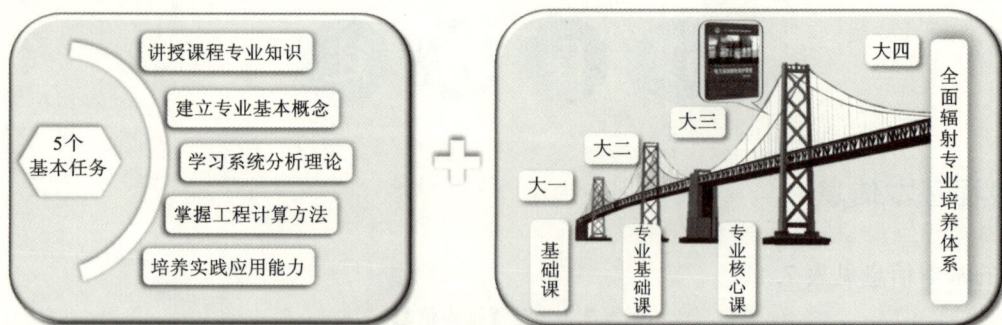

图 7.1　课程定位

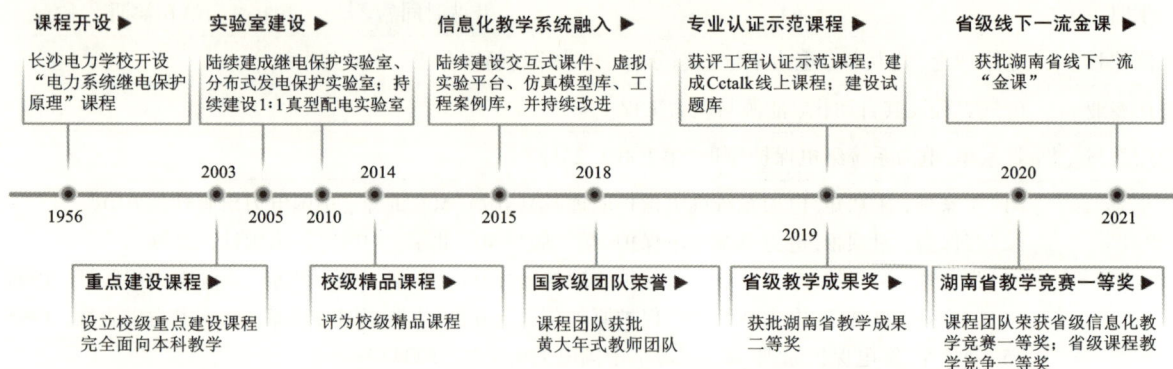

图 7.2　"电力系统继电保护原理"课程发展历程

础课以及"电机学""电力系统分析""发电厂电气部分"等专业主干课的学习，已经具备了较完整的专业知识基础。

(二)学生认知能力分析

虽说学生已经学习了相关理论基础课程，但这些课程都是在大二期间学的，有些知识已经遗忘，而且学生之间对基本理论知识的掌握程度不一，有些学生功底较扎实，而有些则不然。本节课开始到后面的几次课都将涉及很多的理论基础知识，因此本节课开始之前，应该让学生做好相关知识的复习，讲课过程中应该在适当的时候对相关知识进行回顾，课后也要安排学生做好预习。

(三)学生身心特征分析

学生处于 19~21 岁年龄段，具有较强的自尊心、自信心和独立思考的能力，具有充沛的精力和较强的求知欲，但是比较感性，遇到困难容易灰心丧气，遇到枯燥的理论知识容易感到乏味反感，因此在教学过程中，教师既要激发学生独立思考、大胆创新的精神，又要加强引导，做好准备，激发学习兴趣，同时还要严格要求。

四、课程总体设计

(一)教学设计思路

以"学生中心、产出导向、持续改进"的教学理论为指导，对本课程开展建设，力争达到国家级一流"金课"的建设要求，针对学生在学习过程中存在的四大难题，即保护配合理解难、装置结构接触难、电网实验实现难、原理工程融合难，建立以学生为中心的主动学习模式，帮助学生构建以下四大认知：理论认知、结构认知、仿真认知和工程认知。继电保护课程改革创新设计思路，如图 7.3 所示。

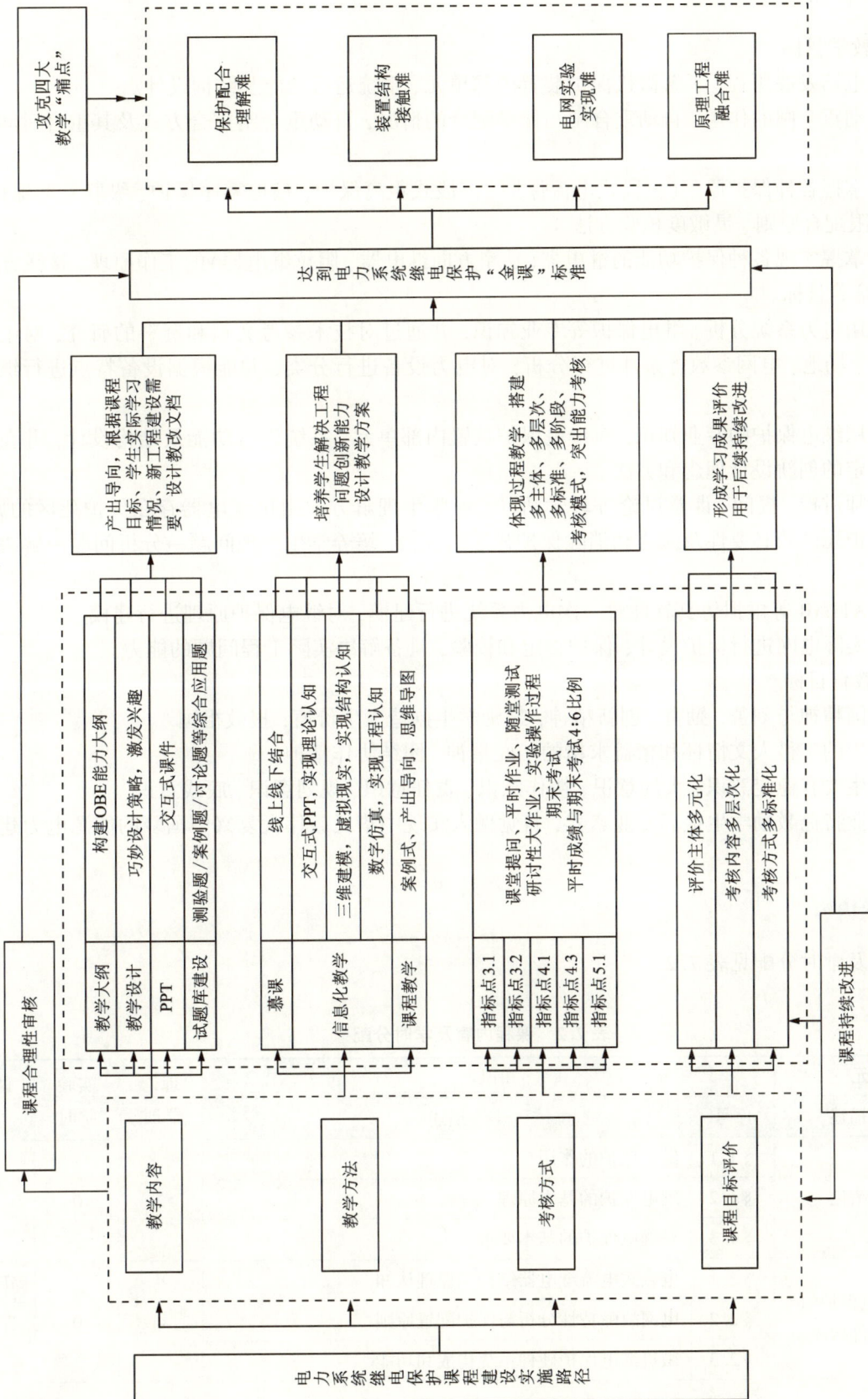

图 7.3　"电力系统继电保护原理"课程改革创新建设路线图

(二)教学目标

(1)知识教学目标。

①了解继电器发展历程；了解微机保护装置内部单元、系统运行功能及结构设计。

②了解自动重合闸的作用，自动重合闸与保护配合的情况，自动重合闸重合方式及其重合时间确定原则。

③理解并掌握各种保护原理(三段式电流保护、三段式距离保护、接地零序保护、纵联差动保护)的整定原则、时限配合原则、灵敏度校验方法。

④理解并掌握实现各种保护功能的继电器(功率方向继电器、阻抗继电器)的工作原理、接线方式。

(2)能力培养目标。

①能够运用电力系统分析、继电保护等专业知识，并通过对技术参考文献和资料的研究，对电力系统中相关设备、场地、电网参数等条件进行分析，对电力设备进行分类，并能根据设备特点进行继电保护配置。

②能够运用继电保护的专业知识，对继电保护装置内部单元、系统进行功能及结构设计，并在设计过程中培养一定的创新设计理念和方法。

③通过教师讲授、提问、课堂讨论等教学活动，使学生理解方向阻抗继电器存在保护死区的原因，减小和消除保护死区的必要性及减小和消除保护死区的方法，培养学生发现问题→分析问题→解决问题的能力。

④能用 MATLAB 等虚拟仿真软件对一次电力系统进行建模，对继电保护原理进行建模。

⑤能够对实际电网进行保护设计、保护整定和校验，具备解决实际工程问题的能力。

(3)思政教育目标。

①厚植爱国精神与刻苦、勤奋、创新精神，鼓励学生创造人生价值，报效祖国。

②培养学生的工科人文情怀和精益求精的工匠精神、团结协作精神。

③培养学生要有稳定意识、大局意识、协作意识、责任意识、规划意识、底线意识。

④结合行业特色激励学生提高专业素养，自觉融入实现中华民族伟大复兴中国梦的能源电力建设进程中去。

(三)教学内容

课程内容及学时分配见表7.2。

表7.2　课程内容及学时分配

知识单元		知识点		理论学时	实验学时	课程节选
序号	描述	序号	描述			
第1章	绪论	§1.1	继电保护的作用	2	0	
		§1.2	继电保护的基本原理			
		§1.3	对继电保护的基本要求			
第2章	继电保护的硬件构成	§2.1	电磁式电流继电器结构和原理认知	4	0	节选1
		§2.2	电网故障特性分析与保护配置原则			节选6
		§2.3	微机继电保护硬件系统构成和功能			

续表7.2

知识单元		知识点		理论学时	实验学时	课程节选
序号	描述	序号	描述			
第3章	电网相间电流、电压保护和方向性相间电流、电压保护	§3.1	三段式电流保护工作原理及整定计算方法	10	2	节选7
		§3.2	电流保护的接线方式			节选8
		§3.3	功率方向元件的作用			节选9
		§3.4	功率方向元件的工作原理			
		§3.5	方向性电流保护的接线方式			
		§3.6	方向性电流保护整定计算特点			
		§3.7	功率方向元件的装设原则			
第4章	电网接地故障的电流和电压保护	§4.1	电网中性点接地方式及其特点	10	0	
		§4.2	中性点不接地电网单相接地故障时零序分量特点			
		§4.3	中性点直接接地电网接地故障的零序分量特点			
		§4.4	中性点不接地电网单相接地故障零序保护			节选2
		§4.5	中性点经消弧线圈接地电网单相接地故障的零序分量特点及相应的单相接地保护			节选10
		§4.6	三段式零序电流保护配置原则及整定计算方法			节选11 节选12
		§4.7	零序功率方向元件的作用及特点			
第5章	电网的距离保护	§5.1	距离保护基本原理及特点	10	2	
		§5.2	阻抗继电器的特性分析			节选3 节选13
		§5.3	距离保护中阻抗元件的接线方式			
		§5.4	工频故障分量距离继电器			
		§5.5	用于特高压长线路的距离保护			
		§5.6	影响距离保护正确工作的因素及防范方法 过渡电阻/系统振荡/分支系数			节选5 节选14
		§5.7	微机距离保护			
		§5.8	三段式距离保护的整定计算			节选15 节选16
第6章	输电线路的纵联保护	§6.1	线路差动保护基本原理	4	0	
		§6.2	线路高频保护概述			
		§6.3	闭锁式方向高频保护工作原理及特点			
		§6.4	闭锁式距离高频保护介绍			
		§6.5	允许式方向高频保护介绍			
		§6.6	相差高频保护介绍			

续表7.2

知识单元		知识点		理论学时	实验学时	课程节选
序号	描述	序号	描述			
第7章	自动重合闸	§7.1	自动重合闸概述	4	0	
		§7.2	三相一次自动重合闸			
		§7.3	单相自动重合闸			
		§7.4	综合重合闸			节选17
第8章	变压器保护	§8.1	电力变压器的故障、不正常运行状态及其保护配置	10	4	节选4
		§8.2	变压器的纵联差动保护			节选18
						节选19
						节选20
		§8.3	变压器相间短路的后备保护			
		§8.4	变压器接地短路的后备保护			
		§8.5	变压器其他保护			
第9章	母线保护	§9.1	母线保护基本原理	2	0	
		§9.2	母线差动保护特殊问题			
		§9.3	断路器失灵保护			
学时总计				56	8	

（四）教学方法

（1）注重工程案例启发和问题引导。

"电力系统继电保护原理"课程是一门融合了电力系统基础、电力系统故障分析、模拟与数字电子技术、计算机技术和通信技术的交叉学科。其特点是概念抽象、理论复杂、课堂讲授难度大、不便于自学。本课程涉及很多抽象概念，通过语言表述很难理解。为克服这一教学难点，在授课过程中，十分注重案例的运用和问题引导，用案例帮助理解抽象概念，用问题帮助理清思路。

例如：在讲解配电网接地故障保护，对短路电流微弱进行理论分析时，以2019年南网工程触电身亡的案例引入，通过分析实际案例的发生原因，引入配电网单相接地故障特性分析，如图7.4所示；在讲授电压保护死区的解决方法时，教师通过设问→启发→思考→分析→解决的方式，通过问题引导，让学生有的放矢地通过主动思考，解决问题，理解知识点。

（2）充分利用信息化技术使抽象的知识可视化、具体化。

充分合理利用现代化信息技术，包括使用大量的图片、动画、视频、3D立体交互模型等手段，使知识可视化，通过多感官刺激，提高学生的学习兴趣和效果。

例如：在讲解"课时节选1"电磁式电流继电器的结构认知时，由于继电器内部结构学生鲜有机会可以接触到，因此利用PPT交互技术、U3D立体交互模型，重现继电器内部结构，该模型可以通过鼠标实现缩放、旋转、移动、组装、拆解等操作，让学生对研究对象有更直观的认识，如图7.5所示。

（3）虚拟仿真技术，模拟电网不同运行状态，培养学生创新能力。

在搭建理论框架的基础上，可以启发式地引导学生运用数字仿真手段，验证理论分析的结果。利用EWB、PSCAD、MATLAB动态仿真包Simulink和MATLAB编程环境对继电保护的多个重点、难点问题，如小电流接地系统故障、系统振荡对距离保护的影响、距离保护动作特性、变压器励磁涌流、功率方向继电器特性、电磁式电流继电器特性、阻抗继电器特性、差动继电器特性等，进行仿真分析。

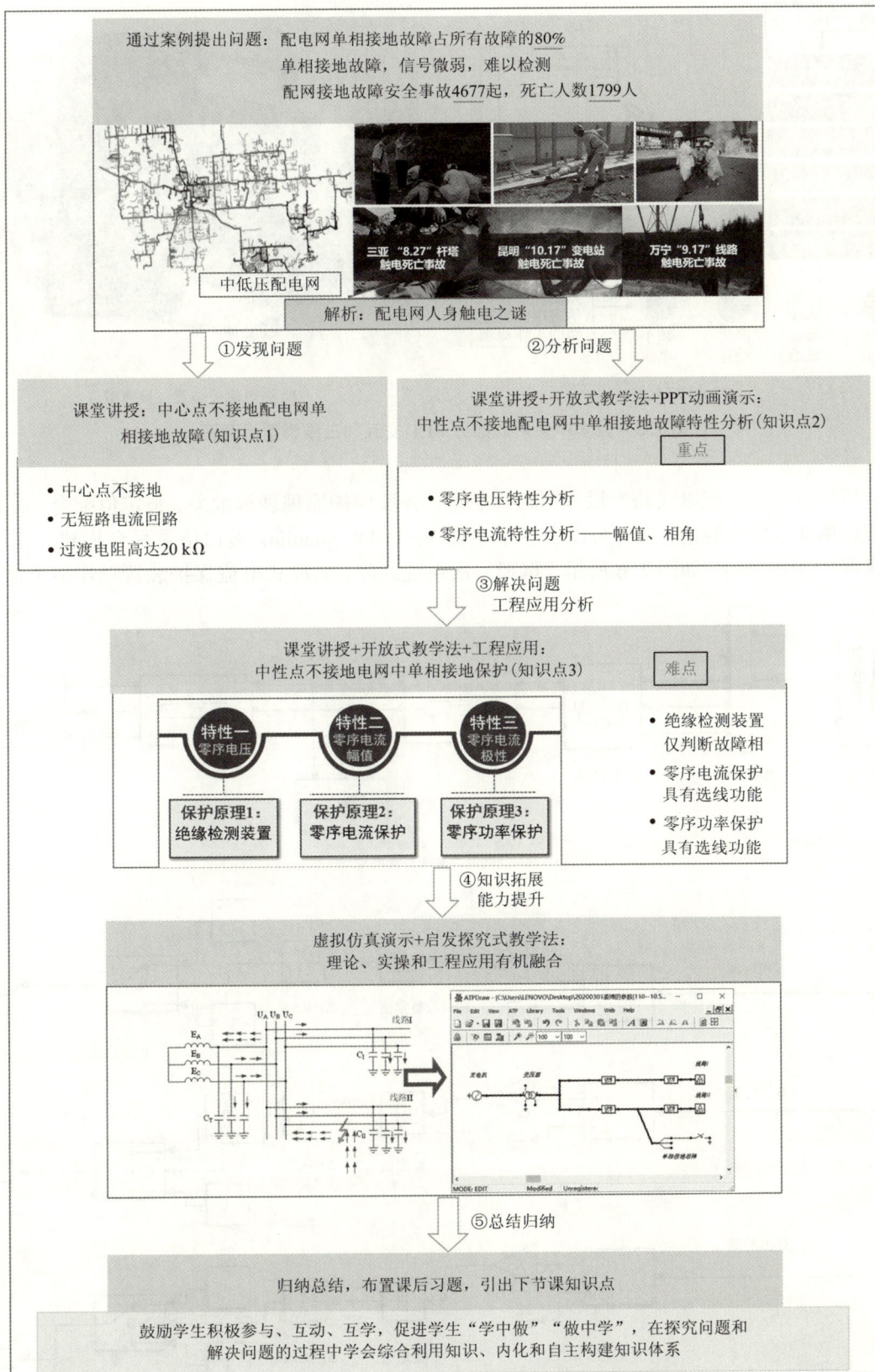

通过案例提出问题：配电网单相接地故障占所有故障的80%
单相接地故障，信号微弱，难以检测
配网接地故障安全事故4677起，死亡人数1799人

中低压配电网

三亚"8.27"杆塔
触电死亡事故

昆明"10.17"变电站
触电死亡事故

万宁"9.17"线路
触电死亡事故

解析：配电网人身触电之谜

①发现问题　　　　　　　　②分析问题

课堂讲授：中心点不接地配电网单
相接地故障(知识点1)

- 中心点不接地
- 无短路电流回路
- 过渡电阻高达20 kΩ

课堂讲授+开放式教学法+PPT动画演示：
中性点不接地配电网中单相接地故障特性分析(知识点2)

重点

- 零序电压特性分析
- 零序电流特性分析——幅值、相角

③解决问题
工程应用分析

课堂讲授+开放式教学法+工程应用：
中性点不接地电网中单相接地保护(知识点3)

难点

特性一
零序电压

特性二
零序电流
幅值

特性三
零序电流
极性

保护原理1：
绝缘检测装置

保护原理2：
零序电流保护

保护原理3：
零序功率保护

- 绝缘检测装置
仅判断故障相
- 零序电流保护
具有选线功能
- 零序功率保护
具有选线功能

④知识拓展
能力提升

虚拟仿真演示+启发探究式教学法：
理论、实操和工程应用有机融合

⑤总结归纳

归纳总结，布置课后习题，引出下节课知识点

鼓励学生积极参与、互动、互学，促进学生"学中做""做中学"，在探究问题和
解决问题的过程中学会综合利用知识、内化和自主构建知识体系

图 7.4　工程案例引入理论分析配电网故障电流微弱的原因

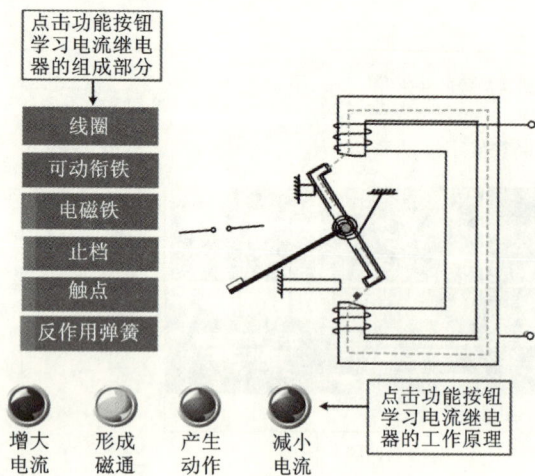

（a）PPT交互

（b）继电保护装置三维模型

图 7.5　教学中使用的部分 PPT 交互和三维模型示意图

例如：当讲解 10 kV 配电线路三段式电流保护时，各段保护原理理解抽象，整定值配合、时限配合复杂，学生理解困难、极易混淆；教师可以引导学生在 MATLAB/Simulink 虚拟仿真平台搭建一次电力系统模型、二次保护动作逻辑，如图 7.6 所示，重现一次系统故障，三段式电流保护装置动作整个过程，并实

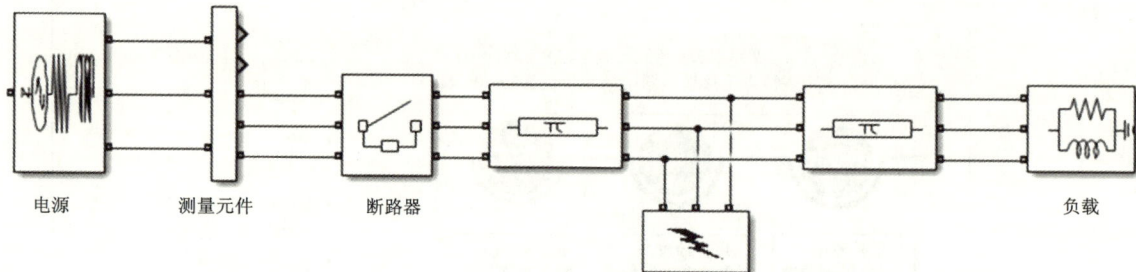

（a）一次电力系统仿真模型

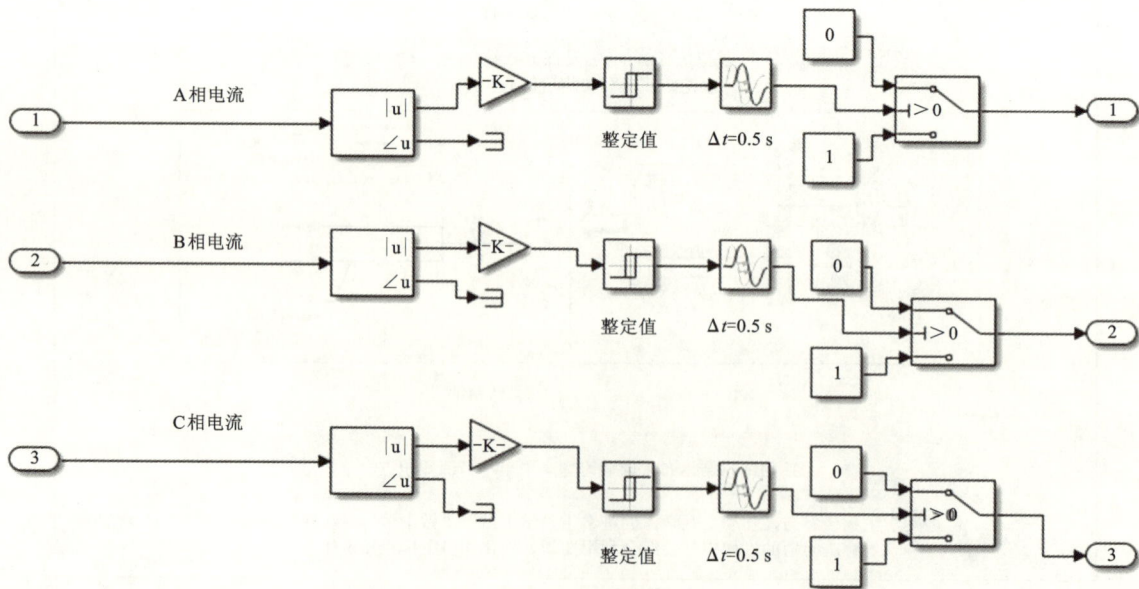

（b）二次继电保护逻辑模型

图 7.6　MATLAB/Simulink 虚拟仿真软件界面

时模拟各种运行情况下的电压、电流波形，如图 7.7 所示，让学生学习更加直观、具体，把抽象的知识形象化、可视化、趣味化；同时，也可以启发引导学生自己设计保护逻辑框图，用虚拟仿真软件验证自己设计保护逻辑的正确性。

这种启发式的教学模式，很大程度上提高了学生学习的主动性和学习的兴趣，培养了学生分析问题、应用知识解决问题的研究能力和创造能力。

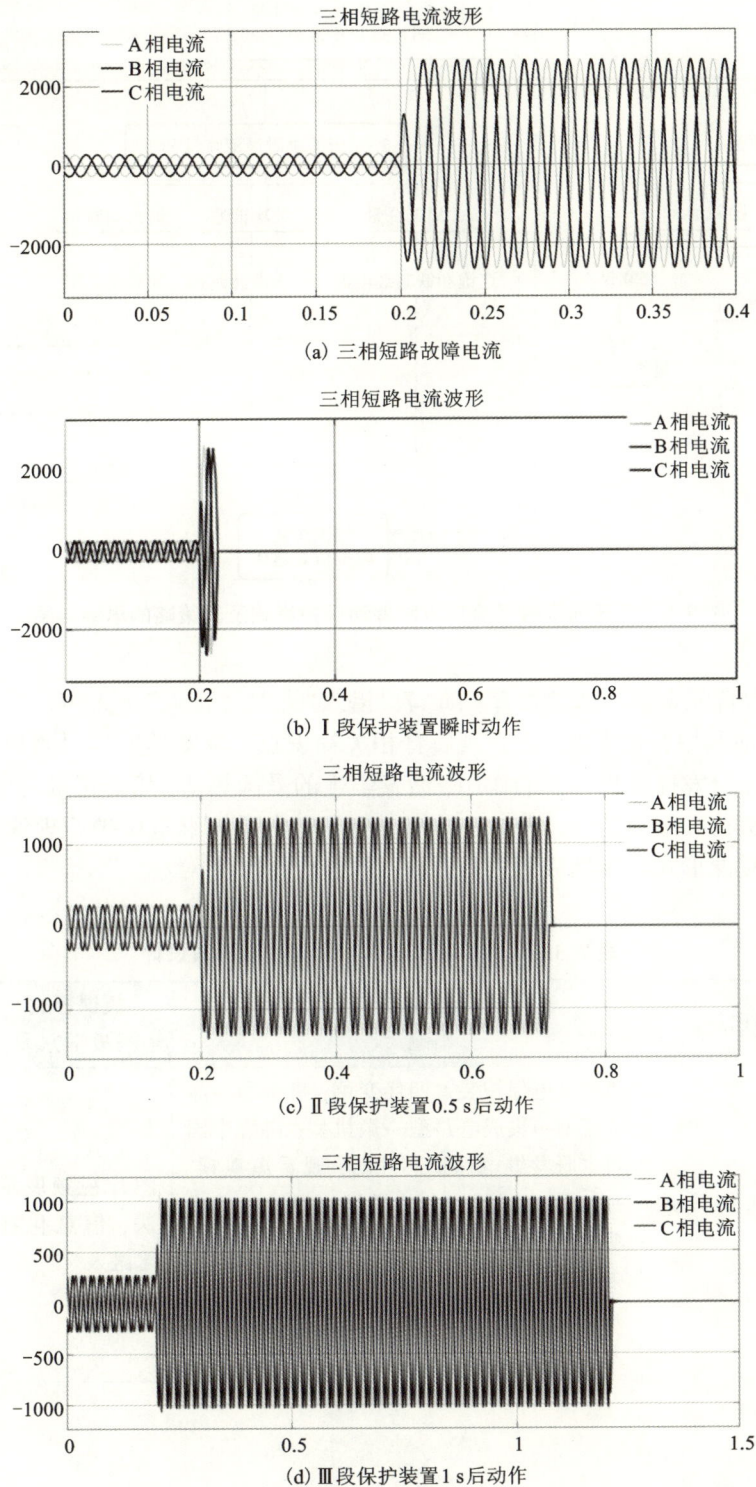

(a) 三相短路故障电流

(b) Ⅰ 段保护装置瞬时动作

(c) Ⅱ 段保护装置 0.5 s 后动作

(d) Ⅲ 段保护装置 1 s 后动作

图 7.7　三段式电流保护动作波形图

（4）利用思维导图使知识系统化。

每堂课的最后，利用2~3分钟时间，引导学生一起梳理各知识点之间的逻辑关系，绘制思维导图，使零散知识点形成有机整体，更好地全面掌握知识体系。

例如：图7.8是变压器励磁涌流对纵联差动保护影响及其策略的思维导图。

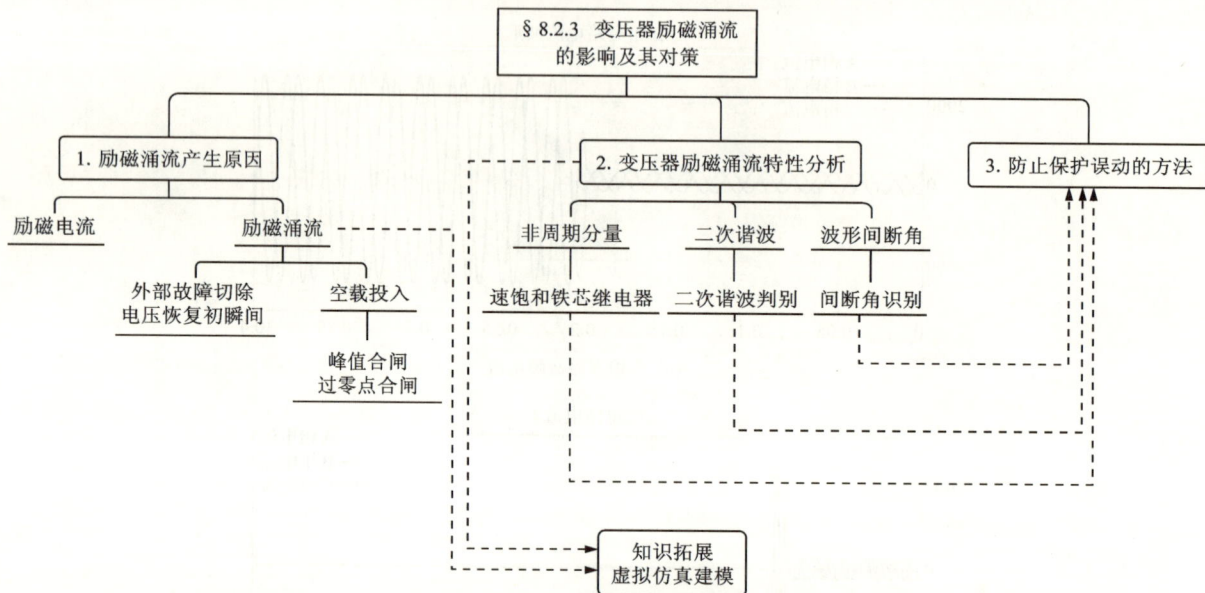

图7.8 变压器励磁涌流对纵联差动保护影响及其策略的思维导图

（5）将思想政治教育元素融入课堂教育：随"教"潜入"课"，"育人"细无声。

教学过程中恰当地利用各种案例，在直观解释相关知识点、激发学生学习兴趣的同时，将思想政治教育元素融入其中，充分发挥课程育人的作用，激发学生的爱国热情，培养正确的世界观、人生观、价值观，培养高尚的职业道德和敬业精神，表7.3详细给出了电力系统继电保护原理课程典型思政元素融入课堂教学的融入点、授课形式和预期成效。

表7.3 电力系统继电保护原理课程思政设计

教学章节	知识点	思政映射与融入点	授课形式与教学方法	预期成效
第1章绪论	继电保护发展历程	讲授继电保护装置四代变革：机电型→晶体管型→集成电路型→微机型，讲解中国自主研发继电保护芯片时，观看短视频：2019年我国国产芯片的继电保护装置成功投运，增强民族自豪感，强调中国文明、中国智慧，激励学生自觉融入实现中华民族伟大复兴中国梦的进程中，实现自己的人生价值	图片视频展示法、信息化技术融入	（1）系统了解继电保护装置发展历程（2）激发学生爱国思想、民族自豪感，引导学生主动投入中华民族伟大复兴的中国梦的进展中

续表7.3

教学章节	知识点	思政映射与融入点	授课形式与教学方法	预期成效
第2章 继电保护的硬件构成	微机继电保护装置的硬件系统构成及其功能特点	以DSA-2161型号的距离保护微机继电保护装置为案例，讲师讲授其硬件各组成部分及其功能特点，使学生理解只有各组成部分各司其职、爱岗敬业、团结一致，才能使微机保护装置具有灵敏、可靠的动作性能，进而引申出在社会大系统中工作也要做到精益求精的工匠精神和团结协作精神	案例分析法、PPT动画	(1)理解并掌握微机继电保护装置的硬件系统构成及其功能 (2)激发学生爱岗敬业、团结一致、精益求精的工匠精神与团结合作精神
第3章 电网的相间电流、电压保护和方向性相间电流、电压保护	三段式电流保护的整定原则	讲授Ⅰ段可靠系数，即为Ⅰ段可靠动作留有裕度时，教师解释裕度的含义为做事做好充分准备、留有余地，教授学生应对不确定性的情况要能遇事沉着，处理事情能够相时而动、游刃有余	支架式教学法、信息化技术融入	(1)理解并掌握三段式电流保护的整定原则 (2)教授学生应对不确定性的情况要能遇事沉着，处理事情能够相时而动、游刃有余
第4章 电网接地故障零序电压、电流保护	电网接地故障保护原理：零序保护	以2019年广州市10 kV配电网人身触电身亡的案例引入，向学生设疑提问，组织学生开展小组讨论："为什么配电网容易发生人身触电身亡?"引导学生思考事故背后的原因与保护原理，端正学生的工程伦理：再大的实践工程都要以人为本，要珍爱生命、生命至上	设疑启发法、讨论法、信息化技术融入	(1)理解并掌握接地故障保护原理 (2)端正工程伦理：实践工程要以人为本，要珍爱生命、生命至上
第五章 电网的距离保护	110 kV电网距离保护整定原则	讲授距离保护工作原理及系统振荡对距离保护影响的时候，播放视频：沈国荣院士攻克技术难点，研制基于工频变化量的距离保护继电器，动作速度快，且不受系统振荡的影响，通过名人故事引出本节课内容；通过讲述沈院士克服一切困难、夜以继日工作的小故事，引导学生弘扬其刻苦勤奋的学习精神、攻坚克难的精神及实事求是、知行合一的创新精神	图片视频展示法、信息化技术融入	(1)理解并掌握电网距离保护工作原理 (2)弘扬工匠精神，激励学生发扬刻苦勤奋的学习精神、攻坚克难的精神及实事求是、知行合一的创新精神
第6章 输电线路纵联保护	220 kV及以上电网纵联差动保护工作原理	讲授纵联差动保护关键技术：双端时钟同步时，让学生拿出手机通过扫码，呼叫北斗卫星，进而引出时钟同步最新技术：北斗系统 通过讲解传统的时钟同步技术：GPS、GLONASS存在的政治隐患，引申北斗系统对中国具有历史性的意义，讲述北斗系统的研发故事，让学生明白科技的进步需要自主创新、团结协作、攻坚克难、追求卓越的"北斗精神"	比较及引申法、信息化技术融入	(1)理解并掌握电网纵联差动保护工作原理 (2)扩展学生的国际视野，弘扬"北斗"精神

续表7.3

教学章节	知识点	思政映射与融入点	授课形式与教学方法	预期成效
第7章 自动重合闸	断路器工作原理 自动重合闸工作原理	讲解自动重合闸的时候，强调其对电网运行稳定性的重要性，向学生设疑提问，组织学生开展小组讨论：自动重合闸到底是闭合或重合什么高压设备呢？——断路器；通过讲授"中国真空开关之父"王季梅带领团队多年在科研与工程一线努力钻研的事迹，弘扬大国工匠精神，激发学生的民族自豪感，明确学生作为一名中国电力学子的责任和义务	故事导入法、讨论法、信息化技术融入	(1) 理解并掌握断路器和自动重合闸工作原理 (2) 通过讲述名人故事，弘扬大国工匠精神，激发学生的民族自豪感，明确学生作为一名中国电力学子的责任和义务
第8章 电力变压器的继电保护	变压器瓦斯保护	讲授变压器瓦斯保护时，不同的故障程度、不同故障发展阶段，对保护的要求不同；引导学生用发展的眼光看问题，终身学习，与时俱进，始终拥有先进的理念和较高的职业素养，明确电力人该有怎样的理念，又该如何担起责任	案例分析法、信息化技术融入	(1) 理解变压器瓦斯保护原理 (2) 引导学生用发展的眼光看问题，终身学习，与时俱进，始终拥有先进理念和较高的职业素养，明确电力人该有怎样的理念，又该如何担起责任
第9章 继电保护新技术拓展——柔性直流输电	疫情背后的坚强电力系统1：柔性直流输电继电保护关键技术	讲授柔性直流输电继电保护关键技术：行波保护、纵联差动保护；在讲授保护原理的时候，融入2020年新冠肺炎疫情期间，为什么我们仍然可以可靠用电，保证不断电、不停电？ 一方面，源于我们坚强的一次电力系统（柔性直流），灵敏、可靠的二次继电保护系统；→激发学生的民族自豪感，激发学生浓厚的学习兴趣；另一方面，一旦发生故障，电力工作人员，将第一时间进行抢修，保证千家万户可靠用电；→深化学生的社会责任感，让学生明白社会发展，电力先行，电力系统稳定了，才能使各项建设得以顺利进行，明确作为电力人应承担什么样的责任	视频展示与故事导入法、信息化技术融入	(1) 理解并掌握柔性直流输电继电保护原理 (2) 激发学生浓厚的学习兴趣，激发学生的民族自豪感 (3) 深化学生的社会责任感，让学生明白社会发展，电力先行，电力系统稳定了，才能使各项建设得以顺利进行，明确作为电力人应承担什么样的责任
第10章 继电保护新技术拓展——配电网故障处理新技术	疫情背后的坚强电力系统2：配电网故障处理新技术	通过图片和视频展示，比较传统配电网故障处理技术和配电网故障处理新技术之间的差别，讲授技术突破，展现电力人数十年如一日努力研究、勇于创新的精神，激发学生的创新、进取精神	比较及引申法、信息化技术融入	(1) 理解配电网故障处理新技术 (2) 激发学生的创新、进取精神

（五）考核方法

课程以学生为中心，以工程案例设计型大作业为最终学习目标，以网络教学、虚拟仿真、课堂教学、学生课堂讨论、主题汇报和期末考试为考核手段，建立了多维度全过程考核评价体系，如图 7.9 所示。

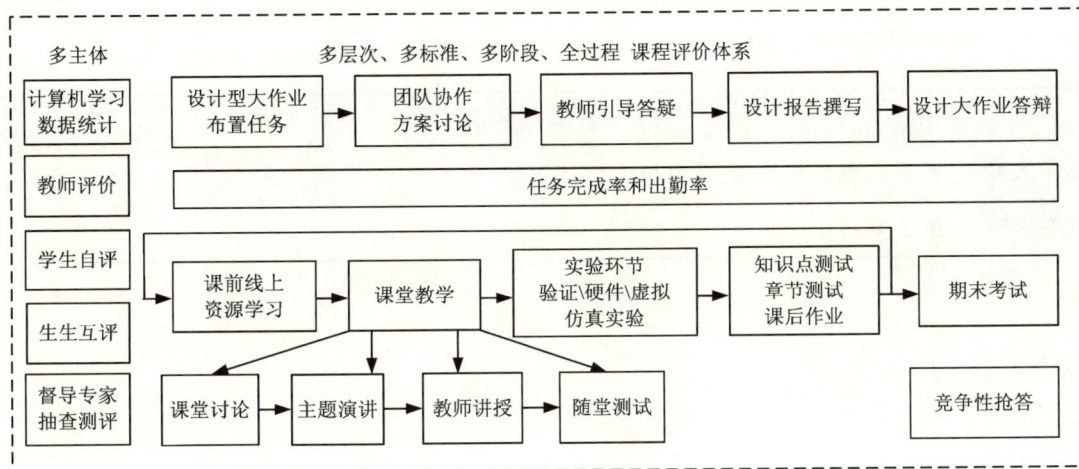

图 7.9　多维度全过程考核评价体系

评价主体多元化：学生自己、同学、教师和督导组专家在不同阶段担任考核评价主体，将自我评价、同学互评和教师评价、同行评价有机结合起来。

考核内容多层次化：课程基础理论知识、协作精神、学习方法、学习态度、创新能力、个性培养。

考核方式多标准化：工程案例设计型大作业、课后作业、主题演讲、情境对话、论文、答辩、期末笔试、出勤率、随堂测试和竞争性抢答等。

考核进程多阶段化：学期初，诊断性考核，了解学生基础水平，框架构建；学期中，根据测评与反馈，过程性考核，调整框架；学期末，总结性考核，知识得到积累，意义构架形成，撤出框架。

7.1 电磁式电流继电器结构和原理认识

基本信息			
教学主题	电磁式电流继电器结构和原理认识	课时安排	1课时(45分钟)
所在章节	第2章第1小节		

【教学目标】

❖ 知识目标

(1) 了解继电器的分类。

(2) 了解电磁式电流继电器的结构。

(3) 理解并掌握电磁式电流继电器的工作原理。

❖ 技能目标

(1) 教师讲授、名人故事引入、PPT交互等教学活动,使学生了解继电器原理的发展历程,了解电磁式电流继电器的分类和结构;理解并掌握电磁式电流继电器的工作原理;在理论讲解过程中通过提问、讨论的形式,激发学生思考,通过自主思考发现问题,进而培养学生发现问题—分析问题—解决问题的能力。

(2) 启发学生在已有过量保护继电器理论知识的基础上,分析欠量保护继电器的工作原理、返回系数的计算方法,并总结差异性,培养学生的创新思维和解决复杂工程问题的能力。

❖ 情感目标

(1) 讲述蔡昌年教授获得成就后坚持回到祖国,为祖国做贡献的奋斗故事,培养学生厚植家国情怀,为中华民族复兴而努力奋斗的精神。

(2) 讲授电机式继电器各组成部分及其功能,使学生理解只有各组成部分各司其职、共同作用,才能使继电器具有良好的工作性能,引申在社会大系统中工作也要具备精益求精的工匠精神和团结协作的精神。

(3) 通过讲授电磁式电流继电器原理,培养学生求真务实的时代精神以及严谨的学习态度。

(4) 继电器实际工作时存在问题,鼓励学生们应具有大胆探索和追求真理的精神。

(5) 讲授继电器可靠"动作"与"返回"工作过程,引申出继电保护的正常运行对于国家社会稳定,社会、生态建设,人民安居乐业有着重大的意义。让学生明白作为一名"电气人"应当理解继电保护的意义所在,学会承担社会责任。

【教学内容】

(1) 理解并掌握电磁式电流继电器的工作原理。

(2) 理解保证电磁式电流继电器可靠"动作"和可靠"返回"的方法。

【教学思路】

课堂教学思路如图 7.10 所示。

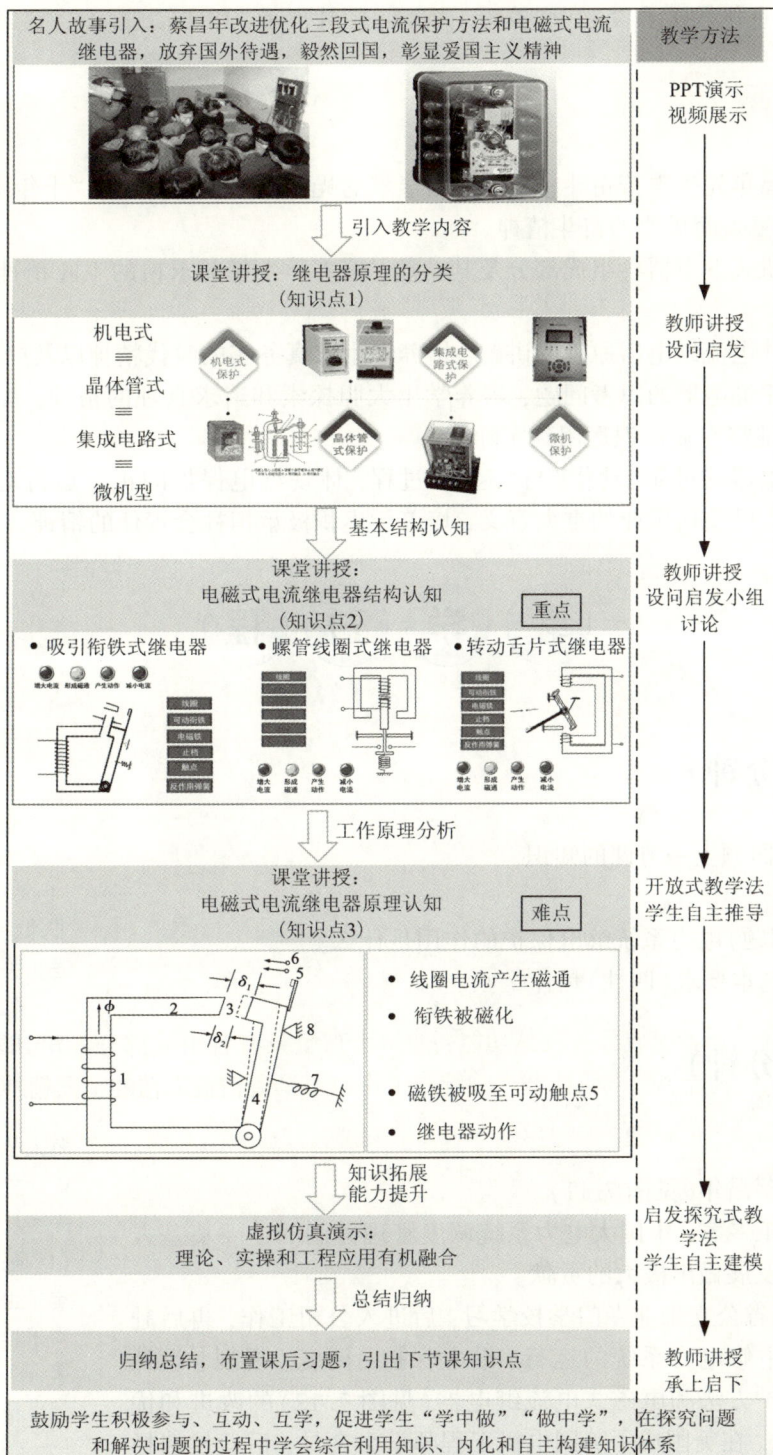

图 7.10　课堂教学思路图

【教学方法】

（1）开放式教学法。
（2）启发探究式教学法。
（3）引入多种信息化教学手段：PPT交互；视频、图片展示；PPT动画。

【课程思政】

（1）通过引入蔡昌年先生艰苦奋斗、终身为国奉献的光荣事迹，培养学生"十年磨一剑"的科研精神以及为中华民族伟大复兴而拼搏的奋斗精神。

（2）通过讲授电机式继电器各组成部分及其功能，培养学生精益求精的工匠精神和团结协作的团队精神。

（3）通过对电磁式电流继电器原理的讲解，培养学生求真务实的时代精神以及严谨的学习态度。

（4）通过提出关于继电器的思考问题，培养学生大胆探索和追求真理的精神；加强学生对专业知识的深层次理解，更好地将专业知识运用到实际。

（5）通过讲解继电器的可靠"动作"与"返回"过程，体现继电保护的正常运行对国家社会稳定，社会、生态文明建设，人民安居乐业的重大意义，培养学生积极承担社会责任的精神。

教 学 过 程

◆ 知识回顾（2分钟）

通过提问的方式回顾上一节课的知识。
【教师提问】
（1）（学生回答问题）电力系统继电保护的作用是什么？
（2）继电保护的基本要求（四性）是什么？

◆ 问题引出（4分钟）

【播放视频】
名人故事引入：蔡昌年（见图7.11）。

蔡昌年，中国电工专家，中国大电力系统调度管理体制的主要奠基人之一，为继电保护的发展做出极大的贡献。

1920年进入浙江省公立工业专门学校学习，后进入公司工作，再后赴美留学，进修期间，主修电力系统的运行、继电保护、调度、规划、设计等，对三段式电流保护方法和电磁式电流继电器（见图7.12）的改进和优化做出了极大的贡献。在美国成了美国电机工程师学会会员，后毅然选择回国，建立和改进中国大电力系统调度管理体制，在公司认真工作，不断精进自己的专业能力，心无旁骛，引领东北地区电力系统的发展，坚持不懈、不断努力是其成功背后的底色。

回顾法：
（1）教师以提问的形式回顾上节课的内容，阐述与本节课的逻辑关系。
（2）承上启下，使区块化的知识形成体系。

名人故事引入+视频展示：继电保护的奠基人之一蔡昌年先生。
（1）通过播放视频，讲述蔡昌年先生艰苦奋斗、不断努力的科研精神，放弃美国高薪待遇，毅然选择回国发展的爱国主义精神。
（2）引出本节课讲解内容——电磁式电流继电器。

图 7.11　蔡昌年教授研究场景　　图 7.12　电磁式电流继电器

◈ 继电器的分类(8 分钟)

➢ 分类：机电式→晶体管式→集成电路式→微机型(见图 7.13)。

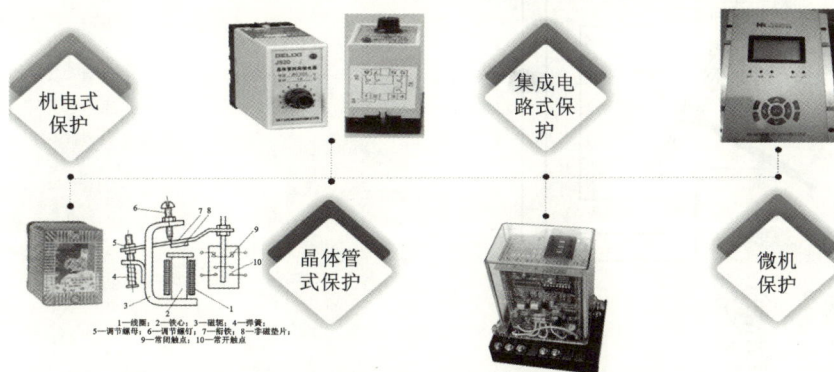

图 7.13　继电保护原理的发展历程

◈ 电磁式电流继电器结构认知(8 分钟)

➢ 类型：吸引衔铁式继电器、螺管线圈式继电器、转动舌片式继电器(见图 7.14)。

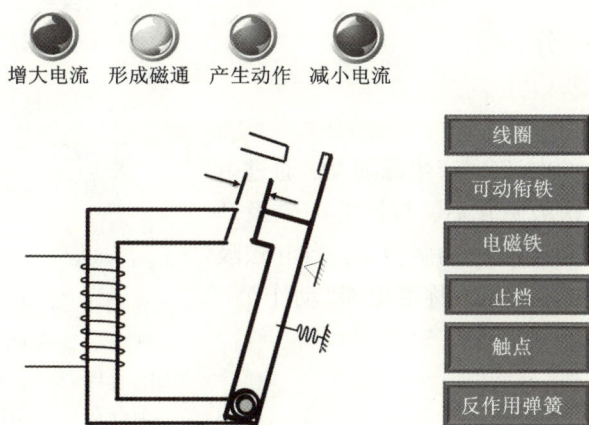

增大电流　形成磁通　产生动作　减小电流

线圈
可动衔铁
电磁铁
止档
触点
反作用弹簧

(a) 吸引衔铁式继电器

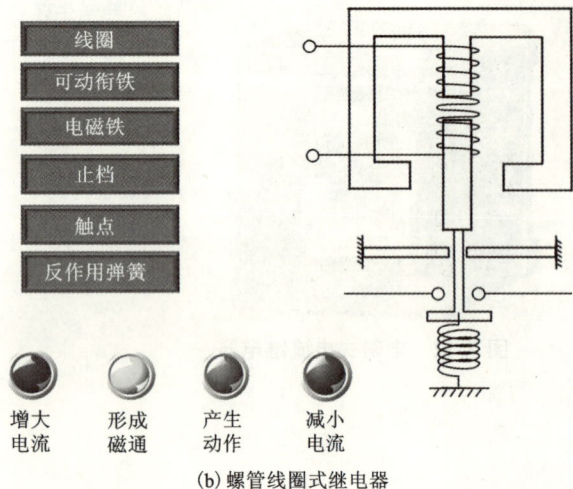

(b) 螺管线圈式继电器

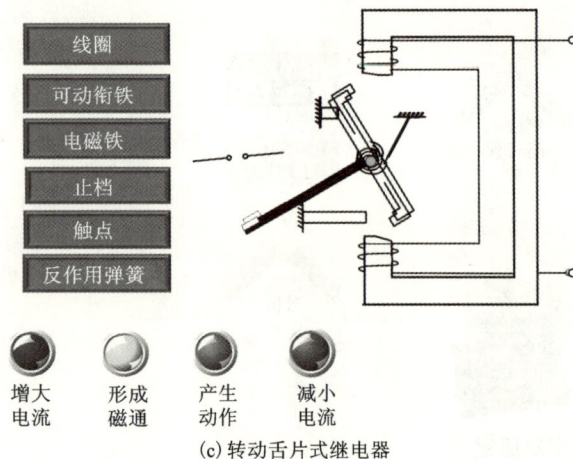

(c) 转动舌片式继电器

图 7.14　不同类型机电式继电器的结构示意图

➤ 结构：线圈、可动衔铁、电磁铁、止档、触点(动触点、静触点)、反作用弹簧。

➤ 实现 PPT 交互功能：学生可以点击交互式 PPT，配合教师课堂讲授。

◈ 电磁式电流继电器结构认知(8 分钟)

【教师讲授】

工作原理：如图 7.15 所示，在线圈 1 中的电流 I_K 产生磁通 Φ，通过由铁芯、空气间隙和可动衔铁组成的磁路；衔铁被磁化后，与铁芯的磁极产生电磁吸力，吸引衔铁向左转动；继电器上面装有可动触点 5，当电磁吸力胜过弹簧 7 的拉力时，即可吸动衔铁并使接点接通，称继电器"动作"。

开放式教学法：

(1)教师讲授继电器基本工作原理。

(2)教师引导学生在基本工作原理的基础上，思考保证继电器可靠动作和可靠返回的措施。

(3)增强学生课堂参与度，促进学生"学中做""做中学"，进而在探究问题和解决问题的过程中学会综合利用知识、内化和自主构建知识体系。

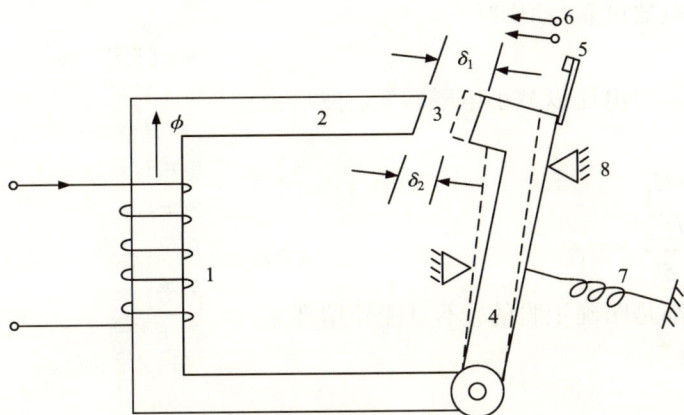

1—线圈；2—铁芯；3—空气隙；4—被吸引的可动衔铁；
5—可动接点；6—固定接点；7—弹簧；8—止档

图 7.15 电磁式电流继电器的原理结构图

【学生想一想】

如图 7.16 所示，如果电磁吸力刚好等于弹簧拉力，可动衔铁刚好与铁芯闭合，继电器"动作"，但是，当这个时候外部发生振荡或者存在扰动，继电器"动作"会发生抖动，导致保护动作不可靠。请同学们思考一下，应该如何解决？

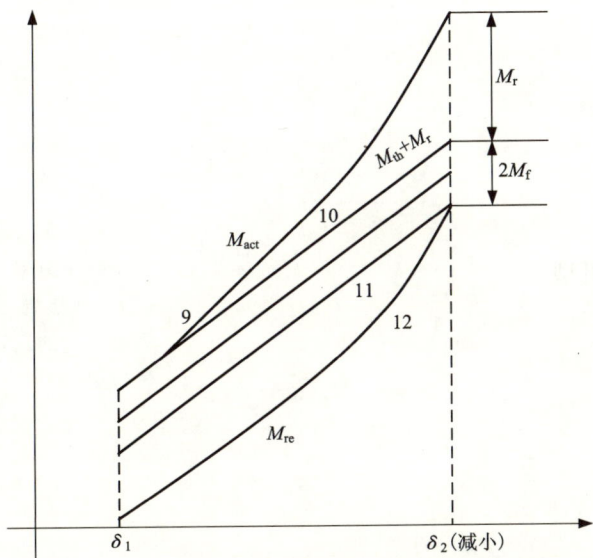

图 7.16 电磁转矩和反作用转矩与舌片行程的关系

➢ 继电器可靠"动作"。

$$M_e = K_1 \phi^2 = K_2 \frac{I_K^2}{\delta^2} \tag{1}$$

$$M_{th} = M_{th1} + K_3(\delta_1 - \delta_2) \tag{2}$$

$$M_e \geqslant M_{th} + M_f \tag{3}$$

如图 7.16 所示，M_e 与气隙 δ 的平方成反比，M_{th} 与气隙成线性正比，在形成末端，电磁转矩 M_e 将比弹簧力矩 M_{th} 大于一个剩余力矩 M_f，可动

★ 课程思政 3
通过讲授电磁式电流继电器原理，培养学生求真务实的时代精神以及严谨的学习态度。

学生回答问题：此处请 1～2 位学生回答问题，增强学生课堂参与度，提高课堂教学效果。

★ 课程思政 4
在基本工作原理学习的基础上，提出思考问题，使学生们具备大胆探索和追求真理的精神。同时加强对专业知识的深层次理解，更好地运用到实际。

衔铁将被牢牢压在铁芯上，从而实现继电器可靠"动作"。

➤ 继电器可靠"返回"。

故障切除后，继电器需要"返回"，减小电流以减小电磁转矩，然后由弹簧反作用力把衔铁拉回来：

$$M_e < M_{th} - M_f \tag{4}$$

$$M_{re} = K_2 \frac{I_{K.re}^2}{\delta_2^2} \tag{5}$$

无论起动还是返回，继电器的动作都是明确干脆的，不可能停留在某一个中间位置，这种特性成为"继电特性"。

➤ 继电器的返回系数。

返回电流与动作电流的比值称为继电器的返回系数：

$$K_{re} = \frac{I_{K.re}}{I_{K.act}} < 1 \tag{6}$$

◈ 知识拓展（5 分钟）

请学生自学电磁式电压继电器的工作原理，并分析其动作特性与电磁式电流继电器的动作特性的差异性，其返回系数的取值范围。

【分析】

电磁式电压继电器→欠量保护原理→动作特性→返回值大于动作值→ $K_{re} > 1$

◈ 课堂小结（1 分钟）

电磁式电流继电器结构和原理认知：

（1）继电器原理的分类。

机电式→晶体管式→集成电路式→微机型

（2）电磁式电流继电器结构认知。

（3）电磁式电流继电器原理认知。

①继电器可靠"动作"工作原理

②返回系数

（4）知识拓展。

◈ 课后作业（1 分钟）

（1）作业。

①请简单说明电磁式电流继电器可靠"动作"的工作原理。

②什么是电磁式电流继电器返回系数？

（2）思考题。

自学电磁式电压继电器的工作原理，并分析其动作特性与电磁式电流继电器的动作特性的差异性，其返回系数的取值范围。

★ 课程思政 5

继电器的可靠"动作"与"返回"是继电保护的重要环节。继电保护的正常运行对于国家社会稳定，社会、生态文明建设，人民安居乐业有着重大的意义。作为"电力人"，应当理解继电保护的意义所在，承担社会责任。

启发探究式教学法：在已学过量继电器理论基础上，教师启发学生，自学欠量继电器工作原理，推导其动作特性和返回系数，并总结其差异性，做到举一反三、触类旁通。

互动总结+思维导图：

（1）总结本次课主要知识点，指出重难点内容。

（2）利用思维导图理清主要知识点之间的逻辑关系，提高教学效果。

◈ 预习提示(1 分钟)

电网故障特性分析与保护配置原则。

◈ 思维导图

思维导图如图 7.17 所示。

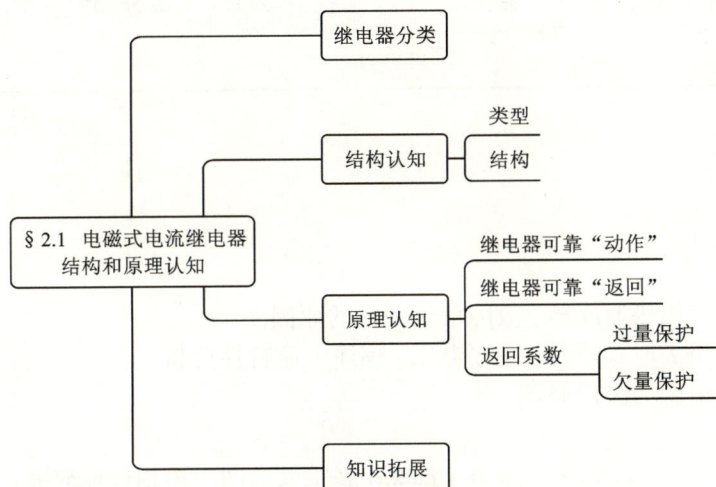

图 7.17　思维导图

◈ 板书设计

板书设计如图 7.18 所示。

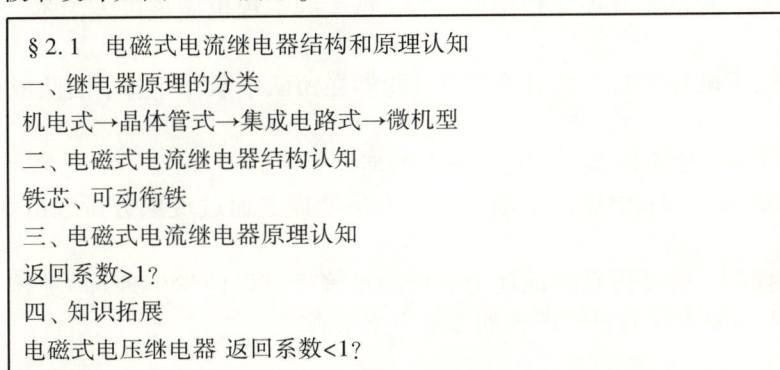

§2.1　电磁式电流继电器结构和原理认知
一、继电器原理的分类
机电式→晶体管式→集成电路式→微机型
二、电磁式电流继电器结构认知
铁芯、可动衔铁
三、电磁式电流继电器原理认知
返回系数>1?
四、知识拓展
电磁式电压继电器　返回系数<1?

图 7.18　板书设计

7.2 中性点不接地系统中单相接地故障保护

（附 15 分钟教学视频）

基本信息			
教学主题	中性点不接地系统中单相接地故障保护	课时安排	1 课时（45 分钟）
所在章节	第 4 章第 4 小节		

【教学目标】

❖ 知识目标

（1）理解中性点不接地配电网发生单相接地故障，故障信号微弱的原因。

（2）掌握中性点不接地配电网中单相接地故障时，零序电压、零序电流特性分析。

（3）掌握中性点不接地配电网中单相接地保护原理。

❖ 技能目标

（1）教师讲授、提问、课堂讨论等教学活动，使学生理解中性点不接地配电网中单相接地故障，故障信号微弱的根本原因，通过现象分析理论本质，培养学生发现问题——分析问题——解决问题的能力。

（2）启发学生运用虚拟仿真软件，搭建一次系统模型，验证理论分析的正确性，培养学生的创新思维和解决复杂工程问题的能力。

（3）理论分析为基础，通过工程案例引入，让学生理解理论知识如何在工程实践中应用，做到理论和实践有机结合，使学生能够学以致用。

❖ 情感目标

（1）配电网频繁发生人身触电事故，对学生开展工程伦理教育，再大的工程也应该以人为本，生命至上、生命第一。

（2）树立学生正确的职业理想，能正确理解自身的社会责任，能够在团队中承担个体、团队成员以及负责人的角色。

（3）培养学生自主学习和终身学习意识，不断学习和适应发展的能力。

（4）通过分析配电网频发触电事故的原因，引申出事故发生的本质原因。通过现象分析理论本质，培养学生积极探索的时代精神。

（5）教导学生使用仿真软件搭建模型，通过仿真验证理论分析的正确性。促使学生理解"实践是检验真理的唯一标准"，在人生的道路上也要秉持着科学严谨的态度去追求真理。

【教学内容】

（1）中性点不接地配电网中单相接地故障特性分析。

（2）故障元件和非故障元件零序电流幅值和相角差异性分析。

【教学思路】

课堂教学思路如图 7.19 所示。

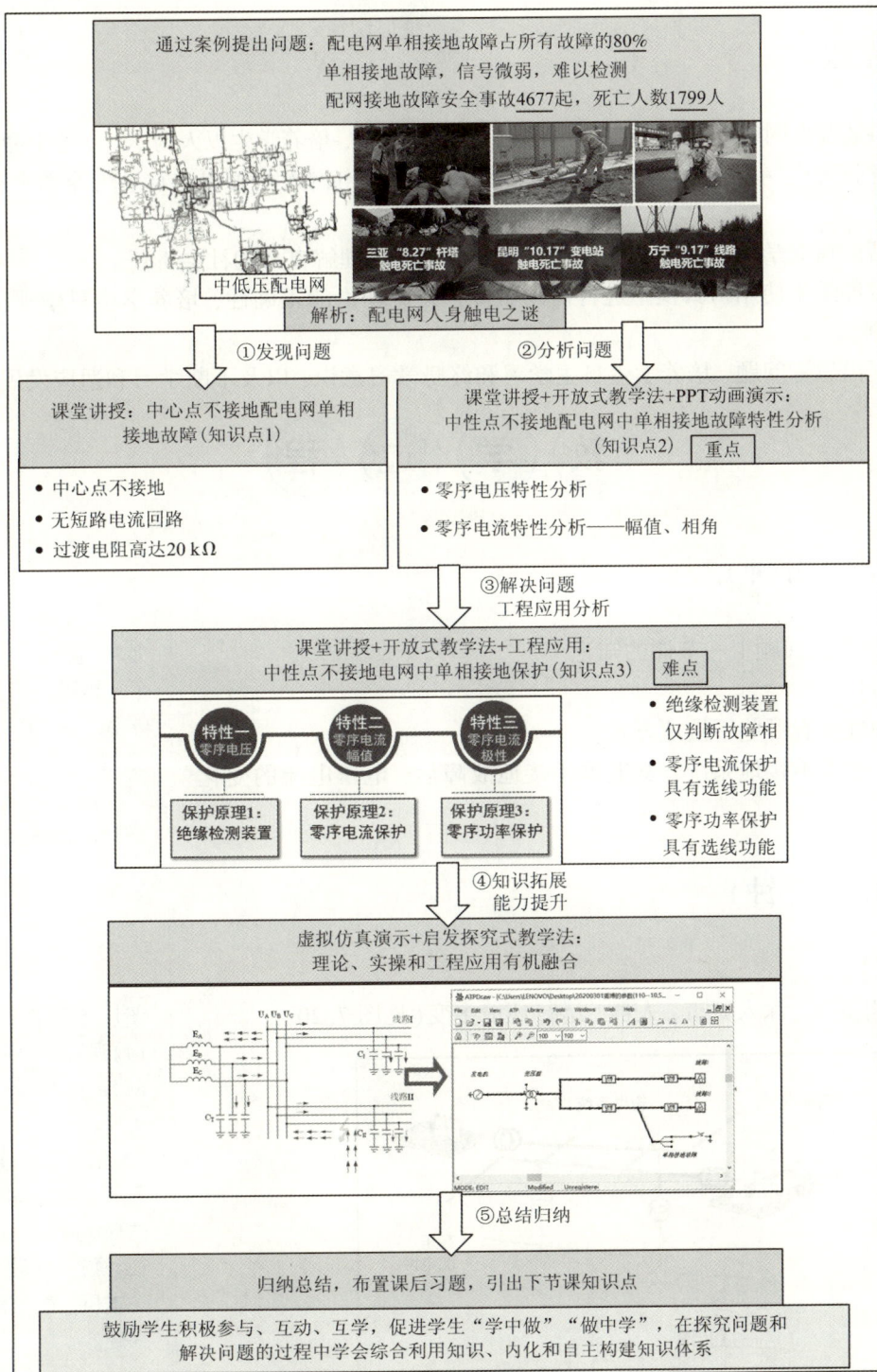

图 7.19　课堂教学思路图

【教学方法】

(1)设疑启发法。

(2)开放式教学法。

(3)启发探究式教学法。

(4)引入多种信息化教学手段：视频、图片展示；PPT 动画；EMTP/ATP 虚拟仿真软件。

▶【课程思政】

(1)通过讲述配电网触电案例，对学生进行工程伦理教育，培养学生以人为本，坚持生命至上的理念。

(2)通过挖掘配电网发生触电事故的表象，深入解析配电网人身触电之谜，培养学生积极探索的时代精神。

(3)通过帮助树立学生正确的职业理想，使学生能正确理解自身的社会责任。

(4)通过教导学生使用仿真模型进行仿真验证，分析理论的正确性，培养学生科学严谨的态度以及追求真理的精神。

(5)通过提出思考问题，培养学生自主学习和终身学习意识，以及不断学习和适应发展能力。

教 学 过 程

◆ 知识回顾(2 分钟)

通过提问的方式回顾上一节课的知识。

【教师提问】

(1)我国中性点有哪些不接地方式？

(2)对于中性点不接地系统，发生单相接地故障后，电压电流的变化情况如何？

回顾法：

(1)教师以提问的形式回顾上节课的内容，阐述与本节课的逻辑关系。

(2)承上启下，使区块化的知识形成体系。

◆ 问题引出(5 分钟)

【教师讲授】

配电网结构复杂，深入城市、人群，运行环境多变(见图 7.20)。

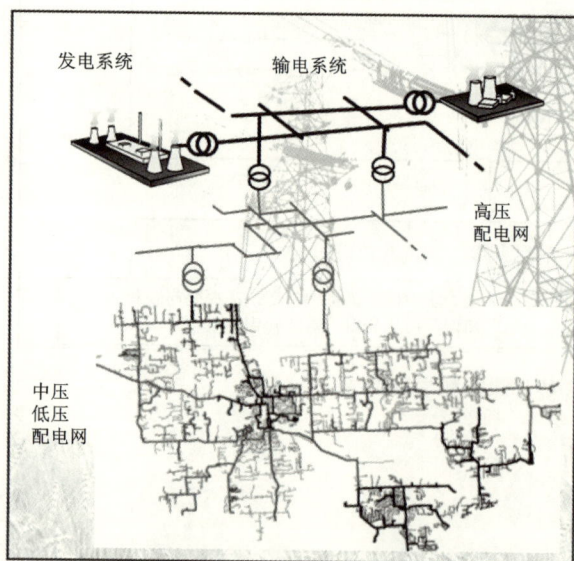

图 7.20　复杂结构配电网

图片展示+动画演示：

(1)通过图片展示，说明配电网结构复杂，深入城市、人群。

(2)通过动画演示，说明配电网故障类型与故障特征微弱的现象。

(3)通过实际工程问题挖掘理论本质，激发学生浓厚的学习兴趣。

　　配电网单相接地故障约占所有故障的 80%，极易发生高压掉地等高阻单相接地故障，信号微弱，难以检测；因此，在城市中提醒路人谨防触电的标识无处不在(见图 7.21)。

　　我国每年触电死亡的人数占各类事故总死亡人数的 10%；2019 年，配网接地故障引起的安全事故 4677 起，死亡人数 1799 人。

★ 课程思政
工程伦理教育，再大的工程也应该以人为本，生命至上、生命第一。

图 7.21　城市中提醒路人谨防触电的标识

【设问启发】

　　那同学们有没有想过，为什么配电网容易发生人身触电事故？继电保护装置对配电网单相接地故障束手无策吗(见图 7.22)？

　　解析：配电网人身触电之谜。

设问启发：引导学生思考：配电网故障特征微弱的原因，通过表象挖掘理论本质，深入解析配电网人身触电之谜。

图 7.22　配电网人身触电事故屡屡发生、后果触目惊心

★ 课程思政
通过现象分析理论本质，培养学生积极探索的时代精神。

◈ 中性点不接地配电网单相接地故障(5 分钟)

　　中性点不接地系统中，单相接地故障，无短路电流回路，电流极其微弱，难以检测(见图 7.23)。

　　配电网极易发生高压掉地等高阻单相接地故障，过渡电阻高达 20 kΩ。

【小结】

　　对于继电保护装置，短路电流微弱，甚至检测不到(仅几十安培)，但几十安培的短路电流对于人体来说却是致命的打击。

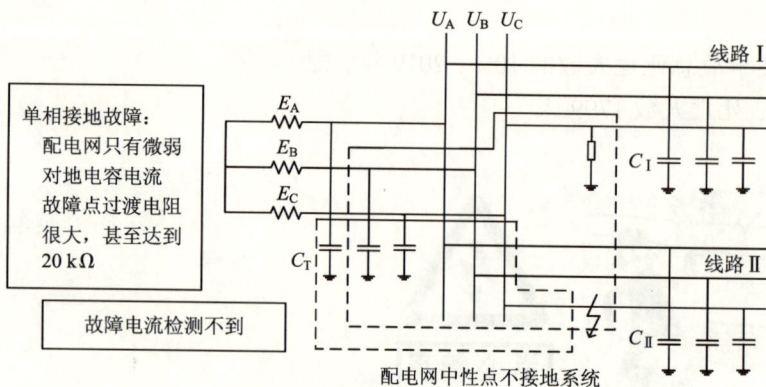

图 7.23　中性点不接地系统中短路电流回路示意图

◈ 中性点不接地配电网中单相接地故障特性分析（12 分钟）

一、零序电压特性分析

以图 7.23 配电网线路Ⅱ上 A 相金属性接地故障为例（忽略线路上阻抗压降）。电压向量图如图 7.24 所示。

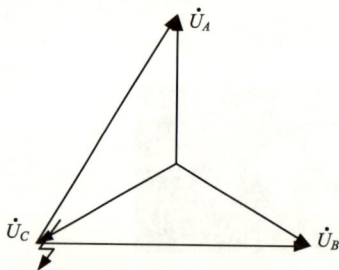

图 7.24　电压向量图

【学生动手推导】
线路Ⅱ上 A 相接地故障，推导各相零序电压。
重要推导过程：

$$\begin{cases} \dot{U}_{AD} = 0 \\ \dot{U}_{BD} = \dot{E}_B - \dot{E}_A \\ \dot{U}_{CD} = \dot{E}_C - \dot{E}_A \end{cases}$$

因为：

$$\dot{E}_A + \dot{E}_B + \dot{E}_C \approx 0$$

可得：

$$3\dot{U}_0 = \dot{U}_{AD} + \dot{U}_{BD} + \dot{U}_{CD} = \dot{E}_B - \dot{E}_A + \dot{E}_C - \dot{E}_A = -3\dot{E}_A$$

【小结】
单相接地故障，零序电压 $\dot{U}_0$ 等于故障相电势的相反数 $-\dot{E}_X$。

二、零序电流特性分析

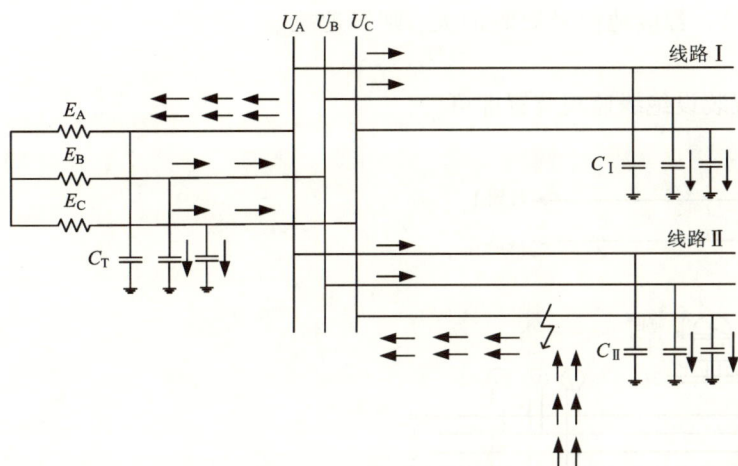

图 7.25　单相接地故障零序电流示意图

PPT 动画演示、讲授法：
(1)理论分析结合 PPT 动画，引导学生通过分析和观察，总结出零序电流幅值、相位的变化规律。
(2)培养学生自主分析的能力，将学习由被动变主动，教师只是获取知识的引导者，学生才是获取知识的主导者。

各元件出口处所测量零序电流。

❖ 非故障元件：

线路 I：$3\dot{I}_{0\,\mathrm{I}} = 3\dot{I}_{0\,\mathrm{I}} = j\omega C_{\mathrm{I}} 3\dot{U}_0$

变压器 T：$3\dot{I}_{0T} = 3\dot{I}'_{0T} = j\omega C_{\mathrm{T}} 3\dot{U}_0$

❖ 故障元件：

线路 II：$3\dot{I}_{0\,\mathrm{II}} = -(3\dot{I}'_{0\,\mathrm{I}} + 3\dot{I}'_{0T}) = -j\omega(C_{\mathrm{I}} + C_{\mathrm{T}})3\dot{U}_0 = -j\omega(C_{\Sigma} - C_{\mathrm{II}})3\dot{U}_0$

（C_{Σ}：系统所有元件对地电容的总和）

【小结】

(1)流过非故障元件的零序电流等于其本身对地电容电流。

方向：母线→元件（$3U_0$ 超前 $3I_0$：$-90°$）

(2)流过故障元件的零序电流等于全系统所有非故障元件对地电容电流的总和。

方向：元件→母线（$3U_0$ 超前 $3I_0$：$90°$）

归纳总结：通过归纳总结，让知识体系化。

◈ 中性点不接地电网中单相接地保护（一般只发警报信号，不跳闸）（13 分钟）

开放式教学法：通过知识点 2 分析的故障特征思考保护配置情况。
鼓励学生积极参与、互动、互学，促进学生"学中做""做中学"，进而在探究问题和解决问题的过程中学会综合利用知识、内化和自主构建知识体系。

一、绝缘监视装置

(1)系统正常及相间短路时：$U_{\mathrm{J}} = U_{\mathrm{bp}} < U_{\mathrm{dz.J}}$ 装置不动作。

(2)单相接地故障时（设 A 相接地）：

全系统出现 $3U_0 = 3E_{\mathrm{X}}$，（E_{X}：相电压）

$U_{\mathrm{J}} = 3E_{\mathrm{X}}/n_{\mathrm{TV}} > U_{\mathrm{dz.J}}$，装置延时动作于发信号。

【学生思考】

此装置是否可确定故障相别（A、B、C 相）？→是否可确定故障馈线？→无选择性保护？

【工程应用】

实际工程应用中,采用拉闸法辨识故障馈线。

需由运行人员手动依次短时拉开各线路 QF 加以判断(或按接地检查按钮,短时跳开 QF,再由重合闸重合),若接地信号短时消失,则接地故障点位于本线路上。如图 7.26 所示。

(要求不高且出线少的变电所,仅装设绝缘监视装置即可。)

结合实际工程应用:理论和实践相结合,帮助学生学以致用。

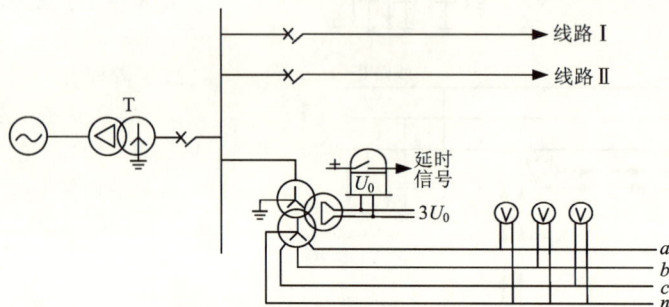

图 7.26 中性点不接地电网单相接地的监视装置原理接线图

二、零序电流保护(有选择性保护)

(1)系统正常及相间短路时:$3I_0 \approx 0$。

(2)非故障线路单相接地时:$3I_0 = \omega C_b \cdot 3E_X$。 (小)

(3)故障线路单相接地时:$3I_0 = \omega(C_\Sigma - C_b) \cdot 3E_X$。 (大)

保护整定动作电流:

$I_{dz} = K_K \cdot \omega C_b \cdot 3E_X$(现场实测)

灵敏系数:

$$K_{lm} = \frac{\omega(C_{\Sigma.min} - C_b) \cdot 3E_X}{K_K \omega C_b \cdot 3E_X} = \frac{(C_{\Sigma.min} - C_b)}{K_K C_b}$$

【小组讨论+工程应用】

请同学们根据理论分析,思考一下:零序电流保护在实际应用中存在什么问题吗?

出线越少→$C_\Sigma \downarrow$→$K_{lm} \downarrow$

小组讨论+实际工程应用:通过合作讨论培养学生团队合作能力、解决复杂工程问题的能力。

三、零序功率方向保护(有选择性保护)

(1)系统正常及相间短路:$3U_0 \approx 0$ $3I_0 \approx 0$ GJ_0 不动

(2)单相接地时的非故障元件:$3U_0$ 超前 $3I_0$:$-90°$ GJ_0 不动

(3)单相接地时的故障元件:$3U_0$ 超前 $3I_0$:$90°$ GJ_0 动作

保护中只有方向元件 GJ_0,无电流启动元件 $LJ \rightarrow K_{lm} \uparrow$

★ 课程思政
"职业理想和职业道德"→"个人与团队"→"能够在团队中承担个体、团队成员以及负责人的角色"。

◆ 知识拓展(5 分钟)

【虚拟仿真分析】

利用本学期学习的 EMTP/ATP 仿真软件(见图 7.27),搭建图 7.23 中性点不接地配电网模型,验证本节课关于零序电压、零序电流特性分析的正确性。

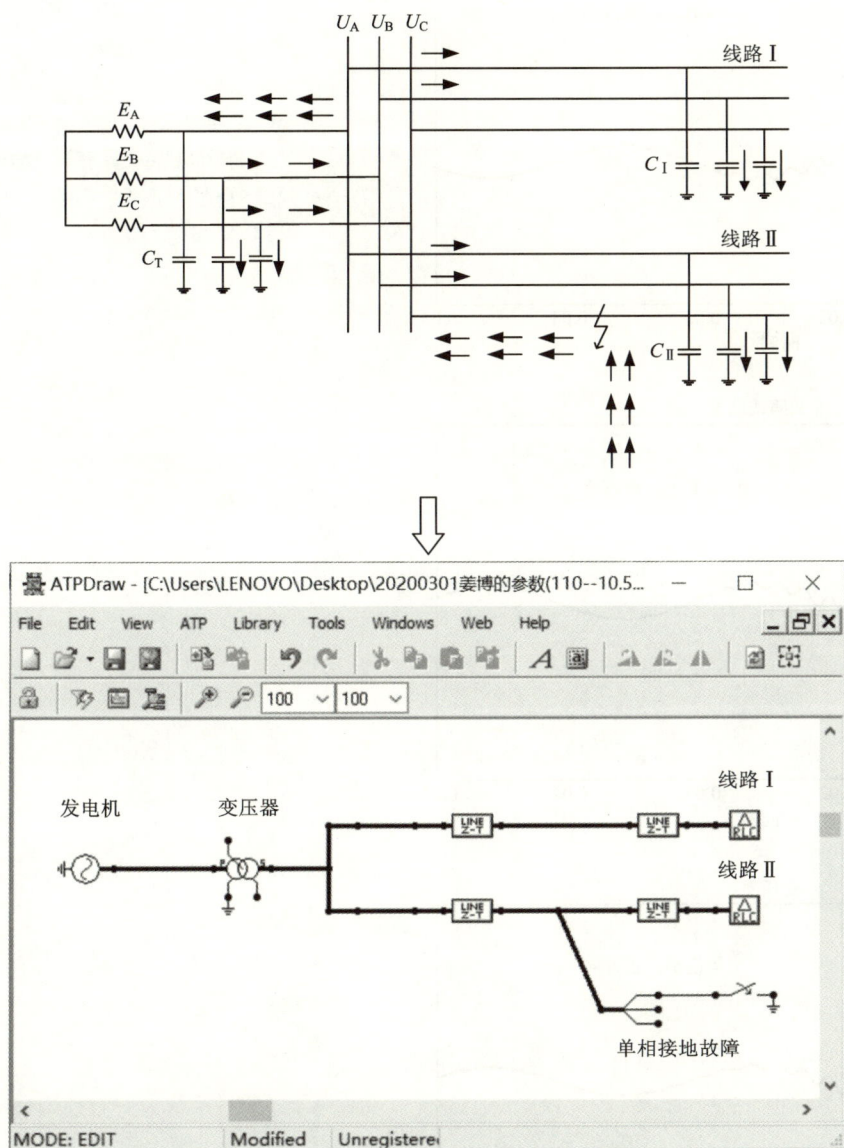

图 7.27　EMTP/ATP 虚拟仿真软件界面

【学生动手】
搭建一次系统模型,得到保护出口处零序电压和零序电流波形图(见图 7.28)。

【学生思考】
增加配电网馈线数量是否会影响零序电压和零序电流的幅值和方向呢?是否会影响保护动作性能呢?请大家动作验证一下。

故障线路 I

幅值大，反方向

非故障线路 II

幅值小，正方向

变压器

幅值小，正方向

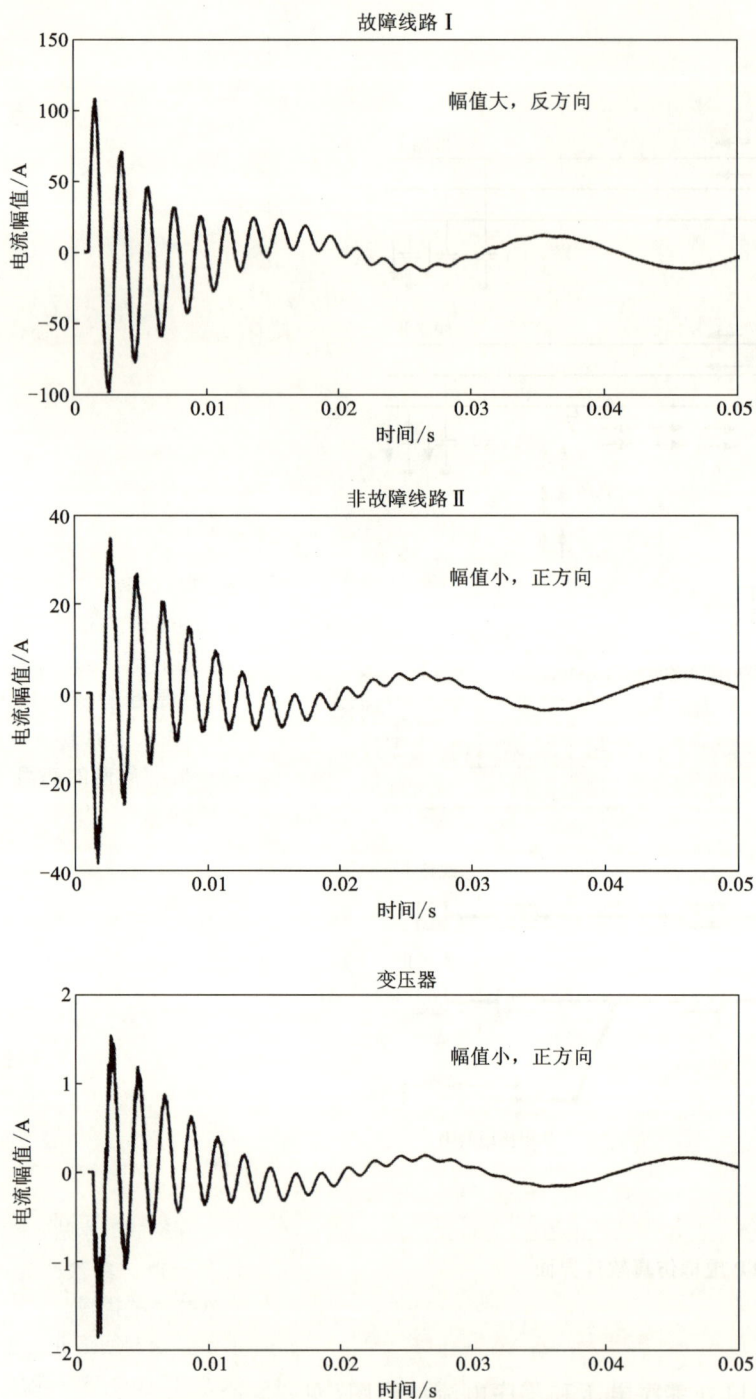

图 7.28　单相接地故障零序电压和零序电流波形图

引导学生运用现有仿真分析模型，思考增加馈线数量是否会影响保护动作性能。
培养学生创新思维，提升学生解决复杂工程问题的能力。

★ 课程思政
"终身学习"→"具有自主学习和终身学习意识，不断学习和适应发展能力"。

◆ 课堂小结(2 分钟)

中性点不接地系统中单相接地故障保护：
(1)中性点不接地配电网单相接地故障。
(2)中性点不接地配电网中单相接地故障特性分析。
①零序电压特性。
②零序电流特性：幅值、方向。
(3)中性点不接地电网中单相接地保护。
①绝缘监视装置。
②零序电流保护。
③零序功率方向保护。
(4)知识拓展。
EMTP/ATP 仿真验证。

互动总结+思维导图：
(1)总结本次课主要知识点，指出重难点内容。
(2)利用思维导图理清主要知识点之间的逻辑关系，提高教学效果。

◆ 课后作业(1 分钟)

(1)作业。
①请简单说明中性点不接地系统中，单相接地故障零序电流特性。
②请简述零序功率方向保护的工作原理。
(2)思考题。
增加配电网馈线数量是否会影响零序电压和零序电流的幅值和方向呢?

◆ 预习提示(1 分钟)

中性点经消弧线圈接地系统的故障特性分析及保护配置原则。

◆ 思维导图

思维导图如图 7.29 所示。

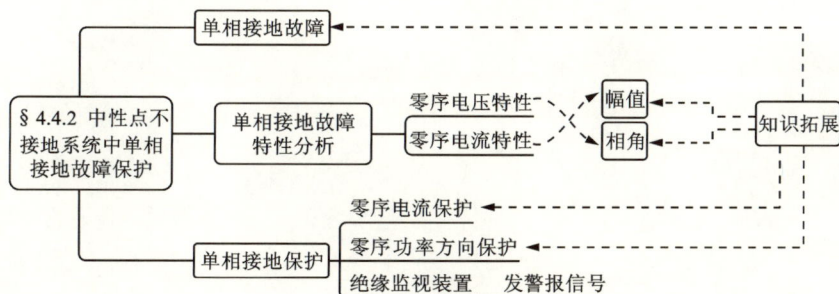

图 7.29　思维导图

◈ 板书设计

板书设计如图 7.30 所示。

```
§4.4.2　中性点不接地系统中单相接地故障保护
一、中性点不接地配电网中单相接地故障
不接地→无短路电流回路→$I_d$ 微弱→检测不到(几十安培)→易导致人
身触电→过渡电阻 20 kΩ
二、中性点不接地配电网中单相接地故障特性分析
1.零序电压
2.零序电流
三、中性点不接地电网中单相接地保护
1.绝缘检测装置→$U_0$→仅选相
2.零序电流保护→幅值 $I_0$→可选线
3.零序功率保护→相位 $I_0$→可选线
四、知识拓展
1.知识拓展：EMTP 仿真建模→$I_0$
2.能力提升：增加、减少馈线，对 $U_0$、$I_0$ 幅值、相位影响
```

图 7.30　板书设计

7.3　方向阻抗继电器死区及消除死区方法

本节内容详见二维码。

基本信息			
教学主题	方向阻抗继电器死区及消除死区方法	课时安排	1课时(45分钟)
所在章节	第5章第2小节		

【教学目标】

❖ 知识目标

(1)了解方向阻抗继电器存在保护死区的原因。

(2)理解方向阻抗继电器减小和消除保护死区的方法。

(3)掌握考虑记忆作用对方向阻抗继电器动作特性的影响。

❖ 技能目标

(1)教师讲授、提问、课堂讨论等教学活动,使学生理解方向阻抗继电器存在保护死区的原因,减小和消除保护死区的必要性及减小和消除保护死区的方法,培养学生发现问题——分析问题——解决问题的能力。

(2)通过实际工程案例引入,引导学生分析记忆作用对方向阻抗继电器动作特性的影响,培养学生的科学思维能力和分析计算能力。

(3)启发学生运用虚拟仿真软件,搭建一次系统模型、二次保护逻辑,验证理论分析正确性,培养学生的创新思维和解决复杂工程问题的能力。

❖ 情感目标

(1)工程案例引导,引导学生通过工程问题探索理论本质,激发学生的求知欲望和探索热情。

(2)树立学生正确的职业理想,能正确理解自身的社会责任。

(3)树立学生严肃认真的科学作风和理论联系实际的工程观点,激发学生浓厚的专业兴趣及强烈的探索欲望。

(4)通过提出方向阻抗继电器保护死区问题的多种解决方法,启发学生要大胆探索,学会换位思考,从多个角度去解决问题。

(5)树立学生自主学习和终身学习的意识,强化学生不断学习和适应发展的能力。

【教学内容】

(1)方向阻抗继电器存在保护死区的原因及其解决方案。

(2)考虑记忆作用对方向阻抗继电器动作特性的影响。

【教学思路】

课堂教学思路图如图 7.31 所示。

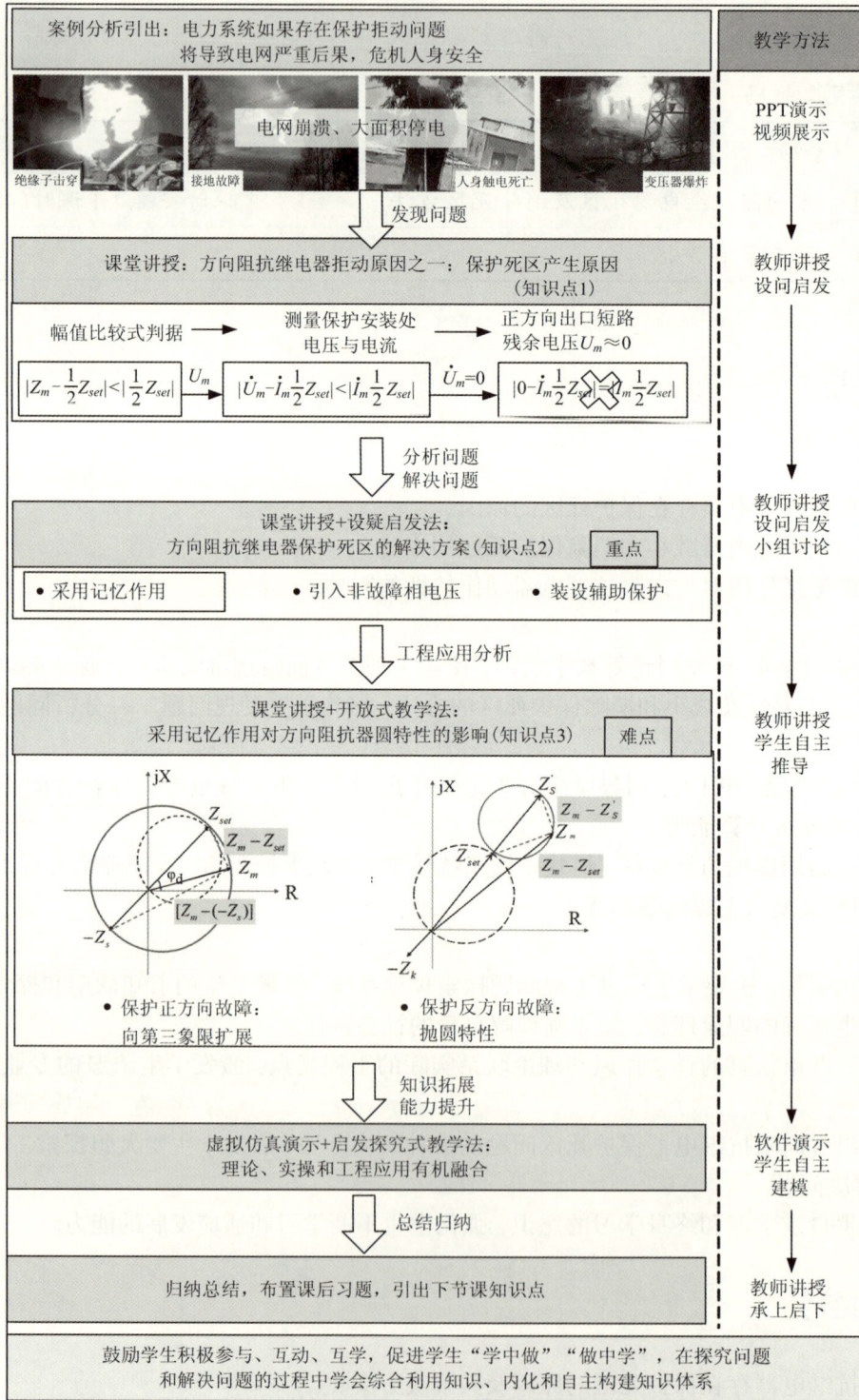

案例分析引出：电力系统如果存在保护拒动问题
将导致电网严重后果，危机人身安全

教学方法

电网崩溃、大面积停电

绝缘子击穿　接地故障　人身触电死亡　变压器爆炸

PPT演示
视频展示

发现问题

课堂讲授：方向阻抗继电器拒动原因之一：保护死区产生原因
（知识点1）

教师讲授
设问启发

幅值比较式判据 → 测量保护安装处电压与电流 → 正方向出口短路残余电压 $U_m \approx 0$

$|Z_m - \frac{1}{2}Z_{set}| < |\frac{1}{2}Z_{set}|$ $\xrightarrow{U_m}$ $|\dot{U}_m - \dot{I}_m \frac{1}{2}Z_{set}| < |\dot{I}_m \frac{1}{2}Z_{set}|$ $\xrightarrow{\dot{U}_m=0}$ $|0 - \dot{I}_m \frac{1}{2}Z_{set}| < |\dot{I}_m \frac{1}{2}Z_{set}|$

分析问题
解决问题

课堂讲授+设疑启发法：
方向阻抗继电器保护死区的解决方案（知识点2）　【重点】

教师讲授
设问启发
小组讨论

• 采用记忆作用　• 引入非故障相电压　• 装设辅助保护

工程应用分析

课堂讲授+开放式教学法：
采用记忆作用对方向阻抗器圆特性的影响（知识点3）　【难点】

教师讲授
学生自主
推导

• 保护正方向故障：向第三象限扩展　　• 保护反方向故障：抛圆特性

知识拓展
能力提升

虚拟仿真演示+启发探究式教学法：
理论、实操和工程应用有机融合

软件演示
学生自主
建模

总结归纳

归纳总结，布置课后习题，引出下节课知识点

教师讲授
承上启下

鼓励学生积极参与、互动、互学，促进学生"学中做""做中学"，在探究问题
和解决问题的过程中学会综合利用知识、内化和自主构建知识体系

图 7.31　课堂教学思路图

▶【教学方法】

（1）回顾法。

（2）讲授法。

（3）设疑启发法。

（4）开放式教学法。

（5）启发探究式教学法。

（6）引入多种信息化教学手段：视频、图片展示；PPT 动画；虚拟仿真软件。

▶【课程思政】

（1）通过讲授保护死区会造成的后果，使学生理解继电保护作为电网的第一道防线，有着至关重要的作用。帮助学生树立正确的职业理想，培养学生的社会责任感。

（2）通过实际工程案例的分析，树立学生严肃认真的科学作风和理论联系实际的工程观点，激发学生浓厚的专业兴趣及强烈的探索欲望。

（3）通过讲授方向阻抗继电器保护死区问题的多种解决方法，培养学生积极探索的精神和换位思考的能力。

（4）通过对公式的推导，使学生从原理上了解记忆作用对方向阻抗继电器的影响，培养学生融会贯通、理论结合实际的能力。

（5）通过要求学生搭建仿真模型，分析具体问题，培养学生自主学习和终身学习的意识，以及不断学习和适应发展的能力。

7.4 电力变压器的故障类型及其保护配置

云麓课堂

教学设计

本节内容详见二维码。

基本信息			
教学主题	电力变压器的故障类型及其保护配置	课时安排	1课时(45分钟)
所在章节	第8章第1小节		

【教学目标】

❖ 知识目标

(1)变压器的理论认知,变压器的结构认知。

(2)了解变压器不同故障类型及不正常运行状态。

(3)掌握变压器不同保护配置。

❖ 技能目标

(1)通过教师讲授、提问、课堂讨论等教学活动,借助变压器三维模型,动态展现变压器内部结构,实现学生对变压器地理论认知、结构认知;在此基础上,了解变压器不同故障类型及不正常运行状态,以及针对不同状态下,变压器保护配置,培养学生发现问题——分析问题——解决问题的能力。

(2)通过实际工程案例分析变压器保护配置,理论与工程有机融合,让学生学以致用。

(3)启发学生运用虚拟仿真软件,搭建一次系统模型,通过在仿真模型中设置不同故障类型及不正常运行状态,观察变压器各电气量保护情况,培养学生的创新思维和解决复杂工程问题的能力。

❖ 情感目标

(1)虚拟现实重现变压器内部构造与工作原理,将复杂且难以观察到的变压器结构具体化、可视化、趣味化,激发学生求知欲望和探索热情。

(2)讲述变压器突破技术瓶颈实现中国制造的事例,培养学生的爱国主义思想,也体现了"中国智慧、中国文明"。

(3)树立学生正确的职业理想,能正确理解自身的社会责任。

(4)树立学生严肃认真的科学作风和理论联系实际的工程观点,激发学生浓厚的专业兴趣及强烈的探索欲望。

(5)通过讲授变压器100%无盲区的保护,启发学生应该秉持着工匠精神,做事一丝不苟,滴水不漏,力求做到完美。

【教学内容】

(1)了解变压器不同故障类型及不正常运行状态。

(2)掌握变压器的保护配置。

【教学思路】

课堂教学思路图如图 7.47 所示。

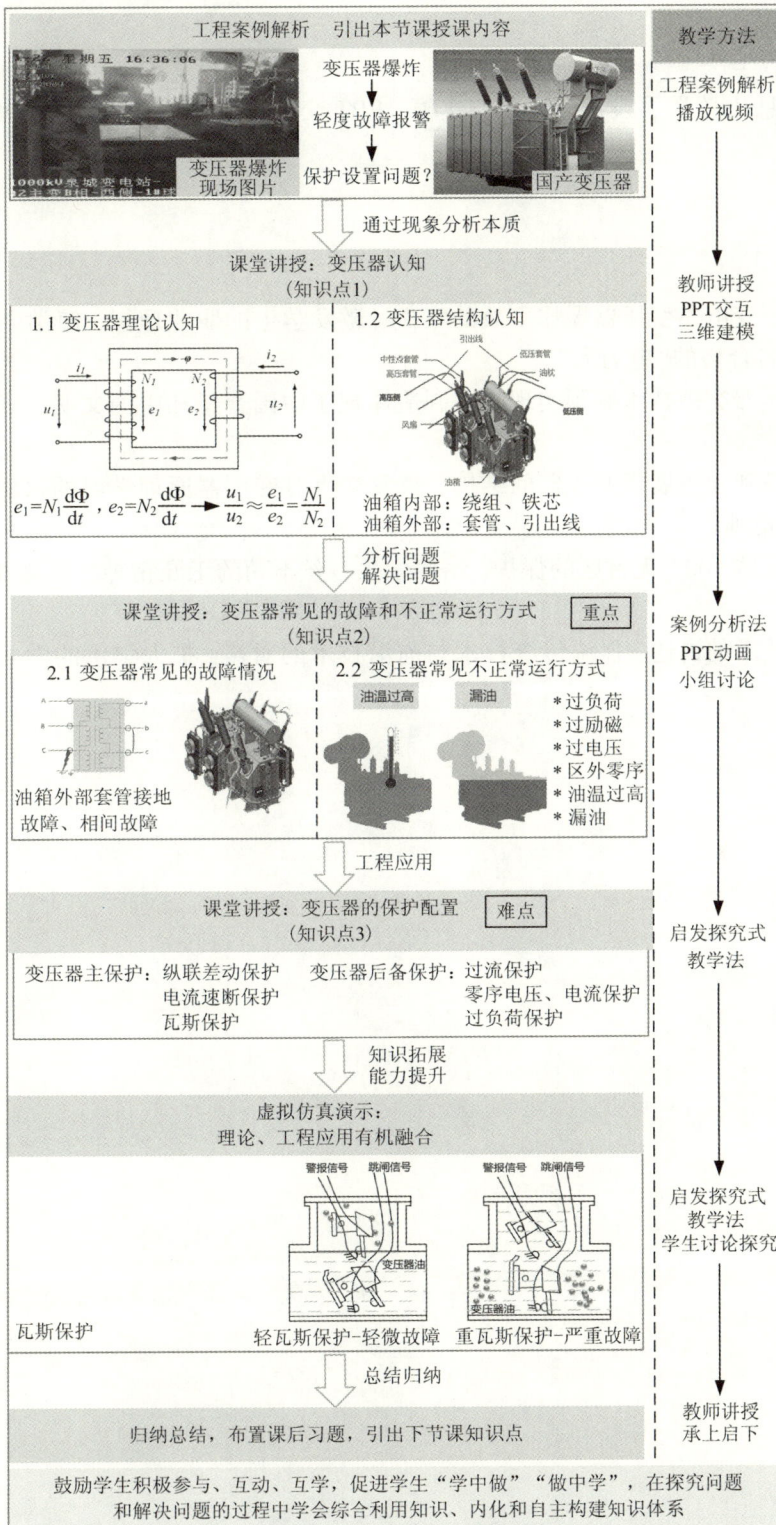

图 7.47　课堂教学思路图

【教学方法】

（1）设疑启发法。

（2）开放式教学法。

（3）启发探究式教学法。

（4）引入多种信息化教学手段：三维虚拟建模；PPT 交互；视频、图片展示；PPT 动画；虚拟仿真软件。

【课程思政】

（1）通过引入泉州变电站变压器爆炸事故的案例，激发学生的职业理想，使学生能正确理解自身承担的社会责任，做一名合格的"电力人"。

（2）通过讲述变压器突破技术瓶颈实现中国制造体现了中国智慧和中国文明，培养学生的爱国主义精神。

（3）通过三维建模和动画展现变压器的结构，激发学生对变压器原理学习的兴趣，培养学生大胆探索和理论联系实际的精神。

（4）通过讲授变压器 100%无盲区的保护，培养学生一丝不苟的工匠精神，以及滴水不漏，力求完美的行事态度。

（5）通过对前沿技术的讲述，强调传统技术与前沿技术的对接，扩大学生的学术视野，激发学生的求知精神。

7.5　电力系统振荡对距离保护的影响

本节内容详见二维码。

基本信息			
教学主题	电力系统振荡对距离保护的影响	课时安排	1 课时(45 分钟)
所在章节	第 5 章第 6 小节		

【教学目标】

❖ 知识目标

(1)了解什么是系统振荡,系统振荡对电网会造成什么影响。

(2)理解系统振荡对继电保护装置(距离保护)的影响。

(3)分析系统振荡与短路的区别,掌握振荡闭锁回路的工作原理。

❖ 技能目标

(1)教师理论讲授、提问、数学推导、课堂讨论等教学活动,使学生了解什么是系统振荡,理解系统振荡对继电保护装置的影响,分析系统振荡与短路的区别,掌握振荡闭锁回路的工作原理,培养学生发现问题—分析问题—解决问题的能力。

(2)通过实际工程案例引导学生分析系统振荡对电网会造成什么影响,对距离保护装置造成的影响,培养学生的科学思维能力和分析计算能力。

(3)启发学生运用虚拟仿真软件,搭建一次系统模型、构建二次保护逻辑,验证理论分析的正确性,培养学生的创新思维,分析和解决复杂工程问题的能力。

❖ 情感目标

(1)实际工程案例引入,引导学生通过工程问题探索理论本质,激发学生的求知欲望和探索热情。

(2)树立学生正确的职业理想,能正确理解自身的社会责任。

(3)树立学生严肃认真的科学作风和理论联系实际的工程观点,激发学生浓厚的专业兴趣及强烈的探索欲望。

(4)培养学生具备自主学习和终身学习意识,不断学习和适应发展的能力。

(5)讲述电网运行过程中会受到各种因素的干扰,继电保护的作用就是为了让电网更稳定、高效地运行。启发学生们要顽强拼搏、牢记自己的责任与使命,做好历经各种不确定性的充分准备。

【教学内容】

(1)理解系统振荡对继电保护装置(距离保护)的影响。

(2)分析系统振荡与短路的区别,掌握振荡闭锁回路的工作原理。

【教学思路】

课堂教学思路如图 7.66 所示。

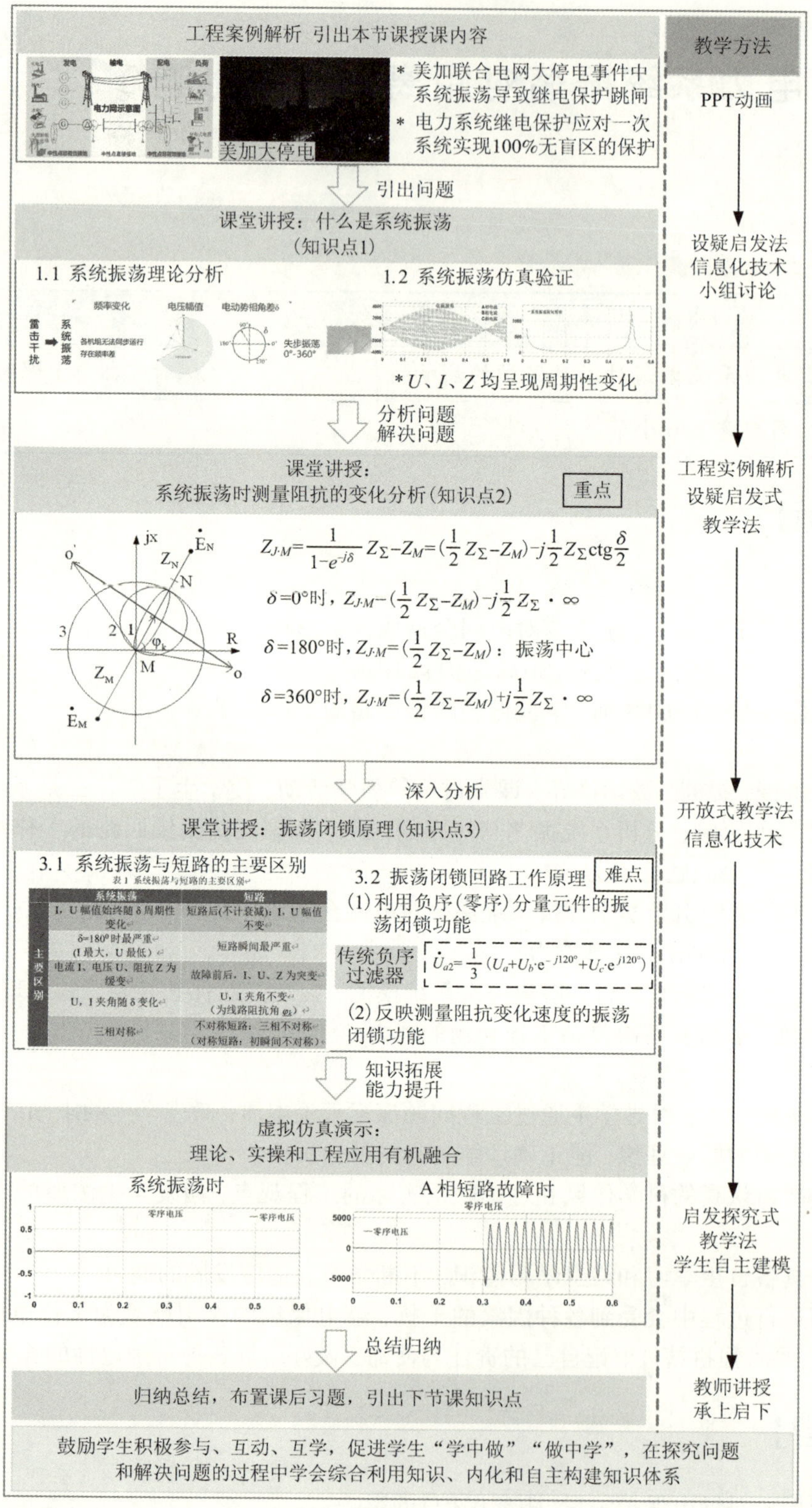

工程案例解析 引出本节课授课内容
教学方法
美加大停电
* 美加联合电网大停电事件中系统振荡导致继电保护跳闸
* 电力系统继电保护应对一次系统实现100%无盲区的保护
PPT动画
引出问题
课堂讲授：什么是系统振荡
(知识点1)
1.1 系统振荡理论分析
1.2 系统振荡仿真验证
*U、I、Z 均呈现周期性变化
设疑启发法
信息化技术
小组讨论
分析问题
解决问题
课堂讲授：
系统振荡时测量阻抗的变化分析(知识点2)
重点
$Z_{J\cdot M}=\frac{1}{1-e^{-j\delta}}Z_\Sigma-Z_M=(\frac{1}{2}Z_\Sigma-Z_M)-j\frac{1}{2}Z_\Sigma\mathrm{ctg}\frac{\delta}{2}$
$\delta=0°$时，$Z_{J\cdot M}=(\frac{1}{2}Z_\Sigma-Z_M)-j\frac{1}{2}Z_\Sigma\cdot\infty$
$\delta=180°$时，$Z_{J\cdot M}=(\frac{1}{2}Z_\Sigma-Z_M)$：振荡中心
$\delta=360°$时，$Z_{J\cdot M}=(\frac{1}{2}Z_\Sigma-Z_M)+j\frac{1}{2}Z_\Sigma\cdot\infty$
工程实例解析
设疑启发式
教学法
深入分析
课堂讲授：振荡闭锁原理(知识点3)
3.1 系统振荡与短路的主要区别
表1 系统振荡与短路的主要区别
系统振荡
短路
主要区别
I、U幅值始终随δ周期性变化
短路后(不计衰减)：I、U幅值不变
δ=180°时最严重(I最大，U最低)
短路瞬间最严重
电流I、电压U、阻抗Z为缓变
故障前后，I、U、Z为突变
U、I夹角随δ变化
U、I夹角不变(为线路阻抗角φ_k)
三相对称
不对称短路：三相不对称(对称短路：初瞬间不对称)
3.2 振荡闭锁回路工作原理
难点
(1)利用负序(零序)分量元件的振荡闭锁功能
传统负序过滤器
$\dot{U}_{a2}=\frac{1}{3}(U_a+U_b\cdot e^{-j120°}+U_c\cdot e^{j120°})$
(2)反映测量阻抗变化速度的振荡闭锁功能
开放式教学法
信息化技术
知识拓展
能力提升
虚拟仿真演示：
理论、实操和工程应用有机融合
系统振荡时
A相短路故障时
零序电压
启发探究式
教学法
学生自主建模
总结归纳
归纳总结，布置课后习题，引出下节课知识点
教师讲授
承上启下
鼓励学生积极参与、互动、互学，促进学生“学中做”“做中学”，在探究问题和解决问题的过程中学会综合利用知识、内化和自主构建知识体系

图 7.66 课堂教学思路

【教学方法】

(1)设疑启发法。

(2)开放式教学法。

(3)启发探究式教学法。

(4)引入多种信息化教学手段：图片展示；PPT动画；虚拟仿真软件。

【课程思政】

(1)通过对我国特高压坚强智能电网发展的讲述，激发学生的民族自豪感，培养学生的爱国主义精神。

(2)通过讲授继电保护对电网安全运行的作用，培养学生顽强拼搏的精神，并且牢记自己的责任与使命，为我国电力行业的发展贡献自身的力量。

(3)通过工程实例的讲授，促使学生熟悉专业相关的知识，能正确理解其社会责任，并应用专业知识为社会带来积极的影响。

(4)通过对前沿技术的讲述，强调传统技术与前沿技术的对接，扩大学生的学术视野，激发学生的求知精神。

(5)通过要求学生自主搭建仿真模型，验证理论正确性，培养学生自主学习和终身学习意识，以及不断学习和适应发展能力。

Java 语言程序设计

扫描二维码

钟坚成，湖南师范大学信息科学与工程学院教师，湖南省普通高校教学能手，首批学校"世承计划"优秀青年人才，首批湖南省普通高等学校课程思政示范课程、省级线下一流课程主讲教师，2020 年湖南省普通高校教师课堂教学竞赛一等奖获得者。

课　程　概　述

一、课程基本信息

本课程的基本信息见表 8.1。

表 8.1　课程基本信息

课程名称	Java 语言程序设计	课程性质	专业必修课
学时	40	开课时间	
先修课程	计算机概论、C 语言程序设计		
适用专业	计算机科学与技术		
使用教材	耿祥义，张跃平. Java 2 实用教程[M]. 5 版. 北京：清华大学出版社，2017		
参考文献	[1]Liang Introduction to Java Programming Comprehensive Version[M]. 11th Edition. 北京：机械工业出版社，2018 [2]雍俊海. Java 程序设计教程[M]. 3 版. 北京：清华大学出版社，2014 [3]李刚. 疯狂 Java 程序员的基本修养[M]. 北京：电子工业出版社，2013		

二、课程的性质和作用

“Java 语言程序设计”是大学一年级计算机科学与技术专业学生的专业必修课程。

该课程开设背景：Java 语言自 1991 年发布，历经近 25 年的发展，现已应用于各行各业。在超 30 亿台移动设备上运行的 Java，是排名第一的部署平台。Java 语言官网描述到，Java 可以使开发人员为移动电话、远程处理器、微控制器、无线模块、传感器、网关、消费产品及几乎其他任何电子设备编写强大而高效的应用程序。Java 语言技术适应 PC 端、移动端、服务器端以及云端需求，可以部署在 Windows、Mac、Linux、Unix、Android 等不同的操作系统平台上，吸引着全球 900 万 Java 开发人员从事着桌面应用开发、Web 服务器应用开发、大数据应用以及最新的人工智能研发，应用范围非常广泛。Java 语言不断进化发展，为计算机程序领域发展带来了活力，学生们学习 Java 语言程序设计，能感受到现代主流程序设计的科技魅力，从而激发学生的学习兴趣，激励学生掌握最新编程技术的情感，坚定勤奋学习、建设科技强国的决心。

该课程开设目的：通过对 Java 语法基础与编程规范、Java 面向对象编程基础、Java 面向对象编程高级技术、Java 输入输出与异常处理、Java 核心常用类 API 的使用、Swing 编程和 Java 网络编程以及多线程编程的讲述，使学生熟悉和掌握在目前主流的 Java 开发环境下进行程序设计，为学生以后的工作打下良好的工程实践基础。同时，将党和国家防疫方针政策、扶贫政策深度融入 Java 语言程序设计课程具体的教学点内容，充分在课堂教学中把马克思主义立场观点方法的教育与科学精神的培养结合起来，提高学生对国家大政方针的正确认识，具备对实际问题的分析和求解能力，培养学生精益求精的大国工匠精神；将现阶段 Java 语言程序设计中涉及的“卡脖子”技术问题灌输给学生，激励学生认真学习、刻苦钻研，激发学生科技报国的家国情怀和使命担当。

三、学情分析

【认知水平】

经过课前调研,学生学习过"计算机概论""C 语言程序设计"等课程,熟悉计算机基础知识,掌握了 C 语言基本语法,能编写简单的 C 语言程序,对面向过程程序设计有基本的认知水平。

全班同学都听说过 Java 语言,但在全班同学中:

(1)约 90% 的同学没有接触过 Java 语言编程,对面向对象程序设计没有认知。

(2)约 10% 的同学接触过 Java 编程,安装过 Java 虚拟机和开发环境,但没有在 Java 上编写过超过 30 行的代码。也有同学没有使用过智能的 Java 开发和调试工具,对 Java 程序编译、运行和调试没有认知。

(3)同学们使用较多的计算机操作系统平台均为 Windows,对跨平台、面向对象等 Java 语言特点没有认知。

(4)同学们没有编写过图形界面应用程序,对 Java 语言的 GUI 编程没有认知。

(5)同学们没有编写过网络应用程序,对 Java 语言的网络编程没有认知。

【能力状态】

学生学习完《计算机概论》,初步具备计算思维能力。通过分析学生的《C 语言程序设计》试卷,同学们具备:

(1)编写简单 C 语言代码的能力。

(2)了解基本的 C 语言语法,具备读懂 C 语言程序代码能力。

通过调阅学生作业和查看学生所做过的 C 语言实验:

(1)发现部分同学对比分析和归纳总结能力不足。

(2)发现部分同学的程序设计能力和实际编程能力有所欠缺。

(3)发现同学们不具备面向对象程序设计和实现能力。

(4)发现同学们不具备跟踪主流编程语言前沿技术及发展趋势能力。

(5)发现同学们不具备文献检索、资料查询能力。

(6)发现同学们不具备熟练操作各类操作系统、运用 Java 语言设计程序、调试程序、测试程序的能力。

【学习需要】

(1)通过学习了解 Java 语言的发展历程和特性。

(2)通过学习熟悉 Java 语言的语法知识,具备搭建和配置 Java 开发环境,设计、开发 Java 程序的能力。

(3)通过学习熟悉面向对象程序设计。

(4)通过学习能针对不同问题,对比分析不同语言及编程方式,从而具备选择正确的语言进行编程的能力。

(5)通过学习知道如何提高解决实际问题的编程动手能力以及探索问题的能力。

(6)通过学习了解现在 Java 语言所涉及的国家"卡脖子"技术,了解如何树立刻苦钻研、精益求精的大国工匠精神,如何激发自身的科技报国的家国情怀和使命担当。

四、课程教学设计

(一)教学设计思路

采用"雨课堂"随堂练习实时监控教学进程与课后反思;建设"网上课堂"实现资源共享;结合多媒体

教学与传统黑板板书展示多元素教学内容；创设小组讨论、师生问答的互动情境激发课堂活力，提高学生的课堂参与度；设置计算机编程演示环节来帮助学生突破理论与实践之间的藩篱；通过布置课外论文研读任务来培养学生研究性学习的习惯。

（二）教学目标

本课程教学按照教育部关于印发《高等学校课程思政建设指导纲要》的通知（教高〔2020〕3号），适应国家工程认证改革发展要求，培养学生具备扎实的 Java 语言程序设计专业知识，系统掌握 Java 语言编程领域的基本理论、基本知识和基本技能与设计方法，能够为后续课程提供保障。同时，强化本课程所涉及的工程伦理教育，培养学生针对每一条 Java 程序语句都树立精益求精、深钻细研的大国工匠精神，阐述 Java 语言所涉及的国家"卡脖子"技术，激发学生科技报国的家国情怀和使命担当。

本课程支持工程认证中工匠精神、专业知识与能力和职业技能的毕业目标，主要包括以下目标：

（1）热爱计算机编程事业，贯彻党和国家的方针政策，具有工匠精神，具备良好的 Java 语言程序设计质量意识、服务意识、责任意识和创新意识，爱岗敬业、精益求精。

（2）熟悉 Java 程序员、系统分析员的职业标准，能紧跟 Java 等主流语言的前沿动态和发展趋势，具有良好的专业素养，具备 Java 语言软件设计、技术开发及推广服务等能力。

（3）了解国家及本区域的经济和就业形势，熟悉创业的基本流程和基本方法，具有开展创新创业实践活动的能力。

（4）具有终身学习的意识，通过继续教育和自主学习，紧跟 Java 语言信息领域改革发展的动态，获得适应社会的可持续发展能力。

（三）教学内容

一、Java 语言编程概述

二、标识符、关键字、数据类型

三、变量及作用范围

四、表达式、运算符

五、程序流程控制

六、数组

七、面向对象程序设计概述

八、类的继承、访问控制、覆盖

九、Java 修饰符

十、接口与多态

十一、异常

十二、集合

十三、Java 常用类

十四、Java IO 流

十五、Java GUI

十六、Java 线程

十七、网络编程

十八、对象序列化

十九、内部类

二十、Java 新特性

（四）课程思政

Java 语言程序设计课程思政设计如表 8.2 所示。

表8.2　Java语言程序设计课程思政设计

序号	章节内容	思政元素融入思路
1	Java语言编程概述	1. 激发学生创新意识 2. 强调争当时代弄潮儿的重要性，争取全面发展 3. 使学生具备"工欲善其事，必先利其器"的意识
2	标识符、关键字、数据类型	1. 勉励学生保持敬畏之心，避免失之毫厘，谬以千里 2. 培养学生的规则意识
3	变量及作用范围	1. 规范学生编程习惯，培养学生按规则办事的作风 2. 培养学生按需分配和避免浪费的意识
4	表达式、运算符	1. 鼓励学生在解决实际问题时，要善于思考，找出最佳的计算方案 2. 教导学生事情分轻重缓急，培养学生优先处理紧急重要事件的意识 3. 培养学生遵纪守法的意识
5	程序流程控制	1. 引导学生做一个凡事有条理的人，懂得统筹管理 2. 教育学生"鱼和熊掌不可兼得"的道理，培养学生遵纪守法的意识 3. 树立学生踏实、遵循标准和规范、严谨细致的工作作风
6	Java数组	1. 引导学生要有团队精神和团结意识 2. 培养学生规则意识，不能越界
7	面向对象程序设计概述	1. 培养学生实事求是的思想 2. 让学生明白生活中每一个事物都具备其独特性 3. 加深学生对安全的重要性的理解
8	类的继承、访问控制、覆盖	1. 培养学生实事求是、辩证的思维模式 2. 提高学生的独立思考、分析、归纳和总结能力 3. 让学生充分认识到数据的重要性 4. 培养学生运用正确的方式对隐私数据的保护意识 5. 培养学生充分利用已有的资源高效"复用"意识
9	类的成员修饰	1. 培养学生具备统筹有度的意识 2. 提高学生对数据安全的重要性的意识 3. 引导学生学会资源共享，培养学生的团队意识 4. 激励学生做任何事情都要考虑充分，要仔细认真对待
10	接口与多态	1. 引导学生要从不同的角度看待事物 2. 培养学生将编码思想应用于实际生活的习惯 3. 潜移默化影响学生关于功能公开才能使用的思维模式
11	异常处理	1. 培养学生全面考虑问题的能力及做事严谨的作风 2. 培养学生胆大心细的习惯 3. 培养学生善于思考的习惯
12	集合	1. 引导学生学会换位思考，养成多方位思考的好习惯 2. 教育学生面对不同的问题应根据实际情况选择最优的办法 3. 培养学生沉着冷静、认真细致的习惯，做到不骄不躁
13	Java常用类	1. 培养学生注重基础、注重细节的良好习惯 2. 告诫学生做事不能一步登天，要有毅力、扎实稳重 3. 提高学生的创新思维能力

续表8.2

序号	章节内容	思政元素融入思路
14	Java IO 流	1. 激励学生做事应在标准内精益求精 2. 引导学生对不同事物要善于归纳总结 3. 引导学生要减少资源浪费，加深学生对系统安全的重要性的理解 4. 培养学生的创新思维
15	Java GUI	1. 使学生明白基础的重要性，学会脚踏实地 2. 培养学生的团队意识
16	Java 线程	1. 提高学生的复盘能力及协同做事的专注力 2. 引导学生要勇于创新 3. 培养学生要有团队合作和注意细节的意识 4. 培养学生具备规则意识
17	网络编程	1. 培养学生遵纪守法的思想，树立契约合同意识 2. 激发学生对社会主义核心价值观的认同感 3. 加强学生的社会责任感
18	对象序列化	1. 培养学生重视数据隐私的意识 2. 引导学生要学会感恩，回报社会 3. 提高学生的综合职业素养，树立社会主义职业精神
19	内部类	1. 激励学生注重内在的细节，精益求精 2. 培养学生养成自主学习的习惯，要有知其然知其所以然的意识 3. 提高学生归纳总结和对比分析的能力
20	Java 新特性	1. 引导学生做事要积极主动，善于思考 2. 培养学生深度学习的能力与动力，树立终身学习的思想 3. 培养学生学会倾听，懂得向前辈虚心请教的思想观念

（五）教学方法

本堂课采用"课堂授课模式"进行教学，主要环节包括授课、理解、巩固、运用、总结。每堂课的教学进程如图 8.1 所示。

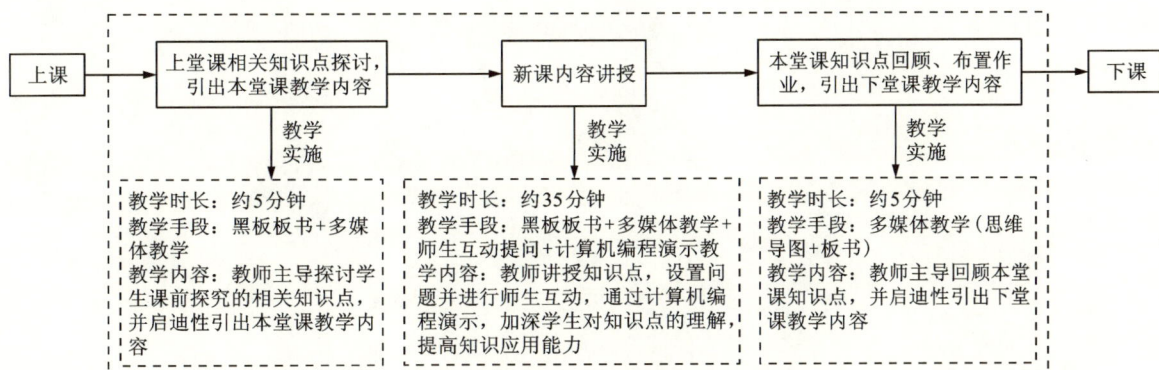

图 8.1　教学进程图

（六）课堂考核

Java 语言程序设计理论考试题型包括选择题、填空题、简答题、程序分析题和程序设计题。理论考试为百分制，共 25 题。成绩评定：课程成绩＝平时成绩×40%＋期末考试成绩×60%。其中，平时成绩主要包括课前探究及提问（占 10%）、上课讨论发言情况（占 10%）和作业完成情况（占 20%）。

《Java 语言程序设计实验》的课程评分重在技能训练与技能考核。技能考核由阶段课中期考核（学习过程）与阶段课末期考核（学习结果）两部分组成，督促学生重视实验阶段中期考核，注重实验实施过程，其评分标准各占 50%。

五、思维导图

Java 语言程序设计思维导图如图 8.2 所示（请扫二维码），此图包含本课程的知识点及关联关系。

图 8.2　Java 语言程序设计思维导图

8.1　Java 编程概述

基本信息			
教学主题	Java 编程概述	课时安排	1 课时(45 分钟)
所在章节	第 1 章　Java 语言概述		

▶【教学目标】

❖ 知识目标

(1)学生能够了解 Java 语言发展历史。

(2)学生能够了解 Java 语言的特点。

❖ 能力目标

学生能够掌握 Java 程序运行的原理。

❖ 创新性学习目标

通过课后实践环节，引导学生掌握 Java 平台在不同的操作系统上安装部署，培养学生的观察和动手能力。根据学生在不同平台部署 Java 的实践步骤，引导学生进行对比分析，使学生深入理解 Java 跨平台的特点，同时培养其归纳总结和对比分析能力。

▶【教学内容】

❖ 主要内容

(1)Java 语言发展历史。

(2)Java 语言的特点。

❖ 地位作用

本堂课是 Java 语言开篇讲授内容，如何激发学生对 Java 语言的学习兴趣至关重要，引导学生采用 Java 语言进行程序设计，使其具备安装配置 Java 开发环境能力。

▶【教学重点、难点、创新点及解决措施】

❖ 教学重点及解决措施

(1)Java 语言发展历史。

(2)Java 语言的特点。

(3)Java 程序运行的原理。

问题牵引教学方法：对于较难理解的基本概念，主要采用提出问题的方式，启发学生积极思考、分析、讨论，寻找解决途径和问题答案的方法。

❖ **教学难点及解决措施**

（1）Java 程序运行的原理——理解 Java 虚拟机。

（2）掌握 Java 语言的特点。

"讲、学、练"相结合：采用演示、讲解和练习等方式使学生了解 Java 语言概念、理解 Java 虚拟机（JVM），熟练掌握 Java 程序运行环境的配置相关的技术细节。

❖ **教学创新点及解决措施**

本堂课教学创新点包括：针对学生以前学习的先导课程 C 语言，跳出教材，通过对比 Java 语言和 C 语言的方法，分析 Java 语言与 C 语言的异同，深入讲解 Java 语言的特点。这样既能使学生温习 C 语言知识，又能深刻理解 Java 语言概念。

在讲解 Java 语言特点时，引入教师开发的实际扶贫项目并系统演示，加强学生掌握 Java 语言实践操作技能。

【教学方法】

❖ **教学模式及方法**

本堂课采用"课堂授课模式"进行教学，主要环节包括：授课、理解、巩固、运用、总结。

❖ **思维导图**

Java 编程概述思维导图如图 8.3 所示。

```
                              主流编程语言
                              Java语言的发展史及其推出时代背景
              课程引导
                              Java特点
                              Java程序运行原理
```

图 8.3　Java 编程概述思维导图

❖ **教学内容重组与加工**

本堂课主要涉及的教学内容包括 Java 语言发展历史、Java 语言的特点。考虑到在讲解 Java 语言时引入其他主流语言如 C、C++语言进行对比，能更好地阐述 Java 语言的特点，本堂课对教学内容进行了重组，针对 Java 具体特点，加入其他主流语言特点的内容，进行综合对比分析。着重讲解 Java 程序运行机制、原理，使同学进一步巩固 Java 程序运行原理的教学内容。

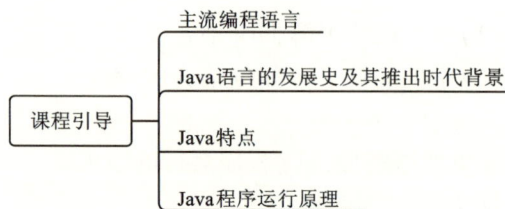

❖ **教学资源与技术手段**

采用"雨课堂"随堂练习实时监控教学进程与课后反思；建设"网上课堂"实现资源共享；结合多媒体教学与传统黑板板书展示多元素教学内容；创设小组讨论、师生问答的互动情境激发课堂活力，提高学生的课堂参与度；设置计算机编程演示环节来帮助学生突破理论与实践之间的藩篱；通过布置课外论文研读任务来培养学生研究性学习的习惯。

❖ **教学信息收集与处理**

首先回顾 Java 语言历史，通过图片展示 Java 语言之父，同时通过图片展示出 Java 语言的特点，刻画出 Java 语言与其他主流语言的区别，给学生直观的效果对比，让学生更加深刻地体会 Java 语言的设计思想及特点。通过讲解 Java 程序编辑、编译到运行的过程，引出 Java 编译器、Java 虚拟机等概念，然后分别阐述 Java 虚拟机的特点、机制等，用图片展示 Java 语言程序解释运行的全过程，帮助学生深入理解 Java 程序运行的原理。基于上述原理，教师演示实际研发项目和论文，使学生对 Java 语言编程解决实际问题有直观的体会。运用所学知识，从归纳的角度对比不同的程序设计语言编程方法的异同，使学生深刻理解各种编程语言的适应场景。最后，作为 Java 语言程序概述课，精选几本优秀的 Java 语言书籍介绍给学生，引导学生通过研读课外书籍来扩宽自己的知识深度与广度，培养研究性学习习惯以增强创新意识。

❖ **教学参与的切入**

本堂课在面向学生主体进行教学过程中，在课前让学生探究现在主流的程序设计语言内容，在上课时展开分组讨论现在最流行的编程语言；并引导小组学生代表分享探究时查询到的观点，让他们能大胆发表看法，师生共同分析。分析完后，教师讲述 Java 语言特点，调动学生的积极性，给机会，给平台，让他们能大胆发表对 Java 语言特点的看法，敢向老师质疑，分享探究时查询到的观点，师生共同分析，让学生思想与思想碰撞，智慧与智慧较量。当学生在学习中意识和感觉到自己的智慧和力量，既体验到了创造的欢乐，又充分地显露了自己个性时，就能实现师生间的知识同步、思维共振、感情共鸣。在分析 Java 语言程序运行原理时，充分提问，让学生体会 C 语言与 Java 语言在运行原理上的差异。同时将教师的科研成果、研发的系统演示给学生，让学生在轻松的状态下学习 Java 语言，激发学生的学习兴趣、释放出巨大的学习潜能。

❖ 教学进程设计

本堂课的教学进程如图 8.4 所示。

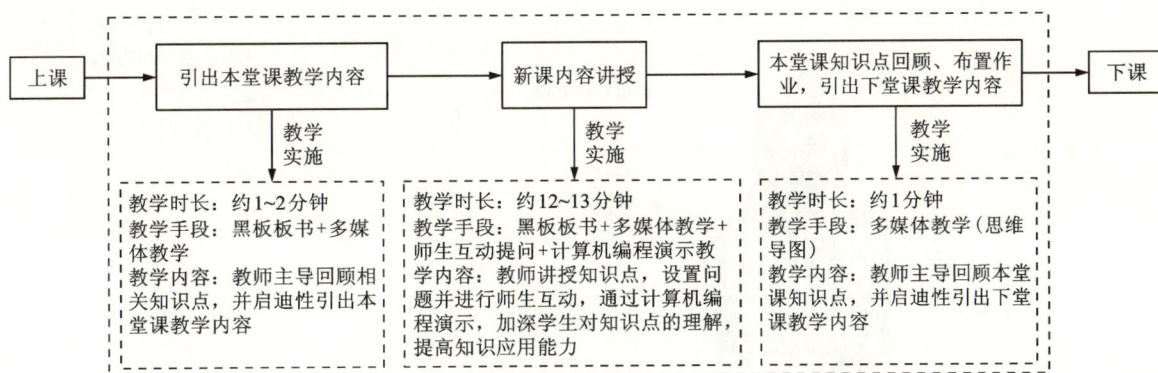

图 8.4　教学进程图

【课程思政】

Java 语言自 1991 年发布，历经近 25 年的发展，现已应用于各行各业。在超 30 亿台移动设备上运行的 Java，是排名第一的部署平台。Java 语言官网描述到，Java 可以使开发人员为移动电话、远程处理器、微控制器、无线模块、传感器、网关、消费产品及几乎其他任何电子设备编写强大而高效的应用程序。Java 语言技术适应 PC 端、移动端、服务器端以及云端需求，可以部署在 Windows、Mac、Linux、Unix、Android 等不同的操作系统平台上，吸引着全球 900 万 Java 开发人员从事着桌面应用开发、Web 服务器应用开发、大数据应用以及最新的人工智能研发，应用范围非常广泛。Java 语言不断进化发展，为计算机程序领域发展带来了活力，学生们学习 Java 编程概述知识，能感受到现代主流程序设计的科技魅力，从而激发学生的学习兴趣，鼓励学生掌握最新编程技术，树立勤奋学习，立志建设科技强国的决心。

【课前探究】

本堂课作为概述课，课前探究使学生对 Java 语言产生兴趣非常重要，教师设计的课前探究内容包括：

（1）学生探究现在主流的程序设计语言，使学生自主发现 Java 语言是目前最流行的语言之一，以及其应用领域之广。

（2）学生尝试探究安装、配置 Java 语言开发环境，使学生接触 Java 语言。

教 学 过 程

◆ 课堂导入

由教师主导，列举 Java 语言有关的几个数字（见图 8.5），了解学生课前探究成效，提问这些数字分别代表什么？

学生积极回答数字与 Java 语言有关的内容，为本堂课学习做好铺垫。

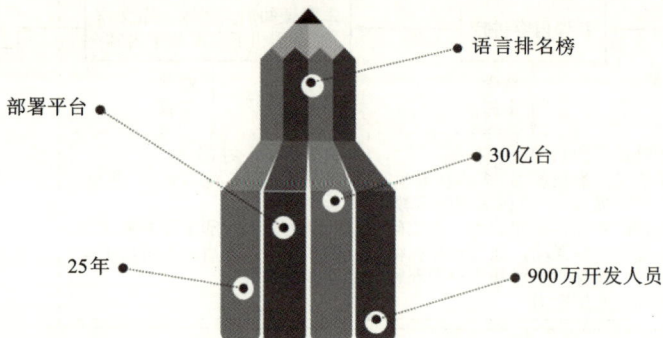

【设计意图】
（1）了解学生课前探究的成效，对于主流编程语言的理解，为开展 Java 语言教学内容的讲解做铺垫。
（2）引导学生参与讨论，激发学生学习 Java 的兴趣。

语言排名榜
部署平台
30亿台
25年
900万开发人员

图 8.5　Java 语言的优势

教师进一步分析学生留言，引出 Java 语言项目实例。
（1）Java 语言能做什么？
（2）为什么 Java 发展了近 25 年，还一直长盛不衰？

针对这两个问题，教师以健康码为例做课堂导入。目前全球正在经历严重的新冠肺炎疫情，在我国疫情得到有效控制初期，当时《人民日报》发表的一篇文章谈到相关问题。

进行复工、复产、复学，需要提供大量的证明，而这些证明需要加盖非常多的公章，这样给大家复工、复产、复学带来了极大的不方便。在此情况下，党和国家迅速提供了新冠肺炎疫情二维码来帮助我们快速地判定一个人是否存在感染新冠肺炎的风险。

那么，健康二维码是如何实现呢？首先通过大数据收集出行信息、所在区域信息和接触人员等信息；然后在后台通过 Java 语言程序对比数据，然后为个人产生红码、黄码或者绿码，这是 Java 在目前生活生产中的一个典型的应用。

◆ Java 语言历史、发展及推出的时代背景讲解

教师引导学生思考课前探究数字内容，为什么 Java 语言会连续排名第一，受到 900 万程序员的喜爱？带着问题，教师讲解教学内容：Java 语言的发展历史，Java 语言的诞生地 SUN 公司，Java 语言开发之父 James Gosling，Java 语言最开始名为 Oak，后面改名 Java。

教师讲述教学内容：Java 语言推出的时代背景，符合嵌入式开发，支

持跨平台和不同设备上运行并易于维护的程序。

Java 语言自 1991 年发布，历经 25 年的发展，现已应用于各行各业，在超 30 亿台移动设备上运行的 Java，是排名第一的部署平台。Java 语言官网描述到，Java 可以使开发人员为移动电话、远程处理器、微控制器、无线模块、传感器、网关、消费产品及几乎其他任何电子设备编写强大而高效的应用程序。Java 语言技术适应 PC 端、移动端、服务器端以及云端需求，可以部署在 Windows、Mac、Linux、Unix、Android 等不同的操作系统平台上，吸引着全球 900 万 Java 开发人员从事着桌面应用开发、Web 服务器应用开发、大数据应用以及最新的人工智能研发，应用范围非常广泛。

如何在这些不同的设备上面进行编程呢？这是一个很大的难题。当时 James Gosling 领导的一个 Oak 的开发团队，主要目的是实现一次编写，到处运行，即编写一个代码，能够在不同的硬件设备上面运行。这个项目经过孵化，终于在 1995 年推出了正式版本。然而他们去注册的时候，发现 Oak 这一个名字已经被注册过了。这个时候他们几个人来到了咖啡店喝咖啡，当时觉得咖啡很不错，就问这个咖啡豆是哪里产生的，老板告诉他这是在印尼的 Java 岛（爪哇岛）上产的咖啡豆，大家一拍即合，说那么我们就把这个名字叫作 Java。当时 Oak 这个软件为了能够在不同的硬件环境上面运行，它还编写了编译器，解释执行器等。现在编译器技术对我们国家来说还是一个"卡脖子"的技术。希望同学们好好学习编程的方法和理念，早日突破这些"卡脖子"的技术（见图 8.6）。

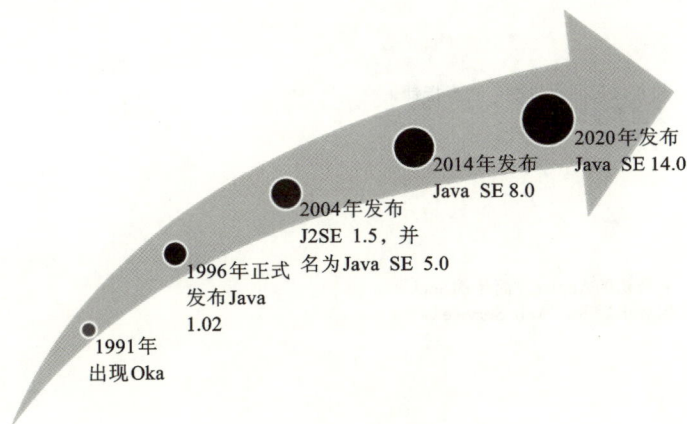

图 8.6　Java 语言发展史

教师进一步讲述在 2020 年 6 月 5 日，即 Java 语言问世 25 年之际，甲骨文发布有史以来最伟大的 25 个 Java 应用程序，其中涉及太空领域项目、大数据与人工智能项目、生命健康领域项目、车联网和物联网项目等，如图 8.7 所示。

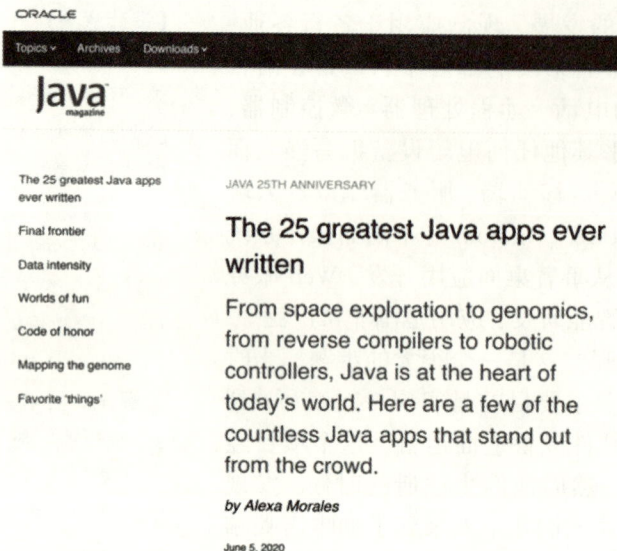

图 8.7　有史以来最伟大的 25 个 Java 应用程序

◈ Java 特点讲解

教师讲述教学内容：Java 语言作为目前最流行的语言之一，除了具备了在语言开展初期所期望的平台无关性之外，还具备包括简单性、面向对象性、网络性、解释性等特点，如图 8.8 所示。

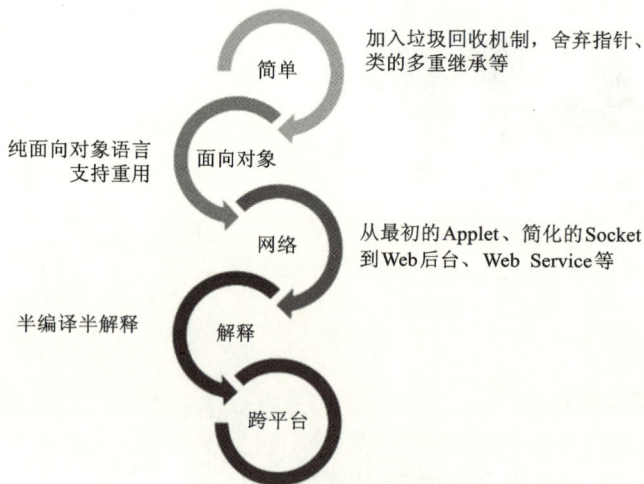

图 8.8　Java 语言的特点

（1）教师讲述教学内容：针对简单性，提问学生在学习 C 语言的时候，哪些知识难以理解和使用？

期待学生回答：指针操作，动态内存分配和使用。

根据学生回答情况，教师对比分析学生以前学过的 C 语言讲解 Java 语言的基本语法。针对 C 或者 C++语言里面一些难以理解的概念，Java 语言做了舍弃，如：指针、类的多重继承、操作符重载等。Java 语言采用动态内存垃圾回收机制，可简化程序员的动态内存分配和销毁操作，如图 8.9

【设计意图】
（1）使学生深入理解 Java 语言特点。使学生认识到 Java 语言经久不衰，这些特点起到关键作用，培养学生设计分析问题要有前瞻性的思维意识。

所示。教师引导学生回顾 C 语言指针操作。

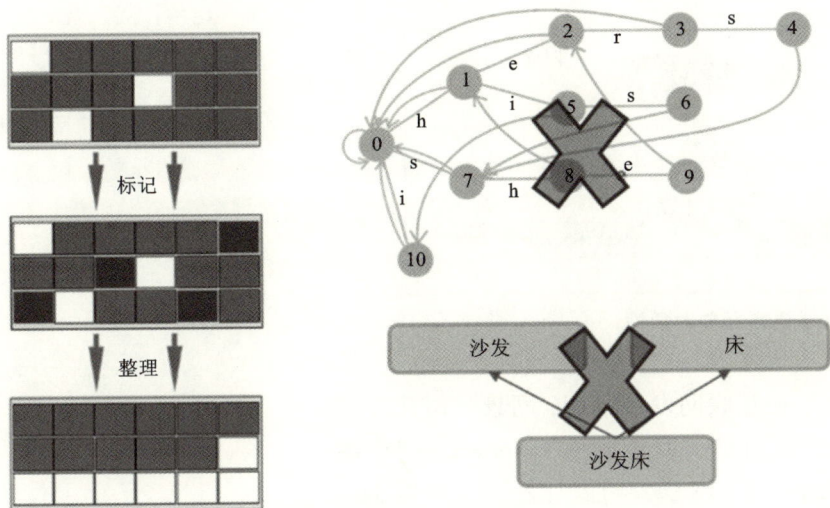

图 8.9　Java 语言简单性

（2）教师讲述教学内容：针对面向对象性，面向对象编程是符合人类对事物描述最直接的思维方式，使人们能重用以前设计过的程序，便于分析和解决复杂问题。面向对象是近三十年来最流行的编程方法。着重向学生讲解面向对象是用抽象的方法进行编程，主要编写类、对象、类的属性和行为等，如图 8.10 所示。面向对象还包括封装、继承、多态三大特性。这部分内容将在以后的课程中详细讲解。

（2）向学生阐述 Java 语言特点是顺应时代的产物，强调学生争当时代弄潮儿的重要性，争取全面发展，为国家的科技事业做出贡献。

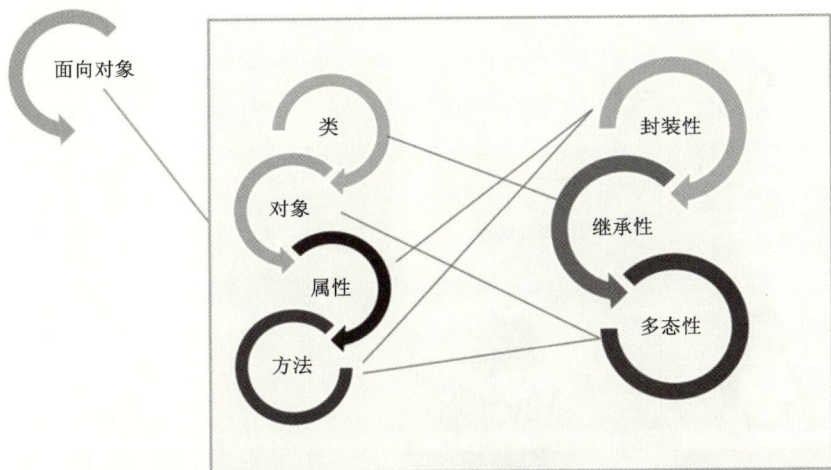

图 8.10　Java 语言面向对象性

（3）教师讲述教学内容：针对网络性，教师组织学生讨论日常上网主要访问哪些网站？

学生小组讨论。

教师根据学生讨论的结果分析：网站可以分为前后台，Java 语言主要用于后台开发，为前台交互提供支撑，如图 8.11 所示。

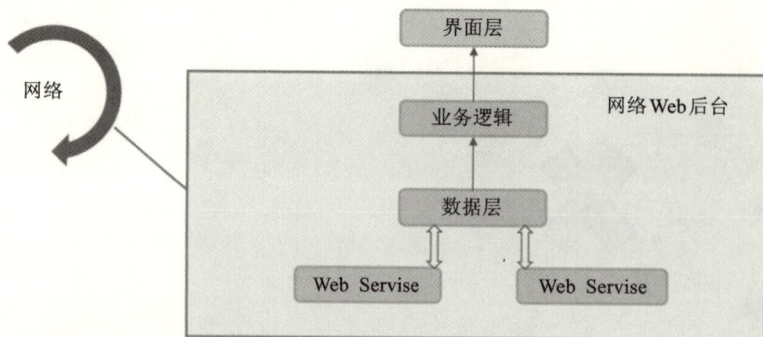

图 8.11　Java 语言面向对象性

　　教师进一步扩展学生的知识面：在互联网发展早期，网景公司开发了一款浏览器软件 Netscape，为了提供更好的交互体验，在 Netscape 浏览器中加入了 Java 的 Applet 组件。与此同时，网景公司设计开发了类似 Java 语言的 JavaScript 脚本语言，可用于网站前端交互功能。教师提问 Java 语言和 JavaScript 语言是不是同一门编程语言。

　　预计学生回答：Java 语言和 JavaScript 语言是不同的语言。

　　（4）教师讲述教学内容：针对解释特性，教师引导学生进一步讨论 Java 语言是在源代码环节还是在字节码环节解释执行。

　　（5）教师讲述教学内容：针对跨平台性，Java 语言可以安装部署在不同的操作系统平台，包括 Windows、Mac、Linux、Unix、Android 等，如图 8.12 所示。为了让学生掌握 Java 语言的跨平台性，教师布置安装 Java 的作业。

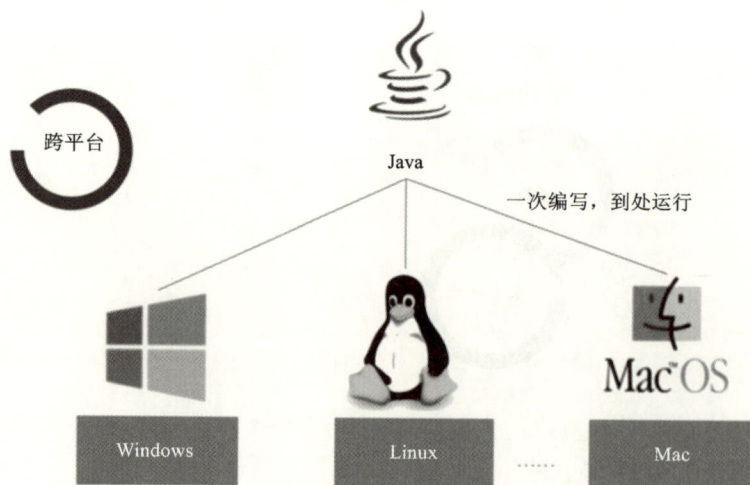

图 8.12　Java 语言面向对象性

◆ **延伸阅读**

　　教师讲述发表在 SCI JCR 1 区上的应用 Java 语言开发的生物网络分析挖掘软件（见图 8.13）。生物网络的聚类分析是识别生物功能模块和预测蛋白质功能的最重要的方法，其聚类结果的可视化对揭示生物网络的结构是至关重要的。为方便科研人员应用，教师所在的项目组应用 Java 语言在基于 Cytoscape 平台上开发了生物网络聚类分析软件 ClusterViz，为生物学家提供聚类结果显示、分析和比较。该软件可以针对生物网络提供多个聚类算法，如：FAG-EC、EAGLE 和 MCODE，并对结果进行可视化。目前已有多个生物研究团队使用 ClusterViz 软件来完成他们的科研工作，并将结果发表在 Nature Genetics、Cell metabolism 等国际著名期刊上。

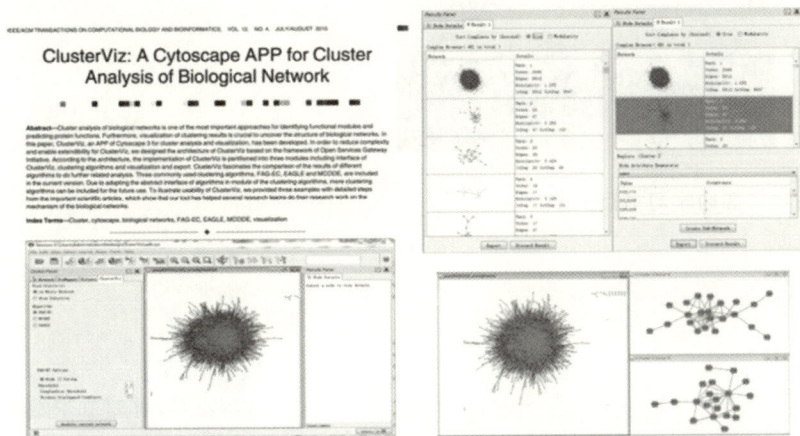

图 8.13　教师应用 Java 语言开发的生物网络分析挖掘软件及发表的论文

　　教师按学生不同学习层次分别向学生推荐几本经典的 Java 书籍，建议学生在课后可以先学习教科书，然后阅读 Java 语言进阶学习书目，甚至高阶书目。

　　学生可借阅教师所推荐的书籍，利用课外时间阅读。

　　Java 语言进阶学习书目如图 8.14 所示。

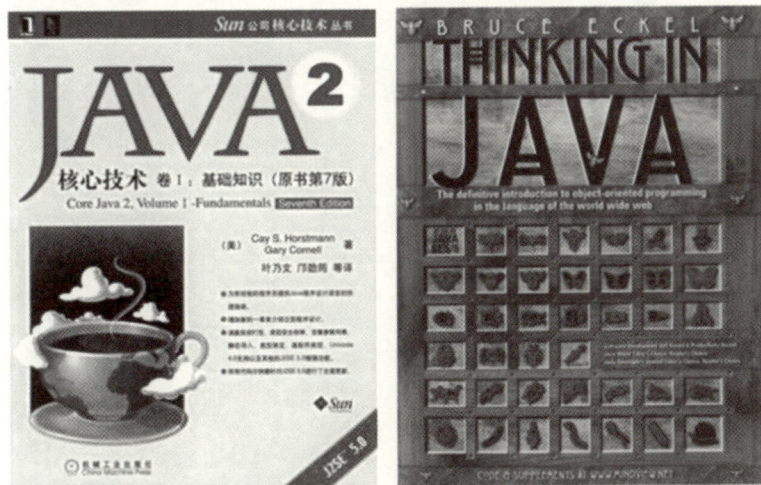

图 8.14　Java 语言进阶学习书目

Java 语言高阶学习书目如图 8.15 所示。

【设计意图】
延伸阅读主要培养学生科研性学习习惯，拓宽知识深度与广度，培养创新思维，使学生理解运用 Java 语言能做哪些科研工作。

图 8.15　Java 语言高阶学习书目

◈ 小结，并引出下节课内容

教师对本节课教学内容进行小结。
学生认真听讲，并积极思考。

【设计意图】
内容小结，梳理知识脉络。

◈ 布置作业、实践以及下节课的课前探究内容

教师布置课后作业与巩固练习题，准备下课。
学生记录课后作业，准备下课。
具体教学内容如下：
（1）布置作业。
请学生找出哪些常用软件是 Java 语言开发的。
（2）布置实践。
①请学生在 Linux 环境下安装和配置 Java 语言平台。
②请学生编写及运行一个 Java 语言程序。
（3）布置下一节课课前探究内容。
①学生探究 Java 语言标识符的命名规则。
②学生探究 Java 关键字有哪些，有什么作用。
板书设计如图 8.16 所示。

【设计意图】
（1）培养学生温故知新的学习态度。
（2）培养学生课后实践动手能力。
（3）培养学生课后自主探究知识的习惯。

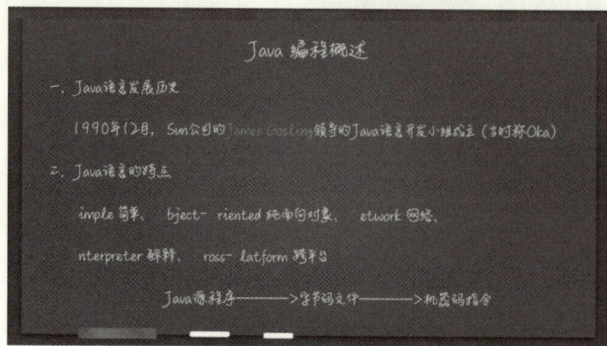

图 8.16　板书设计

◆ **形成性评价**

　　本堂课形成性评价主要采用课堂提问和选择题方式来分析学生是否主动参与课堂活动，做出学生对学习内容的及时评价。

❖ 教学重点考察

下列哪些属于 Java 的特点？

A. 简单性　　　　B. 面向对象　　　　C. 平台无关　　　　D. 解释性

❖ 教学难点考察

Java 程序运行原理是什么？

❖ 思政考察点

（1）学生对 Java 语言有没有兴趣。

（2）学生有没有形成"工欲善其事，必先利其器"的意识。

（3）当前国家的"卡脖子"技术难点能否激励学生认真学习、刻苦钻研的精神？

教　学　反　思

　　Java 编程概述是"Java 语言程序设计"课程中的开篇教学内容，该内容的教学的主要目的是让学生了解 Java 语言发展史、Java 语言特点，激发学生对 Java 语言学习的浓厚兴趣。通过对学生的认知水平、能力状态、学习需要等分析，学生已了解 C 语言语法、能缩写简单的 C 语言代码，但对 Java 语言仅停留在听说过 Java 语言名字的认知水平，没有学习过 Java 语言，缺乏使用 Java 语言编写代码解决实际问题的能力。由于对 Java 语言的陌生感，学生在 Java 编程概述的课前探究环节出现了一些困难进而容易产生畏难情绪。基于上述内容，在本堂课内容的讲授中进行了如下设计：

　　（1）首先回顾 Java 语言历史，通过图片展示 Java 语言之父、程序语言排行榜，讲解 Java 语言的作用。一方面激发学生的兴趣，使其尽快进入课堂角色，另一方面为本堂课的内容讲授奠定基础。

　　（2）通过图片展示出 Java 语言的特点，刻画出 Java 语言与其他主流语言的区别，给学生直观的效果对比，让学生更加深刻地体会 Java 语言的设计思想及特点，培养学生的对比分析和归纳总结能力。通过讲解 Java 程序编辑、编译到运行的过程，引出 Java 编译器、Java 虚拟机等概念，然后分别阐述 Java 虚拟机的特点、机制等，并用图片展示 Java 语言程序解释运行的全过程，辅助学生深入理解 Java 程序运行的原理。最后，引入 Java 语言技术知识点，以提高学生对该部分内容的思想认识；通过联系时政和"卡脖子"技术，激发学生勤奋学习、立志技术报国的思想情怀。

　　（3）作为 Java 语言程序概述课，教师精选了几本优秀的 Java 语言书籍介绍给学生，引导学生通过研读课外书籍来拓宽自己的知识深度与广度，通过培养学生研究性学习习惯来增强创新意识。对本堂课内容进行小结，梳理知识脉络，帮助学生认识到 Java 语言特点是顺应时代的产物，强调学生争当时代弄潮儿的重要性，争取全面发展，为国家的科技事业做出贡献。同时，承前启后，引出下一堂课内容——标识符、关键字、数据类型；布置课后习题，提高学生的知识点的运用能力。

　　另外，根据教学过程的形成性评价教学内容重点、难点目标以及思政目标进行达成度分析，根据统计结果，对今后教学做改进。针对本届学生，对今后教学做改进：若大部分学生没有掌握 Java 语言的特点，则在今后教学中还要继续讲解 Java 语言的特点；若学生没有树立"工欲善其事，必先利其器"的意识，则在今后的课堂上对 Java 语言开发工具做相应的演示。针对下一届学生，对本堂课教学做改进：本堂课引用了最新的程序语言排行榜，明年需要进一步更新，Java 语言发展历史也需要进一步更新。

8.2 面向对象程序设计概述
（附 15 分钟教学视频）

云麓课堂

课堂实录

基本信息			
教学主题	面向对象程序设计概述	课时安排	1 课时(45 分钟)
所在章节	第 7 章　Java 语言面向对象程序设计概述		

【教学目标】

❖ 知识目标

(1)学生能够了解面向对象编程的优势。

(2)学生能够了解 Java 语言面向对象的基本概念。

(3)学生能够掌握面向对象的三大特性。

❖ 能力目标

(1)学生能够掌握面向对象的核心思想及优势。

(2)学生能够掌握 Java 语言的类、对象、属性、方法的基本概念。

(3)学生能够掌握封装、继承、多态等三大面向对象特性。

❖ 创新性学习目标

通过讲解 Java 语言面向对象基本知识，培养学生的观察、抽象和动手能力。根据现实扶贫场景，引导学生抽象出所涉及的类及类的属性和方法，培养学生进行抽象、分析的能力，使学生深入理解 Java 语言面向对象知识，同时培养其归纳总结和对比分析能力。

【教学内容】

❖ 主要内容

(1)Java 语言面向对象的基本概念：类、对象、属性、方法。

(2)Java 语言面向对象编程的三大特性。

❖ 地位作用

本堂课是 Java 语言面向对象编程基础知识内容，该内容是本门课程的关键知识点之一，主要培养学生面向对象编程的意识，使学生全面掌握 Java 语言面向对象编程的核心思想，理解 Java 语言中面向对象的基本概念，如类、对象、属性、方法等，了解面向对象编程的三大特性，引导学生采用 Java 语言进行面向对象程序设计，使其具备初步编写 Java 语言面向对象程序的能力。

【教学重点、难点、创新点及解决措施】

❖ 教学重点及解决措施

(1)面向对象编程核心思想。

（2）Java 语言面向对象的基本概念：类、对象、属性、方法。

（3）Java 语言面向对象编程的三大特性。

对于较难理解的基本概念，主要采用案例导入法，导入目前国家正在实施的扶贫政策，提出问题——如何分析和设计扶贫系统，启发学生积极思考、分析、讨论，寻找、分析设计途径，从感性到理性来理解面向对象的概念。

❖ 教学难点及解决措施

（1）Java 语言类、对象、属性、方法。

（2）Java 语言封装、继承、多态三大特性。

"讲、学、练"相结合：使学生在编程实践中熟练掌握类和对象的基本概念以及核心思想、类的属性和方法的设计；熟练掌握面向对象三大特性，封装性、继承性、多态性。

❖ 教学创新点及解决措施

本堂课教学创新点包括：针对学生关注的如何解决现实场景的问题，跳出教材，通过引入现实场景扶贫措施，深入讲解 Java 语言采用面向对象的方法设计现实场景中的类、对象、属性、方法。这样既了解国家扶贫政策，又能深刻理解 Java 语言面向对象概念。

通过一个完整实例，讲解 Java 语言面向对象概念，并全程配图演示，加强学生掌握 Java 语言面向对象的概念和三大特性。

▶【教学方法】

❖ 思维导图

面向对象程序设计思维导图如图 8.17 所示。

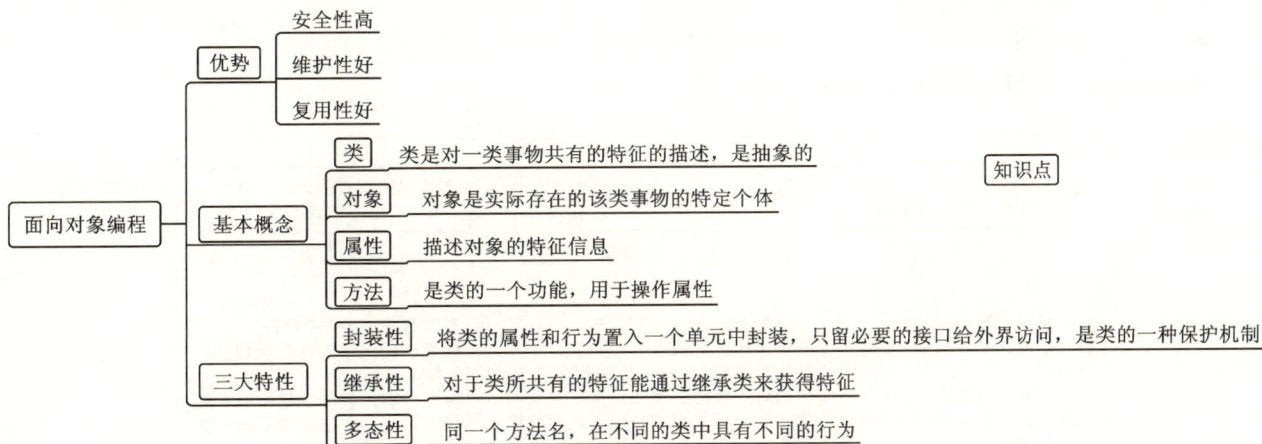

图 8.17　面向对象程序设计思维导图

❖ 教学模式及方法

本堂课采用"课堂授课模式"进行教学，主要环节包括：授课、理解、巩固、运用、总结。

❖ 教学内容重组与加工

本堂课主要涉及的教学内容包括 Java 语言面向对象基础知识。考虑到学生以前没有接触过面向对象编程的知识，为了更好地阐述 Java 语言中面向对象的类、对象、属性、方法，以及继承、封装、多态等面向对象三大特性，本堂课导入目前国家正在实施的扶贫政策，提出问题——如何分析和设计扶贫系统，启发学生积极思考、分析、讨论，寻找、分析设计途径，从感性到理性来理解面向对象的概念。本着从问题中来，回到问题中去的原则，本堂课的教学内容还引入了教师自主研发的扶贫系统，在演示扶贫系统的过程中，着重对应讲解 Java 语言面向对象的优势，使学生深刻理解在实际系统开发过程中面向对象编程的作用。

❖ **教学资源与技术手段**

采用"雨课堂"随堂练习实时监控教学进程与课后反思；建设"网上课堂"实现资源共享；结合多媒体教学与传统黑板板书展示多元素教学内容；创设小组讨论、师生问答的互动情境激发课堂活力，提高学生的课堂参与度；设置计算机编程演示环节来帮助学生突破理论与实践之间的藩篱；通过布置课外论文研读任务来培养学生研究性学习的习惯。

❖ **教学信息收集与处理**

首先收集目前国家正在实施的扶贫政策和视频，举例展示目前扶贫的理念，抽取扶贫政策与面向对象编程思想相同的关键信息点。同时，本着解决实际问题的思路出发，引导学生思考如何设计扶贫人员和扶贫对象的类，通过图片展示扶贫人员和扶贫对象信息，描述它们所对应的类、属性和方法，给学生直观的展示采用面向对象思想分析、设计的效果。用图片和扶贫过程中的事例展示 Java 语言在面向对象三大特性，帮助学生深入理解 Java 语言面向对象三大特性原理。基于上述原理，教师演示自主开发的扶贫系统，使学生既学习 Java 语言面向对象知识，又对国家扶贫攻坚伟大壮举有直观的体会。最后，精选项目源代码案例介绍给学生，引导学生通过研读课外源代码来拓宽自己的知识深度与广度，培养研究性学习习惯以增强创新意识。

❖ **教学参与的切入**

本堂课在面向学生主体进行教学过程中，在课前让学生探究 Java 语言面向对象的基本概念，类和对象的差异是什么；在上课时根据导入的扶贫示例内容点分组讨论课前探究内容，并引导小组学生代表分享观点、大胆发表看法，师生共同分析。分析完后，采用分组讨论式教学、辩论式教学、表演式教学，调动学生的积极性，让思想与思想碰撞，智慧与智慧较量。当学生在学习中意识和感觉到自己的智慧和力量，既体验到了创造的欢乐，又充分地实现师生间的知识同步、思维共振、感情共鸣，让学生在轻松的状态中释放出巨大的学习潜能。

❖ **教学进程设计**

本堂课的教学进程如图 8.18 所示。

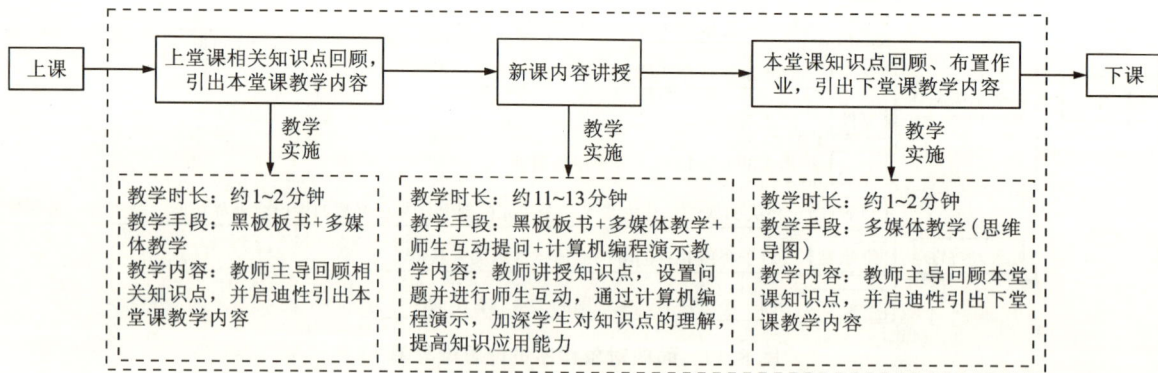

图 8.18 教学进程图

▶ **【课程思政】**

面向对象的编程(OOP)思想力图使计算机语言对事物的描述与现实世界中该事物的本来面目尽可能的一致，本质是唯物主义和实事求是，这能潜移默化培养学生的世界观。本堂课以国家正在实施的扶贫措施为例，提出问题——如何分析和设计现实场景的扶贫系统，启发学生积极思考、分析、讨论，寻找、分析设计途径。

【课前探究】

本堂课作为概述课，课前探究使学生对 Java 语言产生兴趣非常重要，教师设计的课前探究内容包括：

(1)学生探究 Java 语言面向对象知识。

(2)学生探究类与对象的关系。

(3)学生探究自己使用的现实系统。

教　学　过　程

◆ 回顾上堂课的知识点、上堂课作业点评及课前探究讨论和点评

由教师主导，组织学生温故上堂课的重要知识点：Java 语言的标识符、关键字和数据类型的使用。

邀请学生回答上堂课作业中花费时间最多的是哪部分，Java 语言程序能否用于解决距特定日期还有多少天的问题。

若学生回答教师提问，预计答案：编写成功，但编程过程遇到较多问题。

(1)教师回顾 Java 语言标识符、关键字、数据类型知识。

(2)教师根据学生讨论的 Java 语言面向对象内容进行评论。教师估计学生们会讨论的教学内容包括类和对象等，由于该问题学生以前没有接触，估计较难回答正确。

(3)教师查阅学生留言。

①如何利用已学习的 Java 知识，针对现实场景编制相应的软件，解决实际问题？

②每当要解决实际问题时，不知道如何下手。

教师点评学生留言具有较好实践探索精神，通过导入扶贫案例回答学生留言(见图 8.19)。

对于较难理解的基本概念，主要采用案例导入法。

【设计意图】

(1)了解学生上堂课的学习成效。

(2)了解学生作业过程中所遇到的难点，帮助学生针对难点问题进行梳理解决。

图 8.19　扶贫案例图

　　教师请同学们思考如何实现扶贫这个实际场景，为本堂课授课内容做铺垫。

◈ 面向对象编程的基本概念

　　教师引入本堂课内容提要(见图 8.20)。

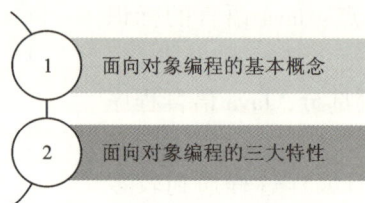

图 8.20　本堂课内容提要

　　提问环节

　　背景：习近平总书记提出了"扶贫攻坚就是要实事求是、因地制宜、分类指导、精准扶贫"。

　　提问：

　　(1)如何做到"实事求是、因地制宜、分类指导、精准扶贫"？

　　(2)需要采用什么方法设计现实场景的扶贫软件？

　　预计学生回答：编写一个扶贫系统，精准记录扶贫信息。

　　教师问如何设计一个扶贫信息系统。

　　组织学生讨论：是采用传统的面向过程编程方法还是采用面向对象程序设计方法。

　　预计学生回答：部分同学回答不出，部分同学回答采用以前学过面向过程的 C 语言。

　　面向对象编程的基本概念如图 8.21 所示。

【设计意图】

(1)让学生了解国家扶贫项目，培养学生实事求是的思想，让学生具备针对不同情况可以自主做出改变的能力。

(2)学生深入学习面向过程编程和面向对象编程的区别，在以后的学习中，能够针对不同的需求，合理地运用所学知识。

（3）使学生深入理解面向对象编程的特点及其基本概念。

图 8.21　面向对象编程的基本概念

（1）教师讲述面向对象编程的基本思想（见图 8.22）。

Everything is Object：万事万物皆对象

面向对象的编程（OOP）思想力图使计算机语言对事物的描述与现实世界中该事物的本来面目尽可能的一致。

（扶贫工作：实事求是）

图 8.22　面向对象编程思想

（2）教师讲述扶贫工作中的"实事求是"与"面向对象的编程（OOP）思想力图采用计算机语言对事物的描述与现实世界中该事物的本来面目尽可能的一致"的关系，培养学生面向对象编程的基本思维。

（3）通过引入"贫困户"和"具体贫困户"感性认识，重点讲述面向对象编程的基本概念——类和对象，重点讲述抽象和具体的关系（见图 8.23）。

（4）让学生了解到 Java 语言是一门"实事求是"的语言，学好 Java 可以为祖国做很多有实际效益的事情，培养学生的爱国情怀。

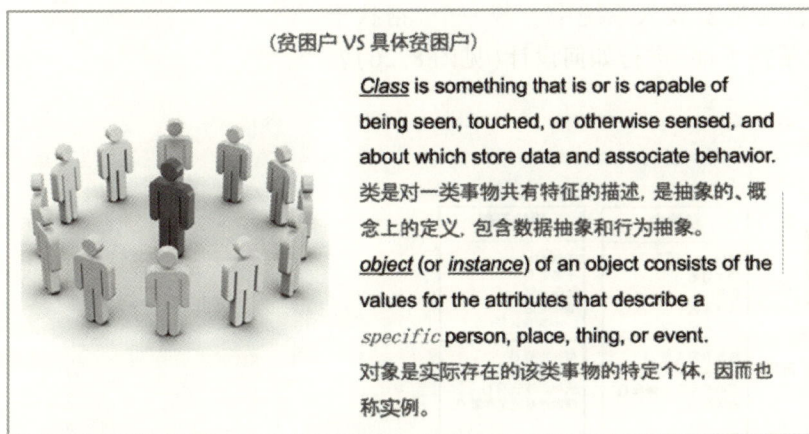

（贫困户 VS 具体贫困户）

Class is something that is or is capable of being seen, touched, or otherwise sensed, and about which store data and associate behavior.
类是对一类事物共有特征的描述，是抽象的、概念上的定义，包含数据抽象和行为抽象。
object (or *instance*) of an object consists of the values for the attributes that describe a *specific* person, place, thing, or event.
对象是实际存在的该类事物的特定个体，因而也称实例。

图 8.23　类与对象

（4）通过引入"贫困户"状态和"设立扶贫措施"的感性认识，重点讲述面向对象编程的基本概念：属性和行为（见图 8.24）。

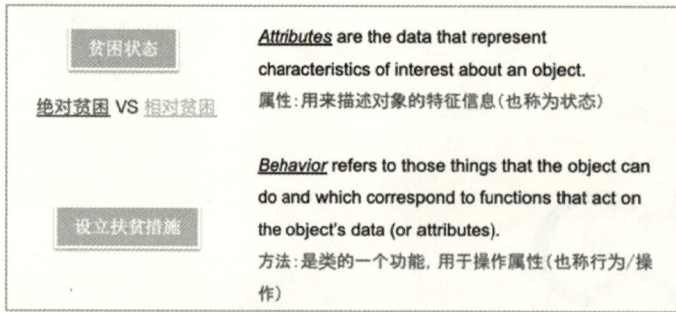

图 8.24　属性与方法

（5）教师引入扶贫工作中建档立卡的扶贫户和扶贫干部的实例来讲解面向对象基本概念

（6）教师设计"贫困户""帮扶干部"两个类，并设计出类的属性和行为进一步阐述抽象和具体的关系（见图 8.25）。

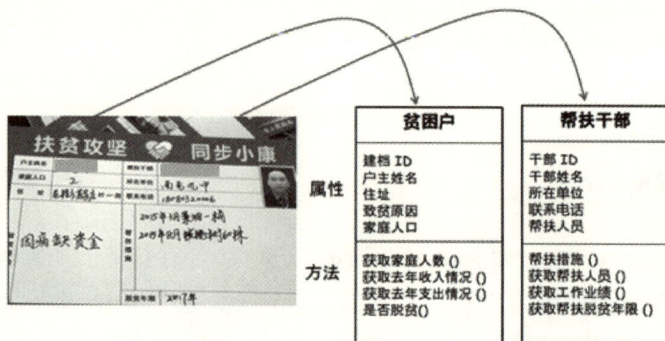

图 8.25　贫困户与帮扶干部对应的类

（7）提问：是否所有的属性和行为都要放入系统中？若一个"帮扶干部"需要帮扶多名贫困户，需要在"帮扶干部"进行如何设计（见图 8.26）？

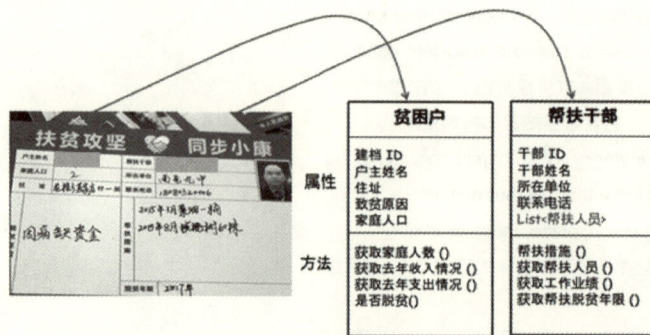

图 8.26　思考如何设计帮扶干部属性

预计学生回答：使用引用型数据类型。

教师点评可以采用一对多的引用数据类型，如 List 等，为今后 List 的讲解做铺垫。

（5）教师引入扶贫工作中建档立卡的扶贫户和扶贫干部的实例来讲解面向对象基本概念，并回答学生的课前提问：如何利用已学习的 Java 知识，针对现实场景编制相应的软件，解决实际问题。

◈ 面向对象编程的三大特性

（1）面向对象编程的三大特性（见图 8.27）。

图 8.27　面向对象编程三大特性

【设计意图】
（1）让学生了解面向对象编程的三大特性，培养学生的认知能力。
（2）在教学过程中，通过对扶贫项目的讲述，让学生了解到国家正在高速发展，党和国家关爱每一个中国人。
（3）教师引导学生讨论问题：是否所有的扶贫信息都要公开？扶贫涉及的资金存在银行，是否要将银行保险箱的密码也要公开？

（2）教师讲述面向对象编程的封装性。封装性：将类的属性和行为置入一个单元中封装，只留必要的接口给外界访问，是类的一种保护机制，使得它的属性或方法不被外部的程序直接访问（见图 8.28）。

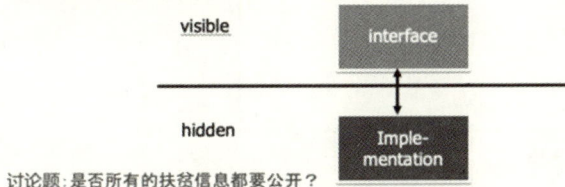

图 8.28　面向对象编程的封装性

（3）教师讲述面向对象编程的封装性实现原理及语法，将要公开的设置为 public，不需要公开的设置为 private 或者 protected。

（4）教师讲述面向对象编程的继承性。教师引导学生找出"贫困户"和"扶贫干部"的异同。帮扶干部、贫困户都是人，具有人的属性和行为，可以抽象出人的类，放置共有属性和行为（见图 8.29、图 8.30）。

（4）教师引导学生讨论"贫困户"和"扶贫干部"有什么异同，有无共同属性和行为，从而引出继承性的概念，加深学生对继承的理解。

图 8.29　帮扶干部与贫困户的属性与行为

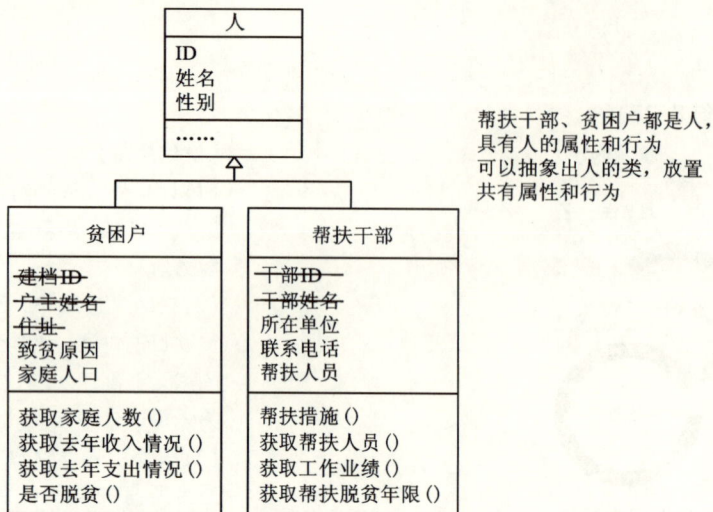

图 8.30　抽象出帮扶干部与贫困户的共有属性与行为

（5）教师讲述面向对象编程的多态性，首先提问目前学生家里有没有相应的扶贫项目（见图 8.31）。

图 8.31　不同的扶贫措施

（6）教师从扶贫措施谈到面向对象的多态特性，同一个方法名在不同的类中具有不同的行为（见图 8.32）。

图 8.32　面向对象多态性

（7）教师以扶贫措施的面向对象的多态性举例（见图 8.33）。

（5）教师引导学生讨论如何做到因地制宜，分类指导、精准扶贫，从而引出多态性的概念，加深学生对多态性的理解。

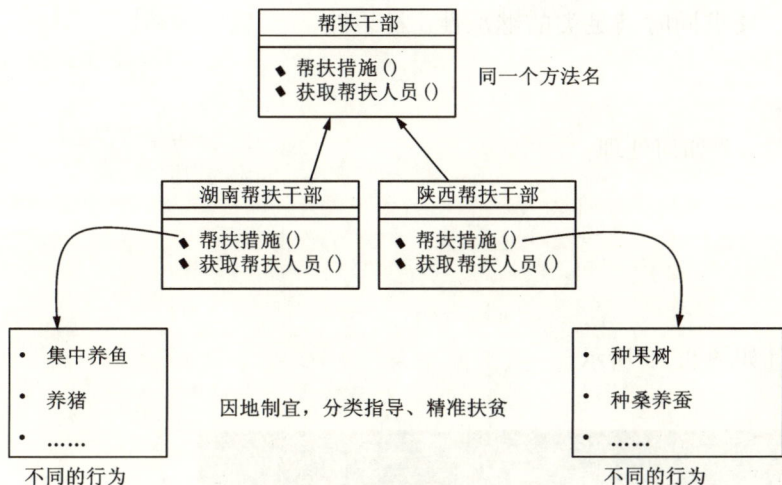

图 8.33　扶贫措施的多态性

◈ 延伸阅读

教师建议学生在课后可以学习面向对象编程的研究论文。延伸阅读主要培养学生科研性学习习惯，拓宽知识深度与广度，提高编程素养。

学生通过互联网找到相关资源，利用课外时间进行阅读。

【设计意图】
开拓学生的思维，让他们的眼界得到提升，培养他们的探究精神。

◈ 课堂小结，并引出下堂课内容

教师总结面向对象编程的基本概念和三大特性，及三大特性与基本概念的联系（见图 8.34），并引出下堂课内容——类的继承。

【设计意图】
(1) 对本堂课内容进行小结，梳理知识脉络，帮助学生理清思路。
(2) 引出下一堂课内容，为学生进一步学习指明方向。

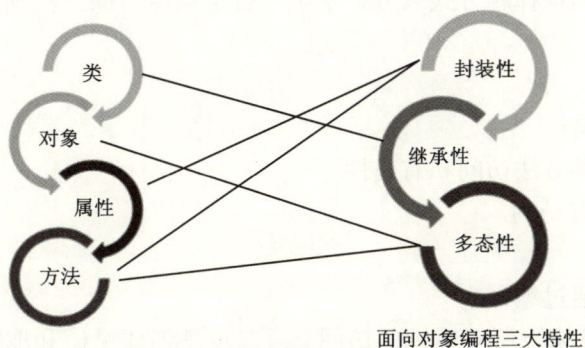

图 8.34　面向对象编程三大特性

◈ 布置作业、实践以及下一堂课的课前探究内容

教师布置课后作业与巩固练习题，准备下课。

（1）布置作业。

请学生谈谈 Java 语言面向对象的基本概念。

（2）布置实践。

设计实现一个面向对象的程序，要求同时满足类的继承性、封装性、多态性。

（3）布置下一堂课课前探究内容。

出现多个类有相同属性和方法时，要如何处理？

【设计意图】
（1）培养学生课后实践动手能力。
（2）培养学生课后自主探究知识的习惯。

【板书设计】

面向对象程序设计概述板书设计如图 8.35 所示。

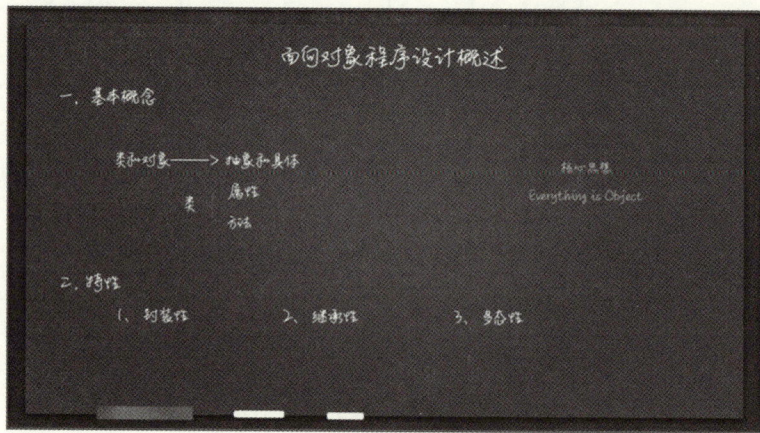

图 8.35　面向对象程序设计概述板书设计

【形成性评价】

本堂课形成性评价主要采用课堂提问和选择题方式来分析学生是否主动参与课堂活动，做出学生对学习内容的及时评价。

（1）教学重点考察。

①下列选项中关于封装的说法错误的是（　　　）。

A. 封装就是将属性私有化，提供公有的方法访问私有属性

B. 属性的访问方法包括私有访问和公有访问

C. 方法用于赋值、取值

D. 类的属性必须进行封装，否则无法通过编译

②实现封装，第一步是修改属性可见性来限制对属性的访问，第二步是创建赋值和取值方法，用于对属性的访问，第三步应该是（　　　）。

A. 使用赋值和取值方法访问属性

B. 编写常规方法访问属性

C. 在赋值和取值方法中，加入对属性的存取限制

D. 编写方法创建对象，调用赋值和取值方法访问属性

（2）教学难点考察。

①抽象最主要的特征是什么？

②面向对象的程序设计有哪些优点？

（3）思政考察点。

①对于国家的扶贫项目，学生有没有一个初步的了解？

②在课堂中，是否培养了学生坚韧不拔、诚实守信的性格？

③在本节课中，是否潜移默化，提高了学生团队协作、沟通表达的能力？

教　学　反　思

　　面向对象程序设计概述是"Java 语言程序设计"课程中的一个重要知识点，是进行面向对象程序编写的基础，但由于学生以前较少接触面向对象知识，导致该部分内容知识抽象且难以理解，易产生畏难情绪。基于上述内容，在本堂课内容的讲授中进行了如下设计：

　　（1）首先简要回顾上堂课的相关知识点，一方面让学生尽快进入课堂角色，另一方面为本堂课的内容讲授奠定基础。

　　（2）通过对基本概念的讲解，并融入课堂编程，教师能很好地阐述面向对象编程基本概念及三大特性。教学过程中主要采用具体实际案例导入法，提出问题，启发学生积极思考、分析、讨论，寻找解决问题的途径。同时，引入国家目前正在实施的扶贫政策及措施来说明应用面向对象知识解决实际问题；联系时政，激发学生勤奋学习，立志技术报国的思想情怀。

　　（3）"讲、学、练"相结合：对于相关技术细节，大量采用演示、讲解和练习等方式，使学生在编程实践中加深对面向对象编程的理解，熟练掌握相关的技术细节。通过图片示例，给学生以直观的感受，使学生更直观地理解类、对象、属性、方法的设计。通过扶贫人员和扶贫措施来进一步深入分析封装、继承、多态三大面向对象特性。本堂课突破单纯的理论知识讲解，引入现实场景的内容，让学生突破理论知识与实践应用的知识鸿沟。

　　（4）给学生指定参考论文进行课外研读，使学生拓展并加深对本堂课所学知识点的理解，培养学生进行研究性学习的创新意识。对本堂课内容进行小结，梳理知识脉络，帮助学生理清思路；承前启后，引出下一堂课内容；布置课后作业、实践和下堂课课前探究内容，提高学生对知识点的运用能力。

　　另外，根据教学过程的形成性评价教学内容重点、难点目标以及思政目标进行达成度分析，根据统计结果，对今后教学做改进。针对本届学生，对今后教学做改进：布置作业可以分几个层次，针对基础较差的学生，应该让其先掌握基础知识；针对基础知识掌握很牢固的学生，可以布置一些难度更大地作业习题，让他们的潜能得到充分的开发，提高他们的编程能力。针对下一届学生，对本堂课教学做改进：可以播放相应的演示动画，充分利用多媒体技术，让学生更为直观地理解相关概念。

8.3 Java 语言表达式

云麓课堂
教学设计

本节内容详见二维码。

基本信息			
教学主题	Java 语言表达式	课时安排	1 课时(45 分钟)
所在章节	第 2 章　Java 语言表达式		

【教学目标】

❖ 知识目标

(1)学生能够了解 Java 语言表达式。

(2)学生能够了解 Java 语言运算符。

(3)学生能够理解 Java 语言中表达式和运算符在程序运行过程中的原理、机制。

❖ 能力目标

(1)学生能够掌握操作数的使用。

(2)学生能够掌握 Java 语言运算符分类。

❖ 创新性学习目标

通过讲解 Java 语言表达式和运算符知识,培养学生的观察、抽象和动手能力;提供不同优先级的 Java 代码示例,培养学生代码分析能力,使学生深入理解 Java 语言运算符优先级的知识。讲解表达式在运行时的原理,培养学生归纳总结和对比分析能力。

【教学内容】

❖ 主要内容

(1)Java 语言表达式操作数。

(2)Java 语言表达式运算符。

❖ 地位作用

表达式和运算符是 Java 语言程序的基本单位,它们主要作用于算术运算、关系运算、逻辑运算、二进制位运算以及赋值运算等。该部分内容主要培养学生严谨、准确使用表达式和运算符的意识,使学生全面掌握 Java 语言不同类型表达式和运算符的使用方法,深刻理解 Java 语言中表达式和运算符在程序运行过程中的原理、机制,引导学生正确使用 Java 语言表达式和运算符进行程序设计,使学生具备正确编写代码的能力。

【教学重点、难点、创新点及解决措施】

❖ 教学重点及解决措施

(1)学生能够了解 Java 语言表达式。

（2）学生能够了解 Java 语言操作数、运算符。

以防疫健康码为例，如何通过表达式和运算符来计算红码、黄码、绿码并编程实现；持绿码的人与持其他码的人在时间和地点上存在交集，启发学生积极思考、分析、讨论，然后分析、设计、编码该问题，从感性到理性来理解表达式和运算符的概念。

❖ 教学难点及解决措施

（1）Java 语言操作数应用。

（2）Java 语言操作数和运算符在运行时的原理。

"讲、学、练"相结合：采用演示、讲解和练习等方式使学生了解 Java 语言表达式和运算符相关的技术细节。

❖ 教学创新点及解决措施

本堂课教学创新点包括：针对学生关注的如何解决实际场景的问题，跳出教材，通过引入现实场景防疫健康码，深入讲解 Java 语言表达式、运算符的应用。这样既了解国家防疫措施，维护自身和他人的生命健康，又能深刻理解 Java 语言表达式和运算符知识。

通过健康码示例讲解 Java 语言表达式和运算符在其中的应用，并全程演示，加强学生运用 Java 语言表达式和运算符编程的技能。

▶【教学方法】

❖ 教学模式及方法

本堂课采用"课堂授课模式"进行教学，主要环节包括：授课、理解、巩固、运用、总结。

❖ 教学内容重组与加工

本堂课主要涉及的教学内容包括 Java 语言表达式和运算符。为更好阐述表达式和运算符，本堂课以当前防疫健康码作为示例，通过收集计算红码、黄码、绿码的计算规则，结合教学内容重组：如何利用表达式和运算符中的算术运算、关系运算、逻辑运算以及赋值运算来计算红码、黄码、绿码，启发学生积极思考、分析、讨论，寻找、分析设计途径，从感性到理性来思考理解表达式和运算符。

❖ 教学资源与技术手段

采用"雨课堂"随堂练习实时监控教学进程与课后反思；建设"网上课堂"实现资源共享；结合多媒体教学与传统黑板板书展示多元素教学内容；创设小组讨论、师生问答的互动情境激发课堂活力，提高学生的课堂参与度；设置计算机编程演示环节来帮助学生突破理论与实践之间的藩篱；通过布置课外论文研读任务来培养学生研究性学习的习惯。

❖ 思维导图

图 8.36 为表达式和运算符思维导图。

❖ 教学信息收集与处理

首先以当前防疫健康码作为示例，通过收集红码、黄码、绿码的计算规则，抽取计算规则与表达式、运算符的匹配信息点。同时，本着解决实际问题的思路出发，引导学生思考如何设计红码、黄码、绿码的计算表达式，通过 Java 语言代码展示表达式和运算符计算过程，给学生直观的展示表达式和运算符解决实际问题的效果，帮助学生深入理解 Java 语言的算术运算、关系运算、逻辑运算、二进制位运算以及赋值运算在程序设计时的使用。通过防疫健康码示例使学生深刻认识"把人民群众生命安全和身体健康放在第一位"的政策，理解计算机技术在防疫中支持复工、复产、复学的作用，同时引导学生通过研读课外源代码来拓宽自己的知识深度与广度，培养研究性学习习惯以增强创新意识。

❖ 教学参与的切入

本堂课在面向学生主体进行教学的过程中，在课前让学生探究 Java 语言表达式和操作符的基本概念，表达式和运算符在 Java 语言程序中的作用是什么，在上课时根据上课导入的防疫健康码示例内容展

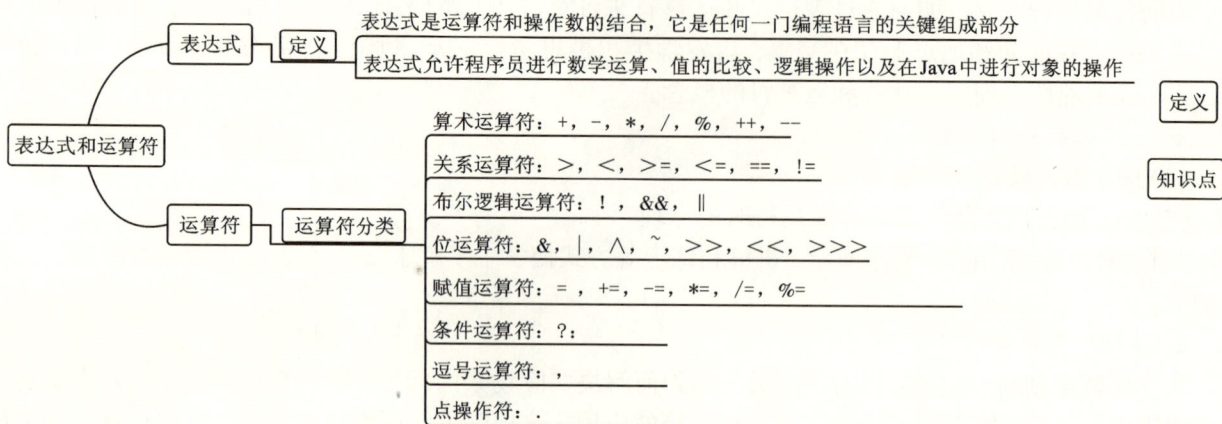

图 8.36　表达式和运算符思维导图

开分组讨论课前探究内容。教师讲解表达式和运算符的概念、作用、分类，并引导小组学生代表分享关于表达式和运算符在健康码中应用的观点，鼓励学生大胆发表看法，师生共同分析。本课堂通过分析健康码表达式实现教学，调动学生的积极性。

❖ 教学进程设计

本堂课的教学进程如图 8.37 所示。

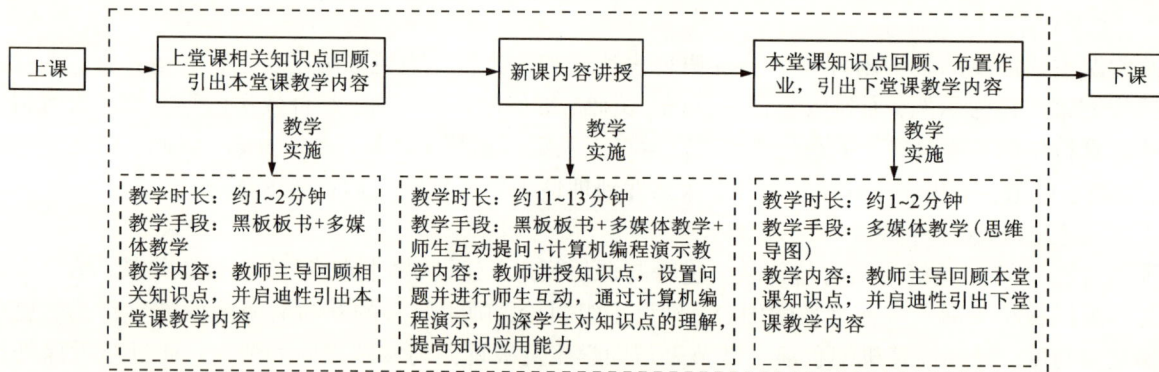

图 8.37　教学进程图

【课程思政】

（1）阐述操作数应用场景，培养学生按需分配和避免浪费的意识。

（2）讲解 Java 语言运算符优先级，使学生理解事情分轻重缓急，紧急重要的事情要优先处理。

（3）演示 Java 语言表达式和运算符代码示例时，引导学生需要按一定的 Java 语法规则来编写表达式和运算符，培养学生遵纪守法的意识。

（4）通过 Java 语言和 C 语言的区别，强调 Java 语言在表达式和运算符语法上不断吸收其他语言的优势，不断进化，培养学生去其糟粕、取其精华的意识。

【课前探究】

本堂课作为 Java 语言程序设计基础课，课前探究内容主要包括：

（1）学生探究 Java 语言表达式和运算符与 C 语言的区别。

（2）根据教师提供的防疫健康码计算规则，学生探究如何利用 Java 语言表达式和运算符进行分析。

8.4 Java 类的复用

云麓课堂

教学设计

本节内容详见二维码。

基本信息			
教学主题	Java 类的复用	课时安排	1 课时(45 分钟)
所在章节	第 9 章　Java 类的继承		

【教学目标】

❖ 知识目标

(1)学生能够了解 Java 类的复用,知晓聚合与继承、父类与子类的区别。

(2)学生能够了解 Java 访问控制的作用。

(3)学生能够掌握 Java 方法覆盖性质。

❖ 能力目标

(1)学生能够掌握聚合和继承的应用。

(2)学生能够编写具有覆盖方法的程序。

❖ 创新性学习目标

通过讲解 Java 语言重写与继承方法,培养学生理解和动手能力;讲解不同的修饰符的用途,引导学生进行对比分析,使学生深入理解 Java 修饰符的理解,同时培养其归纳总结和对比分析能力。本堂课结合国家正在实施的扶贫措施,提出问题——如何分析和设计现实场景的扶贫系统,理论与实践相结合。

【教学内容】

❖ 主要内容

(1)Java 类的继承与聚合。

(2)Java 访问控制。

❖ 地位作用

本堂课是 Java 语言面向对象继承的知识内容,是 Java 面向对象编程技术的基石。本堂课以 Java 面向对象思想为基础,对 Java 面向对象的知识进行更深入的学习,解释何为 Java 面向对象语言,让学生全面掌握 Java 面向对象原理,引导学生采用 Java 语言进行程序设计,使其具备编写 Java 面向对象程序的能力。

【教学重点、难点、创新点及解决措施】

❖ 教学重点及解决措施

(1)Java 类的复用。

(2)Java 访问控制符。

(3)Java 方法重写。

问题牵引教学方法：对于较难理解的基本概念，主要采用提出问题的方式，启发学生积极思考、分析、讨论，寻找解决途径和问题的答案的方法。

❖ 教学难点及解决措施

(1)Java 类的复用——理解 Java 继承与复用的区别。

(2)掌握 Java 访问控制符的作用范围，能够分别控制符的用途。

"讲、学、练"相结合：采用演示、讲解和练习等方式使学生了解 Java 语言概念、理解 Java 聚合与继承的异同，掌握 Java 控制符作用范围，熟练区分不同修饰符的用途。

❖ 教学创新点及解决措施

本堂课教学创新点包括：针对学生以前学习先导课程 C 语言，跳出教材，通过对比 C 语言与 Java 语言，探讨继承思想的由来与发展，深入讲解 Java 继承方法。这样既能使学生了解到 Java 语言的发展历史，又能够深刻理解 Java 继承的概念。

本堂课通过一个完整实例，讲解 Java 继承、方法控制、覆盖的概念，并全程配图演示，加强学生掌握 Java 语言实践操作技能。

针对学生关注的如何解决现实场景的问题，跳出教材，通过引入现实场景扶贫措施，深入讲解 Java 语言采用面向对象的方法设计现实场景中的类、对象、属性、方法。同时，使用继承、重写方法结合实际案例，这样既使学生了解了国家扶贫政策，又能深刻理解 Java 语言面向对象概念。

【教学方法】

❖ 思维导图

Java 类的继承、访问控制、覆盖思维导图如图 8.47 所示。

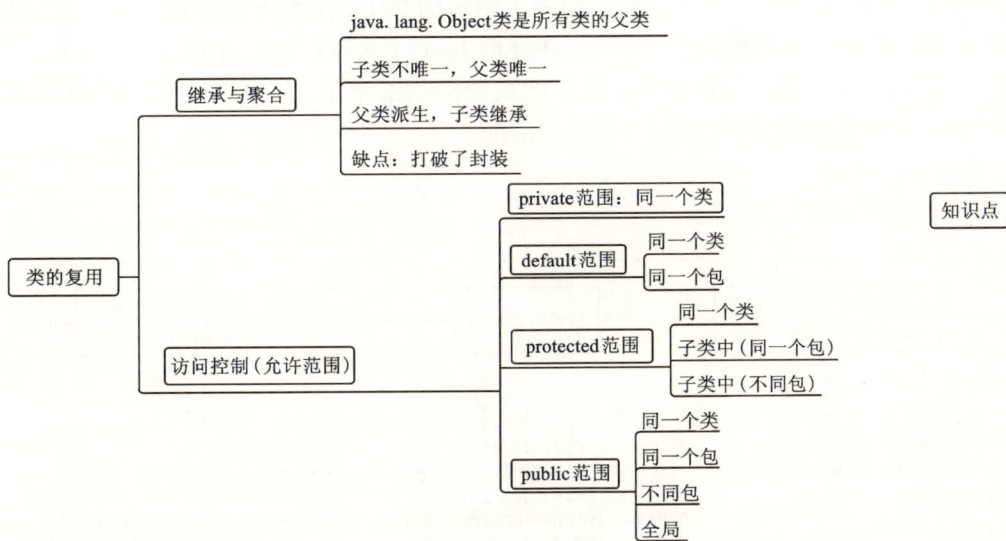

图 8.47　Java 类的继承、访问控制、覆盖思维导图

❖ 教学模式及方法

本堂课采用"课堂授课模式"进行教学，主要环节包括：授课 理解 巩固 运用 总结。

❖ 教学内容重组与加工

本堂课主要涉及的教学内容包括继承思想发展历史、Java 类的复用概念、Java 访问控制符的作用范围、Java 重写方法的应用。考虑到学生只是简单地了解面向对象的概念，为了更好的阐述 Java 语言中继承这一面向对象特性，掌握访问控制符、方法重写，本堂课对教学内容进行了重组，探讨继承思想的由来与现实应用，深入了解继承思想。同时，为了让学生更好地理解访问控制、重写方法，在课堂教学中以知识为本，实际开发为参考，由浅入深地讲解原理与应用，使同学进一步巩固课堂知识内容。

❖ **教学资源与技术手段**

采用"雨课堂"随堂练习实时监控教学进程与课后反思；建设"网上课堂"实现资源共享；结合多媒体教学与传统黑板板书展示多元素教学内容；创设小组讨论、师生问答的互动情境激发课堂活力，提高学生的课堂参与度；设置计算机编程演示环节来帮助学生突破理论与实践之间的藩篱；通过布置课外论文研读任务来培养学生研究性学习的习惯。

❖ **教学信息收集与处理**

首先收集目前国家正在实施的扶贫政策和视频，举例展示目前扶贫的理念，抽取扶贫政策与面向对象编程思想相同的关键信息点。同时，本着解决实际问题的思路出发，引导学生思考如何设计扶贫人员和扶贫对象的类，通过图片展示扶贫人员和扶贫对象信息，描述它们所对应的类、属性和方法，给学生直观的展示采用面向对象思想分析、设计的效果，并结合实际情况探讨 Java 修饰符与方法重写的应用。基于上述原理，教师演示自主开发的扶贫系统，使学生既学习 Java 语言面向对象知识，又对国家扶贫攻坚伟大壮举有直观的体会。最后，精选项目源代码案例介绍给学生，引导学生通过研读课外源代码来拓宽自己的知识深度与广度，培养研究性学习习惯以增强创新意识。

❖ **教学参与的切入**

本堂课在面向学生主体进行教学过程中，在课前让学生复习 Java 面向对象基础知识，为本课堂的知识学习打下基础，然后探究面向对象编程；在上课时展开分组讨论 C 语言结构体与 Java 类的异同，并进一步引导小组学生代表分享探究时查询到的观点，让他们大胆发表看法，师生共同分析。分析完后，教师讲述 Java 类的特点，调动学生的积极性，给机会、给平台让他们大胆发表对 Java 类的看法，敢向老师质疑，分享探究时查询到的观点，师生共同分析，让学生思想与思想碰撞，智慧与智慧较量。当学生在学习中意识和感觉到自己的智慧和力量，既体验到了创造的欢乐，又充分地显露了自己的个性时，就能实现师生间的知识同步、思维共振、感情共鸣。在分析 Java 继承与方法重写时，充分提问，让学生深刻理解 Java 概念。同时，将教师的科研成果、研发的系统演示给学生，让学生在轻松的状态学习 Java 语言，从而激发学生的学习兴趣、释放出巨大的学习潜能。

❖ **教学进程设计**

本堂课的教学进程如图 8.48 所示。

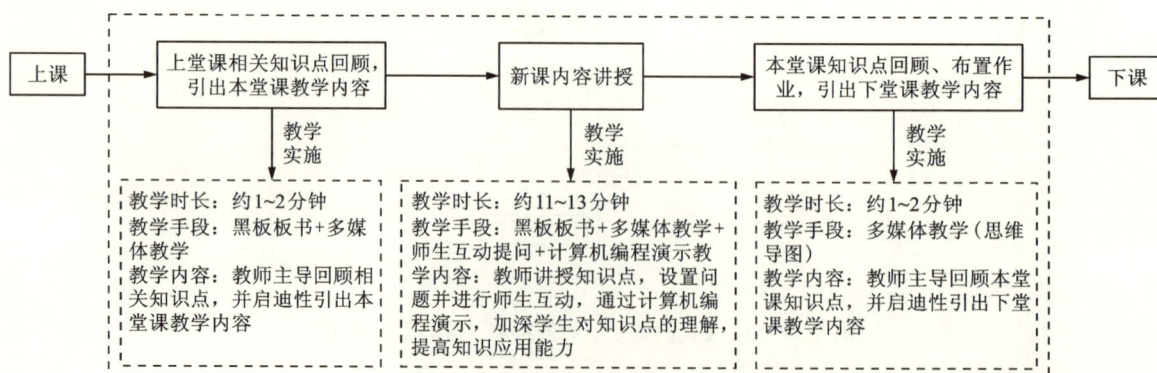

图 8.48　教学进程图

▶ 【课程思政】

本堂课我们可以通过以下几点，让学生更好地结合实际去了解学习内容：

（1）通过讲解 Java 类的继承是面向对象的一块基石，因为它允许我们分层次地创建类，引导学生从不同的事物中寻找相同，力图挖掘事物现象本质，本着实事求是的理念与态度，在潜移默化中影响学生的认知角度，从而形成辩证的思想。

（2）通过讲解 Java 类的继承将本质传递，减少不必要的重复，提升效率，将复杂予以简化，引导学生透过现象看本质，充分利用不同事物之间的联系，使结果更加精简化，培养学生的独立思考、分析、归纳和总结能力，同时锻炼学生实际动手编程能力。

（3）Java 访问控制是用来限制对类、方法、属性的访问，在 Java 语言中，变量的作用域不仅取决于变量声明的位置，还取决于变量访问控制符的修饰。通过讲解不同的访问控制符会对对象采取不同的保护措施，使学生充分认识到数据的重要性，并且培养学生运用正确的方式对隐私数据的保护。

（4）通过讲解 Java 方法覆盖能够让我们减少重复，充分利用已有的资源，高效使用"复用"意识，培养学生积极思考、开动脑筋的习惯，提升学生思维能力。通过学习 Java 方法覆盖，使学生充分认识到事物的优缺点和异同，通过自己的独立思考将别人的东西转化为自己的知识。

▶【课前探究】

本堂课作为概述课，课前探究使学生对 Java 语言产生兴趣非常重要，教师设计的课前探究内容包括：

（1）学生探究 C 语言结构体与 Java 类的异同，带领学生深刻理解类的概念。

（2）学生尝试探究主流面向对象语言，了解面向对象语言中 Java 继承的发展历史。

8.5 Java 对象序列化

云麓课堂

教学设计

本节内容详见二维码。

基本信息			
教学主题	Java 对象序列化	课时安排	1 课时(45 分钟)
所在章节	第 14 章　Java 对象的序列化		

【教学目标】

❖ 知识目标

(1)学生能够了解 Java 序列化的概念。

(2)学生能够了解实现序列化主要的接口。

❖ 能力目标

(1)学生能够掌握 Java 序列化在磁盘上的应用。

(2)学生能够掌握在 Java 序列化时对隐私数据的处理。

❖ 创新性学习目标

本堂课引入扶贫场景中的隐私保护问题及其如何通过序列化的手段解决,注重理论与实践结合,培养学生观察和动手能力。

【教学内容】

❖ 主要内容

(1)Java 序列化概念。

(2)Java 序列化的应用。

(3)Java 序列化的安全性。

❖ 地位作用

本堂课我们将介绍 Java 序列化技术以及如何控制序列化,通过这一部分的学习,学生将掌握 Java 的序列化机制,并且能够应用序列化技术保存 Java 对象。

【教学重点、难点、创新点及解决措施】

❖ 教学重点及解决措施

(1)Java 序列化的概念。

(2)Java 序列化的安全性。

(3)Java 序列化的应用。

问题牵引教学方法:对于较难理解的基本概念,主要采用提出问题的方式,启发学生积极思考、分析、讨论，寻找解决途径和问题答案的方法。

❖ 教学难点及解决措施

（1）Java 序列化的安全性——理解 transient 关键字用途。

（2）掌握 Java 序列化程序运行，能够独立完成。

"讲、学、练"相结合：采用演示、讲解和练习等方式使学生了解 Java 序列化概念、理解 Java transient 关键字用途，熟练掌握 Java 序列化的应用相关的技术细节。

❖ 教学创新点及解决措施

本堂课教学创新点包括：通过学习 Java 对象序列化，并对以前学习过的知识进行一个结合性的应用，培养学生处理复杂程序的能力。学生通过在复习和引用的过程中对自身知识的思考，培养了归纳总结、对比分析和探究的能力。

在讲解 Java 对象序列化的应用时，教师展示程序编写、运行过程，全程演示，加强学生的 Java 语言实践操作技能。

【教学方法】

❖ 思维导图

Java 序列化思维导图如图 8.59 所示。

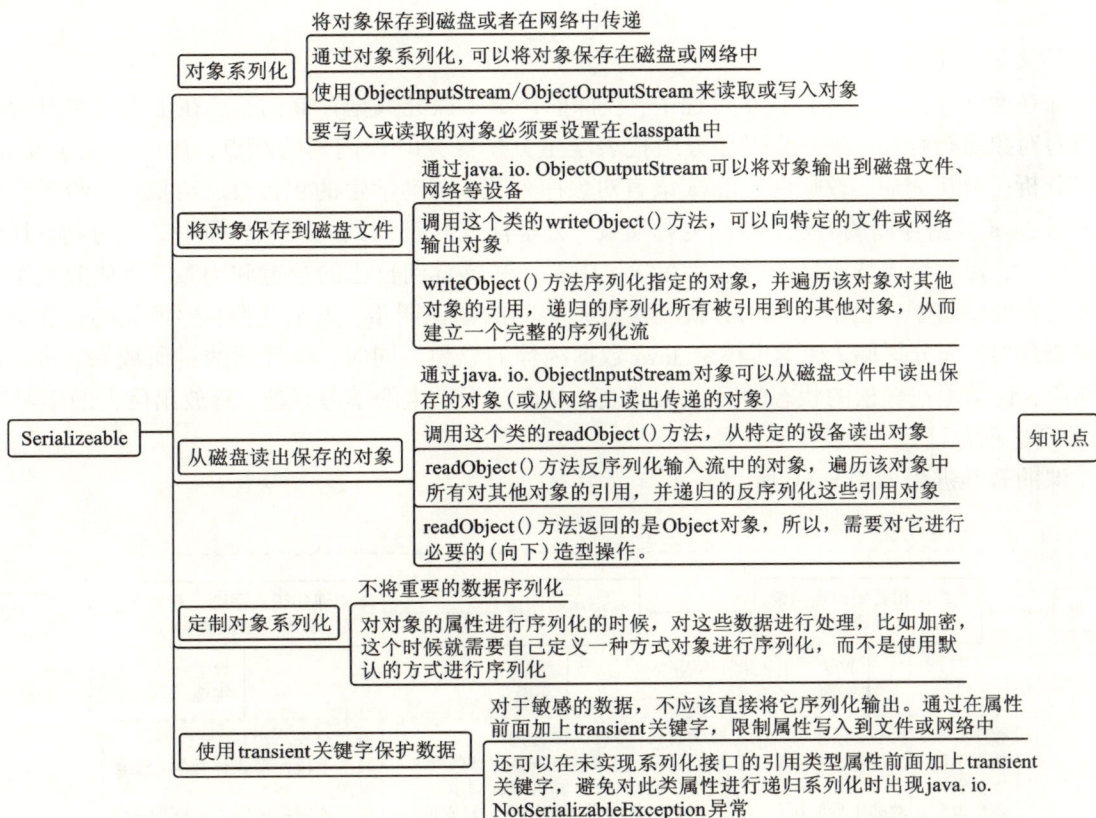

图 8.59　Java 序列化思维导图

❖ 教学模式及方法

本堂课采用"课堂授课模式"进行教学，主要环节包括：授课、理解、巩固、运用、总结。

❖ 教学内容重组与加工

本堂课主要涉及的教学内容包括 Java 对象序列化概念、Java 序列化在磁盘上的应用，transient 关键字的使用。考虑到在本堂课是对以前知识的综合性应用，所以在课前通过知识复习，来巩固和加深学生的知识，让学生对学习 Java 对象序列化有更清楚的认知。本堂课通过讲解 Java 对象序列化的概念，分析 Java 序列化的应用，使学生对知识有一个更广泛的应用。同时，为了结合实事情况，以扶贫系统为出发点，理论与实际相结合，使学生能够深刻理解 Java 对象序列化在实际开发中的应用。

❖ 教学资源与技术手段

采用"雨课堂"随堂练习实时监控教学进程与课后反思；建设"网上课堂"实现资源共享；结合多媒体教学与传统黑板板书展示多元素教学内容；创设小组讨论、师生问答的互动情境增加课堂活力，提高学生的课堂参与度；设置计算机编程演示环节来帮助学生突破理论与实践之间的藩篱；通过布置课外论文研读任务来培养学生研究性学习的习惯。

❖ 教学信息收集与处理

首先本课程作为综合知识应用课，为了让学生更好地进入本次课程的状态，在讲授课堂内容之前对 Java 面向对象、IO 流和网络知识进行简单的回顾。然后正式带领学生进行本堂课的学习，讲述序列化的概念，并引出反序列化。为了让学生更好地理解序列化的应用，通过演示法将 Java 序列化的应用、配置展示给同学，编写 Java 语言的一个简单程序，并对其编译和运行，使学生对 Java 语言编程有直观的体会。同时，通过探讨数据安全，引出 transient 关键字，并引入实例让学生理解关键字的用途，使学生深刻理解 transient 关键字的应用场景。最后，引导学生进行拓展学习，培养学生研究性学习习惯以增强创新意识。

❖ 教学参与的切入

本堂课在面向学生主体进行教学过程中，在课前让学生探究数据存储内容；在上课时展开分组讨论现在如何对对象进行存储，进一步引导分组代表学生分享探究时查询到的观点，让他们大胆发表看法，师生共同分析。分析完后，教师讲述 Java 语言对象序列化，调动学生的积极性，给机会，给平台让他们大胆发表对 Java 数据存储的看法，敢向老师质疑，分享探究时查询到的观点，师生共同分析，让学生思想与思想碰撞，智慧与智慧较量。当学生在学习中意识和感觉到自己的智慧和力量，既体验到了创造的欢乐，又充分地显露了自己的个性时，就能实现师生间的知识同步、思维共振、感情共鸣。在分析 Java 数据纯粹机理时，充分提问，让学生体会 Java 数据纯粹的思想。同时，将教师的科研成果、研发的系统演示给学生，让学生在轻松的状态学习 Java 语言，从而激发学生的学习兴趣、释放出巨大的学习潜能。

❖ 教学进程设计

本堂课的教学进程如图 8.60 所示。

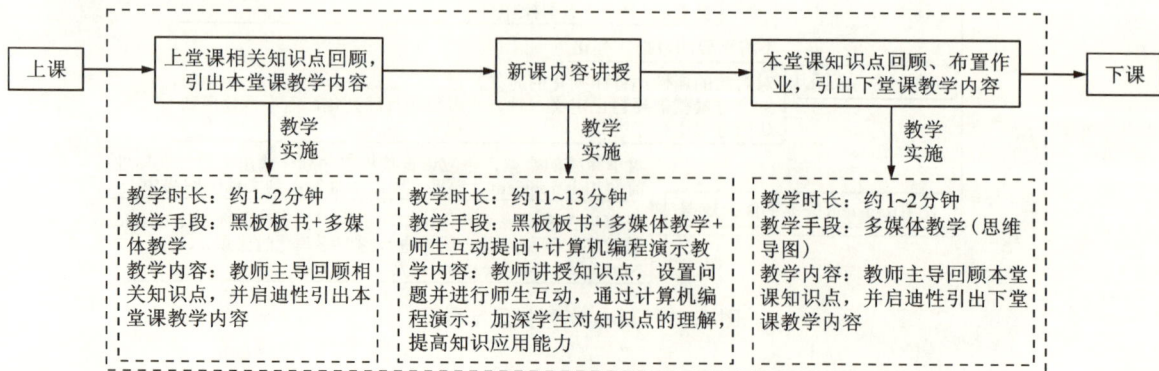

图 8.60　教学进程图

【课程思政】

Java 提供对象序列化的机制,对象序列化是存储对象,可保存在磁盘或者网络上传输。

(1)学习对象序列化涉及的主要知识点有类与对象、IO 流和网络这三大部分。通过本堂课的学习,让学生对学习过的 Java 知识进行回顾,提升学生对 Java 功能的认识,增强学生学习 Java 语言的信心。

(2)在序列化 transient 关键字的学习中,与学生探讨开发编程中的数据隐私问题,培养学生保护数据隐私的意识。

(3)本堂课以国家正在实施的扶贫措施为例,提出具体问题,培养学生积极思考、勇于实践的能力,了解国家短板,立志建设科技强国的决心。

(4)引入具体对象示例构建方法,提高学生处理实际程序的能力,鼓励学生利用自己所学的专业知识,积极参与社会科学普及活动和应用推广活动,培养学生要有一颗感恩的心,回报社会,与时代共发展,与人民共繁荣的意识。

【课前探究】

本堂课作为概述课,课前探究使学生对 Java 序列化产生兴趣非常重要,教师设计的课前探究内容包括:

(1)编程语言如何对数据进行存储。

(2)学生尝试探讨对象存储的简要步骤。

材料力学

扫描二维码

冯慧,湖南大学机械与运载工程学院教师,2020年湖南省普通高校教师课堂教学竞赛二等奖获得者,曾获湖南省自然科学二等奖1项。

课 程 概 述

一、课程基本信息

课程名称	材料力学	课程性质	专业核心课
学时	54+8+8 课堂教学+小班讨论+实验课	开课时间	第四学期
先修课程	高等数学、大学物理、理论力学		
适用专业	工程力学、机械、材料、土木、航空航天等专业		
使用教材	刘鸿文主编,《材料力学》第 6 版(Ⅰ、Ⅱ),高等教育出版社,2017 年		
参考教材	孙训方等编,《材料力学》第 5 版(Ⅰ,Ⅱ),高等教育出版社,2009 年 范钦珊等编,《材料力学》第 3 版,清华大学出版社,2014 年		

二、课程的性质与作用

材料力学课程是工程力学、机械、材料、土木、航空航天等理工科专业的专业基础课程,以高等数学、大学物理和理论力学为前导课程,为后续专业课程,如弹性力学、塑性力学、流体力学、有限元方法和实验力学等方面课程的学习提供了必不可少的基础,也可以直接应用于工程领域解决实际问题。

本课程主要包括杆件的四个基本变形、组合变形、压杆稳定、应力应变分析,以及强度理论的基本分析方法与能量方法等内容。学生须了解基本假设及提高构件承载能力的措施,理解基本概念、基本理论、基本方法,掌握对各种杆件的强度、刚度和压杆稳定性的基本问题的分析和计算,并能灵活运用材料力学的基本理论和分析方法等。

通过本课程的教学,学生能够掌握固体力学的基本概念及杆件的强度、刚度和稳定性的计算;学会分析、概括以及解决变形杆件问题的方法;获得对杆件的应力、应变和变形以及强度、刚度和稳定性问题明确的基本概念,处理力学问题的基本分析方法和实验技能;锻炼和提升逻辑思维能力、抽象简化能力、实践应用能力。

三、学情分析

材料力学是力学类专业学生接触的第二门专业基础课程,先修课程是理论力学。对于大部分学生而言,理论力学的学习难度较大。学生们还处在理论力学的阴影之中,难免对材料力学存在排斥和畏惧的心理。因此,第一节课的重要任务就是解除学生的偏见,让学生对材料力学感兴趣,充满求知欲。为此,讲好为什么要学习材料力学非常关键。

材料力学内容多,理论性、概念性强,公式推导多,计算烦琐,需要有一定的数学基础。学生对于高等数学的内容已有所遗忘,因此在公式推导和计算中,不能过于省略过程。另外,多数学生对于理论推导公式兴趣不大,对此,授课过程中要运用多媒体资源,运用动画演示,尽可能多的结合工程实例,开阔学生视野,激发学生的兴趣,让学生感到学有所用。

四、课程教学设计

(一)教学设计思路

根据《材料力学》教学大纲,确定教学内容、教学时数、教学方法和考核方法;针对材料力学内容多、理论性、概念性强,公式推导多,计算烦琐等特点,将本门课程分为三个模块:一是基本变形的强度刚度,二是组合变形的强度刚度,三是稳定性。

首先,按照外力—内力—应力—变形的思路学习四种基本变形和组合变形。引入工程结构中的变形杆件,分析其外力特点确定变形形式;采用截面法分析内力;应力解决强度问题,变形解决刚度问题。采用案例教学法将理论与实际工程紧密结合起来,激发学生的学习兴趣;多媒体教学法将抽象知识形象化;精讲多练,讲、练结合的教学方法,培养学生的实践能力。

其次,对于压杆稳定,需先掌握细长压杆的欧拉公式计算和非细长压杆的经验公式计算,以及稳定性校核。采用案例教学法从实际工程案例中引出稳定性问题,再将理论应用到案例分析中,学以致用。同样采用多媒体教学法和精讲多练,讲、练结合的教学法。

最后,结合 HPS(history, philosophy and sociology of science)教学模式,将材料力学史和最新前沿动态引入课堂,促进学生对力学模型本质的理解,培养学生的科学和创新精神。在教学过程中应注重培养和激发学生的学习积极性和自信心,注重检测学生的知识应用能力。

(二)教学目标

❖ 总体目标

通过对材料力学这门课程的学习,增强学生的工程意识,培养学生的力学基础理论及应用能力。为学生今后学习各门专业课奠定必要的基础。

通过材料力学教学,让学生理解强度、刚度、稳定性的概念及有关计算,了解材料力学的理论基础。通过建立杆件的各种基本变形的强度、刚度及其稳定性条件,学会对受力杆件进行各种计算和设计。

在材料力学的学习过程中,不断提高学生对工程中的构件——杆的分析计算能力。为培养社会主义高素质技术人才打下坚实的基础。

❖ 知识目标

(1)明确杆件的强度、刚度和稳定性的基本概念。

(2)掌握四种基本变形的特点、内力及内力方程的计算方法、内力图的画法。

(3)掌握四种基本变形的计算方法。

(4)熟练运用强度条件、刚度条件对受力杆件进行设计计算。

(5)掌握应力状态的基本概念、应力状态分类、应力状态的分析方法;掌握广义胡克定理的应用。

(6)明确强度理论的概念及建立过程,掌握四种基本强度理论及强度条件运用。

(7)了解组合变形的概念及分析方法,熟练掌握斜弯曲、拉伸(压缩)与弯曲、扭转与弯曲组合变形时的应力和强度计算。

(8)理解失稳现象、临界载荷和临界应力等概念;理解欧拉公式的适用范围,并能按不同公式计算相应的临界应力值;掌握压杆稳定性校核的方法。

(9)运用能量法计算杆件变形。

❖ 技能目标

(1)具备建立力学模型的能力。

(2)培养学生的工程观念和解决问题能力。

(3)培养学生具有一定的计算强度、刚度和稳定性的能力。

(4)培养学生运用一定的理论分析材料强度、刚度、稳定性的能力。

(5)培养学生能够运用实验手段分析材料力学性质的能力。

(6)为学生后续课程和工程技术提供必要的力学知识。

(7)加强学生的抽象思维能力和科学世界观。

(8)初步了解有关结构优化的理论和知识。

❖ 思政目标

(1)培养学生爱国、敬业、诚信、友善的社会主义核心价值观。

(2)从专业角度培养学生遵纪守法、不偷工减料的职业道德，专业、严谨的职业态度，求真务实、开拓创新的职业精神。

(3)从思想上激发学生学习的动力，培养学生自主学习的能力。

（三）教学内容

材料力学的重点是解决构件在不同情况下的强度、刚度和稳定性问题。依据其变形模式，可以将课程分为三个模块：一是基本变形的强度刚度，二是组合变形的强度刚度，三是稳定性。第一模块：基本变形的强度刚度，包括拉伸、压缩与剪切，扭转，弯曲内力、应力和变形；第二模块：组合变形的强度、刚度，包括应力和应变分析、强度理论，组合变形和能量法；第三模块：稳定性，即压杆稳定。

从另一个角度也可以将材料力学内容分为三个方面：一是研究材料的强度、刚度和稳定性；二是研究材料的力学性质；三是在满足强度、刚度和稳定性基础上合理设计材料，以达到节省材料的目的。

在以上基本内容的基础上，引入材料力学前沿科学研究，着重培养学生的创新思维、创新理念。

（四）课程思政

材料力学课程思政设计如表 9.1 所示。

表 9.1 材料力学课程思政设计

序号	章节内容	思政元素融入思路
1	绪论	通过介绍中国古建筑及其中的材料力学知识，展示祖先的智慧和中国几千年的璀璨文明，培养学生的民族自豪感和自信心。通过中国近代伟大工程的介绍，体现中国在世界的领先地位，加深学生的爱国主义精神
2	材料拉伸时的力学性能	结合材料在拉伸时的卸载定理和冷拉时效，经过加载卸载可以提高材料的强度等知识，鼓励学生在磨砺中不断提高自己，培养积极的生活态度
3	胡克定律	通过介绍力与变形成正比的关系，我国郑玄的提出比胡克早了 1500 年，让学生从中深刻体会中国几千年的璀璨文明和中华文明的源远流长，培养学生的民族自豪感、文化自信心和爱国情怀
4	泊松比	通过泊松比的发展史介绍，使学生明白科研中一个原理的提出是要经历漫长的质疑和验证的。因此，大家在学习和科研中，也应当勤于思考，严谨求学；勇于怀疑，敢于实践；疑误定要力争
5	桁架的节点位移	通过"以切代弧"的近似计算位移方法，培养学生把复杂问题简单化的能力，让学生明白做事情要抓主要矛盾和矛盾的主要方面，培养学生的辩证哲学思维方式
6	温度应力和装配应力	借由都江堰案例和桁架结构协调方程的建立，鼓励学生勤于思考，将理论应用于工程实践中，解决实际问题
7	剪切	通过魁北克大桥的第二次失败原因——连接件强度不够引起断裂，突出细节的重要性，让学生明白细节决定成败的道理

续表9.1

序号	章节内容	思政元素融入思路
8	剪切	通过分析魁北克大桥第二次失败的原因，强调工程师在工程问题中的重要性，要以严谨的科学态度对待工程问题，强度不足不可，而矫枉过正也同样不可行，工程师应当坚守工匠精神
9	弯曲内力	通过在载荷集度、剪力和弯曲之间的微积分关系的发现，以及利用微积分关系可以快速画出剪力图和弯矩图，非常方便快捷。由此，鼓励学生要敏于观察事物之间的联系，勤于思考，善于综合，勇于创新，争取有创造性的成就
10	弯曲应力	通过头顶重物和弯腰干活的生活案例，引出力学知识。生活中蕴含的科学问题有很多，科学家们很多伟大成就的灵感皆源于生活，大家要有敏锐的洞察力，善于发掘生活中的科学问题，勇于创新。在生活中也是一样的道理，要善于发现生活的美好，保持乐观向上的积极态度
11	弯曲应力	通过梁理论发展历程的介绍，使学生明白科研中一个理论的提出是要经历漫长的质疑和验证的。因此，大家在学习和科研中，也应当勤于思考，严谨求学；勇于怀疑，敢于实践
12	强度设计	通过分析古代建筑中斗拱结构蕴含的力学原理，从中深刻体会中国几千年的璀璨文明和中华文明的源远流长，培养学生的民族自豪感、文化自信心和爱国情怀
13	强度设计	通过梁的合理设计，其中横截面的合理利用、材料力学性能的合理利用，以及等强度梁的设计理念，给学生传播经济性的概念，培养既安全又节约的工程素养
14	强度设计和刚度设计	宋朝李诫在《营造法式》中指出，矩形截面木梁的高宽比为3：2时，其结构更为合理，该值恰好在矩形木梁强度最佳和刚度最佳的高宽比极值之间。尽管我国古代没有完整的力学体系，设计者能够实践得出这种合理的比值关系，可见我国古时匠人的聪明睿智，是值得我们引以为傲的
15	刚度设计	通过美国塔科马海峡大桥案例分析，使学生明白坚守工匠精神的重要性
16	强度理论	强度计算时，将危险截面危险点的应力作为整个构件强度计算的依据，引用"千里长堤，溃于蚁穴"之警句，引导学生关注细节，养成细致、严谨的科学态度
17	组合变形	工程实例中构件的变形通常是几个基本变形同时产生的，这类问题可以用叠加原理求解。人在社会活动中也往往是以团队的形式存在的，团队协作类似于叠加原理，因此，团队意识和协作精神在学校、工作和生活中都非常重要
18	组合变形的强度计算	在案例讨论中，要全面分析查找危险点，不能有遗漏，以此培养学生树立全面思想，综合分析问题，看问题不能偏颇、遗漏，更不能凭想象；培养学生严谨的学习态度，一丝不苟的工作方法
19	压杆稳定	通过分析我国历史文物建筑中压杆稳定的合力设计，让学生从中体会中国几千年的璀璨文明和中华文明的源远流长
20	压杆稳定	从魁北克大桥的建设过程，北京建筑工地脚手架压杆失稳事故到如今我国的重大工程，如超大型跨海通道港珠澳大桥和世界第一高桥北盘江大桥的完美建成，使学生明白坚守工匠精神的重要性，在今后的职业生涯中也要做到敬业、精益、专注、创新
21	欧拉公式	压杆会在柔度最大的平面先失稳，犹如"木桶理论"，一个木桶盛水的多少，并不取决于桶壁上最高的那块木板，而取决于桶壁上最短的那块。在团队合作中，应当注重团队精神建设，因为最短的木板对最长的木板起着限制和制约作用，决定了团队的战斗力

（五）教学方法

教学方法突出启发式教学，灵活利用案例教学、归纳法教学、团队合作教学、问题统领式教学等方法教学。此外，采用多媒体教学和传统教学方法的有机结合，灵活运用动画演示等手段和传统板书模式，既能加大课堂的知识容量，又有利于老师对问题的分析和讲解。采用精讲多练，讲、练结合的教学方法，加大练习，巩固学习成果，培养学生分析问题和解决问题的能力。引入 HPS 教学模式，开阔学生视野，培养科学的思维方式。

（六）考核方法

整个课程考核内容由过程性考核（平时成绩）、实验考核和期中、期末试卷考核四部分构成，采用百分制。

总评成绩=平时成绩 40%+期中考试成绩 10%+实验成绩 10%+期末考试成绩 40%，

其中，平时成绩包括课堂考核 5%，主要形式为课堂测验；课后作业 10%；课后拓展 20%，主要形式是以小组为单位完成的综合性题目、实践操作、翻转课堂等任务，目的在于考核学生对理论知识的应用能力、解决问题能力以及团队合作意识等综合素质；小组互评 5%，主要通过小组成员之间的互评反馈参与程度与贡献值。

9.1 轴向拉伸或压缩时的变形
（附 15 分钟教学视频）

基本信息			
教学主题	轴向拉伸或压缩时的变形	课时安排	1 课时(45 分钟)
所在章节	第 2 章　拉伸、压缩与剪切/2.8　轴向拉伸或压缩时的变形		

【教学目标】

❖ 知识目标

（1）能说出轴向拉压杆的纵向变形、横向变形和泊松比的概念。

（2）能说出轴向拉压杆轴向变形的胡克定律。

❖ 技能目标

（1）能够运用基本概念分析问题。

（2）能够计算轴向拉压杆的伸长量。

❖ 思政目标

（1）能热爱祖国，富有民族自豪感和自信心。

（2）能勤于思考，严谨求学，敢于怀疑，敢于实践。

【教学方法】

采用问题统领式教学法和精讲多练法实施教学。

【教学重点与难点】

❖ 重点：

（1）泊松比。

（2）轴向拉压杆伸长量的计算。

❖ 难点

轴向拉压杆伸长量的计算。

【教学思路和方法设计】

❖ 内容分析

本节课重点介绍轴向拉压杆的变形，它是解决桁架结构节点位移和超静定结构问题的重要基础。因此，清晰的讲解和了解学生的掌握情况是非常重要的，否则影响后续桁架结构节点位移的计算和超静定问题的求解。

❖ **学情分析**

　　在绪论中已经给学生灌输了材料力学的研究思路，从外力—内力—应力—变形。轴向拉压是第一个基本变形，对于这个研究思路学生是初次运用，因此，节奏要稍微慢一点，给学生一个熟悉的过程。同时，也要让学生明白研究变形的必要性。研究变形是后续刚度条件和超静定问题的基础。

❖ **教学设计思路**

　　本节采用问题统领式教学法和精讲多练法实施教学。以生活中常见的橡皮筋的拉伸变形和钢管拉伸时内外径的变化，激发学生的兴趣，从而引出新知识点。对于概念的讲解和公式的推导，采用例题讲解的方式，引导学生思考，突出学生的主体作用。学生在求解例题的过程中，体会公式的灵活应用方式，使印象更深刻。具体设计如下：

　　（1）通过橡皮筋拉伸演示，让学生明确拉伸中发生的变形；引入钢管拉伸时内外径的变化思考，通过学生对于钢管内径变化的不确定激发学生的兴趣和求知欲。

　　（2）引导学生推导出轴向拉压杆轴向变形的胡克定律表达式，以及适用条件，再通过例题求解的方式，引导学生灵活运用公式解决问题。

　　（3）通过泊松比的发展历史，让学生明白科研中一个原理的提出是要经历漫长的质疑和验证的。因此，大家在学习和科研中，也应当勤于思考，严谨求学，勇于怀疑，敢于实践。

　　（4）引导学生基于例题求解过程，归纳总结不同类型的轴向拉压杆件伸长量计算的适用公式。培养学生的归纳总结能力。

　　（5）以随堂小测验的方式，了解学生对本节课知识的掌握程度。

　　（6）引导学生进行课堂总结，帮助学生消化巩固和培养学生解决问题的能力。课后作业由课后习题、提高题和课后预习组成。

教　学　过　程

◈ **课堂导入（3分钟）**

　　图9.1为橡皮筋的拉伸示意图。

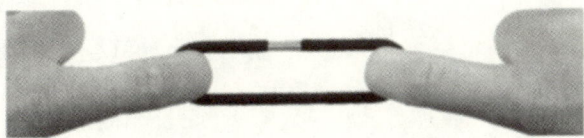

图9.1　橡皮筋的拉伸示意图

【提出问题】橡皮筋在拉伸的过程中发生了什么变化？

【学生回答】

变长、变细。

【提出问题】生活中有很多空心圆管，圆管受拉时外径是增大还是减小呢（见图9.2）？

教学方法：启发式教学法、设问法。

设计意图：由显而易见的橡皮筋的变形，引导学生思考圆管拉伸时的变形。对内径变形的不确定恰恰激发了学生的求知欲。

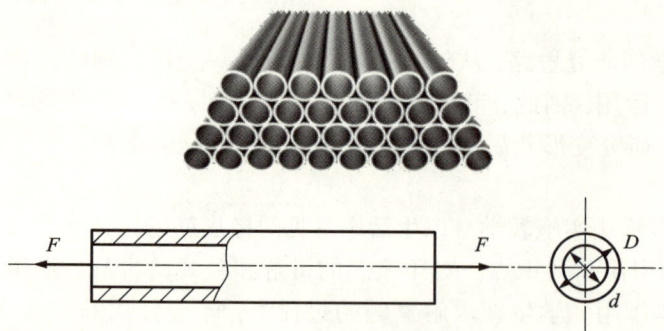

图 9.2　空心圆管的拉伸示意

【学生回答】

减小。

【提出问题】圆管的内径是增大(A)还是减小(B)呢？
【学生回答】

增大。
减小。

【雨课堂投票统计】投票结果如图 9.3 所示。

Ⓐ
Ⓑ

图 9.3　投票结果

【引出内容】圆管的内径究竟是增大，还是减小呢？学习了这节课的内容就清楚了。

◆ 新课展开(15 分钟)

❖ 胡克定律与轴向变形

(1)胡克定律。

【历史回顾】胡克定律：1678 年由 R. Hooker 提出。

中国郑玄(127—200)在《考工记·弓人》中提出"每加物一石，则张一尺"，比胡克早了 1500 年。

【引出思政】祖先的智慧是令人为之惊叹的，引以为傲的。

至今，我国依然在很多方面是世界领先的，我们应当以祖国为傲，热爱祖国。

(2)轴向变形。

图 9.4 为轴向拉伸与压缩时的变形。

教学方法：设问法、归纳法。
设计意图：通过力与变形成正比关系的提出，让学生从中深刻体会中国几千年的璀璨文明和中华文明的源远流长，激发学生的民族自豪感和文化自信心。
同时引出新内容，在杆的拉伸与压缩中，力与变形的胡克定律。

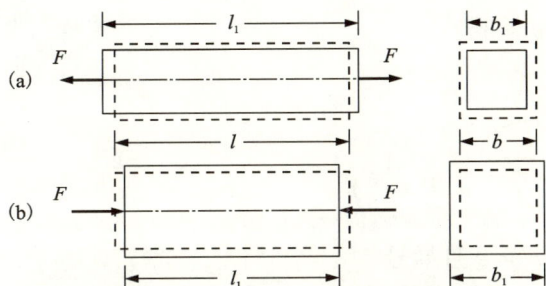

图 9.4　轴向拉伸与压缩时的变形

设计意图：一步步引导学生思考，进行推导，培养学生解决问题的思维方式，以及明确公式的适用条件。

轴向变形：$\Delta l = l_1 - l =$ 变形后的长度 $-$ 变形前的长度。

轴向应变：$\varepsilon = \dfrac{\Delta l}{l}$。

由胡克定律得：$\varepsilon = \dfrac{\sigma}{E}$。

而 $\sigma = \dfrac{F_N}{A} = \dfrac{F}{A}$，联立求解可得：$\Delta l = \dfrac{F_N l}{EA} = \dfrac{Fl}{EA}$。

$\Delta l = \dfrac{F_N l}{EA}$ 为轴向拉压杆轴向变形的胡克定律。

其中，EA 为杆的抗拉（压）刚度，表明杆抵抗轴向弹性变形的能力。

（3）轴向变形公式的试用条件。

【提出问题】轴向变形公式的使用是否有条件限制？

【学生回答】

1. 因为用到了胡克定律，所以应在线弹性阶段适用；
2. 在 l 长度内，轴力、弹性模量和横截面面积均应为常数（均匀变形）。

❖ 横向变形

图 9.5 为横向拉伸的变形。

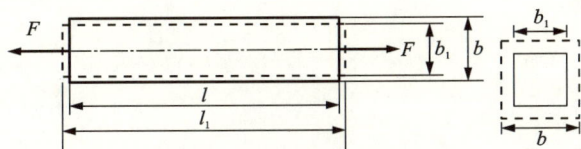

图 9.5　横向拉伸时的变形

横向变形：$\Delta b = b_1 - b =$ 变形后的长度 $-$ 变形前的长度。

轴向应变：$\varepsilon' = \dfrac{\Delta b}{b} = -\mu\varepsilon$。

❖ 泊松比

设计意图：通过轴向应变与横向应变之间的比例关系，引出泊松比概念。

【提出问题】轴向应变与横向应变之间有联系吗？

【学生回答】

有关系，成比例关系。

试验表明：对传统材料，在比例极限内，$\varepsilon' \propto \varepsilon$ 且异号。

定义泊松比：$\mu=-\dfrac{\varepsilon}{\varepsilon}$。

设计意图：通过泊松比的发展进程史介绍，使学生明白科研中，一个原理的提出是要经历漫长的质疑和验证的，引出思政目标。

【引导】泊松比看似简单，但其发展进程并不简单。

❖ 1829 年，泊松用纳维-柯西方法讨论板的平衡问题时指出，各向同性弹性杆受到单向拉伸，产生纵向应变，同时会连带产生横向收缩，此横向应变为$-\mu\varepsilon_x$，并证明$\mu=1/4$。此为纳维-柯西-泊松的单常数理论。

【提出问题】同学们对单常数理论有没有质疑呢？

【学生回答】

有，不同材料的泊松比不同。

- 许多人进行试验来验证泊松比为 1/4 的理论结论。

维尔泰姆(1848 年)：试验结果表明μ 接近 1/3；

基尔霍夫(1859 年)：测出了三种钢材和两种黄铜，$\mu=1/4$；

科尔纽(1869 年)：光学干涉法测出玻璃$\mu=0.237$；

- 1879 年，马洛克测出了一系列材料的泊松比，指出泊松比是独立的材料常数，否定了单常数理论。

- 常规、传统材料的泊松比$0\leqslant\mu\leqslant0.5$。

【引出思政】泊松比的发展并不是一帆风顺的，是基于众多科学家的不断努力和艰苦探索。可见，科学是严谨的，要勇于怀疑，敢于实践，才能去粗取精，去伪存真，得到正确的结论。

【提出问题】如何确定材料的泊松比呢？

【学生回答】

通过实验，应变片测试。

图 9.6 为横向、轴向应变片示意图。

设计意图：通过题目练习，掌握学生对知识点的掌握情况。

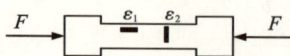

图 9.6　横向、轴向应变片示意图

【题目练习】(雨课堂扫码答题)

在板状试件的表面上，沿纵向和横向粘贴两个应变片 ε_1 和 ε_2，在 F 力作用下，若测得 $\varepsilon_1=-120\times10^{-6}$，$\varepsilon_2=40\times10^{-6}$，则该试件材料的泊松比是________。

A. $v=3$　　　　B. $v=-3$　　　　C. $v=1/3$　　　　D. $v=-1/3$

设计意图：通过题目练习，掌握学生对泊松比理解和运用情况。

【题目练习】（雨课堂扫码答题）

如图9.7所示，当圆管受拉时，外径减小，内径增大还是减小？

A. 增大　　　　　　B. 减小

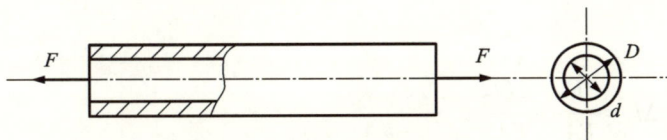

图9.7　空心圆管的拉伸

【题目练习】已知 E，D，d，F，求 D 和 d 的改变量。

【学生练习和黑板展示】

【题目讲解】

设计意图：通过学生练习，了解学生的思维方式，掌握学生对泊松比理解和运用情况。

$$\varepsilon = \frac{\sigma}{E} = \frac{F}{AE} = \frac{4F}{\pi(D^2-d^2)E}$$

$$\varepsilon' = -\mu\varepsilon = -\frac{4\mu F}{\pi(D^2-d^2)E}$$

先求内周长，设 $\mathrm{d}s$ 弧长改变量为 $\mathrm{d}u$，$\varepsilon' = \mathrm{d}u/\mathrm{d}s \rightarrow \mathrm{d}u = \varepsilon'\mathrm{d}s$

$$u = \int_0^{\pi d} \varepsilon' \mathrm{d}s = -\int_0^{\pi d} \frac{4\mu F}{\pi(D^2-d^2)E}\mathrm{d}s = -\frac{4\mu Fd}{(D^2-d^2)E}$$

$$\Delta d = \frac{u}{\pi} = -\frac{4\mu Fd}{\pi(D^2-d^2)E} = \varepsilon' d$$

$$\Delta D = \varepsilon' D = -\frac{4\mu FD}{\pi(D^2-d^2)E}$$

◈ 知识深化（20 分钟）

❖ 多力杆的变形与叠加原理

【例题】如图9.8所示，已知 E，A_1，A_2，求总伸长 Δl。

教学方法：设问法、总结归纳法、启发式教学法。

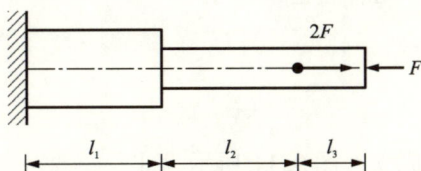

图9.8　阶梯形杆的轴向拉压

设计意图：通过例题的不同求解方式，引导学生总结出叠加原理及其适用条件。

解：（1）内力分析，画轴力图（图9.9）。

（2）变形计算。

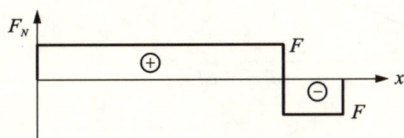

图9.9　轴力图

【方法一】各段变形叠加：

$$\Delta l = \Delta l_1 + \Delta l_2 + \Delta l_3 = \frac{Fl_1}{EA_1} + \frac{Fl_2}{EA_2} - \frac{Fl_3}{EA_3}$$

【思考】是否可以将各载荷段引起的变形进行叠加计算？

【学生演示】

【方法二】各载荷效应叠加：

$$\Delta l_a = -\frac{Fl_1}{EA_1} - \frac{F(l_2+l_3)}{EA_2}, \quad \Delta l_b = \frac{2Fl_1}{EA_1} + \frac{2Fl_2}{EA_2}$$

$$\Delta l = \Delta l_a + \Delta l_b = \frac{Fl_1}{EA_1} + \frac{Fl_2}{EA_2} - \frac{Fl_3}{EA_3}$$

【学生总结】

> 比较两种解法得出的结构是完全一致的。

【引出内容】叠加原理：几个载荷同时作用所产生的总效果，等于各载荷单独作用产生的效果的总和。

【提出问题】叠加原理的适用范围是多少？

【学生回答】

> 材料线弹性；小变形；结构几何线性。

图 9.10 所示为线弹性材料。

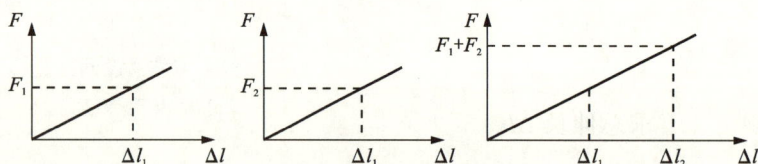

图 9.10　线弹性材料

材料线性问题：$\Delta l^* = \Delta l_1 + \Delta l_2$，叠加原理成立。

材料非线性问题：$\Delta l^* \neq \Delta l_1 + \Delta l_2$，叠加原理不成立。图 9.11 所示为非线性材料。

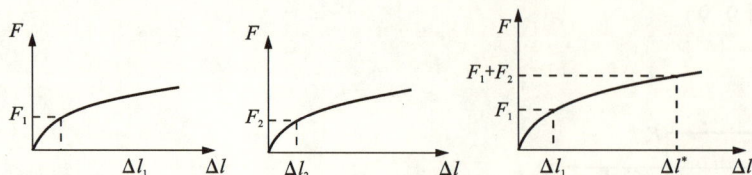

图 9.11　非线性材料

【题目练习】

一构件如图 9.12 所示，已知：$P_1 = 30$ kN，$P_2 = 10$ kN，$A_{AB} = A_{BC} = 500$ mm²，$A_{CD} = 200$ mm²，$E = 200$ GPa。

试求：杆的总伸长。

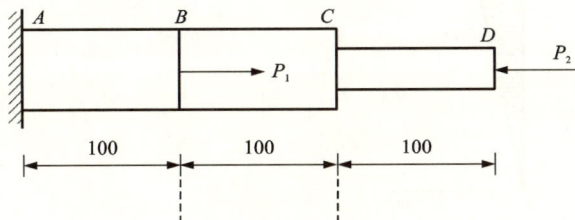

图 9.12　阶梯形杆

【学生练习和黑板展示】

【引出内容】如果在杆总长范围内，不能满足杆伸长计算公式的适用条件，但将杆分成若干段(n 段)每一段能分别满足杆伸长计算公式的适用条件。则杆的总伸长公式为：

$$\Delta l = \sum_{i=1}^{n} \frac{F_{Ni} l_i}{E_i A_i}$$

【题目练习】(雨课堂扫码答题)

如图 9.13 所示，求杆件变形引起 ab 两点的相对位移 Δab。

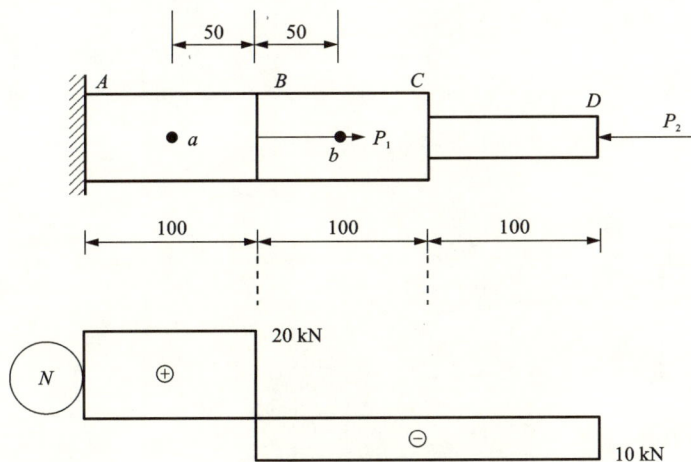

图 9.13　阶梯形杆

【例题】如图 9.14 所示，试求自由悬挂的直杆由于自重引起的总伸长。设杆长 l，截面积 A，容重 γ，弹性模量 E 均为已知。

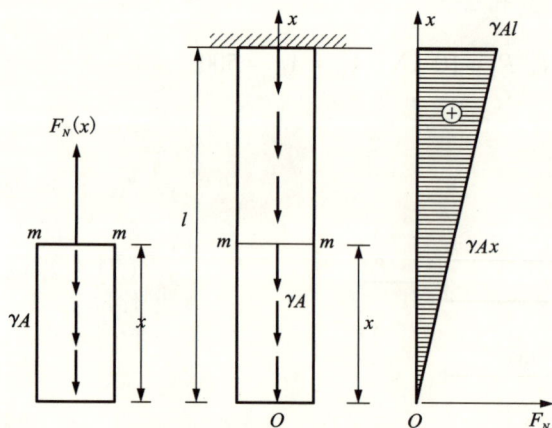

图 9.14　自由悬挂的直杆

解：计算杆的内力，画轴力图。

$$F_N(x) = \gamma A x$$

由于 F_N 为 x 的函数，因此不能满足胡克定律的条件。在离杆下端 x 处，假想地截取长度为 dx 的微段，其受力如图 9.15 所示。在略去高阶微量的条件下，dx 微段的伸长可写为：

$$d(\Delta l) = \frac{F_N(x)\,dx}{EA}$$

所以整个杆件的伸长为：

$$\Delta l = \int_0^l \frac{F_N(x)\,dx}{EA} = \int_0^l \frac{\gamma A x\,dx}{EA} = \frac{\gamma l^2}{2E}$$

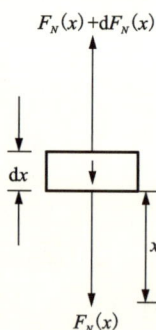

图 9.15　受力图

【小结】杆伸长计算公式：

$$\Delta l = \begin{cases} \dfrac{F_N l}{EA} & \text{均匀变形} \\[2ex] \displaystyle\sum_{i=1}^n \dfrac{F_{Ni} l_i}{EA_i} & \text{分段均匀变形} \\[2ex] \displaystyle\int \dfrac{F_N(x)\,dx}{EA(x)} & \text{非均匀变形} \end{cases}$$

设计意图：培养学生的归纳总结能力。

随堂检测(3 分钟)

❖ 题目练习

【题目练习】(雨课堂扫码答题)

如图 9.16 所示,阶梯形杆总变形 $\Delta l =$ _____。

A. 0　　　　B. $\dfrac{Fl}{2EA}$　　　　C. $\dfrac{Fl}{EA}$　　　　D. $\dfrac{3Fl}{2EA}$

设计意图:通过随堂测验的方式,了解学生对本节课知识的掌握程度。

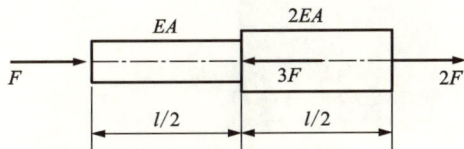

图 9.16　阶梯形杆

前沿科学(2 分钟)

❖ 知识拓展

材料的泊松比可正?可负?可为零?可变化?

——材料泊松比的调控与设计

图 9.17 所示为负泊松比的压痕阻力。

设计意图:通过前沿科学研究介绍,激发学生灵活运用知识,培养学生的创新意识。

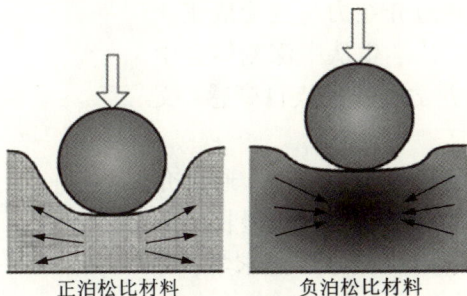

正泊松比材料　　负泊松比材料

图 9.17　负泊松比的压痕阻力

(1)蜂窝状正、负泊松比材料拉伸动画演示(见图 9.18)。

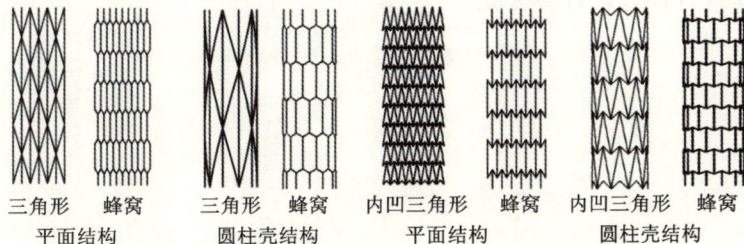

三角形　蜂窝　　三角形　蜂窝　　内凹三角形　蜂窝　　内凹三角形　蜂窝
平面结构　　　圆柱壳结构　　　平面结构　　　　圆柱壳结构

图 9.18　蜂窝状正、负泊松比材料拉伸动画演示

(2)微孔聚合的负泊松比材料。

图 9.19 所示为微孔聚合的负泊松比材料的设计。

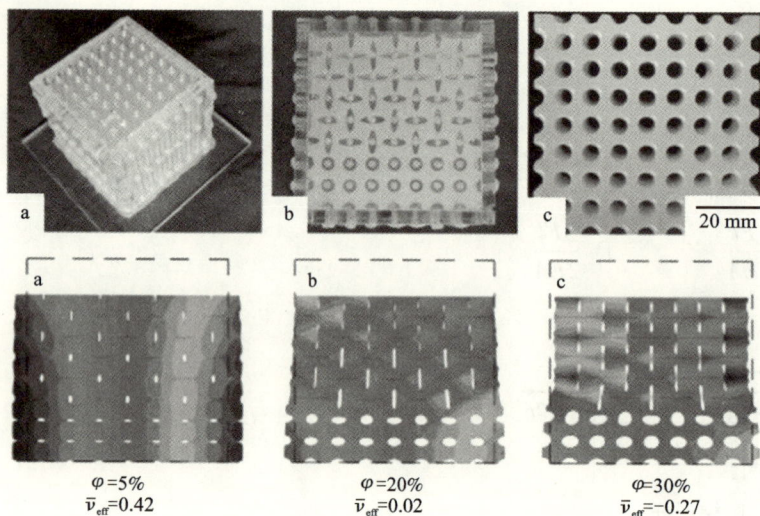

图 9.19 微孔聚合的负泊松比材料的设计

（3）课后拓展。

主题：泊松比调控与设计的研究进展和应用前景。以此为启发，谈谈自己的设计想法。

◈ 思政育人

要有民族自豪感和文化自信心，热爱祖国。通过介绍力与变形成正比的关系——我国郑玄的提出比胡克早了 1500 年，让学生从中深刻体会中国几千年的璀璨文明和中华文明的源远流长，培养学生的民族自豪感、文化自信心和爱国情怀。

要有勤于思考、严谨求学、勇于怀疑、敢于实践的科学精神。通过介绍泊松比的发展史，让学生明白科研中一个原理的提出是要经历漫长的质疑和验证的。因此，大家在学习和科研中也应当勤于思考，严谨求学；勇于怀疑，敢于实践；"疑误定要力争"（岳麓书院学规）。

◈ 归纳小结作业布置（2 分钟）

（1）小结：请同学们总结轴向拉压杆杆伸长的计算公式。

① 均匀变形 $\Delta l = \dfrac{F_N l}{EA}$。

② 分段均匀变形 $\Delta l = \displaystyle\sum_{i=1}^{n} \dfrac{F_{Ni} l_i}{EA_i}$。

③ 非均匀变形 $\Delta l = \displaystyle\int_l \dfrac{F_N(x)\,\mathrm{d}x}{EA(x)}$。

（2）课后作业：2.18、2.23、2.29（刘鸿文主编《材料力学》第 6 版）。

总结梳理
消化巩固

（3）课后提高题：图 9.20 所示为涡轮叶片，已知 A、E、ρ，角速度 ω，求叶片的轴向变形。

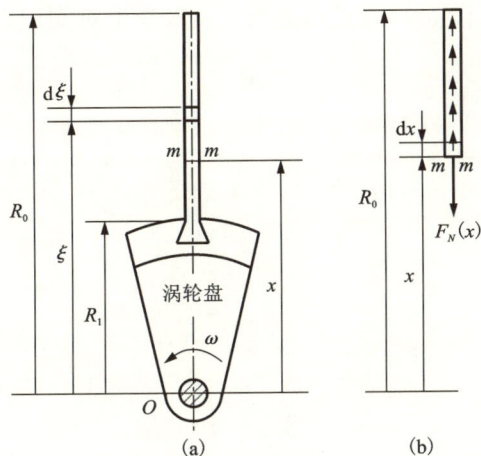

图 9.20　涡轮叶片

▶【板书设计】

板书设计如图 9.21 所示。

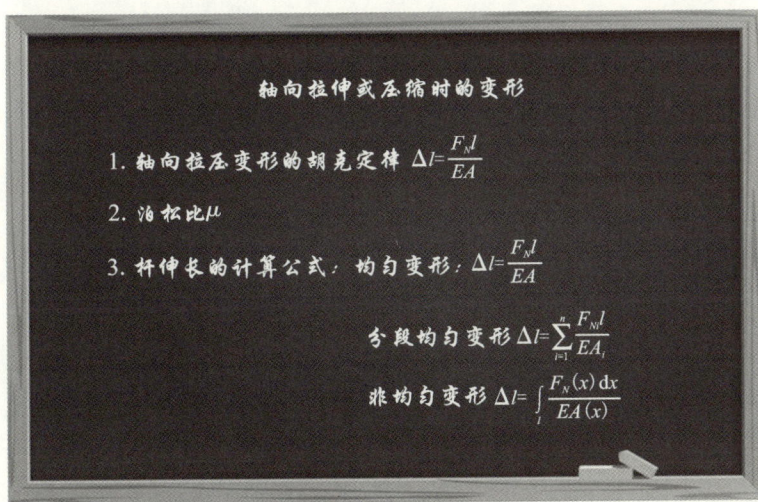

图 9.21　板书设计

教　学　反　思

本节课以钢管拉伸时内外径的变化，巧妙设疑，引出教学内容，创造积极、探索的教学环境。（1）通过学生对钢管内径变化的不确定，激发学生的求知欲，引出教学内容；（2）引导学生推导出轴向拉压杆轴向变形的胡克定律表达式，发挥教师的主导作用和学生的主体作用；（3）通过泊松比的发展历史，鼓励学生敢于质疑，敢于辩驳，追求真理；（4）通过例题讲解的方式，引导学生灵活运用胡克定律求解杆的伸长量，并归纳总结；（5）以随堂小测验的方式，了解学生对本节课知识的掌握程度。

　　课堂上通过提问、学生展示、雨课堂答题等多种互动形式，了解学生对知识点的掌握程度，步步跟进，效果较好。传统材料的泊松比为负，然而前沿科学研究中，已经可以对泊松比进行调控设计，可正、可负、可为零，由此激发学生的创新想法。课后设立一道提高题目，加深学生对知识点的理解，加强学生对知识的应用能力。

9.2　剪切和挤压的实用计算

基本信息			
教学主题	剪切和挤压的实用计算	课时安排	1课时(45分钟)
所在章节	第2章　拉伸、压缩与剪切/2.13　剪切和挤压的实用计算		

▶【教学目标】

❖ 知识目标

(1)能说出剪切和挤压的概念。

(2)能说出剪切面和有效挤压面的面积。

❖ 技能目标

(1)能够对连接件进行剪切强度校核和设计。

(2)能够对连接件进行挤压强度校核和设计。

❖ 思政目标

(1)能有"细节决定成败"的觉悟。

(2)能坚守工匠精神，以严谨的科学态度对待工程问题。

▶【教学方法】

采用问题统领式教学法和精讲多练法实施教学。

▶【教学重点与难点】

重点：剪切和挤压的实用计算。

难点：有效剪切/挤压面积的确定。

▶【教学思路和方法设计】

❖ 内容分析

小小的连接件往往容易被人忽略，如果其强度设计不合理，同样会造成严重的事故。本节课重点介绍连接件的剪切强度和挤压强度的实用计算。对于连接件，其受力与变形一般很复杂，精确分析困难、不实用，通常采用基于简化分析法或假定分析法的实用计算。其中，剪切力、挤压力的确定以及剪切面和有效挤压面面积的确认是关键。

❖ 学情分析

连接件的强度计算是基于简化分析法或假定分析法的，这与其他变形的强度计算不同，需要引导学生理解简化处理的合理性和实用有效性。在剪切和挤压的实用计算中，准确确认剪切面和有效挤压面对于学生来说是一个难点。针对这一难点，在讲解中，尽量收集多种连接件的剪切和挤压形式，引导大家熟悉掌握。

❖ 教学设计思路

本节采用问题统领式教学法和精讲多练法实施教学。以魁北克大桥的第二次失败案例引出教学内容，突出连接件强度的重要性，引导学生思考连接件强度计算的方法，巧妙设疑，精心设问，层层递进，启发引导，以突出重点，突破难点。具体设计如下：

（1）引入魁北克大桥第二次失败案例，通过其原因分析，突出连接件强度的重要性，引出教学内容。

（2）通过魁北克大桥的案例，引导学生明白"细节决定成败"的道理，以及工程师的重要性，完成思政目标。

（3）针对连接件强度计算方法设问，引导学生思考连接件的破坏方式，得出剪切强度条件和挤压强度条件，培养学生的创造性思维。

（4）针对剪切面和有效挤压面的难点，设立多个案例供学生练习。在例题的练习讲解中，突出学生的主体作用。由学生之间讨论、相互答疑解惑，促使学生突破难点，熟练掌握。

（5）回到魁北克大桥的第二次失败，引导学生正确设计连接件，强调严谨态度在工程问题中的重要性。

（6）引导学生进行课堂总结、布置课后作业，帮助学生消化巩固。

教 学 过 程

◈ 课堂导入（4 分钟）

案例：加拿大魁北克大桥的两次失败（见图 9.22、图 9.23）。

图 9.22　魁北克大桥的第一次失败

教学方法：案例教学法、启发式教学法、设问法。

设计意图：通过魁北克大桥第二次失败原因的分析，突出连接件强度的重要性，引出教学内容。

图 9.23　魁北克大桥的第二次失败

【提出问题】根据课前对于魁北克大桥的预习, 魁北克大桥第二次失败的原因是什么？

【学生回答】

> 连接件强度不够, 导致合龙时发生断裂, 中跨度落进河里。

设计意图: 通过魁北克大桥案例, 培养学生 "细节决定成败" 的意识和工程师的工匠精神。

【引出内容】连接件虽小, 但不容忽视, 其强度设计不合理时, 同样会造成严重的事故。

【引出思政】魁北克大桥的失败案例也告诉大家, 细节决定成败; 工程师应坚守工匠精神, 要以严谨的科学态度对待工程问题。

图 9.24 所示为机械中常见的连接件和连接形式。

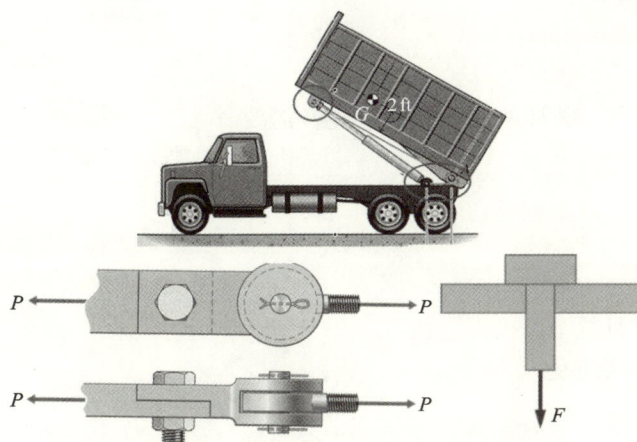

图 9.24　机械中常见的连接件和连接形式

【提出问题】对于杆件，可以按照轴向拉压杆的强度条件校核和设计。对于图 9.24 中圈出的连接件，轴向拉压杆的公式是否适用？应该怎么进行强度计算呢？

【学生回答】

依据圣维南原理，连接件不能用轴向拉压杆的强度条件。

【分析方法】连接件受力与变形一般很复杂，精确分析困难、不实用，通常采用简化分析法或假定分析法（区别于其他章节）。实践表明，只要简化合理，有充分实验依据，在工程中是实用有效的。

◈ 新课展开(3 分钟)

❖ 连接件破坏形式分析
图 9.25 所示为铆钉连接。

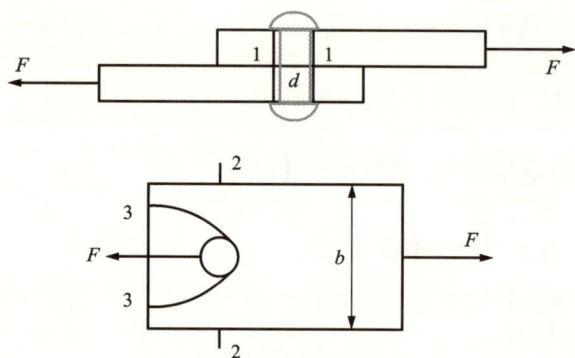

图 9.25　铆钉连接

【提出问题】对于铆钉连接的两块板受拉，破坏的形式有哪些呢？需要在哪些方面进行校核呢？

【学生回答】
【归纳总结】
剪断（1—1 截面）。
拉断（2—2 截面），按拉压杆强度条件计算。
剪豁（3—3 截面），边距大于孔径 2 倍可避免。
挤压破坏（连接件接触面）。
【引出内容】本节主要讨论 1—1 截面的剪断与连接件接触面间挤压破坏的假定计算法。

设计意图：通过连接件强度计算方法的设问，引导学生思考，培养学生的创造性思维能力。

教学方法：设问法、总结归纳法。

设计意图：引导学生观察和发现，思考得出连接件的破坏形式。

◈ 知识深化(16 分钟)

教学方法：设问法、总结归纳法、启发式教学法。

❖ 剪切与剪切强度条件

(1)剪切。

剪床剪钢板，如图 9.26 所示。

设计意图：通过案例的观察和分析，引导学生总结归纳出剪切的受力特点和变形特点。

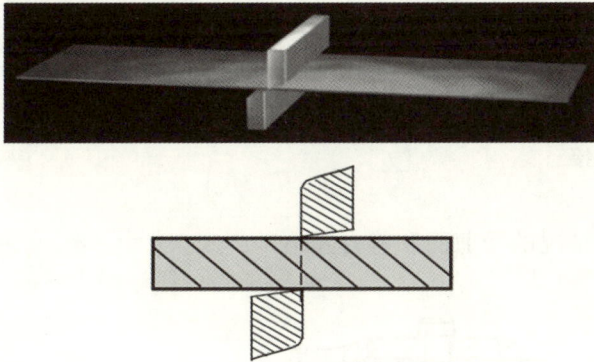

图 9.26　剪床剪钢板

【提出问题】剪切的受力特点和变形特点是什么呢？

【学生回答】

> 剪切受力特点：作用在构件两侧面上的外力
> 合力大小相等、方向相反且作用线很近。
> 变形特点：位于两力之间的截面发生相对错动。

【动画演示】铆钉连接，如图 9.27 所示(铆钉剪切动画演示)。

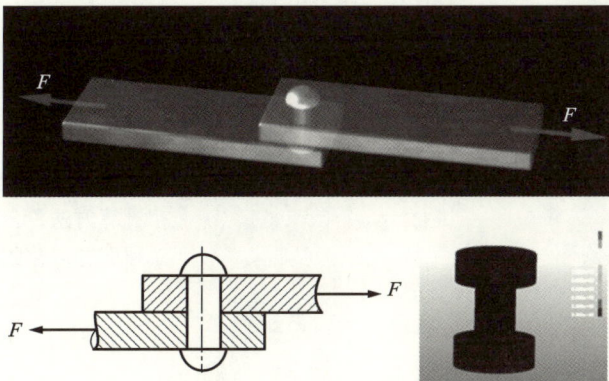

图 9.27　铆钉连接

销轴连接，如图 9.28 所示。

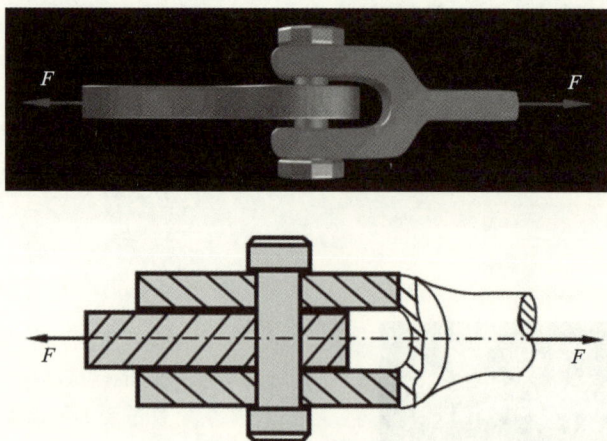

图 9.28 销轴连接

【提出问题】请分析图 9.29 中三种剪切情况的受剪面和剪力大小。

设计意图: 引导学生通过截面法, 分析不同剪切情况下的剪力。

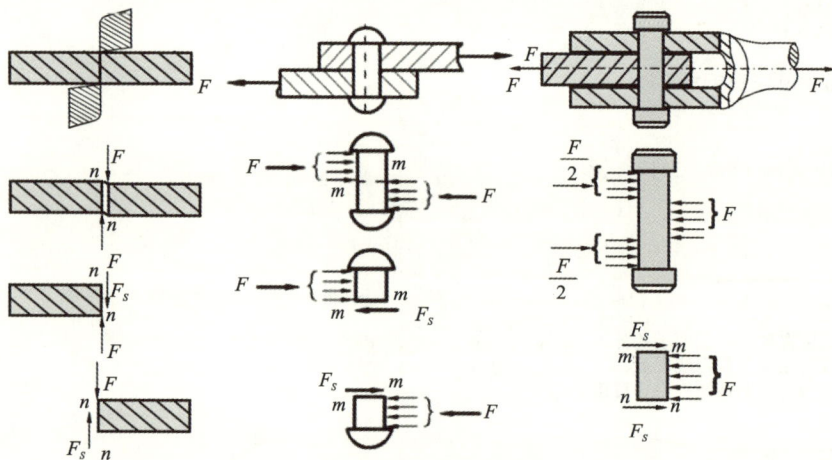

图 9.29 三种剪切

【学生回答】

$F_s = F$; $F_s = F$; $F_s = F/2$。

(2) 剪切强度条件。

假设切应力在剪切面(m—m 截面)上是均匀分布的, 得实用切应力计算公式:

设计意图: 得到剪切强度的实用计算方法, 培养学生将复杂工程问题简化的能力。

$$\tau = \frac{F_s}{A}$$

剪切强度条件:

$$\tau = \frac{F_s}{A} \leqslant [\tau]$$

$[\tau]$ 是材料的许用切应力, 通常由实验方法确定。

塑性材料: $[\tau] = (0.5 \sim 0.7)[\sigma]$。

脆性材料: $[\tau] = (0.8 \sim 1.0)[\sigma]$。

❖ 挤压与挤压强度条件

（1）挤压（见图 9.30）。

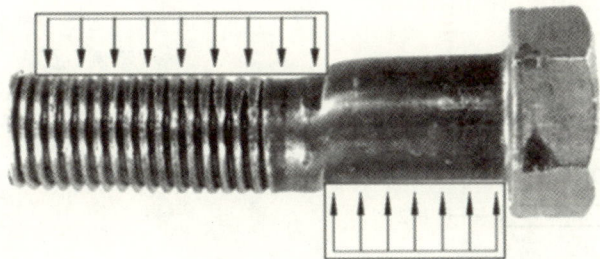

图 9.30　挤压

设计意图：通过钉子挤压变形的图片，让学生直观地理解挤压。

图 9.31 所示为挤压力与挤压面示意图。

挤压力：

$$F_{bs} = F$$

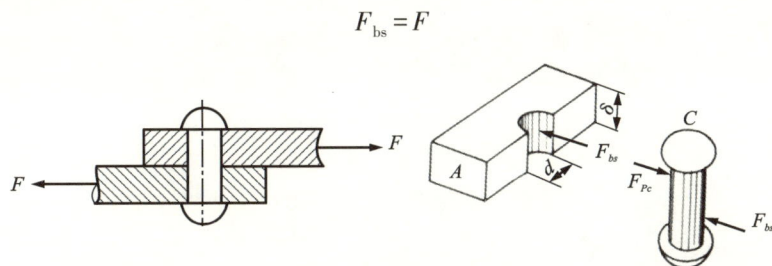

图 9.31　挤压力和挤压面

设计意图：得到剪切挤压强度的实用计算方法和挤压面面积计算方法，培养学生将复杂工程问题简化的能力。

注意：挤压面面积的计算。

①接触面为平面，A_{bs}→实际接触面面积。

②接触面为圆柱面，A_{bs}→直径投影面面积。

挤压面面积：$A_{bs} = d\delta$

图 9.32 所示为圆柱面挤压面的面积计算。

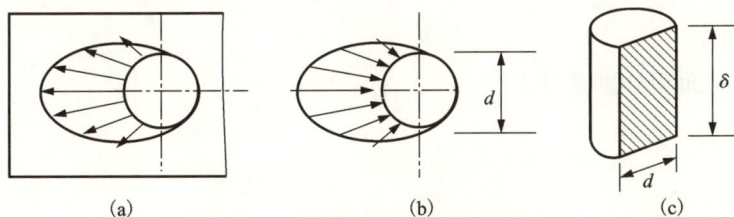

图 9.32　圆柱面挤压面的面积计算

（2）挤压强度条件。

假设应力在挤压面上是均匀分布的，得实用挤压应力公式：

$$\sigma_{bs} \approx \frac{F_{bs}}{A_{bs}}。$$

切应力强度条件：

$$\sigma_{bs} = \frac{F_{bs}}{A_{bs}} \leqslant [\sigma_{bs}]$$

$[\sigma_{bs}]$ 是材料的许用挤压应力,通常由实验方法确定。

塑性材料:$[\sigma_{bs}]=(1.5\sim2.5)[\sigma]$。

脆性材料:$[\sigma_{bs}]=(0.9\sim1.5)[\sigma]$。

❖ 对工程应用的两点注释

(1)双剪(见图9.33)。

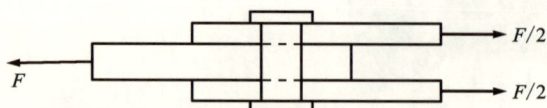

图9.33 双剪

【提出问题】其中剪力和挤压力分别是什么?

【学生回答】

【归纳总结】

钉剪切力:$F_s=F/2$;

外板挤压力:$F_{bs}=F/2$;

里板挤压力:$F_{bs}=F$。

(2)钉拉断(见图9.34)。

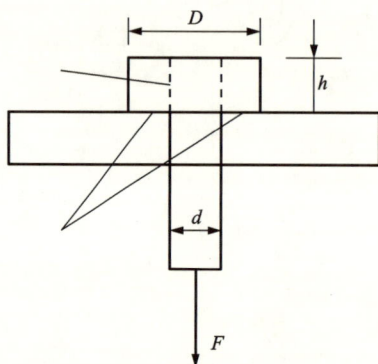

图9.34 钉拉断

【提出问题】其中剪切面和挤压面的面积分别是什么?

【学生回答】

剪切面:圆柱面 $A=\pi dh$
挤压面:圆环 $A_{bs}=\pi(D^2-d^2)/4$

◆ **知识巩固(17分钟)**

❖ 题目练习与讲解

【题目1】(雨课堂扫码答题)

如图9.35所示,木榫接头,当受 F 力作用时,接头的剪切面积和挤压面积分别是_____。

设计意图:通过两个典型的工程案例,加深学生对剪切和挤压的认识和分析能力。

A. ab，lc　　　B. cb，lb　　　C. lb，cb　　　D. lc，ab

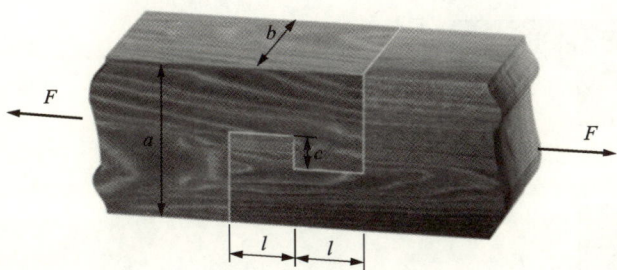

图 9.35　题目 1 图

设计意图：题目练习，采取雨
课堂扫码解答的形式，掌握学
生对知识点的掌握程度。

【题目 2】（雨课堂扫码答题）

如图 9.36 所示接头，板与铆钉为同一材料，已知 $[\sigma_{bs}] = 2[\tau]$，为充分利用材料，铆钉的直径 d 应为＿＿＿＿。

A. $d = 2h$　　　B. $d = 4h$　　　C. $d = \dfrac{4h}{\pi}$　　　D. $d = \dfrac{8h}{\pi}$

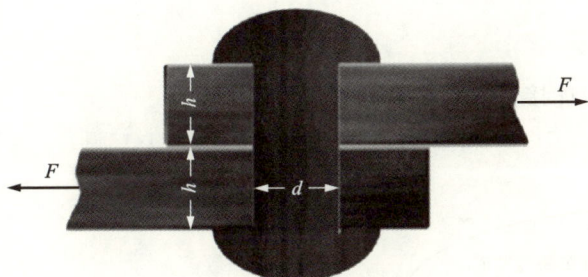

图 9.36　题目 2 图

设计意图：题目练习，采取学
生展示、学生讨论、相互答疑
的方式，加深学生的理解和应
用。

【题目 3】

如图 9.37 所示，已知板厚 $t = 10$ mm，铆钉直径 $d = 17$ mm，铆钉的许用切应力 $[\tau] = 120$ MPa，许用挤压应力 $[\sigma_{bs}] = 320$ MPa，$F = 50$ kN，试校核铆钉强度。

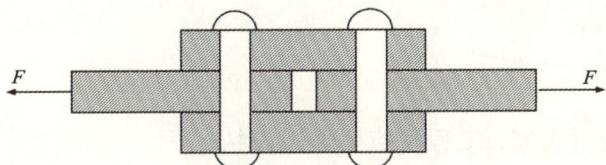

图 9.37　题目 3 图

【题目 4】

如图 9.38 所示接头，受轴向力 F 作用。已知 $F = 50$ kN，$b = 150$ mm，$\delta = 10$ mm，$d = 17$ mm，$a = 80$ mm，$[\sigma] = 160$ MPa，$[\tau] = 120$ MPa，$[\sigma_{bs}] = 320$ MPa，铆钉和板的材料相同，试校核其强度。

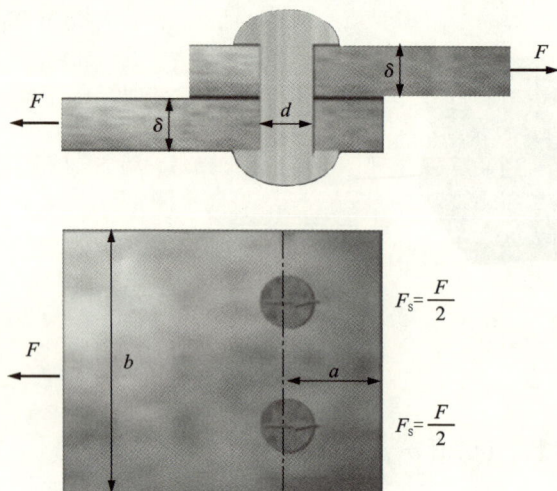

图 9.38　题目 4 图

◆ 案例分析(2 分钟)

【提出问题】魁北克大桥第二次失败中，连接件为什么会断裂？
【学生回答】

> 在第一次失败的基础上，设计师矫枉过正，
> 将主要受压的构建的横截面增大了1倍以上，
> 导致桥重量急剧增大。
> 设计师没有重新设计连接件。

【提出问题】应当如何避免魁北克大桥的第二次失败呢？
【学生回答】

> 加大连接件的受剪面积。

【引出思政】魁北克大桥的失败案例告诉大家，工程师应坚守工匠精神，要以严谨的科学态度对待工程问题；细节决定成败。

老子："天下难事，必作于易；天下大事，必作于细。"

李斯："泰山不拒细壤，故能成其高；江海不择细流，故能就其深。"

◆ 前沿科学(2 分钟)

❖ 知识拓展

先进复合材料与金属材料的连接件的设计(见图 9.39、图 9.40)。

设计意图：通过魁北克大桥案例，培养学生"细节决定成败"的意识和工程师的工匠精神。

设计意图：通过前沿科学研究介绍，激发学生灵活运用知识，培养学生的创新意识。

图 9.39　飞机的起落架舱门

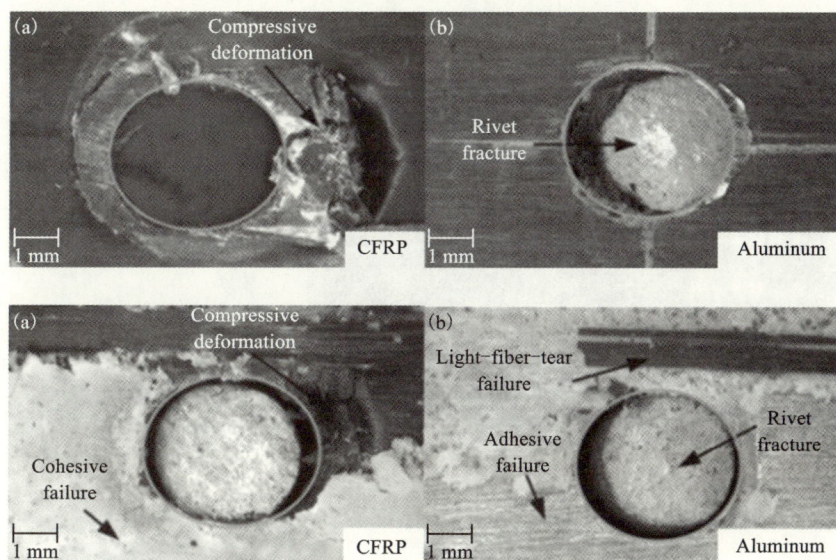

图 9.40　复合材料与金属材料的连接处

◆ 思政育人

要有"细节决定成败"的态度。通过魁北克大桥的第二次失败原因——连接件强度不够引起断裂，突出细节的重要性，让学生明白细节决定成败的道理。在学习和工作中，顾大局的同时，同样要重视细节；在生活中，"勿以恶小而为之，勿以善小而不为。"

要坚守工匠精神，以严谨的科学态度对待工程问题。魁北克大桥第二次失败也是因为在第一次失败的教训下，工程师将主要受压杆件的横截面增大了 1 倍以上，使桥重量急剧增大。反映了工程师在工程问题中的重要性，要以严谨的科学态度对待工程问题，强度不足不可，而矫枉过正也同样不可行。工程师应当坚守工匠精神：敬业、精益、专注、创新。

◈ 归纳小结作业布置(1 分钟)

(1)小结:请同学们总结本节课的内容。

总结梳理
消化巩固

①剪切强度条件。

②挤压强度条件。

③挤压面面积计算。

(2)课后作业:2.57、2.58、2.65、2.66(《材料力学》第 6 版,刘鸿文主编)。

(3)课后拓展(小论文)。

主题:先进材料与传统材料的连接的研究进展与展望。

▶ 板书设计

板书设计如图 9.41 所示。

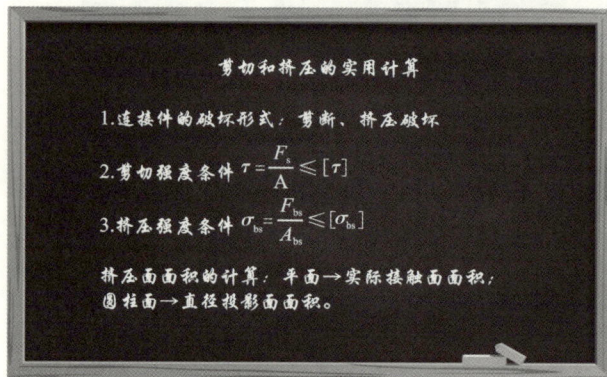

图 9.41 板书设计

教 学 反 思

本节课引入魁北克大桥的第二次失败案例,通过分析其失败原因引出教学内容,并针对连接件强度计算的方法设疑,引发学生思考,创造积极、探索的教学环境。(1)通过魁北克大桥第二次失败中连接件强度不够导致断裂,突出连接件强度的重要性;(2)通过魁北克大桥案例,引导学生明白细节决定成败,细节不容忽视的道理,以及工程师在工程问题中的重要性;(3)针对连接件的强度计算方法设疑,引导学生思考,再介绍其破坏方式及强度的实用计算,培养学生的创造性思维;(4)在连接件剪切强度和挤压强度的计算中,找对剪切面和挤压面是关键,也是难点,因此通过多个例题的练习,让学生熟练掌握其中的要点;(5)在例题的练习和讲解中,突出学生的主体作用,由学生之间的讨论互相答疑解惑,促使学生理解更透彻。

课堂上通过提问、学生展示、讨论答疑、雨课堂答题等多种互动形式,了解学生对知识点的掌握程度,步步跟进,效果较好。对于本节课的知识点,加深学生理解和应用的最佳途径是多个案例的分析,熟能生巧。

9.3　梁的合理强度设计

本节内容详见二维码。

基本信息			
教学主题	梁的合理强度设计	课时安排	1 课时(45 分钟)
所在章节	第 5 章　弯曲应力/5.6　梁的合理强度设计		

【教学目标】

❖ 知识目标

(1)能说出梁合理设计的理论依据和设计思路。

(2)能列出来提高梁强度的措施。

❖ 技能目标

能分析和合理设计工程中的梁结构。

❖ 思政目标

(1)要有民族自豪感和自信心,热爱祖国。

(2)要有既安全又节约的工程素养。

【教学方法】

采用案例法和问题统领式教学法实施教学。

【教学重点与难点】

重点:提高梁强度的措施。

难点:等强度梁的设计。

【教学思路和方法设计】

❖ 内容分析

本节课是基于弯曲正应力强度和切应力强度计算的学习之后,重点介绍提高梁强度的措施,并从截面形状、等强度和合理受力三个方面提出相应的措施。为了加深学生的理解和提高理论应用能力,理论与工程实例的结合是必要的教学途径。

❖ 学情分析

梁的合理设计其实是将理论知识应用到工程实例中的一个过渡。往往学生对于理论知识很容易掌握,但面对工程实例时又无从下手,因此,本节课对于提高学生的应用能力非常重要。在讲解时一定要理论措施与工程实例相结合,尽可能使其形象化、具体化。

❖ 教学设计思路

本节采用案例法和问题统领式教学法实施教学。以三个工程案例引出思考，基于梁的弯曲强度理论，引导学生想出提高梁弯曲强度的设计思路，列出具体措施。此时再回到开始的三个案例，学生将顺利解答。教学过程中，巧妙设疑，引出教学内容，创造积极、探索的教学环境。具体设计如下：

（1）引入汽车钢板弹簧、吊车改良和斗拱结构三个案例，引发学生思考其中的力学原理和改造措施，引出本节课的教学目标。

（2）以梁的弯曲强度条件为理论依据，引导学生想出梁的合理设计思路，并在问答中，将提高梁弯曲强度的措施一一列出。

（3）再回到开始的三个案例，学生已经利用本节课知识将案例中的疑问顺利解答，培养学生的应用能力。

（4）从我国古建筑斗拱结构中蕴含的力学原理，激发学生的民族自豪感和自信心，培养爱国情怀。

（5）整个梁的合理设计过程，都在告诉学生应该在保证安全的基础上，考虑经济性；培养学生的工程素养，完成思政目标。

（6）引导学生进行课堂总结，为帮助学生消化巩固和培养学生解决问题的能力，课后作业由课后习题和提高题组成。

9.4　梁的刚度条件及其合理设计

本节内容详见二维码。

基本信息			
教学主题	梁的刚度条件及其合理设计	课时安排	1 课时(45 分钟)
所在章节	第 6 章　弯曲变形/6.6　梁的刚度条件及其合理设计		

▶【教学目标】

❖ 知识目标

(1)能说出梁的刚度条件。

(2)能说出提高梁弯曲刚度的措施。

❖ 技能目标

(1)能够依据梁的刚度条件进行相关的计算。

(2)能够依据梁的刚度条件进行相关的设计。

❖ 思政目标

(1)要有民族自豪感和文化自信。

(2)能以严谨的科学态度对待工程问题,能坚守工匠精神。

(3)要团结奋进,合作共赢。

▶【教学方法】

采用启发式教学法和精讲多练法实施教学。

▶【教学重点与难点】

重点:依据梁的刚度条件进行相关的计算和设计。

难点:依据梁的刚度条件进行相关的计算和设计。

▶【教学思路和方法设计】

❖ 内容分析

本节课主要介绍梁的刚度条件,以及依据刚度条件进行刚度校核,截面设计和许用载荷的确定;提出提高梁弯曲刚度的措施。工程应用中,不同用途的梁的刚度要求不同,如建筑钢梁的刚度要求远远没有机械传动轴和精密机床中梁的刚度严格。因此,梁的刚度设计具有重要的工程意义。

❖ 学情分析

在学习了梁挠度和转角计算之后，对梁的刚度计算变得相对容易，同时对前面知识的加深巩固。依据梁的刚度条件对梁进行合理设计，则是对理论知识的实际运用理论与实践相结合，帮助学生深入理解梁变形和刚度计算。

❖ 教学设计思路

本节采用启发式教学法和精讲多练法实施教学。通过美国塔科马海峡大桥案例，强调刚度条件在工程中的重要性，引出梁的刚度条件就是梁的最大挠度和最大转角不能大于其许用值。刚度条件的相关计算则通过习题练习的方式讲解。依据梁的刚度条件，提出提高梁弯曲刚度的措施，并与提高梁弯曲刚度的措施进行对比和分析。具体设计如下：

（1）通过美国塔科马海峡大桥失败案例分析，直观地让学生看到刚度条件引起的事故，强调刚度条件在工程中的重要性。

（2）引出梁的刚度条件，引导学生理解不同用途的梁对刚度要求不同，并通过习题练习和讲解的方式，引导学生理解和掌握梁刚度条件的相关计算。

（3）依据梁的刚度条件，提出提高梁弯曲刚度的有效措施；与提高梁弯曲强度的措施进行比较，发现其中的相似点与不同点。

（4）通过矩形截面木梁的高宽比设计，与宋朝李诚《营造法式》中记载比较，突出古时匠人的聪明睿智，激发学生的民族自豪感和文化自信。

（5）回到美国塔科马海峡大桥的失败案例，强调知识和技能掌握之后，人为因素也至关重要；引导学生在今后的工作中要有担当、负责任，能够以严谨的科学态度对待工程问题，能够坚守工匠精神；完成思政目标。

（6）欣赏歌曲《众人划桨开大船》，引导学生用梁弯曲强度和弯曲刚度的知识解释歌词"一根筷子啊轻轻被折断，十双筷子啊牢牢抱成团"，告诉学生一个国家、一个民族要强大，必须团结奋进，合作共赢。

9.5 压杆稳定的概念及两端铰支细长压杆的临界压力

本节内容详见二维码。

基本信息			
教学主题	压杆稳定的概念及两端铰支细长压杆的临界压力	课时安排	1课时(45分钟)
所在章节	第9章　压杆稳定/9.1　压杆稳定的概念、9.2　两端铰支细长压杆的临界压力		

▶【教学目标】

❖ 知识目标

(1)能说出压杆稳定和失稳的概念。

(2)能推导出细长压杆临界压力的欧拉公式。

❖ 技能目标

能熟练运用欧拉公式进行工程结构分析与设计。

❖ 思政目标

(1)能以中国的伟大成就为傲,热爱祖国。

(2)作为一名工程师,能够有责任心,有担当意识。

(3)能以严谨的科学态度对待工程问题,能坚守工匠精神。

▶【教学方法】

采用案例法和问题统领式教学法为主,辅助以演示法和类比法实施教学。

▶【教学重点与难点】

重点:(1)压杆失稳与强度问题的区别;(2)两端铰支细长压杆临界压力的推导和计算。

难点:两端铰支细长压杆临界压力的推导和计算。

▶【教学思路和方法设计】

❖ 内容分析

本节课重点介绍压杆稳定和失稳的概念,以及两端铰支细长压杆临界压力欧拉公式的推导。两端铰支细长压杆临界压力欧拉公式的推导是本节课的教学重点和难点,也是后续其他支撑条件下临界压力推导的重要基础,在工程结构稳定性设计中具有十分重要的意义。

❖ 学情分析

稳定性是与强度、刚度并列的概念，与强度和刚度相比，学生对稳定性的接触比较少，相对而言也不容易接受。如何让学生理解稳定性，认识稳定性与强度的区别是课堂需要解决的实际问题。因而在讲解时应充分用视频、案例、实验演示，尽可能使其形象化、具体化。

❖ 教学设计思路

本节采用案例法和问题统领式教学法为主，辅助以演示法和类比法实施教学。以魁北克大桥的第一次失败案例引出压杆稳定，再结合案例中压杆稳定的合理设计与不合理设计的认知分析，引出压杆稳定的理论分析和两端铰支细长压杆临界压力的推导。通过精心设计，层层引申，环环相扣，前后呼应，启发引导，以突出重点，突破难点。具体设计如下：

（1）引入魁北克大桥案例，引导学生总结大桥第一次失败的原因，引出压杆稳定问题和本节课的教学目标。

（2）通过历史文物建筑中压杆稳定的合理设计和建筑工地脚手架不合理设计引起的失稳事故对比，引导学生认识实际工程中压杆稳定的重要性。

（3）设计两根钢丝受压的实验，通过直观的实验演示，让学生形象地理解压杆稳定和失稳现象，并认识强度和稳定性区别。

（4）通过案例分析和实验演示，引导学生从认知的层面说出影响压杆稳定的因素，激发学生通过理论分析进行验证，引出压杆稳定的理论分析。

（5）从理论力学知识中的刚体平衡的稳定性，到刚体—弹簧系统的平衡稳定性，再到受压弹性细长杆的稳定性；层层引申，环环相扣，使学生由浅入深、由表及里地逐步接受和理解压杆稳定的概念；引导学生一步步推导出两端铰支细长压杆临界压力的欧拉公式。

（6）回到前面的案例，引导学生运用欧拉公式分析案例，从认知层面的理解，到严谨科学的分析，加深学生对压杆稳定及其临界压力欧拉公式的理解与应用。

（7）再回到魁北克大桥的失败案例，强调除知识和技能的掌握外，人为因素也至关重要；引导学生在今后的工作中要有担当、负责任，能够以严谨的科学态度对待工程问题，能够坚守工匠精神；完成思政目标。

（8）举例我国近几年的重大工程的完美建成，引导学生以我国的伟大成就为傲，热爱祖国。

（9）引入有效利用屈曲的前沿科学研究案例，通过其中有趣、巧妙的设计激发学生的创新想法，让学生体会到用传统知识解决前沿问题的巧妙。

（10）引导学生进行课堂总结，为帮助学生消化巩固和学会举一反三，课后作业由课后习题和课后讨论组成。

作战运筹分析与规划

课程10

潘晓刚，国防科技大学系统工程学院教师，湖南省普通高校教学能手，国防科技大学首批青年拔尖人才，国家级教学竞赛一等奖、2020年湖南省普通高校教师课堂教学竞赛一等奖获得者，曾获军队科技进步三等奖2项。

课　程　概　述

一、课程基本信息

课程名称	作战运筹分析与规划	课程性质	专业必修课
学时	32	开课时间	大四上学期
先修课程	运筹学、博弈论基础、概率论基础		
适用专业	军事运筹		
使用教材	《军事运筹学基础》		
参考教材	《新编军事运筹学》		

二、课程的性质与作用

作战运筹分析与规划是相关本科专业开设的一门专业核心课程。

课程以军事活动 OODA（observe 观察、orient 判断、decide 决策、act 行动）各环节涉及的典型问题为研究对象，主要介绍目标搜索、武器射击效率、兵力损耗、博弈决策、行动计划等方面的分析建模和求解方法等内容。

通过本课程的教学，能培养学生量化分析问题的能力，采用知识讲授、交流研讨、上机实践等多种手段，使学生具备通过建模优化与求解分析来处理具体军事问题的能力，培养学生的逻辑思维和量化思维。课程结合讲授内容，从家国情怀、社会责任、科学精神、职业素养等方面，适时融入思想政治教育元素，激发学生的爱国热情、勇担重任、敢于拼搏的精神，充分发挥课程育人的作用。

三、学情分析

本课程主要是面向大四学生开设的，这一时期的学生具有以下几个特点。

一是学生经过前三年的公共基础课和专业课学习，具有相对完善的专业基础和相对扎实的数理功底，为本门课程的学习奠定了良好的基础。课上经过知识点回顾和梳理，能迅速完成基础知识准备，有益于内容理解和掌握。

二是临近毕业，学生普遍具有较强的就业恐慌，迫切需要提升自己的专业能力，具有强烈的学习欲望，学习动力足，学习热情高。本课程针对学生特点设计了大量的辩论、竞赛、软件操作实践等环节，有助于学生思辨能力、解决实际问题能力的提升。

三是学校浓郁的学术氛围，养成了他们较强的自我学习能力。课程内容多，预备基础知识需求多，学生的自我学习能力为本课程提供了很好的基础，为拓展提升提供了条件。

存在的主要问题：

一是学生经过前期的学习，大脑中存储了很多知识，但多以信息孤岛的形式存在，量化分析问题思维与能力薄弱。课上需要进行思维引导，注重将数理知识用于解决任务规划的具体问题，从分析军事问题、抽象量化模型，到提出解决方法、形成方案得到结论，在不间断的练习中，塑造学生的量化分析军事问题的思维能力。

二是学生大部分是专业基础知识比较扎实，但是建模知识相对较弱；理论分析本领强，仿真实现能力弱。因此，需要有针对性地加强补充与训练。总结时，用思维导图的方式进行知识点的串联，进一步提高学生的认知能力。

三是学生平时课业负担重，上课容易瞌睡，影响听课质量，需要利用多种手段激发热情。注意观察学生反应，及时调整上课节奏。

四、课程总体设计

(一)教学设计思路

本课程的教学理念就是"学生为主体，教师为主导，能力培养为核心"。教师精心创设教学中"情境""案例""问题"，激发学生学习兴趣，引领学生探索和发现知识要点；学生以教学资源为支撑，在教师的引导下，分析问题，提出解决策略，并在运用知识中达成能力塑造。运筹分析与规划既是一种知识、一种工具，还是一种文化。为了使学生在掌握知识的同时，提升处理实际问题的能力、增强创新意识，我们秉承"厚基础、强能力、重实践"的观点。在教学设计中，对每一章节内容都构建了设计框图，从内容体系、教学过程、思政点融入等方面，帮助学生搭建作战运筹分析与规划的知识框架，着重激发学生主动思考、自主学习的热情，引导学生领会其中的理性之美与实践之力。

(二)教学目标

本课程的教学目标主要包括：熟练掌握目标搜索的量化分析、武器射击效率分析、指挥决策优化、兵力损耗分析与火力分配、行动计划优化的基本理论和基本模型；理解模型求解的思路和运用规则，以及军事运筹的应用价值；学会利用数学模型解决规划问题的基本步骤；了解各部分知识点的技术发展动态；培养学生主动发现问题、研究问题和解决问题的能力；养成通过量化分析实现争优求胜的基本观念。本课程的思政目标是培养学生的职业素养、科学精神、社会责任和家国情怀。立足岗位实际需求培养该专业学生的职业认同感，着眼未来行业要求培养学生创新实践的科学精神，围绕社会责任现实培养学生的担当精神和爱国情操。

(三)教学内容

课程的教学内容体系是按照军事活动的 OODA 环路来设计的。根据每个环节的关键支撑点，课程主要设计了五章内容，分别是目标搜索量化分析、武器射击效率分析、兵力损耗分析、作战指挥决策优化、行动计划优化。在具体内容安排上，除 2 个学时绪论和 4 个学时研讨实践之外，上述五章的内容，分别从情报获取、态势研判、兵力配置、博弈决策、计划优化几方面支撑了军事活动的 OODA 的各环节(见图 10.1)，从而支撑任务规划的主要过程。课程以实际需求为牵引，着眼于处理 OODA 活动过程中涉及的典型问题。在整个知识体系上，以运筹学、搜索论、概率论、博弈论等经典理论为支撑，融合现代技术方法，解决实际军事问题，并根据具体的授课内容，突出思政育人元素，以培养学生具备定量化分析、解决实际问题的观念和能力以及高尚的爱国情怀。

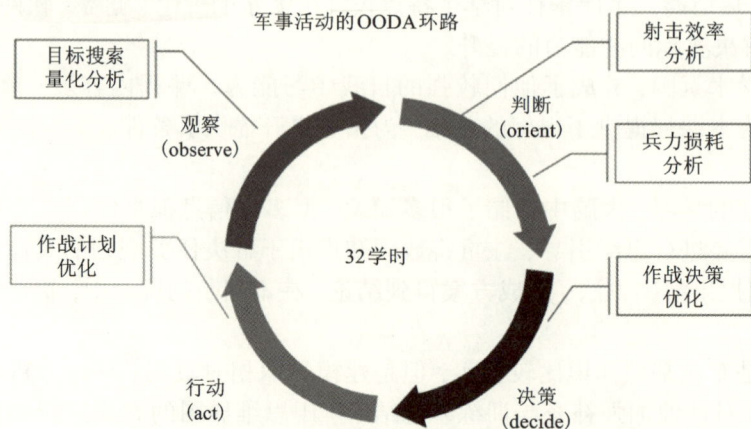

图 10.1　以"军事活动的 OODA 环路"作为课程主线

(四)课程思政

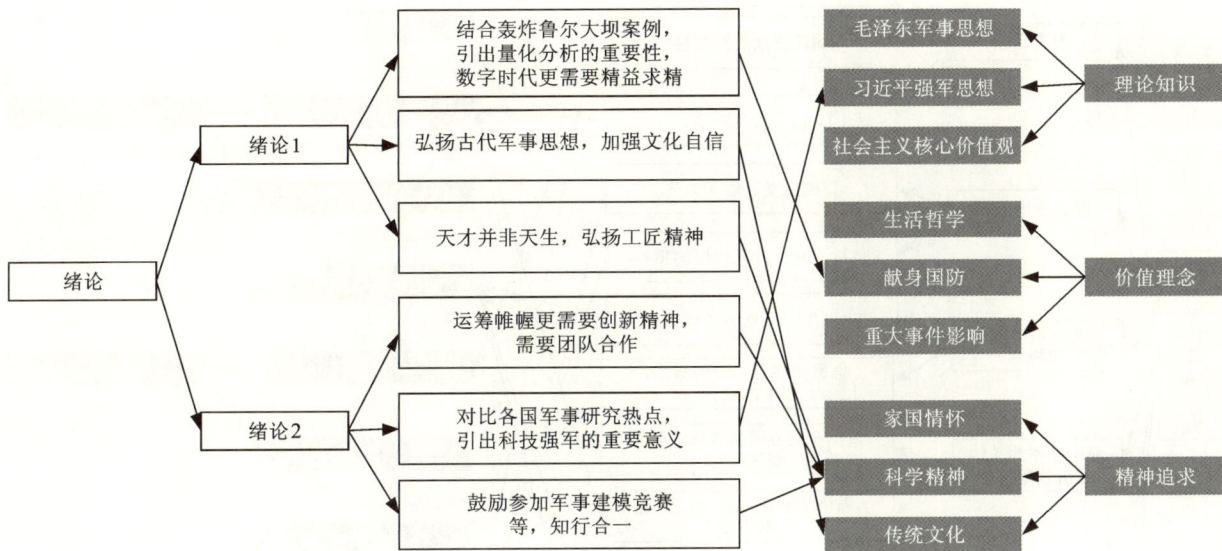

图 10.2　第一章主要思政点设计图

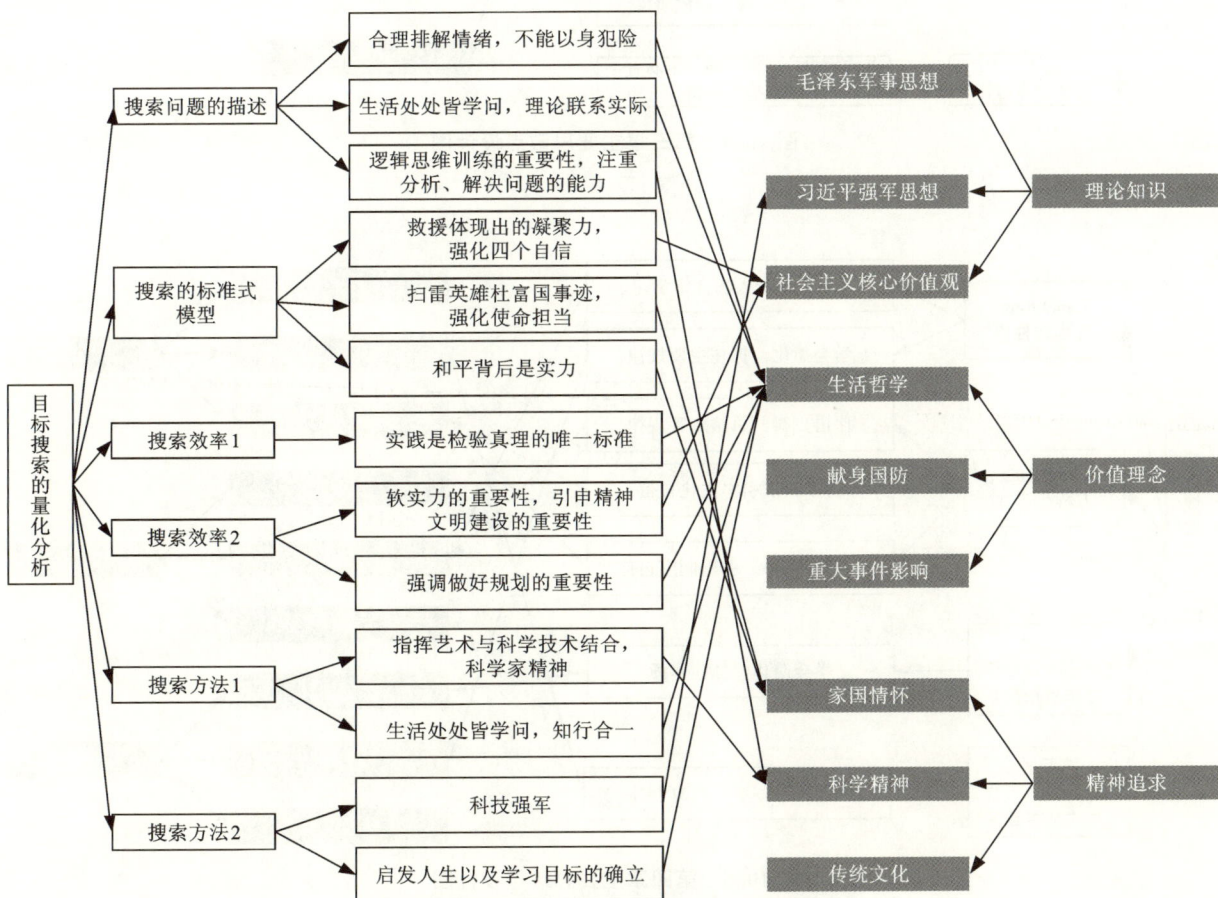

图 10.3　第二章主要思政点设计图

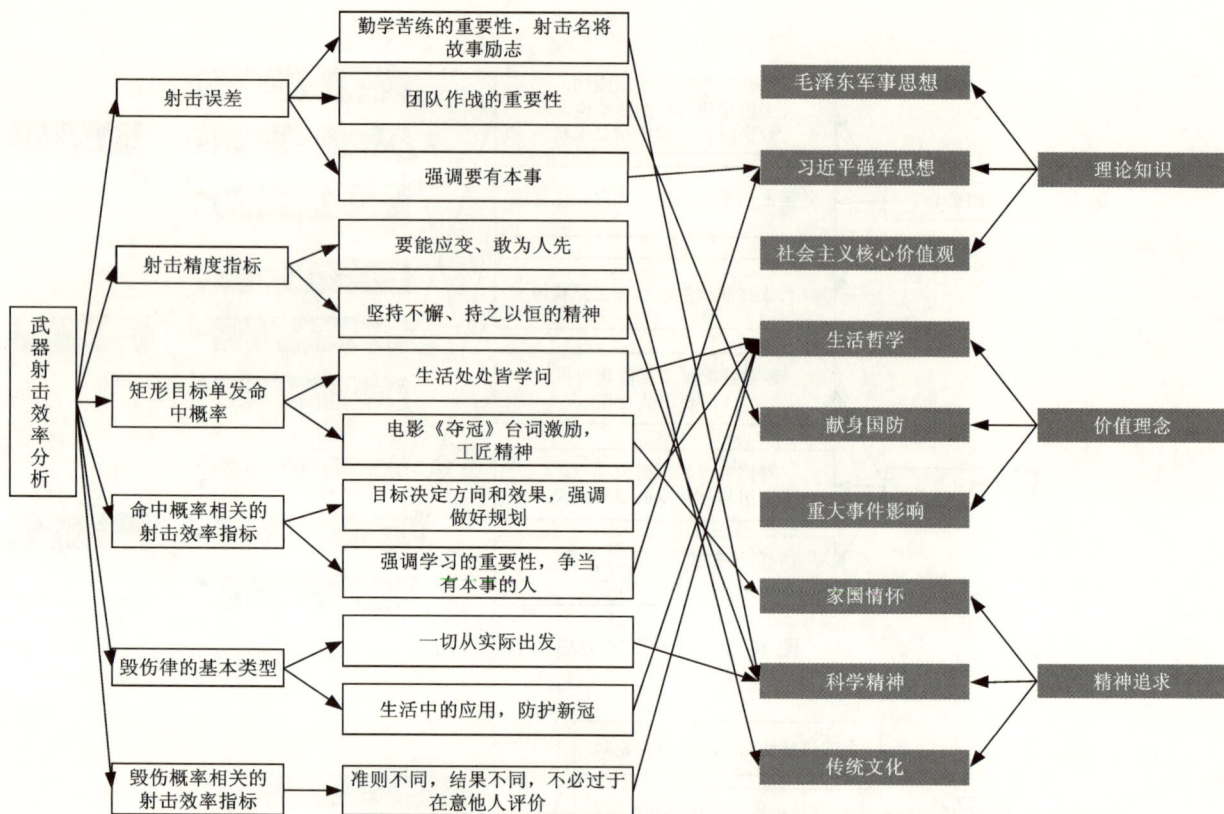

图 10.4　第三章主要思政点设计图

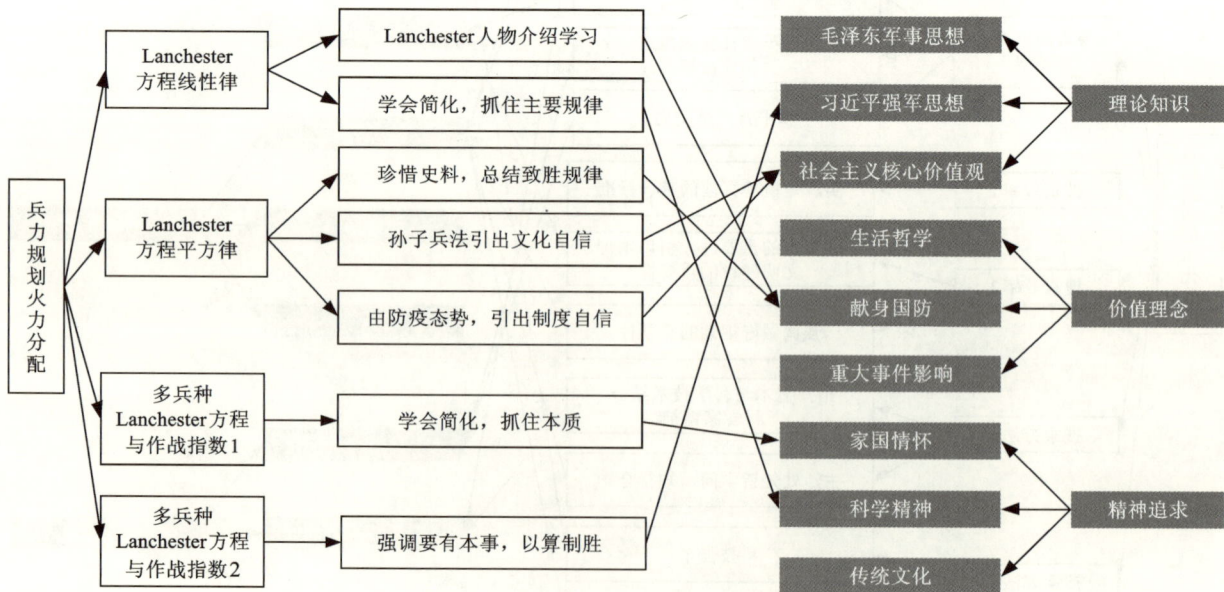

图 10.5　第四章主要思政点设计图

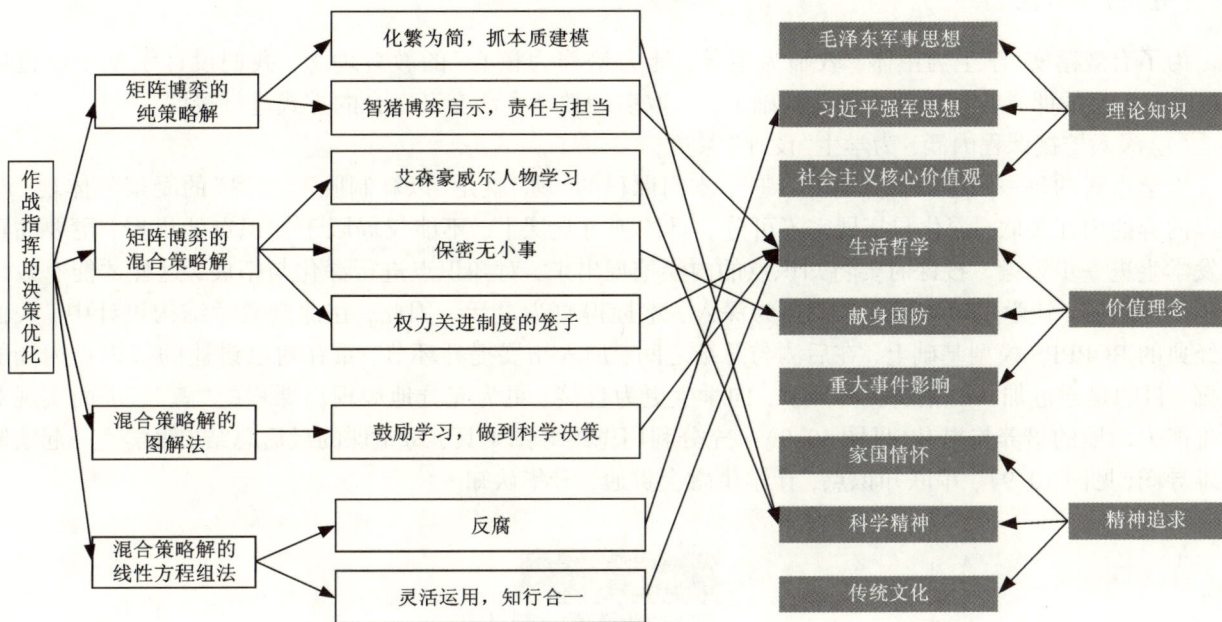

图 10.6　第五章主要思政点设计图

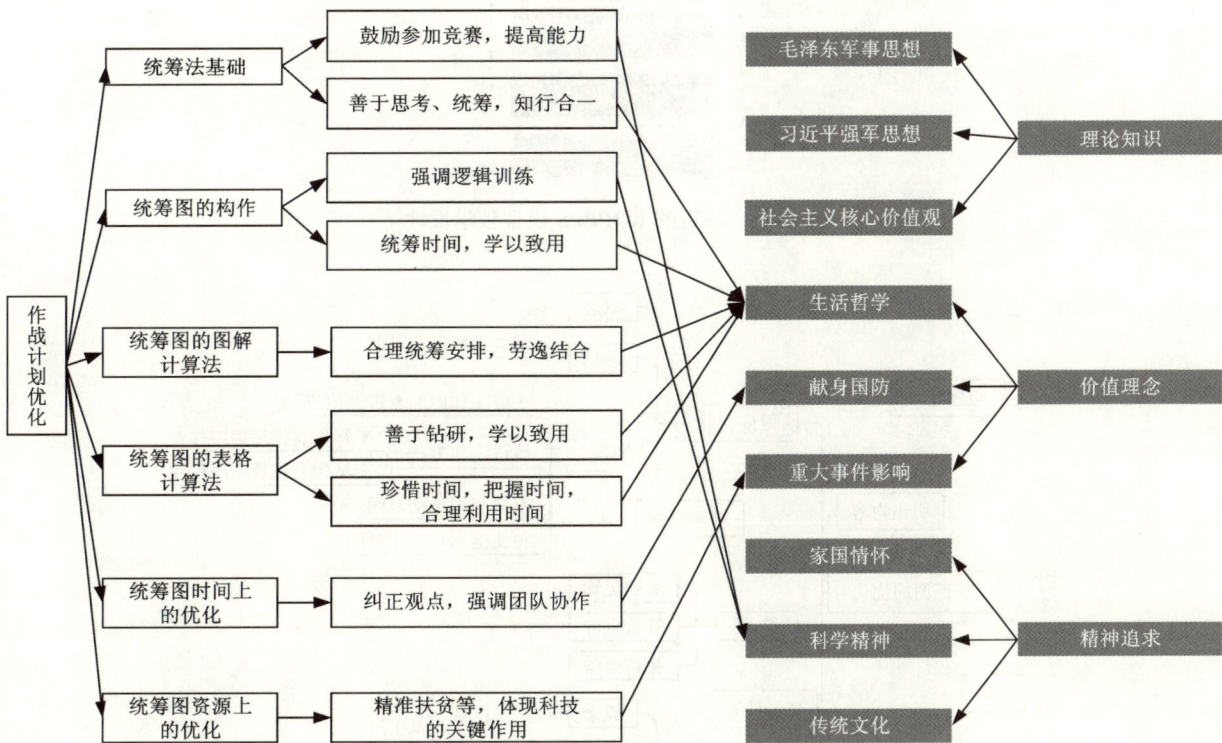

图 10.7　第六章主要思政点设计图

(五)教学方法

为了有效落实"学生为主体,教师为主导,能力培养为核心"的教育理念,我们设计了基于改进的BOPPPS模型的课堂教学框架。在此基础上,采取多种教学方法交叉融合的方式进行授课。

(1)深入挖掘课程内涵,为学生"设计"课堂。

大学本科的每一门课程都要有其"魂",本门课程的"魂"就是"以算制胜"。"魂"的凝聚与体现,与课程内容的内在关联、深化与拓展密不可分。具体到每堂课上,不能仅局限于知识点的讲授,更要注重启发学生进一步思考。授课时要将知识点的内涵挖掘出来,对知识点进行深化与拓展,这样才能有效地升华授课内容,让学生对知识的认识更为深入,掌握得更为灵活。因此,在课堂教学结构设计中,我们在经典的 BOPPPS 模型基础上,在后测与总结之间,加入拓展提升环节,重在对已讲述的知识点内涵的挖掘,目的是通过加入的拓展提升环节,向学生更为直接、更为充分地展现出课程的"魂",进而实现对学生能力素质的培养与提升(见图10.8)。充分利用思维导图工具,每堂课的最后总结,跟学生一起绘制思维导图(见图10.9),串联知识点,让学生融会贯通,升华认知。

图 10.8　改进的 BOPPPS 模型教学设计

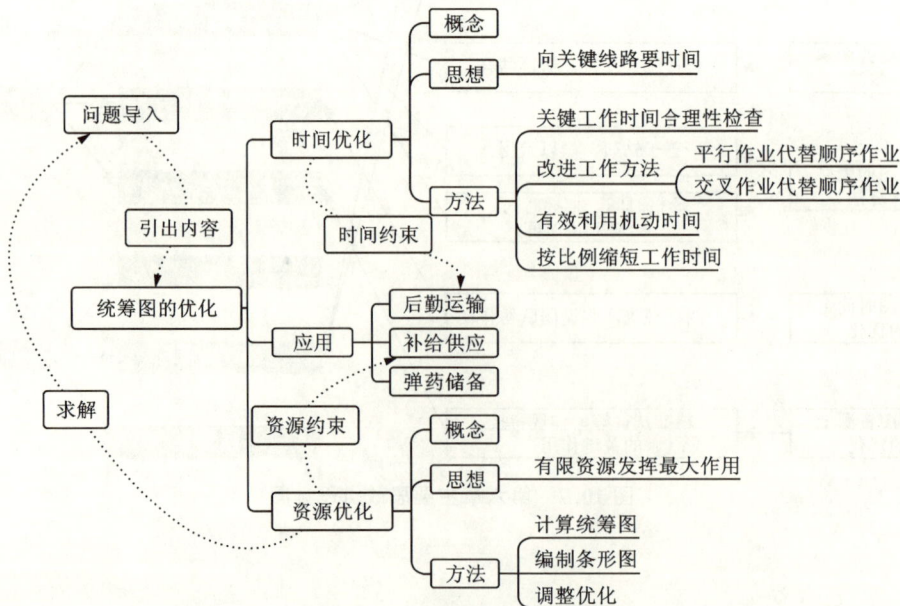

图 10.9　课堂小结思维导图

（2）以军事问题为牵引，将学生"带入"课堂。

为了有效抓住学生注意力，提升教学效果，课堂教学内容通常以一个军事问题作为引入，激发学生的学习热情，引导学生发现、提炼里面的规律和科学问题。随着课堂内容的逐步展开，引领学生找到解决途径与方法，让学生有一种拨云见日、豁然开朗的感觉。通过这样的过程，帮助学生完成问题发现、问题分析、问题求解、问题质疑、改进探索的闭环过程。

例如，在讲兰彻斯特方程时，以红蓝双方对抗演习中的兵力分配方案制订问题作为引入（见图 10.10），让学生身临其境，以指挥员的身份提出兵力分配方案，激发学习的兴趣；通过问题引导学生一起建立模型与量化分析方法，启发学生进一步分析采用该量化分析方法的原因以及体现出的军事原则；最后再引导学生发现方法的局限性，探索改进的途径，鼓励学生开展更为深入的学习，培养学生积极探索、用数理知识解决军事问题的能力。

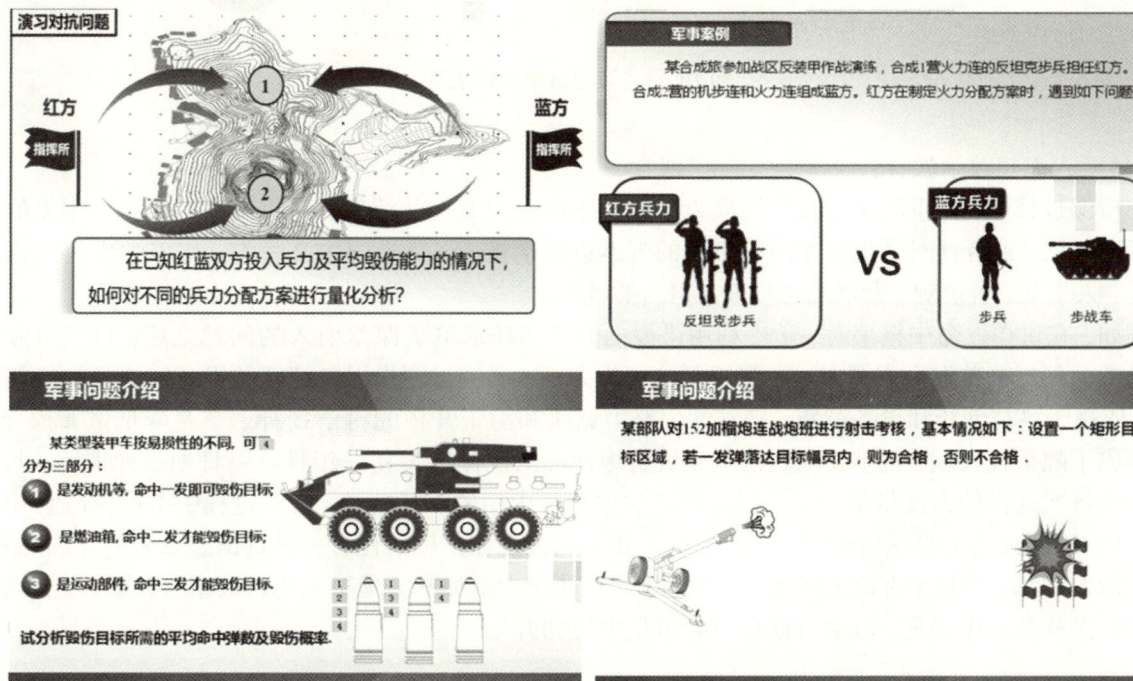

图 10.10　课堂引入环节的军事问题

（3）注重参与式学习，让学生"主导"课堂。

学生在上课过程中的课堂参与度将直接影响最终的教学效果。为了点燃学生上课的激情，可采用多种互动式教学手段，如"游戏方式""对抗方式""实践方式"等。例如，充分利用学生年轻不服输的特点，将他们分成若干个小组，以主题辩论、分组竞赛等方式展开分组对抗。对抗的过程就是大脑迅速思考训练的过程，达到提高学生对学习内容的理解程度、进一步的实际动手解决问题的能力，以及快速制订协作方案的团队之间协作能力的目的。同时，讲授过程中注重穿插"思考""辨析""质疑"的环节，让学生分组研讨、辩论，培养学生敢于打破常规、勇于创新的精神以及逻辑与思辨能力，持续吸引学生的注意力，调动起参与课堂的积极性。

由于课程涉及的内容丰富、模型复杂、理论多样，学生需要掌握运筹学、随机过程、博弈论、微分方程等若干理论基础。为了提升学习效果，我们针对授课内容编写了相应的仿真和模拟工具，包括炮兵射击误差分析软件、Lanchester 方程模拟等，帮助学生从数值试验的直观感受进一步深入到理论推导的理论认知，完成直观经验到思维认知的升华。例如，在射击误差的讲解中，我们通过射击误差分析软件（见图 10.11），让学生自己设置诸元误差及散布误差的参数，观察生成的炸点情况，进而分析总结不同类型的射击误差的特性及与射击精度的关系。让学生直观感受到军事问题中的普遍规律，让理论更具有生命力，加深学生对理论的领悟。

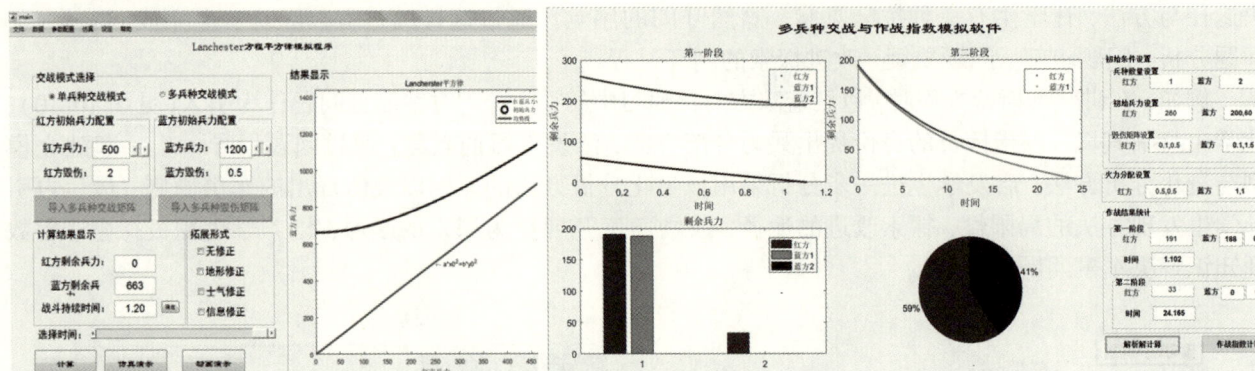

图 10.11　课程自编软件工具

（4）融入思想政治教育，令学生"超越"课堂。

在授课过程中，注重将能力提升转换为素质，注重爱国案例的渲染，并将某些知识点、相关的案例进行素质拓展；或者针对学生反馈的不正确的观点进行剖析，强化爱国主义教育，培养学生树立正确的世界观、人生观、价值观，开展加强责任、担当的教育。

例如，在讲单发命中概率时，学生利用讲授的方法闭环求解了课堂引入的问题之后，自然过渡引导学生思考如何提高单发命中概率？一是降低诸元误差，主要通过测量设备精度的提高和诸元解算精度的提高，依赖于科技创新和设备革新，培养学生努力钻研和勇于开拓的科学精神。二是降低散布误差，这类误差属于随机性误差，很难扣除。给学生讲解炮兵部队投弹手年复一年日复一日地投弹训练，其目的就是使得每次送弹的力度尽量一致。以此感染学生精益求精的工匠精神，讲解过程中引用《夺冠》中的台词"当你的判断成为下意识的时候，你在赛场上才可能出现在正确的位置，下意识怎么来的？训练来的，不是一般的训练，而是千百次上亿次重复的训练"。课堂中恰如其分地融入思政故事，引导学生思考，思政目的在潜移默化中实现，教学目标在思政情景中得到升华。

（六）考核方法

以闭卷笔试为主：

研讨实践（20%）+课后作业（5%）+课堂参与（5%）+期末考试（70%）。

10.1 矩形目标的单发命中概率
（附 15 分钟教学视频）

基本信息			
教学主题	矩形目标的单发命中概率	课时安排	15 分钟
所在章节	第 3 章　武器射击效率分析/第 4 节　单发命中概率		

【教学目标】

（1）熟悉求解单发命中概率的基本思路。

（2）掌握矩形目标单发命中概率计算方法。

【教学重点及难点】

（1）重点：矩形目标单发命中概率计算方法。

（2）难点：提高单发命中概率的措施分析。

【教学结构设计】

矩形目标单发命中概率教学设计框图如图 10.12 所示。

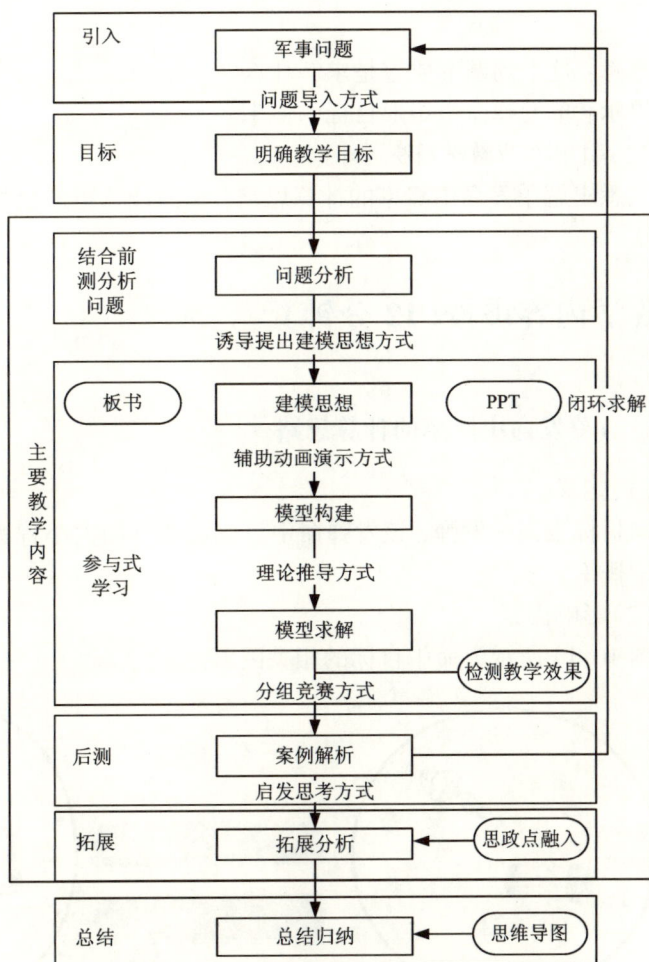

图 10.12　矩形目标单发命中概率教学设计框图

教 学 过 程

◆ 课堂引入(2 分钟)

(1)问题引入。

炮兵考核问题引入如图 10.13 所示。

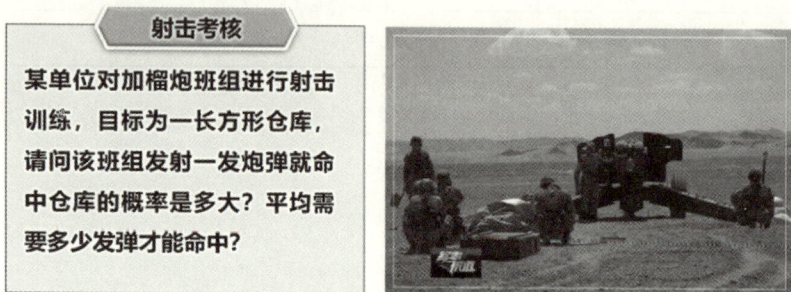

射击考核

某单位对加榴炮班组进行射击训练，目标为一长方形仓库，请问该班组发射一发炮弹就命中仓库的概率是多大？平均需要多少发弹才能命中？

图 10.13　炮兵考核问题引入

思考：这个问题本质上是求解什么？

提示：单发弹命中矩形目标的概率。

(2)引出本节教学目标。

熟悉求解单发命中概率的计算思路，掌握计算矩形目标单发命中概率的方法。

◆ 教学内容讲授(12 分钟)

(一)单发命中概率的计算思路

(1)定义。

向目标发射一发弹，该发弹命中目标可能性的大小称为该发弹对目标的命中概率。

(2)影响因素。

图 10.14 所示为命中目标的相关因素。

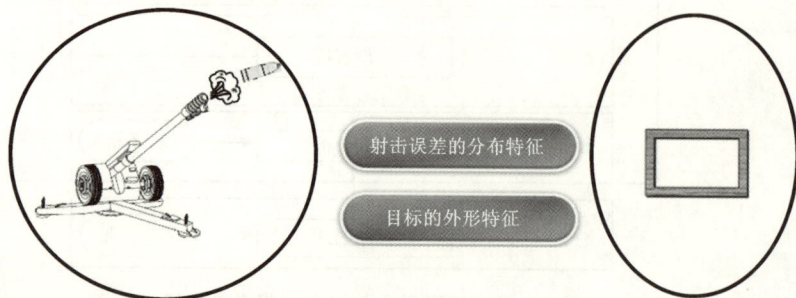

射击误差的分布特征

目标的外形特征

图 10.14　命中目标的相关因素

教学手段：问题导入式教学。

问题引入：以炮兵射击的实际问题作为引入，分析解决问题的核心，进一步引出课堂内容。问题是贯穿主要内容的一条主线。

学情反馈：学生对实际问题具有较强的兴趣，可以调动起学生的学习兴趣，同时自然而然地引出本讲的内容。

教学手段：
(1)提问前测。
(2)启发思考。

教学设计：
(1)提问前测：通过射击误差及其分布特征的提问检测前讲的掌握情况，也为本讲的内容讲授做铺垫。
(2)启发思考：结合动画启发学生思考单发命中的计算思路。

学情反馈：结合动画演示，能够比较容易让学生理解单发命中概率的求解思想，学生掌握得较好。

（3）计算思路。

所谓命中就是炸点直接落在目标区域内，因此，求命中概率本质上就是求炸点落在目标幅员内的概率，即服从正态分布的随机变量在某一区域内的积分问题。因此，其单发命中概率的核心就是要确定炸点的概率密度函数，然后将其在目标幅员内积分即可。

（二）单发命中概率的计算方法

诸元误差不确定，仅知道其分布时的命中概率。

（1）对矩形目标的命中概率计算。

图 10.15 所示为射击误差分解，图 10.16 所示为矩形目标单发命中概率炸点。

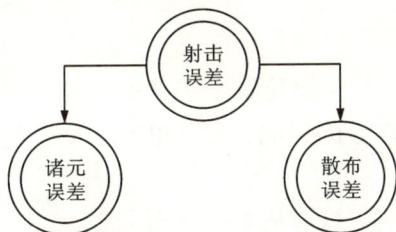

图 10.15　射击误差分解

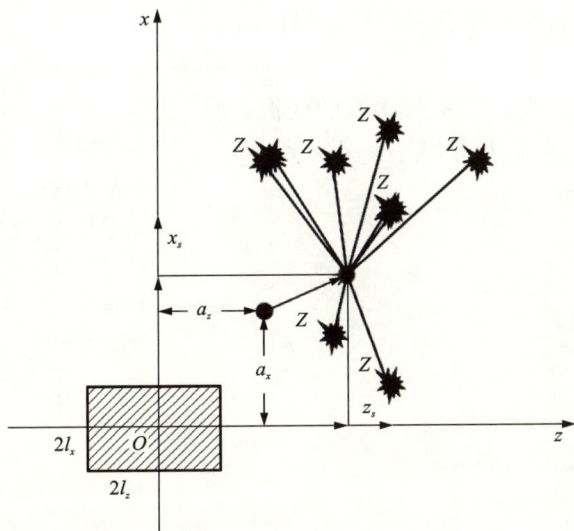

图 10.16　矩形目标单发命中概率炸点

发射一发命中目标的概率：

$$p(a_x, a_z) = \iint\limits_{S} \hat{\varphi}(x - a_x, z - a_z)\,\mathrm{d}x\mathrm{d}z$$

$$= \iint\limits_{S} \frac{\rho^2}{\pi E_x E_z} e^{-\rho^2\left[\frac{(x-a_x)^2}{E_x^2} + \frac{(x-a_z)^2}{E_z^2}\right]} \mathrm{d}x\mathrm{d}z$$

$$= \int_{-l_x}^{l_x} \frac{\rho}{\sqrt{\pi}E_x} e^{-\rho^2 \frac{(x-a_x)^2}{E_x^2}} dx \int_{-l_z}^{l_z} \frac{\rho}{\sqrt{\pi}E_z} e^{-\rho^2 \frac{(x-a_z)^2}{E_z^2}} dz$$

$$= \frac{1}{4}\left(\hat{\Phi}\left(\frac{a_x + l_x}{E_x}\right) - \hat{\Phi}\left(\frac{a_x - l_x}{E_x}\right)\right)\left(\hat{\Phi}\left(\frac{a_z + l_z}{E_z}\right) - \hat{\Phi}\left(\frac{a_z - l_z}{E_z}\right)\right)$$

特例：瞄准点在目标中心。

此时目标的坐标等于0，上式可以简化成：

$$p(a_x, a_z) = \frac{1}{4}\left(\hat{\Phi}\left(\frac{l_x}{E_x}\right) - \hat{\Phi}\left(\frac{-l_x}{E_x}\right)\right)\left(\hat{\Phi}\left(\frac{l_z}{E_z}\right) - \hat{\Phi}\left(\frac{-l_z}{E_z}\right)\right)$$

$$= \hat{\Phi}\left(\frac{l_x}{E_x}\right)\hat{\Phi}\left(\frac{l_z}{E_z}\right)$$

（2）问题解析。

以分组竞赛的形式让学生对课堂初始引入的战炮班射击问题进行计算并分析结果——单发命中目标的概率很小。

【思考】为什么计算出的命中概率这么小？

【提示】很大程度上是受限于加榴炮本身的性能。火炮受限于本身的性能，单发射击容易受到众多因素，比如天气、操作等的影响，导致单发命中概率不可能很高。

【思考】若想提高命中概率，提升战炮班的战斗力，可以从哪些方面采取措施呢？

【提示】一是诸元误差；二是散布误差。

诸元误差的大小主要是由人的主观因素决定的，如果测量得准、修正计算得精，就可以极大程度地减小诸元误差这种系统误差，甚至可以将其降低为零。

散布误差主要由武器的客观因素决定的，受武器系统固有的药温、弹重、送药力度不同、弹道特性受气象影响等，只能尽量减小，无法消除。

★ 课程思政2：精益求精工匠精神。

火炮的装填手每天都要做的训练之一是拿着安装了压力传感器的棍子练习每次送出的力度，要达到每次送出力度一致，以尽量减小由于每次送药的位置不一致而造成的散布误差。可见，为了能够提升战斗力，作战人员一直在不遗余力地训练，虽然枯燥但这是提高命中概率的必要手段。反复的训练虽然枯燥，但是就像电影《夺冠》里国家女排教练所说的，"当你的判断成为下意识的时候，你在赛场上才可能出现在正确的位置，下意识怎么来？训练来的，不是一般的训练，而是千百次上亿次、不断重复的训练"。竞技如此，科研学术也是如此。就是这种不一般的坚持与刻苦，才能创造出我们所谓的奇迹和天才。

学情反馈：大部分学生能够熟练掌握矩形目标单发命中概率计算公式，也能根据公式快速解算问题。但是，部分学生对于概率计算公式中参数的含义掌握不牢固，需要课后加强练习。另外，单发命中概率的计算思想以及提高命中概率的措施还需要进一步巩固理解。

课程总结与作业布置（1分钟）

图10.17所示为课程总结思维导图。

【练习题】某炮对正面为6 m，纵深为18 m的桥梁射击，假设单炮诸元误差为零，散布的方向公算偏差为3 m，距离公算偏差为18 m，需3发命中弹才能完成任务。求单发命中概率和完成任务所需平均弹药消耗量。

【思考题】如果给你一个单位近五年的火炮射击结果，如何利用大数据分析技术，得出单发命中概率和训练效果之间的关系呢？

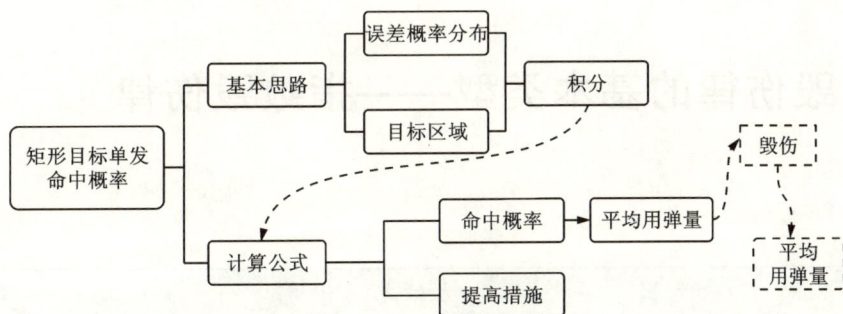

图 10.17　课程总结思维导图

教　学　反　思

　　以实际问题作为引入,可以较好地调动学生的学习积极性。在教学设计与教学手段上,采用问题引入、建模思路引导、闭环解析问题、启发思考、拓展分析等方式,逐步引导学生在学习知识、解决问题的同时,引申思考,发现其中存在的问题,探寻解决途径与进一步改进提高的措施,升华学生对计算方法的理解与认识。

　　提升教学效果方面,考虑到学生平时课业负担重,上课容易瞌睡,尤其是理论推导以及公式计算时,影响听课质量。利用多种手段激发学生热情,比如,通过利用直观的与游戏类比分析,有助于学生对问题的理解;理论推导时,会有部分学生跟不上节奏,需要结合动画辅助理解。注意在讲解时启发学生思考,提升学生对所学知识的理解与认识,并适时融入思政,强调要具有迎难而上、坚持不懈的精神和毅力,才能为在日后学习、工作中的卓越成绩奠定好基础。

10.2 毁伤律的基本类型——指数毁伤律

基本信息			
教学主题	毁伤律的基本类型——指数毁伤律	课时安排	15 分钟
所在章节	第 3 章　武器射击效率分析/第 6 节　目标的毁伤律		

【教学目标】

（1）了解毁伤律的基本概念。
（2）掌握指数毁伤律的计算方法。

【教学重点及难点】

（1）重点：指数毁伤律的计算。
（2）难点：指数毁伤律的运用分析。

【教学结构设计】

图 10.18 所示为毁伤律的基本类型教学设计框图。

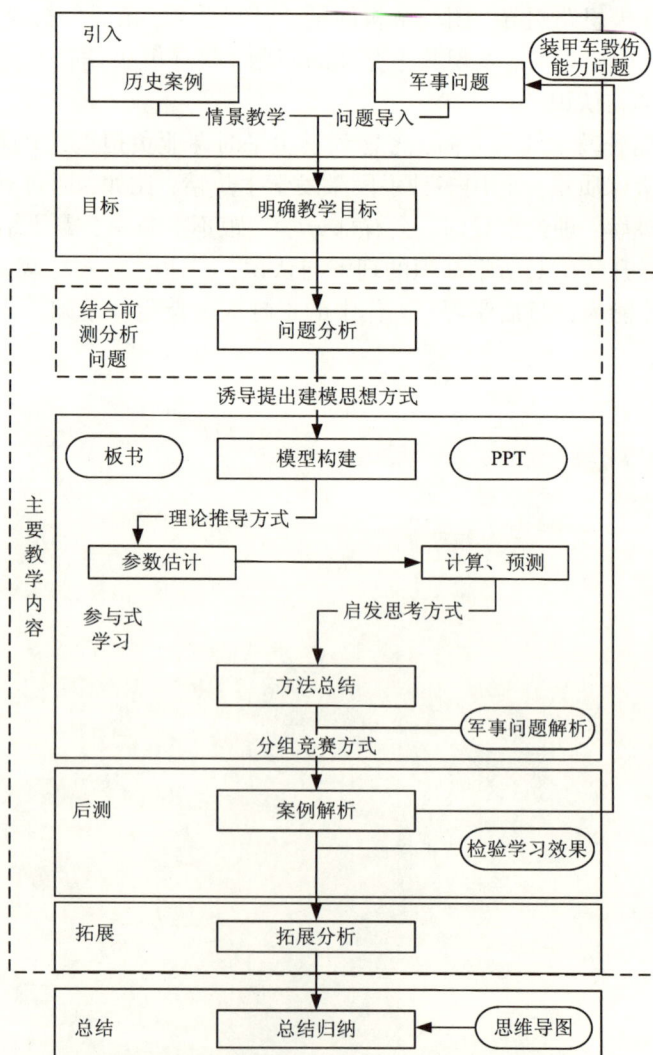

图 10.18　毁伤律的基本类型教学设计框图

教 学 过 程

◈ 课堂引入(3 分钟)

(1)介绍瓜达尔卡纳尔战役中"大黄蜂"航母毁伤的事例(见图 10.19)。

图 10.19 "大黄蜂"号航母毁伤

(2)问题介绍。
图 10.20 所示为毁伤案例。

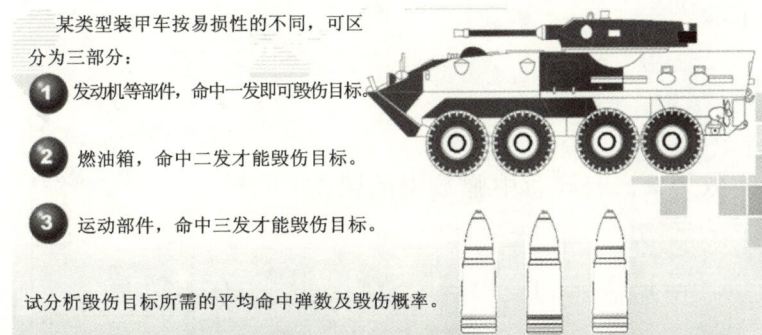

图 10.20 毁伤案例

思考:为什么要考虑平均命中弹数? 有什么作用?
提示:后勤补给、弹药供应等方面;量化思维。
(3)引出本节教学目标。
了解毁伤律的基本概念,掌握利用指数毁伤律计算毁伤概率的方法。

◈ 教学内容讲授(11 分钟)

(一)指数毁伤律的含义

(1)毁伤律的概念。
毁伤目标的概率与命中弹数 k 或弹落点坐标位置 (X, Z) 的关系。

（2）毁伤律的分类。

类型1：炮弹必须命中才可能被毁伤，毁伤概率依赖命中弹数 k——命中毁伤律（数量毁伤律），记作 $P(k)$。

类型2：毁伤概率依赖炸点相对目标的坐标 (x, z)——坐标毁伤律，记作 $P(x, z)$。描述的是毁伤概率与炸点坐标 (X, Z) 的函数关系式。

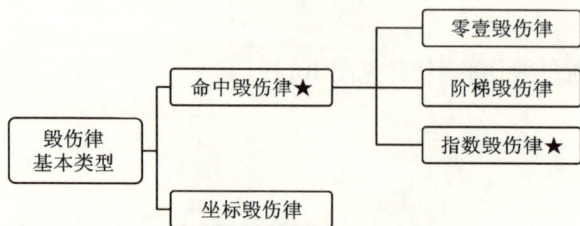

图10.21　毁伤律分类

（3）指数毁伤律的含义。

①假设。

命中目标的各弹没有损伤积累作用，各次命中后毁伤目标的事件是相互独立的。

命中目标的各弹在目标的幅员内是均匀分布的。

②计算。

设 w 为毁伤目标所需的平均命中弹数，命中 k 发弹毁伤目标的概率为 $P(k)$，则：

$$P(k) \approx 1 - e^{-k/w}$$

（二）指数毁伤律的计算方法

（1）推导。

假设毁伤目标所需的平均命中弹数为 w，依赖命中弹数 k 的毁伤律为：

$$e^x = 1 + x + \frac{x^2}{2!} + \cdots + \frac{x^n}{n!} \approx 1 + x, \quad e^{-\frac{k}{w}} = \left(e^{-\frac{1}{w}}\right)^k \approx \left(1 - \frac{1}{w}\right)^k$$

$$P(k) = 1 - \left(1 - \frac{1}{w}\right)^k \approx 1 - e^{-k/w}$$

（2）如何估计 w 的数值？

$$P(k) = 1 - (1 - a)^k = 1 - \left(1 - \frac{1}{w}\right)^k$$

$$\sum_{k=0}^{\infty} (1 - P(k)) = \sum_{k=0}^{\infty} \left(1 - \frac{1}{w}\right)^k = w$$

毁伤建模的过程，也是典型地处理工程问题的方法论：建模→参数估计→数据获取→计算预测。

（3）案例解析。

解：设 $P^*(k)$ 为命中目标 k 发毁伤目标的概率

$P^*(1) = 0.3$

$P^*(2) = \{1 - (1 - 0.3)^2\} + 0.1^2 = 0.52$

$P^*(3) = 1 - 3 \times 0.1 \times (0.6)^2 = 0.892$

教学手段：分析归纳。

教学设计：分析归纳：先讲解毁伤律的基本概念，让学生从其含义中理解为什么分成两大类型，再讲解毁伤律的分类。利用思维导图对概念和分类进行及时梳理，便于学生理解。点明本讲的重点是分析命中毁伤律。

学情反馈：毁伤律的概念比较简单，容易理解。只是指数毁伤律的公式不容易理解，后续会详细推导。

教学手段：
（1）理论推导。
（2）案例解析。
（3）拓展分析与思考。

教学设计：
（1）理论推导：简要推导指数毁伤律表达式，让学生知其所以然。

提问：指数毁伤概率的计算中关键的一个参数是什么？

提示：平均命中弹数 w。

★课程思政1：一切从实战出发。

为什么有精确毁伤律公式还需要近似公式？因为近似公式可以快速查表计算，脱离计算机后仍可以手工求解。一切都要围绕实战出发研究问题，实际战场需要什么就研究什么，这是科研人员的本分。

$$P^*(k)=1 \quad (k\geqslant 4)$$

$$w = \sum_{k=0}^{\infty}(1-P^*(k))$$
$$= 1+(1-0.3)+(1-0.52)+(1-0.892)+(1-1)+\cdots$$
$$\approx 2.288$$

指数毁伤律公式：

$$P(k)=1-\left(1-\frac{1}{w}\right)^k=1-\left(1-\frac{1}{2.288}\right)^k=1-0.5629^k$$

指数毁伤律近似公式：

$$Q(k)=1-e^{-k/w}=1-e^{-\frac{1}{2.288}k}=1-e^{-0.4371k}$$

（4）拓展分析。

思考：指数毁伤律有什么用呢？

提示：得到了同样系列武器装备的毁伤律，就可以获得命中弹数和毁伤概率之间的关系。对于进攻方而言，典型的应用就是弹药消耗量评估问题。如果我方获得了"大黄蜂号"航母的毁伤律，就可以算出两艘驱逐舰携带的弹药能不能击沉它，不至于出现打光弹药束手无策的局面。对于防御方来说，可以作为对装备毁伤能力一种评估。

如何评估呢？同样命中 k 发弹，毁伤目标所需的平均命中弹数 w 越大，毁伤概率越低。毁伤律和毁伤目标所需的平均命中弹数 w 直接相关，而毁伤目标所需的平均命中弹数与什么有关？与命中率和命中后的毁伤概率有关。因此，提高自己的抗毁能力，一是降低关键部位的命中率，二是提高关键部位防护能力。

毁伤律一直指导着武器装备的发展，比如为了降低自身被命中的概率，隐身技术、高动态技术、微电子技术得到广泛应用。美军的 F22 战斗机其雷达反射截面积 RCS 只有 0.05，相当于一只乒乓球大小，要想击中它，可想难度有多大。在防护力方面，各种新材料新结构技术层出不穷，比如现代坦克的反应式装甲可以抵御 2 公里的穿甲弹射击等技术可以提高 w 数值从而降低毁伤概率。现代武器装备的发展越来越向分布式、集群化、无人化发展，就是把传统的集中式的功能，分散到各个节点，让敌方找不到脆弱点。就像无人机集群，打掉几架，不影响集群的功能，从而大幅提升抗毁伤能力。

（2）案例解析：以分组竞赛的形式让学生动手计算课堂开始提出的案例，并启发学生比较分析结果。针对这个案例问题，求解平均命中弹数 w，让学生动手计算，比较分析。

（3）拓展分析与思考：让学生理解毁伤律在实际领域的作用以及在日常生活中的启示。

★课程思政 2：学以致用。

毁伤律在我们生产生活的各个方面都得到了应用。现在汽车的标准配置就是安全气囊，因为人命关天，人是驾驶中的关键，否则其他性能再好，其综合评估也是差评。再比如对新冠病毒的防护：少去人口聚集地区，就是减少命中率、戴口罩、勤洗手、保持距离，就是增强我们重点部位的防护。希望同学们学会用专业知识防护好自己，在社会大潮中勇往直前，做一名无所畏惧的后浪。

学情反馈：该部分内容比较不易理解，因为毁伤本身就是一个笼统的概念。学生初次学习，需要多结合具体问题进行分析、计算，多督促练习。

▶ 课程总结与作业布置（1 分钟）

图 10.22 所示为课程总结思维导图。

【练习题】现要对敌方一防御工事进行破坏，如炮弹命中工事上方，需要 1 发弹即可对工事造成破坏；如命中工事侧边，需要 3 发弹。已知敌方工事的上方和侧边在工事实际受弹面积中各占 60% 和 40%，且炮弹弹落点在工事实际受弹面积中是均匀分布的。试计算毁伤目标所需的平均命中弹数并得出指数毁伤律的近似表达式。

【思考题】在无法获得试验数据的情况下，如何利用现代仿真技术构建航母的毁伤律？

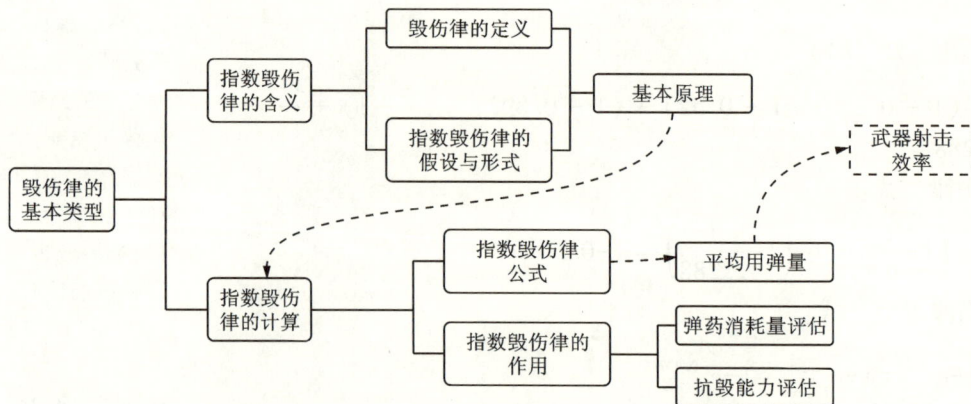

图 10.22　课程总结思维导图

教　学　反　思

　　毁伤律的概念可以结合具体的例子进行讲解，本课程重点讲解指数毁伤律。在指出其适用的条件和场景之后，简要推导了指数毁伤律计算公式，让学生不仅知其然，更知其所以然。由于指数毁伤律应用较广，要在课后作业中加强对指数毁伤律的练习。通过指数毁伤律的应用过程，提炼研究一般工程问题的方法论，让学生理解这种解决实际问题的量化思维，有助于今后更为有效地开展各方面的学习和工作。利用指数毁伤律闭环解决了课堂开始提出的问题之后，结合毁伤律在我们生产生活的各个方面应用，进行思政教育，让学生认识到科学防护的重要性以及所学知识的广泛应用。

　　另外，用思维导图可以对所学内容的关联进行梳理，如果时间允许，可以带领学生一起作图，加深学生对所学知识之间联系的理解，为后续灵活运用打下坚实的基础。

10.3　Lanchester 方程平方律

云麓课堂

教学设计

本节内容详见二维码。

基本信息			
教学主题	Lanchester 方程平方律	课时安排	15 分钟
所在章节	第 4 章　兵力损耗分析方法/第 2 节　Lanchester 方程平方律		

▶【教学目标】

（1）掌握 Lanchester 方程平方律状态方程的基本形式。

（2）理解 Lanchester 方程平方律体现的军事原则，能够运用状态方程进行兵力损耗的量化分析。

▶【教学重点及难点】

（1）重点：利用 Lanchester 方程平方律状态方程预测分析战斗结果，实现量化分析兵力损耗以及适当场景下的兵力分配方案。

（2）难点：Lanchester 方程平方律体现的军事原则分析。

▶【教学结构设计】

图 10.23 所示为 Lanchester 方程平方律教学设计框图。

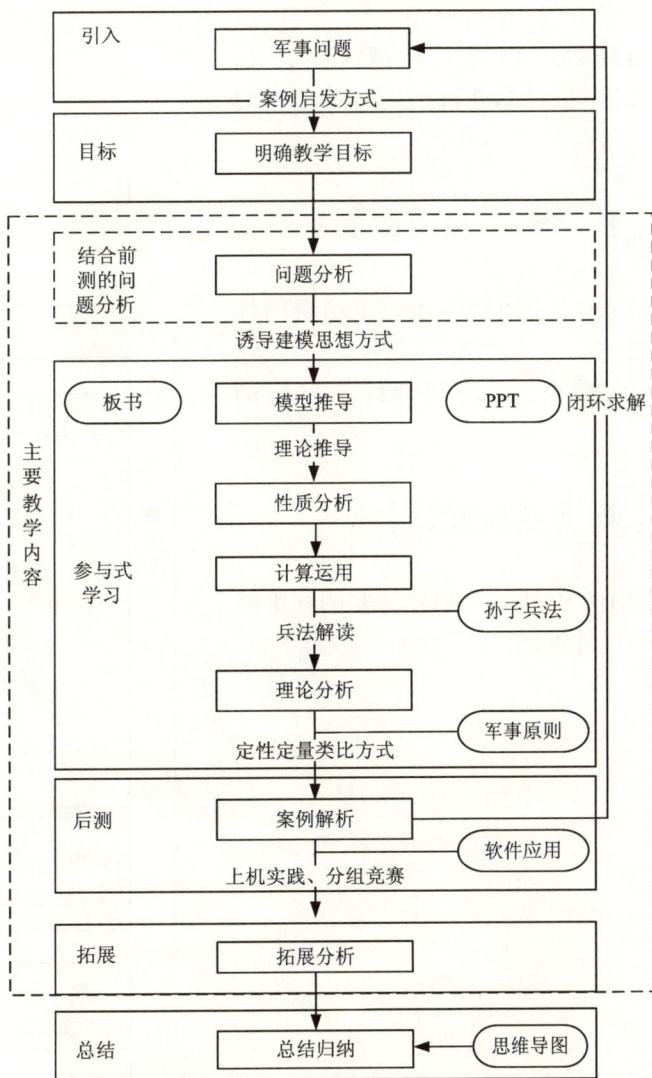

图 10.23　Lanchester 方程平方律教学设计框图

10.4 矩阵博弈的纯策略解

云麓课堂

教学设计

本节内容详见二维码。

基本信息			
教学主题	矩阵博弈的纯策略解	课时安排	15分钟
所在章节	第5章 指挥决策优化方法/第3节 矩阵博弈的纯策略解		

▶【教学目标】

(1)熟悉矩阵博弈纯策略解的含义。

(2)掌握计算矩阵博弈纯策略解的方法。

▶【教学重点及难点】

(1)重点:矩阵博弈纯策略解的计算方法。

(2)难点:矩阵博弈纯策略解的内涵。

▶【教学结构设计】

图10.30所示为矩阵博弈的纯策略解教学设计框图。

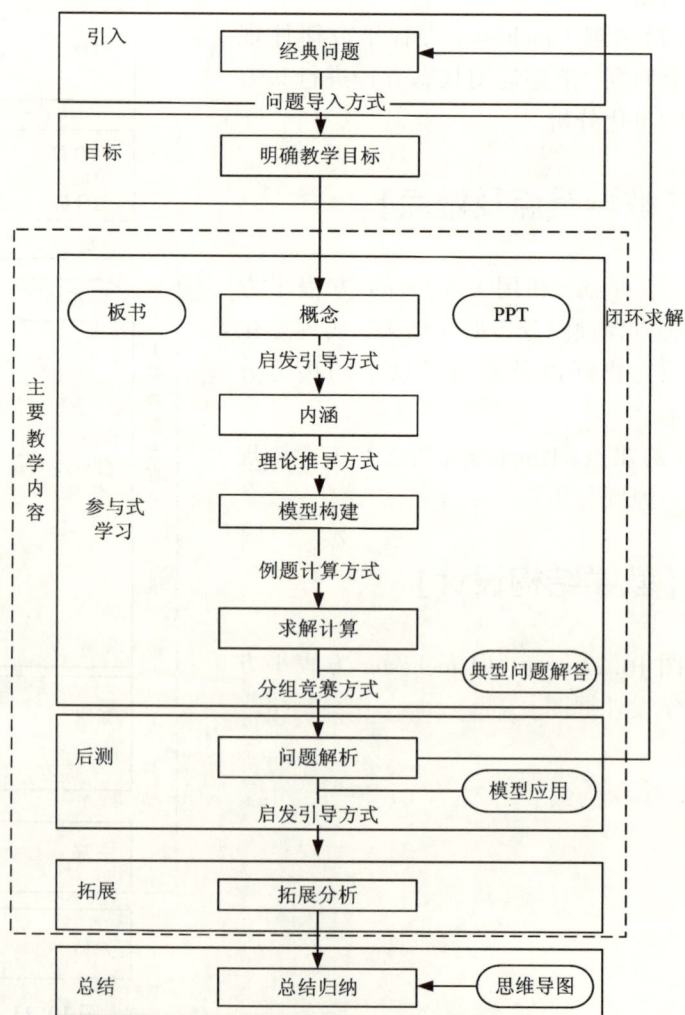

图 10.30 矩阵博弈的纯策略解教学设计框图

10.5 矩阵博弈的混合策略解

云麓课堂

教学设计

本节内容详见二维码。

基本信息			
教学主题	矩阵博弈的混合策略解	课时安排	15 分钟
所在章节	第 5 章　指挥决策优化方法/第 4 节　矩阵博弈的混合策略解		

▶【教学目标】

(1)熟悉矩阵博弈混合策略解的含义。

(2)掌握计算矩阵博弈混合策略解的方法。

▶【教学重点及难点】

(1)重点:2×2 矩阵博弈混合策略解的计算。

(2)难点:矩阵博弈混合策略解的内涵。

▶【教学结构设计】

图 10.33 所示为矩阵博弈的混合策略解教学设计框图。

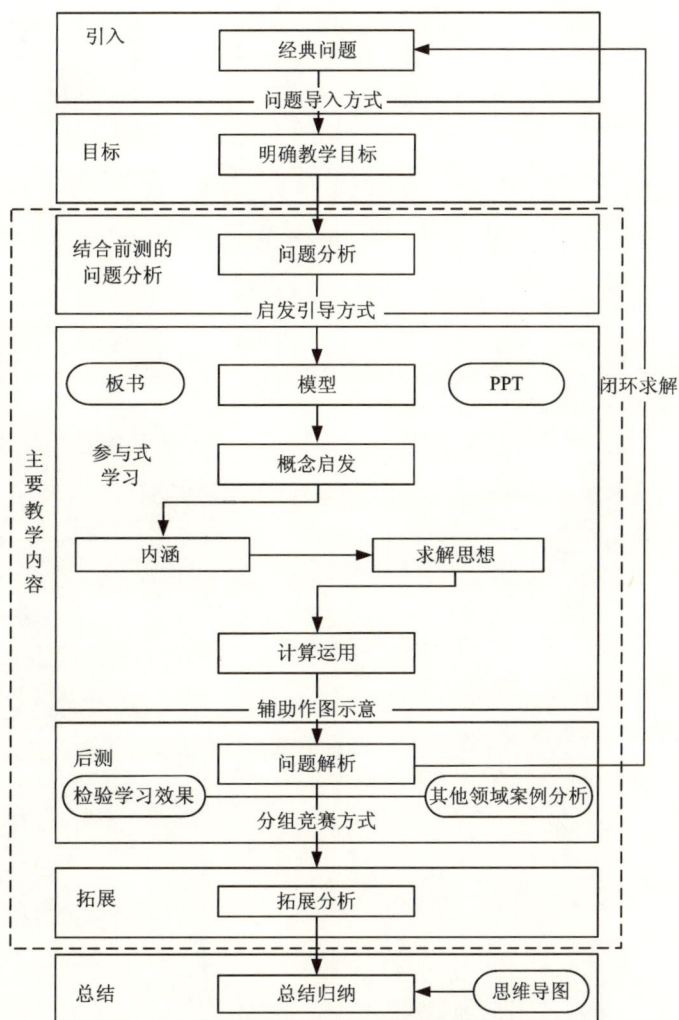

图 10.33　矩阵博弈的混合策略解教学设计框图

大学物理

崇桂书,湖南大学物理与微电子科学学院教师,湖南省普通高校教学能手,2020年湖南省普通高校教师课堂教学竞赛一等奖获得者,曾获湖南省科技进步奖一等奖、湖南省优秀博士论文奖、湖南省高等学校大学物理青年教师讲课比赛一等奖。

课　程　概　述

一、课程基本信息

课程名称	大学物理［含(一)、(二)］	课程性质	基础平台课
学时	128	开课时间	全年
先修课程	高等数学		
适用专业	全校理工科专业		
使用教材	文双春主编,《大学物理学》(上,下),北京大学出版社(2019)		
参考教材	张三慧,《大学物理学》,清华大学出版社(2017)		

二、课程的性质与作用

　　大学物理是理工科各专业的一门重要必修基础课。通过大学物理课程的学习,学生熟悉自然界物质的结构、性质、相互作用及其运动的基本规律,为后继专业基础课与专业课程的学习及进一步获取有关知识奠定必要的物理基础。

　　本课程以物理学在力、热、电、光、现代物理领域中的一般理论为基础,介绍这些领域中的相关物理原理、规律、定理、定律。讲授物理学研究的知识、理论、方法。课程内容主要包括力学、光学、热学、电磁学、相对论和量子力学。在衔接中学物理知识的基础上拓广宽度,发掘深度,提高挑战度,开展大学物理知识的学习。教师学生通过物理学知识和研究方法的学习处理自身专业领域的专业问题。物理学研究方法和思考问题的逻辑思维会贯穿整个教学过程。

　　本课程分两个学期学习上下两册内容,上册书包含质点运动学、质点动力学、质点体系的力学量守恒、波动光学(干涉、衍射、偏振)、气体分子运动论和宏观热力学基础。下册书包含真空中的静电场、导体的静电感应与介质的极化、稳恒磁场、介质的磁化、电磁感应与电磁场、狭义相对论性力学原理、量子物理学基础。

　　通过本课程的教学,能使学生逐步掌握物理学研究问题的思路和方法,养成辩证唯物主义的世界观和方法论,在获取知识的同时,学生建立物理模型的能力,定性分析、估算与定量计算的能力,独立获取知识的能力,理论联系实际的能力获得同步提高与发展,提升其科学技术的整体素养。

三、学情分析

(一)关注学情的理论与现实的差距

　　在初期教学的过程中,有些教师的教学活动会建立在一些想当然的基础上。比如,认为学校已经开设了高等数学,概率统计等课程,学生已经熟练掌握并能熟练运用这些数学知识了。再比如,学生在中学阶段已经掌握了物理学各部分知识的基础,并主观认为学生对前面所学知识已经全面掌握,新课教学在这些基础上展开。但是,通过和学生交流,笔者发现几个比较普遍的问题:①学生先导课程的基础不够。由于初中课程设计改革，不同地区不同初级中学开设的物理课程的内容不同，很多同学在初中掌握的物理基础知识并不全面；同学们对高等数学知识理解并不深刻，尤其是应用并不熟练。学生对如何利用微积分知识处理物理问题感到困惑和棘手，导致学生学习积极性下降。②在教与学的过程中，与学生存在很大的能力鸿沟。在 90 分钟传统课堂中，老师向学生传递了大量的信息。学生接收到这些信息需要消化、总结和应用，这需要一个过程。在传统教学中这个过程被极度压缩，对能力稍微欠缺的同学很难在短时间内完成这个任务。这和老师的教学要求产生了鸿沟。这种差异导致学生对于一些抽象难懂的疑难点吃不透，掌握不理想，影响到后续知识的学习，形成恶性循环，导致无法掌握整门课程。除了能力差距外，学生的自我约束能力和执行能力同样会影响课程的学习。由于松散的学习状态导致学生没能掌握前期的课程基础，影响后面内容的学习，导致学生充满挫败感，开始厌学。③部分优秀学生存在"吃不饱"现象。对于能力较强，自我管理较好的优秀学生，他们拥有良好的前期基础，能够轻松掌握课堂传授的知识，并且具有饱满的学习热情和很强的求知欲望。他们带着一个超越其他学生甚至教学大纲的更高的目标在学习，希望提升自己的科学研究的能力。那么如何照顾这些学生的诉求呢？

（二）构筑"以学生为中心"的分层教学思路

针对上述情况，本课程制定了新的教学改革和教学路线。本课程依托信息化的手段尽可能掌握学生和了解学生的能力情况和基本需求（通过线上学习、学生互动等情况统计学生的大体层次），在此基础上通过教学设计和教学手段提高学生的参与程度（在周末开展培优班和帮扶班进行针对性补充学习，引导学生参加科研和竞赛）。同时，本课程还通过加大过程化评价的比例，加强对学生的约束，让他们更多地参与到课程学习活动中，实现以学生为中心的教学。

（三）从自身做起努力成为学生眼中的好老师

在与学生的交流和谈心过程中了解如何才能成为一名学生眼中的好老师。学生大致提到了以下几点：知识渊博；课堂有趣；为人亲和。所以为了把课上好，应努力成为学生眼中的好老师。具体包括：①让自己课堂知识渊博，把握学科内在逻辑，明确课程的主线，对实际物理问题简化抽象，让课程概念原理更具象易懂；在课程教学中嵌入生活中常见的科技应用、国家发展中的重大工程应用和当前热门的科学研究前沿案例，体现课程内容的时代性和前沿性；将课程教学与各专业对接，实行课程教学的模块化教学。提高课程内容的挑战度。总之，课堂知识的设置要能体现出教育部提出的"两性一度"即高阶性、创新性、挑战度的要求。②让自己——课堂风趣易懂，对教学细节不断钻研，根据教学效果不断反思，想清课程内容知识，厘清课程内容逻辑，选好讲授方法；从多角度思考问题，透析课程重点难点，让学生跟上自己的步伐。将生活中有趣的物理现象融入课堂，直观新奇的演示实验代入课堂，鲜活励志的物理故事走进课堂。在悬疑新颖的课堂氛围中直观严谨地学习课程知识。③让自己——课堂亲和力强，以学生为中心，在知识学习中要落实，在实际生活里也要落实。在课堂上即兴互动，激发兴趣，学生多参与课程教学活动（比如参与实验操作、问题总结、作业互改等）多向学生"求助"。课下与学生多交流沟通，了解他们的状态和需求。

四、课程教学设计

（一）教学设计思路

问题引领，目标导向，成效优先，"培养一流人才"的课程标准。

❖ 教学设计基础

根据《大学物理学》上、下两册书的内容以及教学大纲要求，确定教学内容、教学方法和考核方法。

❖ 教学设计的前期工作

(1)课程资源整合与创新

①教材考量：大学物理课程是大学阶段一门重要的基础课，它是为提高学生的现代科学素养服务的，课程内容覆盖范围非常广泛。总体上，现行大学物理教材的内容相对成熟，采用知识的前后逻辑联系来编排教材。教材强调基础物理教育，强调理论数学推导的严密，注重知识的发现、发展过程，强调物理方法及思维方法的培养。随着物理学日新月异的飞速发展，物理学诞生了许多新的学科分支，产生了一系列的交叉学科和边缘学科。许多新的技术，特别是高新技术包含的科学知识高度密集，综合性极强。所以，从内容上看，现代物理的知识不仅重要而且庞杂，现代物理已经成为全面正确认识物理学不可分割的重要部分。但究竟什么才是大学物理应该介绍的现代物理知识？我们认为应该坚持"对经济、社会和生活影响最大，对实际重要应用作用最大"原则来进行取舍。因此选择一套适合实际情况，适应国家培养人才需求的教材非常关键。我们教研组在参考国内、外许多优秀教材的基础上，以教研组自编的"十二五"国家规划教材为蓝本，重新编写了新版的《大学物理》(上、下册)。在压缩经典内容及理论推导的情况下，增加现代物理和科学前沿的概念，以动画、视频、实验、图片等强调物理的直观图像，淡化传统的物理内容结构，淡化逻辑联系；以相对独立的结构或模块介绍物理知识，强调知识的平行关系，把每一篇的内容和整个物理联系完整展现，包含这一领域和其他领域的交叉和联系。针对不同专业领域，采用联系各专业的物理内容的介绍和分析，强调物理内容联系专业的模块化编写。突出物理实验在物理知识介绍中的作用。

②线上课程资源建设：对于教学过程中抽象的物理概念、原理、难点、疑点等，在有限的课堂教学时间内，学生很难准确、细致地掌握和运用。如何解决这一问题呢？我们将教材中的物理内容的重点和难点拍成微课视频，结合模拟动画和视频以及课堂演示实验，形象直观地讲解物理疑难点；将相关内容建成电子资源，以二维码的形式嵌入教材。将与课程内容相关的教学大纲、教学日历、试卷、课堂实录视频、物理史、思想方法等上传到学校课程中心网站，建立智能答疑系统。在智慧树网络平台上建成MOOC在线开放课程(134节)供学生随时在线学习，形成完备的线上学习资源，可以较为充分地展开混合式教学。

③大量科学研究成果和科学前沿的嵌入：由于物理学自身的快速发展，以及各专业领域科学热点的飞速更迭，为了让课程知识和各专业的模块化教学紧密联系，促进物理知识和专业知识的充分交叉和融合，调动学生的学习的兴趣和积极性，我们需要及时关注重要的最新研究成果和科学前沿、热点，及时更新与之相关的课堂知识，推荐相关的权威期刊、研究报告、国际会议等前沿研究成果，提高学生的科研敏感度和创新意识，充分理解所学知识的最新应用。

(2)课程教学标准分析

当前国家将"立德树人"作为教育的核心任务。坚持将立德树人贯穿于人才培养的全过程，是学校的立身之本。随着我国进入新的历史发展时期，国家创新发展战略对高校人才培养提出了新的更高要求。本课程中原有传统的"三维目标"设计需要进一步提升和改进。我们用"学术水平""公民素质""终身学习能力"来概括。在本课程的教学过程中更加注重方法、思想、学习能力，发现、研究和解决问题的能力、探究创新精神，世界观、价值观和人生观的培养。同时需要引入新的"质量评价标准"来充当培养情况的诊断书和测量工具，能渗透到课堂教学中，及时帮助老师掌握动态，调整思路和策略。

(3)课程深化和思政教育内化的分析

在传统的教学过程中，知识传授、分数高低一直是对人才培养的衡量标准。随着国家人才培养目标的提升和转变，强调学校坚持社会主义办学方向和培养社会主义建设者和接班人的根本任务。因此需要引导学生践行"勤学、修德、明辨、笃实"的要求。高校思政工作，既是我国高校的特色，也是办好我国高校的优势。在本课程中，一些物理知识和理论比较抽象，离实际生活较远，容易造成理论和实际的脱节。传统上，作为一门自然科学的基础课，物理学一直被认为与社会人文科学或社会发展理念等相距较远，忽略了在课程中对学生的情感价值教育。在国家提倡立德树人，加强专业课程的思政教育后，本课程从2019年开始了大学物理的思政教育教学改革，挖掘本课程中展开思政教育的思政要点，并整理成教学案例。通过前期研究发现效果良好。一方面适当的思政设计不但能使学生获得较好的思政教育，树立正确的世界观、人生观和价值观，同时还能反过来促进学生对物理概念和原理的理解。通过恰当的类比，反而能让学生将抽象概念具象化。另一方面，本课程根据学习的需要嵌入大量有关中国科技发展的应用和案例，使学生能立足本土放眼世界。本课程将努力讲好"科技发展的中国故事"。

❖ **本课程教学设计思路的框架体系**

基于上述思考，本课程以"学术水平""公民素质""终身学习能力"概括的"新三维目标"为教学设计思路，如图11.1所示。

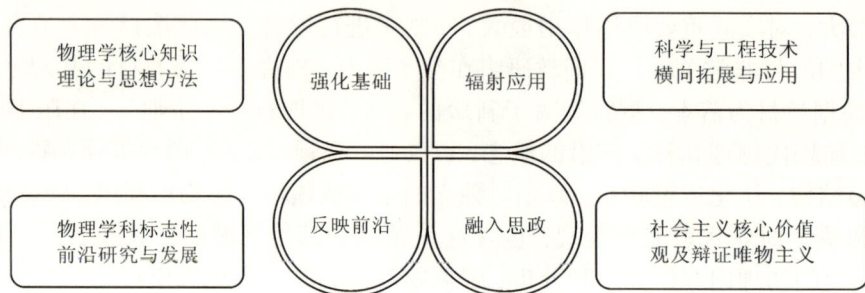

图 11.1　教学设计思路

(二) 教学目标

"新三维目标"+思政育人。

❖ **总体目标**

学习物理学的基本规律及其包含其中的辩证唯物主义世界观、科学的研究方法，将深刻地影响人们的世界观和方法论。本课程的总目标是学生通过大学物理课程的学习，掌握必要的物理基础知识和科学研究方法，培养科学思维能力和创新意识。树立学生正确的世界观、价值观和人生观。特别是在课程教学的过程中讲好"科技发展的中国故事"

❖ **"新三维目标"的具体目标**

(1) 独立获取知识的能力——逐步掌握科学的学习方法，阅读并理解相当于大学物理水平的物理类教材、参考书和科技文献，不断扩展知识面，增强独立思考的能力，更新知识结构；能够写出条理清晰的读书笔记、小结或论文。

(2) 科学观察和思维的能力——运用物理学的基本理论和基本观点，通过观察、分析、综合、演绎、归纳、科学抽象、类比联想、实验等方法培养学生发现问题和提出问题的能力，并对所涉及的问题有一定深度的理解，判断研究结果的合理性。

(3) 分析问题和解决问题的能力——根据物理问题的特性、性质以及实际情况，抓住主要矛盾，进行合理的简化，建立相应的物理模型，并用物理语言和基本数学方法进行描述，运用所学的物理知识和研究方法进行分析、研究。

(4) 求实精神——通过大学物理课程学习，培养学生追求真理的勇气、严谨求实的科学态度和刻苦钻研的作风。

(5) 创新意识——通过学习物理学的研究方法、物理学的发展历史以及物理学家的成长经历等，引导学生树立科学的世界观，激发学生的求知热情、探索精神、创新欲望，以及敢于向旧观念挑战的精神。

❖ **思政育人目标**

2018年五四青年节前，习近平总书记在北京大学师生座谈会上发表重要讲话时强调，高校只有抓住培养社会主义建设者和接班人这个根本任务才能办好，才能办出中国特殊一流大学。在本课程中，通过深化课程目标、内容、结构、模式等方面的改革，把政治认同、国家意识、文化自信、人格养成、科学方法论、世界观、人生观、价值观、辩证唯物主义哲学等思想政治教育导向与本课程固有的知识、技能传授有机融合，实现显性与隐性教育的有机结合，促进学生的自由全面发展，充分发挥教育教书育人的作用。《大学物理学》的终极目标就是：格物致知经世致用。本课程将充分发挥在国家科技发展、技术创新中的基础作用和先锋作用，为国家的全面发展，为社会人才的培养发挥学科作用，贡献学科力量。利用本课程与科技发展的密切联系讲好"科技发展的中国故事"。

（三）教学内容

本课程分上、下两学期开课，采用自编教材《大学物理学》。参考书目：张三慧等主编的《大学基础物理学》(清华大学出版社)，程守洙、江之水等主编的《大学物理学物理》(高等教育出版社)。教学内容主要为书本内容，结合课程中心、MOOC 平台的线上内容(见表 11.1)。

表 11.1　教学内容

上学期					
章节	教学内容	总学时	教学重点	教学难点	教学方案
第 1 章 质点力学	1. 描述物体作平动的四个物理量：位矢、位移、速度、加速度； 2. 掌握解运动学两类问题的方法； 3. 牛顿定律：解牛顿定律的问题可分为两类，第一类是已知质点的运动，求作用于质点的力；第二类是已知作用于质点的力，求质点的运动。 4. 基本定理：动量定理、动能定理、角动量定理； 5. 守恒定律：动量守恒定律、机械能守恒定律、角动量守恒定律	10+4	掌握解运动学两类问题的方法。掌握解动力学两类问题的方法	速度、加速度的矢量分析；微积分数学工具在运动学实际问题中的应用；微积分数学工具在动力学实际问题中的应用；科里奥利力	混合式教学
第 2 章 刚体力学	1. 力矩、转动惯性、转动定律； 2. 刚体的动能与势能、动能定理、机械能守恒定律； 3. 刚体的角动量及角动量守恒定律	4+2	转动定律与角动量守恒定律	微积分数学工具在刚体的定轴转动实际问题中的应用	混合式教学
第 3 章 振动力学	1. 振动、简谐振动：简谐振动的特征量(振幅、周期、频率和相位)和动力学分析； 2. 简谐振动的能量：动能、势能和机械能； 3. 简谐振动的合成：两个同方向同频率简谐振动的合成，同方向不同频率的两个简谐振动的合成，两个同频率相互垂直的简谐振动的合成	4+2	旋转矢量法，谐振动动力学分析和运动学方程的建立	阻尼振动、受迫振动、共振的数学分析	混合式教学

续表 11.1

章节	教学内容	总学时	教学重点	教学难点	教学方案
上学期					
第4章 波动力学	1. 横波、纵波、简谐波、平面简谐波及波函数的物理意义; 2. 波的能量,能量密度与能流密度; 3. 相干波叠加—干涉现象,用相位差和波程差分析,确定相干波叠加后振幅加强和减弱的条件; 4. 驻波及其形成条件,驻波方程; 5. 机械波的多普勒效应及其产生原因,多普勒频移公式基本计算	8+2	平面简谐波函数,驻波及其形成条件,机械波的多普勒效应及其产生原因,波的能量特征	波动过程质元动能和势能的物理模型与数学分析,半波损失	混合式教学
第5章 光的干涉	1. 光的相干性,获得相干光的基本方法,杨氏双缝实验; 2. 等厚干涉基本公式,劈尖干涉、增透薄与增反膜;牛顿环与等厚干涉的应用; 3. 等倾干涉,迈克耳逊干涉仪以及应用	4+2	等厚干涉(劈尖、牛顿环)、等倾干涉(迈克耳逊干涉仪)	等倾干涉成因分析	混合式教学
第6章 光的衍射	1. 单缝夫琅禾费衍射、半波带法; 2. 衍射光栅与光栅方程,光栅衍射光强曲线,光栅分辨本领,衍射光栅的应用; 3. 圆孔衍射与光学仪器分辨率	6+2	光栅衍射与光栅方程	光栅衍射光强曲线,能量计算	混合式教学
第7章 光的偏振	1. 光的偏振态,利用偏振片的起偏和检偏,马吕斯定律 2. 反射和折射的偏振,布儒斯特定律; 3. 光的双折射,单轴晶体中光的双折射及其解释; 4. *偏振光的干涉,人工双折射及其应用	2	偏振片的起偏和检偏	*偏振光的干涉	混合式教学
第8章 宏观热力学	1. 功和热量,准静态过程,热力学第一定律以及对理想气体等值过程的应用; 2. 热容,绝热过程功、热量、内能改变量的计算; 3. 循环过程和循环效率; 4. 热力学第二定律及其统计意义	6+1	热力学第一定律,循环过程和循环效率的分析与计算	可逆过程和不可逆过程,热力学第二定律及其统计意义	混合式教学
第9章 微观热力学	1. 理想气体状态方程,统计假设; 2. 能量按自由度均分原理,理想气体的内能; 3. 麦克斯韦速率分布函数与物理量的统计平均值; 4. 理解气体分子平均自由程和平均碰撞频率	4+1	理想气体的内能,麦克斯韦速率分布函数和速率分布曲线的物理意义	统计假设与结构模型在物理建模及理论分析的重要意义	混合式教学

续表 11.1

章节	教学内容	总学时	教学重点	教学难点	教学方案
	下学期				
第1章 真空中的静电场	1.电荷，库仑定律，叠加原理，电场强度； 2.电通量，高斯定理及其应用； 3.环路定理，静电场的保守性，电势与电势差； 4.电势叠加原理，场强与电势的微分关系	6+2	掌握求解电场强度和电势的两种方法	高斯定理及其应用，微积分等在静电场实际问题中的应用	混合式教学
第2章 静电场中的导体与电介质	1.导体静电平衡，静电屏蔽； 2.电介质极化及有介质时的高斯定理，高斯定理应用； 3.电容器、静电场的能量	6+2	静电平衡与静电屏蔽，电极化强度，电位移矢量，电介质中的高斯定理，电容与电容器的计算方法	导体壳，电介质的极化，电极化强度，电位移矢量	混合式教学
第3章 稳恒电流的磁场	1.电流密度矢量； 2.磁感应强度，磁场的高斯定理； 3.毕萨定律，安培环路定理； 4.磁场对载流导线急平面闭合电流的作用； 5.带电粒子在电磁场中运动，霍尔效应	7+2	典型电流磁场分布的计算，叠加原理法和安培环路定理法	安培环路定理及其应用。	混合式教学
第4章 磁介质的磁化	1.磁介质及其磁化，三种磁介质； 2.磁场强度矢量，磁介质存在时的安培环路定理； 3.铁磁质	3+1	磁介质类型、磁化机理与磁化强度，磁介质中的安培环路定律	抗磁性的磁化机理，磁化强度	混合式教学
第5章 电磁场	1.法拉第定律，动生电动势； 2.感生电动势与涡旋电场，涡电流； 3.自感和互感，磁场能量； 4.位移电流，麦克斯韦方程组； 5.电磁波的产生与传播	8+3	法拉第电磁感应定律，涡旋电场，自感与互感系数的计算，位移电流，麦克斯韦方程组积分形式	涡旋电场，位移电流，麦克斯韦方程组物理意义的理解	混合式教学
第6章 狭义相对论	1.相对性原理，经典力学与狭义相对论时空观； 2.长度收缩与时间膨胀； 3.洛仑兹坐标变换与速度变换； 4.相对论动量与动能，质速关系，质能关系与能量动量关系	6+2	同时的相对性、运动物体长度缩短、时间膨胀，质速关系、质量和能量的关系	长度缩短、时间膨胀，狭义相对论时空观的理解	混合式教学
第7章 量子物理学基础	1.黑体辐射与普朗克的能量子假设； 2.光电效应，光量子理论，康普顿效应； 3.德布罗意波，概率波，不确定关系； 4.波函数薛定谔方程，势阱，势垒，隧道效应； 5.氢原子光谱，玻尔理论； 6.多电子原子体系的壳层结构	12+3	光电效应，普克能量子假设，物质波理论，不确定关系，波函数与薛定谔方程，一维无限深势阱，四个量子数	波粒二象性，不确定关系，波函数及其统计解释，薛定谔方程	混合式教学

（四）课程思政

大学物理课程思政设计如表11.2所示。

表11.2　大学物理课程思政设计

序号	章节内容	思政元素融入思路
1	角动量定理、角动量守恒	通过介绍人类探索太阳系行星的运动规律，得出开普勒三大定律的探索过程，引导学生了解科学研究的一般方法，体会科学研究中持之以恒、锲而不舍的精神； 介绍角动量守恒原理在陀螺仪模型中的应用，以及这一基本物理原理在航空领域的应用。通过介绍神舟十号与天宫对接，使学生了解基础物理研究的重要性，激发学生的学习热情
2	简谐振动、简谐振动特征量	通过国旗在风中飞舞的振动现象描述，潜移默化地让学生感受国旗、国家的氛围，在无声中对学生进行爱国主义教育； 在介绍振动位相概念的过程中，将振动位相引申到人生的"众生相"和"国家状态"。通过我国改革开放后国家发展状态的说明，引导学生建立对国家的自信心
3	驻波	通过介绍乐器发声与驻波的关系，弹奏不同的乐章取决于形成不同的驻波简正模式，引导学生思考，要在自己人生道路上弹奏出华彩乐章，就要努力打造动听的"驻波频率"，帮助学生树立正确的人生观和价值观； 通过介绍发动机尾焰的驻波现象，说明马赫环的形成原理，介绍我国高端发动机的发展历程，激发学生对科学技术研究的热情，增强学生的爱国情怀
4	多普勒效应	介绍多普勒效应在声呐探测技术中的应用，宣讲我国著名核潜艇科学家黄旭华的光荣事迹，引导学生思考和学习老一辈科学家对科学孜孜以求、勇攀高峰的精神，对国家和人民忠贞不渝、无私奉献的情怀； 说明多普勒效应在原子冷却领域的重要应用和前沿研究，通过与之相关的科技成果——原子钟在北斗系统建设过程中的研究过程，引导学生体会科技强国、科技兴国的重要性，激发学生对科学研究的热情
5	带电粒子在磁场中的运动	通过介绍地磁场对宇宙射线的洛伦兹力作用，说明地磁场对地球生命和文明的保护作用，引导学生思考人类与地球，个人与国家的依存关系； 通过介绍电磁约束在核聚变装置中的应用，介绍我国"环流二号M"可控核聚变装置的最新研究和应用进展，说明我国科学家对"人造太阳"梦想的追求和我国能源战略的美好前景，激发学生对科学知识学习的热情和对国家发展的自豪感和自信心

（五）教学方法

《大学物理》课程内容复杂，覆盖面广，课时又比较紧张，有些地区学生的中学物理基础比较薄弱，所以很容易对物理学形成畏难情绪。如果在短期内学习效果不能体现，学生会产生厌学和抵触情绪，进而没有学习的动力。

为了克服这些困难，一方面，本课程力图将物理课程的学习和学生专业课程对接起来，实现模块化的物理教学。另一方面，依托信息化教学手段，力图在本课程中采用混合式教学的方法，力争营造课堂教学的六个"一"工程。努力找到一套切合实际、行之有效的方法，提高学生的积极性，改善教学效果。

一是模块化物理教学。全面拓展教学内容广度与横向交叉，充实教材内容。打通《大学物理》和大类专业（分"物理与工程，物理与信息，物理与科学，物理与生活"4个模块）的连接通道，使大学物理课程教学与专业课程及培养目标一体化；研究自然与生活中的物理现象与问题，研究大类专业的培养计划，找到与4大类专业核心课、专业应用和学科前沿的连接点。课程结束时通过创新研究与应用课程论文，激发学生的学习兴趣，提升学生的科学素养。

二是混合式物理教学。本着问题引领、目标导向、成效优先的原则，本课程采用线上平台（课程中心+MOOC 平台）+传统课堂混合教学的模式。提高学生的学习效率，加强课堂教学的效果。本课程已经建成丰富的线上资源，如图 11.2 所示，为混合式教学提供了很好的条件。在此基础上，形成四大混合模式：大班教学小班讨论混合；课内课外混合；线上线下混合；电子教案、演示实验、视频动画、黑板粉笔媒体混合。四种混合模式根据情况择优选择。以学生为中心，让学生积极参与到教学活动中，获得好的教学效果。

三是六个"一"工程课堂。在以"新三维目标"为标准进行人才培养的过程中，在教学实施上，努力打造拥有六个"一"工程的课堂。即为了培养学生的创新研究能力，形成知识能力素质有机结合、协调发展的课程育人模式，切实提高教学质量，每堂课尽可能做到六个"一"：一个物理前沿，一个横向拓展，一个思政教育，一个科学思想与方法，一个演示与视频，一个问题与讨论，全力提升人才的培养目标和质量。

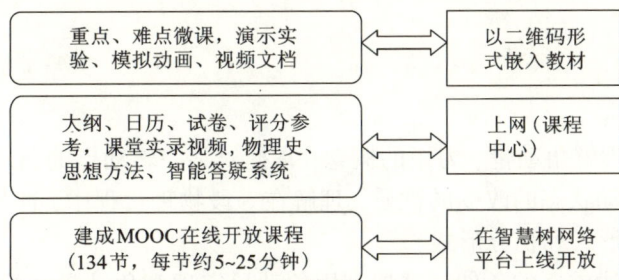

图 11.2　混合教学导图

（六）课程考核

整个考核内容由过程性考核与期末考核构成，采用百分制。其中过程性考核由考试、出勤、课堂讨论、线上线下互动、作业、随堂测试、小考、线上章后测试等组成。期末考试占总权重的 50%，期中考试占总权重的 20%，其他共占 30%。

11.1 角动量定理、角动量守恒
（附 15 分钟教学视频）

基本信息			
教学主题	角动量定理、角动量守恒	课时安排	1 课时(45 分钟)
所在章节	第 1 章第 3 小节(上册)		

【教学目标】

❖ 知识目标

(1)理解转动的概念，理解角动量、力矩的概念，掌握对某一转动点的角动量和力矩的计算方法。

(2)理解力矩对物体转动状态的改变的性质，理解在一段物理过程中，冲量矩对系统角动量的影响，即角动量定理(包括其微分形式和积分形式)。

(3)理解角动量守恒定律成立的条件。掌握利用角动量定理和角动量守恒定律解决问题的方法；了解角动量定理和角动量守恒定律在实际生活、工程技术和科学前沿中的应用。

❖ 能力目标

(1)通过对已有知识、现象的总结和延伸，通过物理的类比方法得到新的物理原理发现、归纳、总结的过程，学生能够提高自身发现问题、分析问题和解决问题的能力。

(2)本堂课通过从平动到转动的延展，从角动量定理和角动量守恒定律的细致分析，学生能够加强自身严谨的逻辑思维能力；通过该原理在航天科技、导航等相关科学技术的应用，学生能增强自身的探索意识和创新能力。

(3)通过角动量定理在知识理论、实验现象和常见技术、前沿科学应用的比较、分析，学生能够形成较强的观察能力和逻辑推理能力，以及运用分析、比较、归纳和演绎等科学研究方法的能力。

❖ 思政目标

通过物理系统转动与平动情形下的类比、对比分析，学生形成研究自然科学或认识客观世界的科学哲学观。通过角动量守恒定律在我国神舟十号和天宫一号对接的案例分析，能激励学生投身科学研究，报效祖国的热情，激发学生的民族自豪感。通过科学方法的介绍，培养学生勤于思考的好习惯和严谨务实细致的学习态度。通过课堂思政，培养学生积极向上的人生观和生活态度。教学目标导图如图 11.3 所示。

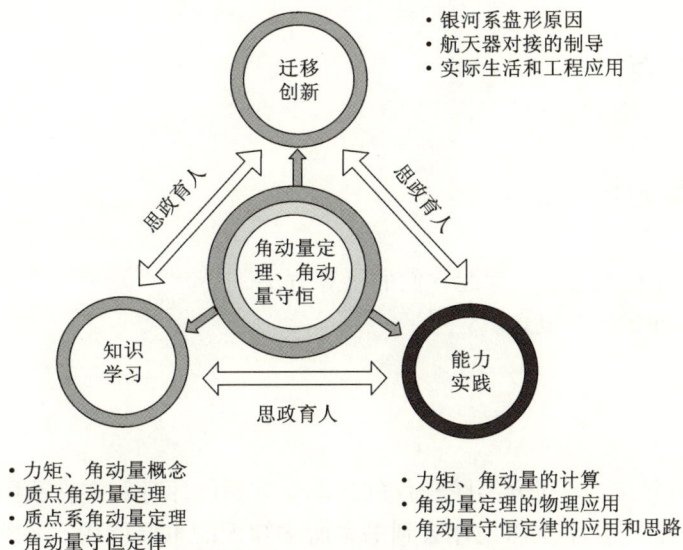

・银河系盘形原因
・航天器对接的制导
・实际生活和工程应用

迁移
创新

思政育人　　　　思政育人

角动量定理、角动量守恒

知识
学习

能力
实践

思政育人

・力矩、角动量概念
・质点角动量定理
・质点系角动量定理
・角动量守恒定律

・力矩、角动量的计算
・角动量定理的物理应用
・角动量守恒定律的应用和思路

图 11.3　角动量定理、角动量守恒教学目标导图

▶【学生已具备的知识】

　　本次课主要是在学生掌握了物体平动时，规范物体运动规律的牛顿力学、动量定理、动量守恒以及能量定理等基本知识的基础上，进一步学习当物体转动时，物体运动和受力所遵守的物理规律。学生已经理解可以利用速度、动量等物理量来描述物体的平动状态。但是，在研究物体的转动行为时，这些方法还有效吗？或者说还清晰、便利吗？力对于平动状态的改变，学生已经由牛顿第二定律或动量定理、动能定理等有了清晰的认识。但在考虑转动的复杂运动情况时，除了传统的牛顿第二定律外，还有没有更简洁、直观的研究方法？力的作用在转动中会否有新的作用效果呢？本节课主要在平动研究理论和方法的基础上，通过类比、对比分析来研究物体转动的规律和物理描述方法。

▶【教学内容构成与导图】

　　本节课的教学内容导图如图 11.4 所示。

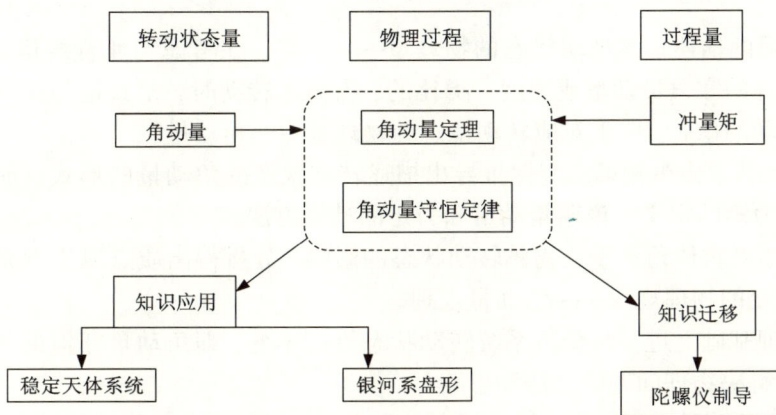

转动状态量　　　物理过程　　　过程量

角动量　→　角动量定理　←　冲量矩

角动量守恒定律

知识应用　　　　　　　　　　　知识迁移

稳定天体系统　　　银河系盘形　　　陀螺仪制导

图 11.4　角动量定理、角动量守恒教学内容导图

【教学重点与难点】

❖ 教学重点

理解角动量定理和角动量守恒定律。

❖ 教学难点

（1）理解角动量和力矩的概念，并掌握它们的计算方法。

（2）理解质点系内力冲量矩的概念。

【课程思政】

神舟十号与天宫一号对接：通过介绍陀螺仪的角动量守恒的原理和它在我国神舟十号与天宫一号对接这一航天大事件中的应用，让学生深刻体会到书本所学知识的重要应用，激发学生对科学技术研究的热情，增强学生的国家自豪感。

知识内化：在总结课堂知识过程中将物体平动时的研究方法和思路与物体转动时的研究方法和思路对比，介绍认识世界的类比法方法，形成学生科学的研究方法和哲学观点。通过对开普勒第二定律发现过程的介绍，了解科学探索中持之以恒、锲而不舍的精神，学生能够严格要求自己，积极正向思考，树立积极向上的人生目标和不断进取的生活态度。

【教学思路和方法设计】

❖ 内容分析

本节以物理类比法为基调，学生感兴趣的科学问题和技术应用为引导，设问为导向，实际应用为辅助展开教学。

（1）以知识复习问题为引导，通过类比，从物理的平动情形迁移到转动情形，引导学生思考，分析新的运动形式背后的物理规律，突出处理问题的物理方法和逻辑思维能力的培养

（2）通过适当的问题设问，营造悬疑的课堂气氛，引导学生去寻找问题的答案。以学生为主体，学生全程参与思考分析课堂所遇到的问题，吸引学生的注意力。

（3）通过角动量定理及角动量守恒定律在实际工程技术中的有趣应用，引发学生的学习热情。

❖ 教学设计思路

（1）回顾之前学习的描述物体平动状态的物理量——动量，在考虑匀速直线运动情况时，提出稳态的概念，对应一个物理的守恒量动量或速度。类比的，当物体转动时，尤其是匀速圆周运动或固定的天体转动时，也会有转动的稳态，明确对应转动稳态的物理量——角动量。

（2）从圆周运动出发，由牛顿第二定律推导出描述转动状态的角动量的形式。明确角动量改变与物体受力的关系，给出力矩的定义。说明角动量和力矩的计算方法。

（3）重点介绍力矩对物体角动量或物体转动状态的影响，分析得出质点或质点系中描述力学系统受力和系统转动状态改变的物理规律——角动量定理。

（4）在角动量定理基础上进一步分析系统转动状态维持不变，即角动量守恒的条件。说明利用角动量定理和角动量守恒解决物理问题的方法和思路。

（5）介绍角动量、角动量定理、角动量守恒在日常生活、工程技术和前沿科学中的实际应用。

【信息化教学资源】

（1）采用雨课堂进行教学。
（2）学校课程中心大学物理的课程平台。
（3）智慧树《大学物理》MOOC 平台进行线上线下混合教学。

教 学 过 程

◈ 课堂导入（4 分钟）

【视频呈现】播放神舟十号与天宫一号对接视频片段，播放神舟十一号"太空课堂"中陀螺仪实验的视频片段。

【引入问题】飞船如何感知自身的姿态不发生翻滚？陀螺仪的转动性质与第一个问题的联系在哪里？

【引出思考】当物体做匀速直线运动时，物体的速度和动量是不变的，此时称物体处在一个稳态上，对应于动量守恒。以生活中常见的陀螺转动和天文学中稳定转动的天体（见图 11.5）为例，引入转动的行为。说明这些物体同样处在转动的稳态上，对应于匀速圆周运动和天体的服从开普勒三大定律的椭圆运动。

物体转动时，动量是变化的。对于这样的转动稳态，用动量来刻画转动状态是不够的。与平动状态的描述做类比，我们如何描述物体的转动状态呢？这种转动稳态也会对应一个守恒量吗？是什么样的守恒量呢？

教学方法：视频，图片引入讨论，对比法。

设计意图：以问题和视频激发学生的好奇心，贴近生活。

(a)

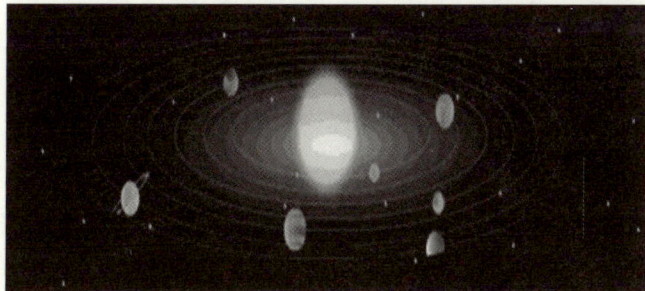
(b)

图 11.5　陀螺转动和天文学中稳定转动的天体

◈ 新课展开(4分钟)

物理模型:陀螺的稳定转动。

一个稳定转动的陀螺在做匀速圆周运动(见图11.6)。

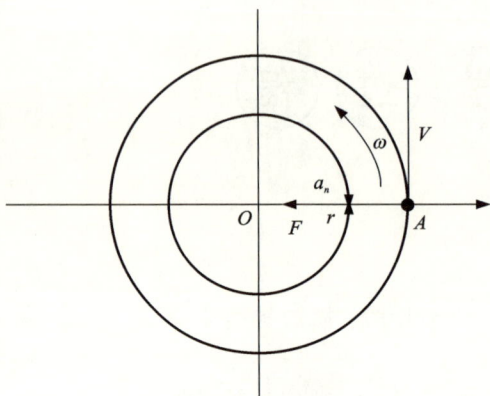

图 11.6 圆周运动

教学方法:讲授法,讨论法,对比法。

设计意图:通过实际场景的物理抽象,帮助学生掌握物理建模和思考问题的方法。通过讨论对比帮助学生深刻理解物理概念。

陀螺上各点的角速度是一个恒量,所以一个匀速圆周运动对应一个转动稳态,以及一个守恒量角速度。利用牛顿第二定律得到:

$$r \times F = r \times m \frac{\mathrm{d}v}{\mathrm{d}t} = \frac{\mathrm{d}(r \times mv)}{\mathrm{d}t}$$

对于向心力,$r \times F = 0$,系统的物理量 $r \times mv$ 守恒。而非向心力则可能改变系统的物理量 $r \times mv$。

延伸到复杂的天体运动情况(见图11.7),在向心引力的作用下,开普勒第二定律表明天体的掠面速度 $\frac{1}{2} r \times v$ 不变,即同样对应一个守恒的物理量 $r \times mv$。$r \times F$ 的作用效果会决定 $r \times mv$ 的改变与否。所以一个转动稳态会对应一个守恒量 $r \times mv$,因此它是一个描述转动状态的有效物理量——角动量。

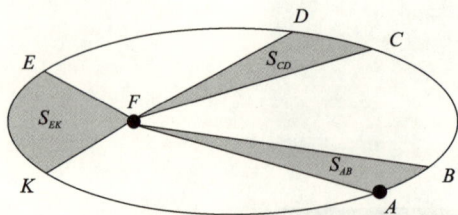

图 11.7 天体运动

【引出思考】通过上述具体实例的分析思考:如何在一般物理理论中定义 $r \times F$,$r \times mv$?如何具体计算这两个矢量?它们的一般定量关系是什么?

◈ 知识深化【12 分钟】

【设置场景】考虑一个质点绕一个空间点转动。

【分析】定义角动量(见图 11.8)：确定转动点 O，从转动点到质点所在位置做位置矢量 r，如果物体动量为 mv，则物体对转动点 O 的角动量定义为：$L=r×mv$，方向用右手螺旋法则确定。

教学方法：图形动画法，讲授法，逐步递推法。

设计意图：通过图形动画帮助学生理解角动量和力矩的概念。通过严密推导得出角动量定理。

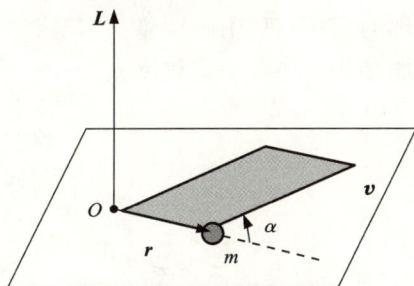

图 11.8　角动量

力矩定义(见图 11.9)：确定转动点 O，从转动点到力的作用点所在位置做位置矢量 r，则力对转动点的力矩定义为 $M=r×F$。力矩方向同样用右手螺旋法则确定。

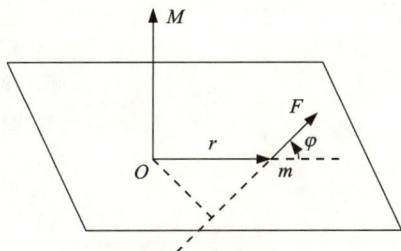

图 11.9　力矩

【设问】在上述的实例中我们已经发现力矩可能会改变物体的转动状态，即角动量。那么它们的定量关系如何呢?

【分析】如果质点的转动状态是变化的，则角动量对时间求导应该有变化率。

$$\frac{\mathrm{d}L}{\mathrm{d}t}=r×\frac{\mathrm{d}}{\mathrm{d}t}(mv)+\frac{\mathrm{d}r}{\mathrm{d}t}×(mv)$$

通过简单计算可得 $\dfrac{\mathrm{d}L}{\mathrm{d}t}=r×F=M$，从而得到物体角动量改变与力矩的关系。物体所受力矩与物体所拥有的转动状态呈现一一对应关系。所以角动量定理描述为：质点对某固定点角动量的变化率等于质点所受合外力对同一参考点的力矩。

如果从物理过程的角度思考问题，质点所受合外力的力矩在一段时间内的冲量矩等于质点角动量的增量。

可以表示为以下两种形式。

微分形式：

$$Mdt = dL$$

和积分形式：

$$\int_{t_1}^{t_2} M dt = \int_{L_1}^{L_2} dL = L_2 - L_1 = \Delta L_\circ$$

◈ 课堂检测（5分钟）

利用之前所学概念知识，引导学生对角动量定理的应用；利用雨课堂发布随堂测试试题或请同学们到黑板上写出测试问题结果，并做一定程度讲解，使学生更加深入理解质点角动量定理的理论应用。

教学方法：知识检测法。

设计意图：通过让学生在前面所学知识的基础上自己运用所学知识处理简单问题，加深学生对这一知识的理解。检测学生理解的效果。

◈ 知识拓展（5分钟）

【引出思考】如果考虑的力学系统不是单个质点，而是复杂的质点系，如何确定系统的力矩和角动量之间的物理规律呢？

【分析】如图 11.10 所示，确定转动点 O，分析质点系的受力情况，区分内力和外力。对每个质点利用角动量定理：$M_i = \dfrac{dL_i}{dt}$，再对所有质点求和

$\sum\limits_i M_i = \sum\limits_i \dfrac{dL_i}{dt}$。这里，重点分析一对内力对转动点的力矩和为零。

设计意图：加深所学知识的难度，增强学生知识迁移的能力，激发学生探索创新的能力。

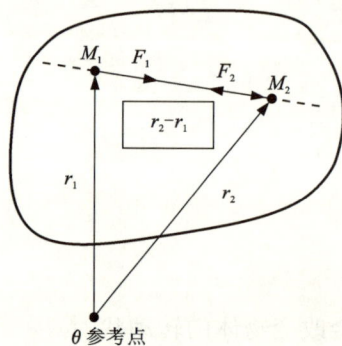

图 11.10　质点系的复力分析

由于 $r_1 \times f_1 + r_2 \times f_2 = (r_2 - r_1) \times f_2 = 0$，所以系统所有内力的合力矩对系统的总角动量不产生影响，内力力矩只会改变系统内某质点的角动量。综上可得质点系的角动量定理：质点系的合外力矩的冲量矩等于质点系总角动量的增量。

注意：合外力矩是指每个外力力矩的矢量和，而不是先求外力的合外力，再求合外力的力矩。

教学方法：讲授法。

设计意图：巩固学生的所学知识，加强学生知识的应用能力。

◈ 知识练习（5分钟）

【例题】如图 11.11 所示，一绳拉小球在光滑桌面上做圆周运动。初始角速度和初始位置分别为 ω_1，r_1，现用力拉绳使小球至 r_2 处做圆周运动。求 ω_2。

解：绳子对小球的拉力过 O 点，对 O 的力矩为零，重力、支持力对 O 的力矩和为零，所以小球对 O 的角动量守恒。

初：$L_1 = r_1 P_1 = r_1 mv_1$

因为 $v_1 = r_1 \omega_1$　所以 $L_1 = r_1 mr_1^2 \omega_1$，方向 ↑

末：$L_2 = r_2 p_2 = mr_2^2 \omega_2$，方向 ↑

因为 $L_1 = L_2$，所以 $r_1^2 \omega_1 = r_2^2 \omega_2$，

最后求得：$\omega_2 = \dfrac{r_1^2}{r_2^2} \omega_1$。

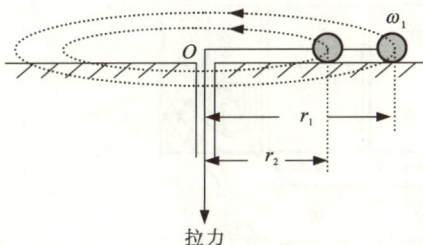

图 11.11　例题图

◆ 知识应用（2 分钟）

介绍神舟十号于天宫一号对接的航天技术，说明角动量守恒在此过程中的应用（见图 11.12、图 11.13）。

教学方法：讲授法，迁移法。

设计意图：增强学生知识迁移的能力，激发学生探索创新的能力。

图 11.12　神舟十号与天宫一号对接

图 11.13　陀螺仪

作为航天技术中重要的制导系统陀螺仪，就是利用角动量守恒的原理来确定空间的方向，使航天器能够顺利对接。对学生展开思政教育，激发

学生对科学技术的热情和国家自豪感。

◈ 前沿科学(3 分钟)

守恒定律与对称性的关系。

如图 11.14 介绍诺特定理中对守恒定律和对称性的说明。介绍诺特定理对广义相对论、标准模型理论的贡献,介绍量子引力理论中诺特定理的可能作用。

教学方法:图片说明。

设计意图:加强学生知识应用的认知和视野,激发学生的学习欲望和热情,提高学生的科学素养。

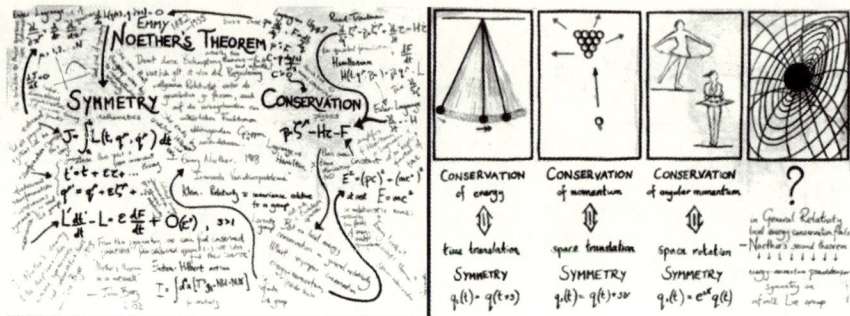

图 11.14　守恒定律与对称性的关系

◈ 归纳总结与作业布置(5 分钟)

(1)总结。

①角动量定理和角动量守恒定律。

②学生自由发表自己对这堂课的启发和思考;学生内化所学知识,除了形成应用能力外,还进一步提高情感素养。

(2)作业。

①课后讨论。

人在行走的过程中为何要摆动双臂,试利用课堂所学知识给出解释。

②练习册作业。

③预习下一章的知识内容。

设计意图:总结梳理,巩固消化。理论与实际相结合。

◈ 板书设计

板书设计如图 11.15 所示。

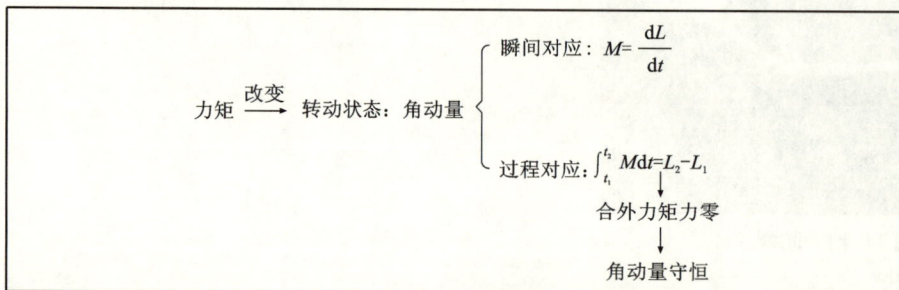

力矩 $\xrightarrow{\text{改变}}$ 转动状态:角动量

瞬间对应:$M = \dfrac{\mathrm{d}L}{\mathrm{d}t}$

过程对应:$\int_{t_1}^{t_2} M\mathrm{d}t = L_2 - L_1$

合外力矩力零

角动量守恒

11.15　板书设计

教 学 后 记

　　本节课以平动和转动的对比，采用类比法，实现物理概念的延伸和物理方法的对照；通过生活实例，联系物理概念展开课堂，观察现象，设置问题，巧妙引入教学内容，贴近生活的同时又创造了新奇、探索的教学情境。通过问题将学生的注意力牢牢吸住，激发学生的学习兴趣和求知欲。围绕问题，通过严密的逻辑关系，将知识内容层层推开。在此过程中积极设问、讨论，促进师生互动，充分发挥老师的主导作用和学生的主体作用。通过知识应用和前沿知识，加深学生的知识理解和印象，促进学生进一步探索科学新前沿的热情。通过课堂讨论、例题应用、学生神态，了解学生对知识的掌握程度，步步跟进，效果较好。通过课后作业，课后讨论，巩固课堂所学知识并加强课堂知识的难度，进一步拓展课堂知识的边界，让学生在作业和讨论中体会课堂知识。通过课堂知识与社会问题、人生历程做类比，激发学生的爱国热情和积极向上的人生态度，起到较好的思政教育效果。

　　不足之处：课堂中由于时间比较紧张，对角动量定理和角动量守恒定律在实际物理问题中的应用方法和思路讲解还不够透彻和系统。我们将在习题课中，对这一部分内容做系统说明和总结。

11.2 简谐振动及其描述

基本信息			
教学主题	简谐振动及其描述	课时安排	1课时(45分钟)
所在章节	第1章第3小节(上册)		

【教学目标】

❖ 知识目标

(1)了解振动的现象,简单了解频谱分析的原理。明确简谐振动的定义和数学表达形式。

(2)理解描述简谐振动的三个特征参量的物理含义。理解相位这一物理概念的内涵,掌握振动状态和相位的关系。

(3)掌握简谐振动的振动曲线表示法。熟练掌握简谐振动的振幅矢量表示法。了解振动在实际生活、工程技术和前沿科学中的应用。

❖ 能力目标

(1)通过日常生活中的现象和技术应用中的物理原理发现、归纳、总结的过程,学生能够提高自身发现问题、分析问题和解决问题的能力。

(2)本堂课通过在振动在众多生活和技术领域中的广泛应用,相位概念的引入以及它在量子力学中开拓的重要研究领域的介绍,学生能够加强自身严谨的逻辑思维能力、探索意识和创新能力。

(3)通过振幅矢量法表示简谐振动方法的介绍和常见技术、前沿科学应用的比较、分析,学生能够形成较强的观察能力和逻辑推理能力,以及运用分析、比较、归纳和演绎等科学研究方法的能力。

❖ 思政目标

通过日常生活中常见的国旗飘扬的现象引入振动现象,让学生直观感受振动现象的同时,又在无形中让学生感受国家、国旗的存在,激发学生对国家的热爱之情。在介绍相位和振动关系及振幅矢量法时,建立相位与振动状态的对应关系,让学生理解集合和映射的关系,从科学方法论的角度让学生理解它们在研究物理规律时的应用。通过科学方法的介绍,培养学生勤于思考的好习惯和严谨务实细致的学习态度。通过课堂思政培养学生积极向上的人生观和生活态度。

教学目标导图如图11.16所示。

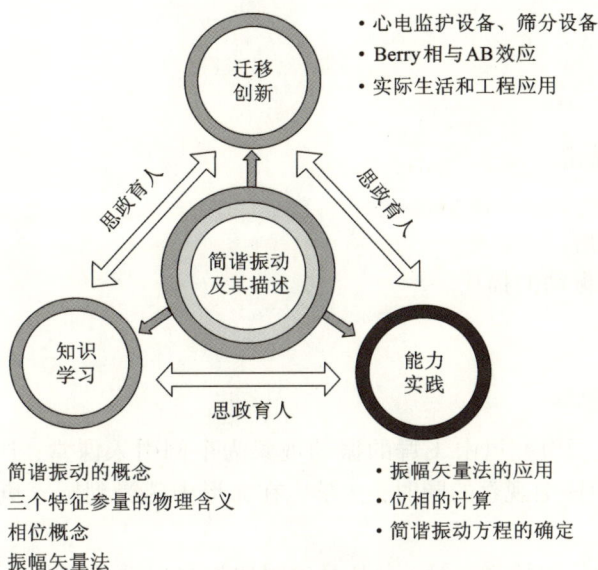

图 11.16 简谐振动及其描述教学目标导图

▶【学生已具备的知识】

本次课主要是在学生掌握牛顿力学和三大守恒定律等基本知识的基础上，进一步学习振动这种运动形式。振动这种运动形式遍布物理学的很多领域，比如机械运动、电磁运动等。学生对机械运动和力学知识已经有了深入的学习，本次课主要将研究的对象限定在力学系统中，研究物体机械运动中呈现的振动特征。三角函数是学生已经熟练掌握的数学函数，学生对函数的特征性质，函数曲线已经有了深入认识。在这些基本数学基础上，学生可以顺利利用这一数学工具来研究、表述物理系统的物理性质和规律。本节课主要带领学生从机械运动出发，利用三角函数的知识理解简谐振动的基本特征，理解简谐振动的三个特征参量，掌握振幅矢量法对简谐振动的描述。理解相位这个物理学中的重要概念。了解振动在生活、技术、前沿的应用。

▶【教学内容构成与导图】

本节课的教学内容导图如图 11.17 所示。

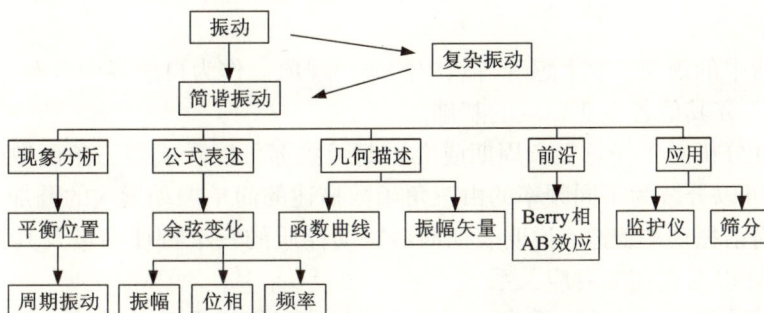

图 11.17 简谐振动及其描述教学内容导图

【教学重点与难点】

❖ 教学重点

简谐振动基本特征和描述。

❖ 教学难点

(1)振动相位概念的理解。

(2)振幅矢量法对简谐振动的描述。

【课程思政】

生活中的振动现象：将国旗在风中飞舞的振动现象为个例引入课堂，让学生直观认识振动的行为。在学生对五星红旗振动行为仔细观察的同时，让学生在无形中感受到国家概念的存在，在无声中对学生进行爱国主义教育。

振动位相：在介绍振动位相的概念时，尤其是说明位相与振动状态的映射关系时，为了让学生充分理解位相与状态的近似等价地位，先将振动位相引申到物质的(固、液、气)相，再引申到人的"众生相"和国家状态。在这个过程中不但建立起学生"相"和状态的连接，同时，借用说明我国改革开放的大好形势建立学生对党和国家、对人民和对社会主义制度的自信心和自豪感。

知识内化：在知识总结的过程中，重点突出位相和振动状态间的集合与映射关系。从科学方法论上，让学生了解这种思考问题的方式是研究自然时常用的方法。在对知识梳理的过程中，培养学生严谨治学的态度，和不断进取的学习态度。

【教学思路和方法设计】

❖ 内容分析

本节以日常生活现象的物理规律做展示，以学生感兴趣的科学问题和技术应用为引导，以设问为导向，实际应用为辅助展开教学。

(1)以知识复习问题为引导，观察当堂的物理实验现象，引导学生思考，分析现象背后的物理规律，突出处理问题的物理方法和逻辑思维能力的培养。

(2)通过适当的问题设问，营造悬疑的课堂气氛，引导学生去寻找问题的答案。以学生为主体，让学生全程参与寻找问题的解决之道，吸引学生的注意力。

(3)通过将课堂所学的物理规律和科学研究的前沿或有趣的生活问题相连接，引发学生的学习热情。

❖ 教学设计思路

(1)通过日常生活中的现象，学生感受自然中的振动现象。作为自然界中普遍存在的一种运动形式，明确学习振动规律是研究其他各专业领域的基础。

(2)从数学的角度分析对于任意复杂周期或准周期函数都可以看成是三角函数的叠加，从而明确物理上的复杂振动行为可以分解为不同频率的由三角函数描述的简单振动形式的叠加。

(3)明确振动和简谐振动的概念，说明表征简谐振动性质的三个特征参量及其物理意义。重点说明相位和振动状态的概念以及它们的对应关系。

(4)说明简谐振动的几何描述法。重点说明振幅矢量法对简谐振动的描述方法。从几何角度进一步分析相位和振动状态间的映射关系。从相差角度比较振动的步调先后，在几何上得出直观的认识。简单介绍光的多普勒效应结论，以及普勒效应在科学前沿和工程技术中的广泛应用。

(5)介绍振动和相位在实际技术、科学前沿中的应用。

【信息化教学资源】

（1）采用雨课堂进行教学。
（2）学校课程中心大学物理的课程平台。
（3）智慧树《大学物理》MOOC 平台进行线上线下混合教学。

教　学　过　程

◆ 课堂导入（4 分钟）

【生活现象】通过图片呈现生活中的常见现象，感受这些生活现象的共同之处，提炼出振动这种运动形式，给出它的物理上的定义，说明它在物理学各专业领域中普遍存在。

【核心作用】说明振动在物理学各专业领域中的普遍存在。明确振动的研究是研究声学、地震学、建筑学、光学、电磁学等众多专业领域的基础。

【引出思考】
振动形式复杂多变，设计广泛。该如何研究振动的规律呢？

【分析】从数学的傅里叶变换说明任意复杂周期准周期函数都可以表示成不同频率的三角函数的叠加。对应于物理上的复杂振动，也可以分解为由不同频率的三角函数描述的简单振动形式。以此说明频谱分析的核心思想。

教学方法：视频，图片引入讨论。

设计意图：以问题和视频激发学生的好奇心，贴近生活。

◆ 新课展开（4 分钟）

基于所学的力学知识基础，将振动的研究设置在研究物体位置变化的机械运动范围；给出简谐振动的定义。

【定义】简谐振动：物体运动时，离开平衡位置的位移按余弦函数（或正弦函数）规律随时间变化。

强调位移发生的参考点是平衡位置。回顾说明力学系统中所谓平衡位置的概念。按数学函数的形式来描述可以表示为 $x = A\cos(\omega t + \varphi_0)$。

从位移的表达式得出物体振动速度和加速度的结论，明确说明振动状态的概念。

【引出思考】这样一个三角函数的性质特征，或者由这个函数描述的简谐振动的特征是怎样的？

【分析】从函数的形式入手，说明 A、ω、φ_0 是确定该三角函数性质的决定性的参量。其物理角度则决定了简谐振动的基本规律。逐个说明三个参量的物理含义。

振幅 A：物体偏离平衡位置的最大位移，由物体振动能量来决定。

圆频率 ω：物体 2π 秒内所作全振动的次数，描述了物体振动的快慢

教学方法：讲授法，讨论法，对比法，转移法。

设计意图：通过已经学过的知识，将物理问题转移到自己熟悉的领域，帮助学生通过熟悉问题的思考挖掘新的问题和思想。通过讨论对比帮助学生深刻理解物理概念。

的性质。

位相：$\omega t+\varphi_0$。决定了任意时刻物体的振动状态，强调说明位相的变化是单调的，振动状态的变化是周期的。从映射角度讲，位相与振动状态是多对一的关系。由于相位的单调性，可以很好地描述各相同振动状态到来的先后顺序，这是用位相描述振动规律的独特优势。

将物质振动的相与众生相及国家状态类比，加深学生理解位相概念的同时，进一步说明国家状态与国家的人民、领导、体制的关系。结合我国目前蓬勃发展的态势，使学生对党和国家、对政治体制感到自信和自豪。

◈ 知识深化【12 分钟】

【引出思考】基于数学函数和位相来理解并研究振动的规律略显抽象，如何能够比较直观地描述或研究振动的性质呢？

【分析】从几何角度来描述振动规律，不仅简单而且直观。现介绍两种几何描述法。

（1）振动曲线法（见图 11.18）：通过三角函数的函数曲线，直接观察到振动的幅度、快慢等性质。

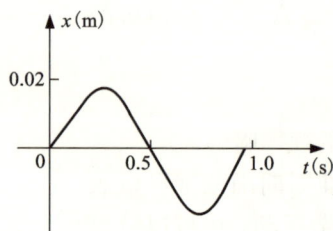

图 11.18　振动曲线

（2）振幅矢量法（见图 11.19）：重点介绍如何利用一个适当选择的旋转矢量来描述简谐振动。说明旋转矢量的长度表征了简谐振动的振幅。旋转矢量的旋转角速度对应表示了简谐振动的圆频率。初始时刻旋转矢量与 x 轴正向的夹角则对应了初位相。旋转矢量在任意时刻在 x 轴的投影描述了位移的振动规律。在 y 轴的投影则描述了速度振动的规律。这些明确了振动位相与振动状态间直观的对应关系。

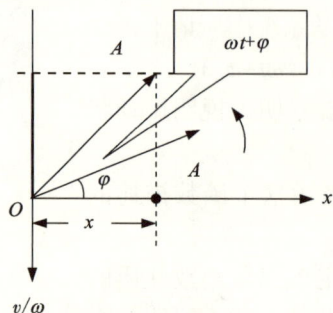

图 11.19　振幅矢量

教学方法：图形法，讲授法，逐步递推法。

设计意图：通过图形动画帮助学生直观表示简谐振动。通过振幅矢量法的详细说明帮助学生逐步理解简谐振动几何描述的便利和直观。

◈ 课堂检测(5 分钟)

　　利用之前所学概念知识，引导学生利用振幅矢量法确定物体振动过程中的相关性质和特征参量。利用雨课堂的随堂测试或请同学到黑板上写出测试题计算结果的方式，使学生更加深入理解简谐振动的性质及描述方法。

教学方法：知识检测法。

设计意图：在前面所学知识的基础上应用振幅矢量法确定振动中特征参量的简单计算能加深学生对这一知识的理解。检测学生理解的效果。

◈ 知识拓展(5 分钟)

　　【引出思考】既然已经理解了振动位相与振动状态间的映射关系，那么如何在振幅矢量图中直观地比较多个振动步调的先后问题呢？

　　【分析】给出两个简谐振动情况下相差的概念。即两个简谐振动的位相之差 $\Delta\varphi=(\omega t+\varphi_2)-(\omega t+\varphi_1)=\varphi_2-\varphi_1$。在图 11.20(a)中，$\varphi_2>\varphi_1$，$\Delta\varphi>0$，表示第二个简谐振动领先于第一个简谐振动。在图 11.20(b)中，第一个简谐振动与第二个简谐振动相差为零，两者同相(in phase)振动。而第一个简谐振动与第三个简谐振动相差 180°，两者反相(out phase)振动。

设计意图：加深所学知识的难度，增强学生知识迁移的能力，激发学生探索创新的能力。

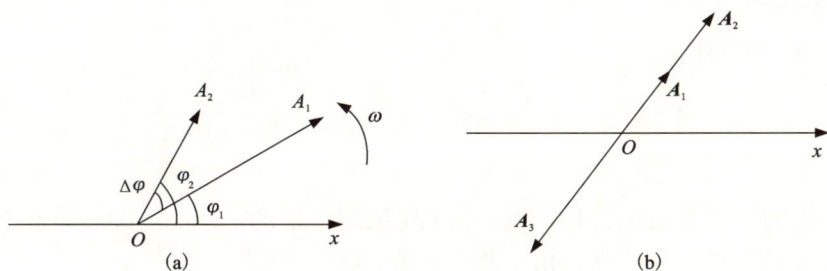

图 11.20　相差

◈ 知识练习(5 分钟)

　　【例题】　如图 11.21 所示，一物体沿 x 轴做简谐振动，振幅 $A=0.12$ m，周期 $T=2$ s。当 $r=0$ 时，物体的位移 $x=0.06$ m，且向 x 轴正向运动。求：

　　(1)简谐振动表达式。

　　(2)$t=T/4$ 时物体的位置、速度和加速度。

　　(3)物体从 $x=-0.06$ m 向 x 轴负方向运动，第一次回到平衡位置所需时间。

　　解：(1)取平衡位置为坐标原点，谐振动表达式写为

$$x=A\cos(\omega t+\phi_0)$$

其中，$A=0.12$ m；$T=2$ s；$\omega=2\pi/T$。

初始条件：$t=0$，$x_0=0.06$ m，可得 $0.12\cos\varphi_0=0.06\Rightarrow\varphi_0=\pm\pi/3$

$v_0=-\omega A\sin\varphi_0>0\Rightarrow\varphi_0=-\pi/3$，则

$$x=0.12\cos(\pi t-\pi/3)$$

　　(2)由(1)求得的简谐振动表达式得

$$v=\frac{\mathrm{d}x}{\mathrm{d}t}=-0.12\pi\sin(\pi t-\pi/3)$$

教学方法：讲授法。

设计意图：巩固学生的所学知识，加强学生知识的应用能力。

$$a = \frac{\mathrm{d}v}{\mathrm{d}t} = -0.12\pi^2 \cos(\pi t - \pi/3)$$

在 $t = T/4 = 0.5$ s 时，代入所列的表达式可求。

（3）$x = -0.06$ m 且向 x 轴方向运动时，该时刻设为 t_1。

设物体在 t_2 时刻第一次回到平衡位置（$x = 0$），相位是 $3\pi/2$

从 t_1 时刻到 t_2 时刻所对应的相差为

$$\Delta\varphi = 3\pi/2 - 2\pi/3 = 5\pi/6$$

振幅矢量的角速度 ω，$\omega\Delta t = \Delta\phi$。

另外，$\omega T = 2\pi$。则

$$\Delta t = \frac{\Delta\varphi}{\omega} = \frac{T}{2\pi}\Delta\phi = \frac{5}{6} = 0.83 \text{ s}$$

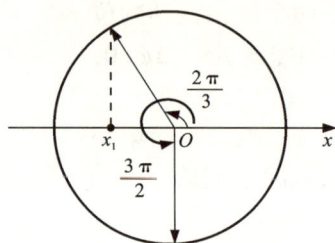

图 11.21 例题图

◆ 知识应用（2 分钟）

简单介绍振动在医学，比如医院的监护设备中运用的基本原理（见图 11.22）。同时介绍振动在筛分设备中的简单工作原理。拓宽学生视野，增强学生的知识迁移能力。

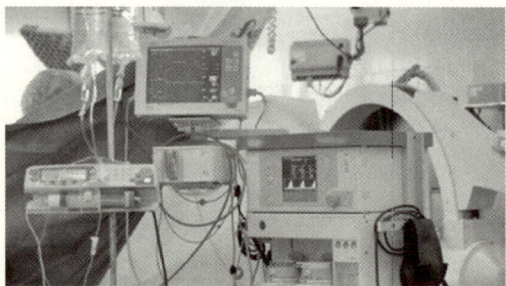

(a)

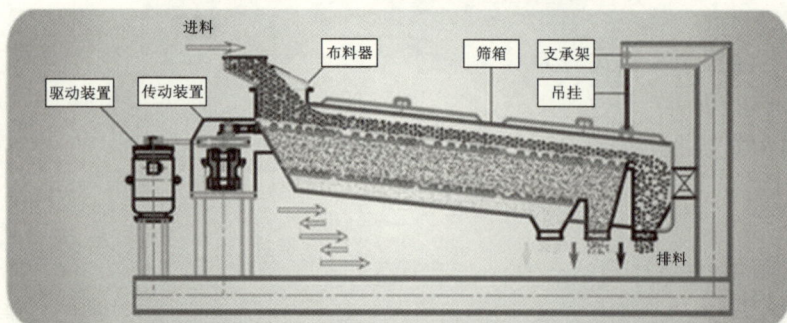

(b)

图 11.22 振动在监护设备的运用及基本原理

◆ 前沿科学(3 分钟)

简单介绍 Berry phase 和 Aharonov-Bohm effects 中的相位概念,使学生了解相位概念在科学前沿理论中的相关研究,激发学生的学习热情。

(一)AB 效应

如图 11.22 所示,两束电子同时从 A 点出发,分别经过 B、C 后同时到达 F 点。在 $ABFC$ 中间放置一个螺线管,从理论计算中发现这两束电子最终到达 F 点时会差一个固定的相位,这个相位差只依赖于螺线管里的磁通,不依赖于空间规范势的选取。因为,虽然两束电子在运动过程中都感受不到磁感应强度,但是其运动过程中感受到的矢势一直不一样,从而累积了相位差。

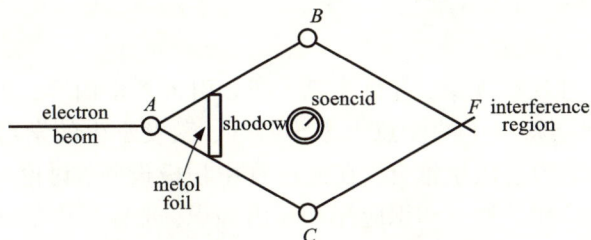

图 11.23 AB 效应

(二)Berry 相

当一个系统的哈密顿量依赖于一个随时间周期变化的参量时,在绝热近似条件下,系统在演化一个时间周期后,除了会累积一个固有的动力学相位以外,还会多出一个特殊的相位。这个相位其实并不依赖于绝热条件,它是系统内禀的属性,同时也不依赖参数的变化路径,只依赖于其初始与最终的取值。

◆ 归纳总结与作业布置(5 分钟)

(1)总结。
①简谐振动的基本特征及其几何表述方法。
②学生自由发表自己这堂课的启发和思考,内化所学知识,除了形成应用能力外,进一步提高情感素养。
(2)作业。
①完成线上相关资源的学习。
②练习册作业。
③预习下一节的知识。

教学方法:图片说明。

设计意图:加强学生知识应用的认知和视野,激发学生的学习欲望和热情,提高学生的科学素养。

设计意图:总结梳理,巩固消化。理论与实际相结合。

◈ 板书设计

板书设计如图 11.24 所示。

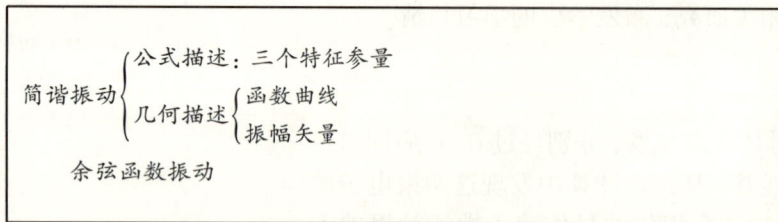

$$
\begin{array}{l}
\text{简谐振动}
\begin{cases}
\text{公式描述：三个特征参量} \\
\text{几何描述}
\begin{cases}
\text{函数曲线} \\
\text{振幅矢量}
\end{cases}
\end{cases} \\
\quad \text{余弦函数振动}
\end{array}
$$

图 11.24　板书设计

教　学　后　记

　　本节课以日常生活中的现象为引导，通过观察现象，提炼生活，巧妙引入教学内容，在贴近生活同时又创造了新奇、探索的教学情境。通过问题将学生的注意力牢牢吸住，激发学生的学习兴趣和求知欲。围绕问题，通过严密的逻辑关系，将知识内容层层推开，在此过程中积极设问、讨论，促进师生互动，充分发挥老师的主导作用和学生的主体作用。通过知识应用和前沿知识，加深学生的知识理解和印象，促进学生进一步探索科学新前沿的热情。通过课堂讨论，例题应用，学生神态来了解学生对知识的掌握程度，步步跟进，效果较好。通过课后作业、课后讨论，巩固课堂所学知识并加强课堂知识的难度，进一步拓展课堂知识的边界，让学生在作业和讨论中体会课堂知识。通过课堂知识与社会问题、人生历程做类比，激发学生的爱国热情和积极向上的人生态度，起到了较好的思政教育效果。

　　不足之处：因为课堂时间有限的原因，没有办法将频谱分析的原理做详细的说明，造成学生对复杂振动形式的研究有一点困惑和畏难。希望通过线上资源的补充和充实让学生通过线上内容的学习做进一步补充。

11.3　驻波

云麓课堂

教学设计

本节内容详见二维码。

基本信息			
教学主题	驻波	课时安排	1 课时(45 分钟)
所在章节	第 4 章第 1 小节(上册)		

▶【教学目标】

❖ 知识目标

(1)理解驻波形成的物理机制。明了驻波波函数的表达形式及其运动特征。

(2)理解驻波的振幅特征中波节和波腹的概念,理解驻波中振动位相、振动波形、振动能量的分布特征。

(3)了解弦线上驻波形成的特点以及简正模式的概念,了解驻波在工程技术和科学前沿中的应用。

❖ 能力目标

(1)通过实际生活的现象和物理实验现象到最终物理原理发现、归纳、总结的过程,学生能够提高自身发现问题、分析问题和解决问题的能力。

(2)本堂课通过特殊情况的波的干涉叠加现象的分析,驻波传播特征的具体研究;以及相关科学技术的应用,学生能够加强自身严谨的逻辑思维能力、探索意识和创新能力。

(3)通过相关实验现象和常见技术、科学前沿应用的比较、分析,学生能够形成较强的观察能力和逻辑推理能力,以及运用分析、比较、归纳和演绎等科学研究方法的能力。

❖ 思政目标

通过弦线中驻波简正模式概念和不同基频大小的选择,说明驻波在弦乐器中的应用。与此作类比,提醒学生思考如何在我们的人生发展中选择适合自己的“简正模式”和“基频”,谱写出自己的优美人生旋律,激发学生积极进取,奋发前行的激情。在对驻波的马赫环现象的说明过程中,介绍我国飞机制造和航空发动机的巨大进步。激发学生对科学研究的热情,增强学生的国家自豪感。通过科学方法的介绍,培养学生勤于思考的好习惯和严谨务实细致的学习态度。通过课堂思政培养学生积极向上的人生观和生活态度。

教学目标导图如图 11.25 所示。

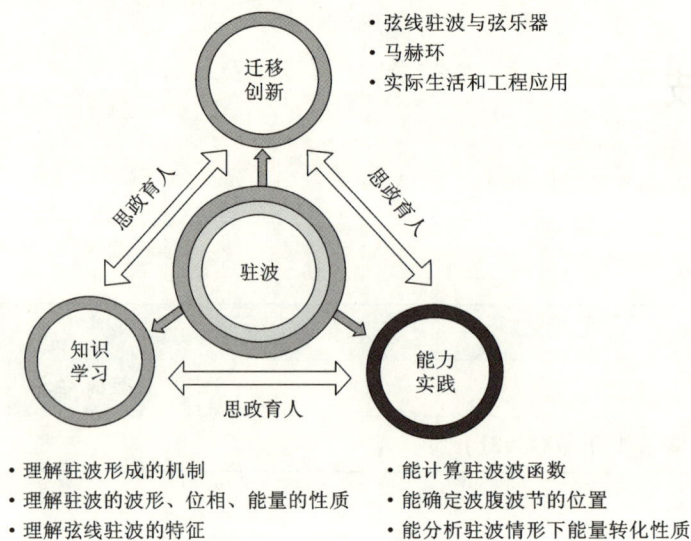

图 11.25　驻波教学目标导图

▶【学生已具备的知识】

本次课主要是在学生掌握了波的干涉叠加的原理，以及波的干涉叠加分析等基本知识的基础上，进一步学习等振幅反方向传播的两列相干波的干涉叠加规律，了解驻波的表达形式。在学生已经掌握了平面简谐波的波动特征和行波的传播性质后，进一步了解驻波性质与前者的联系和区别。理解这种区别形成的原因，建立有别于行波的属于驻波的正确的物理图景。本节课主要带领学生从波的相干叠加原理出发，理解在上述特殊条件下形成的干涉波的重要性质和其特殊的波形传播、位相分布和能量转换的性质，通过详细对比分析，理解其物理机制和物理图景，了解该叠加效应所产生的实际应用和创新。

▶【教学内容构成与导图】

本节课的教学内容导图，如图 11.26 所示。

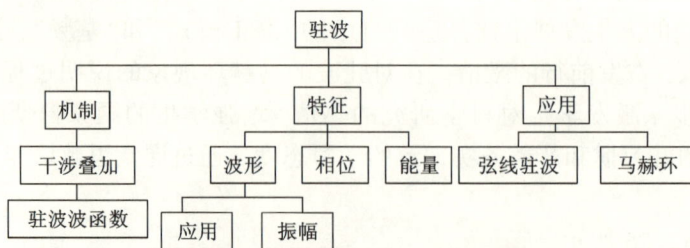

图 11.26　驻波教学内容导图

【教学重点与难点】

❖ 教学重点
理解驻波的形成机制和波动特征。

❖ 教学难点
（1）理解驻波中相位分布的特征。
（2）理解驻波中能量转换的性质。

【课程思政】

弦线上驻波：通过弦线上形成不同简正模式驻波条件的介绍，了解驻波与弦乐器工作原理之间的联系。将课堂知识与我们的人生价值做类比。不同的人会有不同的人生，要让自己的人生乐章华彩，这需要自己去努力去谱写。激发学生积极向上，奋发前行的动力，帮助学生树立正确的人生观和价值观。

马赫环：通过我国歼 20 隐形战机尾焰中马赫环图片的展示，说明马赫环现象和驻波的联系，并进一步说明马赫环形成的物理机制。通过该技术应用的描述，让学生感受到我国在飞机制造和航空发动机制造等领域的巨大进步。介绍国外的技术封锁的现实，激发学生对科学技术研究的热情，为国家奉献自己才能的欲望。增强学生的爱国热情和对国家的自豪感。

知识内化：在总结课堂知识过程中，强调知识的逻辑关系，注重方法的总结，让学生能够掌握科学的研究方法。

【教学思路和方法设计】

❖ 内容分析
本节以物理实验展示，以及学生感兴趣的科学问题和技术应用为引导，以设问为导向，实际应用为辅助展开教学。

（1）以实际的演示实验为引导，观察当堂的物理实验现象，引导学生思考，分析现象背后的物理规律，突出处理问题的物理方法和逻辑思维能力的培养。

（2）通过适当的问题设问，营造悬疑的课堂气氛，引导学生去寻找问题的答案。通过驻波不同于行波独特性质，吸引住学生的注意力。

（3）通过将课堂知识与马赫环、弦乐器等有趣的技术相连接，引发学生的学习热情。

❖ 教学设计思路
（1）通过弦线上形成的驻波的演示实验，观察形成驻波的波动特点，比较与行波的差异。根据实验装置，定性分析形成驻波的物理原理。

（2）从波的干涉叠加原理出发，分析得出表示驻波的波函数的数学表达式，从波函数简单说明驻波中波动的特点以及与平面简谐波的差异。

（3）重点介绍驻波在波形、相位、能量、传播等方面的波动特点，明确波节、波腹的概念，理解相位分布和能量转换的规律。深刻体会驻波与行波的区别，理解驻波中"驻"字的含义。

（4）简单介绍驻波在弦线上形成简正模式的概念，了解驻波原理在弦乐器中的应用。介绍驻波在其他工程技术和科学前沿的重要应用。

▶【信息化教学资源】

（1）采用雨课堂进行教学。

（2）学校课程中心大学物理的课程平台。

（3）智慧树《大学物理》MOOC平台进行线上线下混合教学。

11.4　多普勒效应

云麓课堂

教学设计

本节内容详见二维码。

基本信息			
教学主题	多普勒效应	课时安排	1 课时(45 分钟)
所在章节	第 4 章第 1 小节(上册)		

▶【教学目标】

❖ 知识目标

(1)理解频率、波长、波速的概念,透过实验了解它们与运动的关系。辨析波源振动频率、波的波动频率与观测频率三者间的区别。

(2)理解接收波列长度和观测波长的概念,明了接收波列长度、观测波长与不同相对运动之间的关系和计算方法,掌握观测频率的计算方法。

(3)了解多普勒效应这一原理在实际生活、工程技术和科学前沿中的应用。

❖ 能力目标

(1)通过由实际物理实验以及现象到最终物理原理发现、归纳、总结的过程,学生能够提高自身发现问题、分析问题和解决问题的能力。

(2)通过多普勒效应从简单结果到一般结论的推广,电磁波多普勒效应的迁移,以及相关科学技术的应用,学生能够加强自身严谨的逻辑思维能力、探索意识和创新能力。

(3)通过相关实验现象和常见技术、科学前沿应用的比较、分析,学生能够形成较强的观察能力和逻辑推理能力,以及运用分析、比较、归纳和演绎等科学研究方法的能力。

❖ 思政目标

通过多普勒效应在声呐技术中的应用,一方面介绍我国核潜艇专家、共和国勋章获得者黄旭华先生潜心国防事业,为国家无私奉献的先进事迹,使学生从内心深处体会老一辈科学家孜孜以求、奋发前进的科学作风,为国家无私奉献、精忠报国的伟大精神。另一方面,介绍多普勒效应原理在原子冷却、原子钟技术中的应用。原子钟作为超精密的计时装置,是全球卫星定位系统的核心关键之一。我国已经建设完成组网运行的北斗卫星导航系统就搭载了国产的原子钟,具有非常高的精度。使学生了解我国科技水平的高速发展和突飞猛进,增强对科学研究的热情,对国家的自豪感和民族的自信心。课堂中,通过科学方法的介绍,培养学生勤于思考的好习惯和严谨务实细致的学习态度。通过课堂思政,培养学生积极向上的人生观和生活态度。(详细分析见思政育人)

教学目标导图如图 11.34 所示。

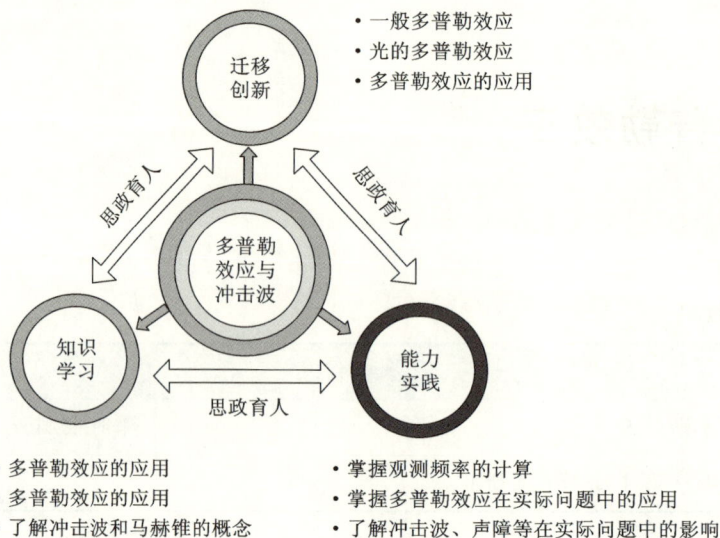

- 一般多普勒效应
- 光的多普勒效应
- 多普勒效应的应用

迁移创新

多普勒效应与冲击波

思政育人

知识学习

思政育人

能力实践

思政育人

- 多普勒效应的应用
- 多普勒效应的应用
- 了解冲击波和马赫锥的概念

- 掌握观测频率的计算
- 掌握多普勒效应在实际问题中的应用
- 了解冲击波、声障等在实际问题中的影响

图 11.34　多普勒效应教学目标导图

【学生已具备的知识】

本次课之前学生已经在运动学中学习了参考系的概念和伽利略变换原理，掌握了机械波的形成机制及其基本特征等基本知识，理解了波源振动频率的概念和波动频率的概念。但是学生容易将这两者混淆。原因是在前面的学习分析中得到了两者相等的结果。从两者的定义看，这两个概念各自包含了一个参考系的概念。在前面的学习中，这两个参考系是相对静止的，即为同一参考系，所以得到两者相等的结论。如果上述的两个参考系是相对运动的，则需要重新考虑两者的关系。学生对反映波的基本特征的物理量如波速、频率等概念只是有了初步了解，对于波源频率、波的频率、观测频率等概念没有清楚地辨析。尤其是不同运动参考系的相对运动对波的基本性质所产生的影响还不清楚。本节课主要带领学生从相对运动出发，重新理解波的上述基本概念，详细对比分析，理解其物理机制和物理图景，了解多普勒效应所产生的实际应用和创新。

【教学内容构成与导图】

本节课的教学内容导图如图 11.35 所示。

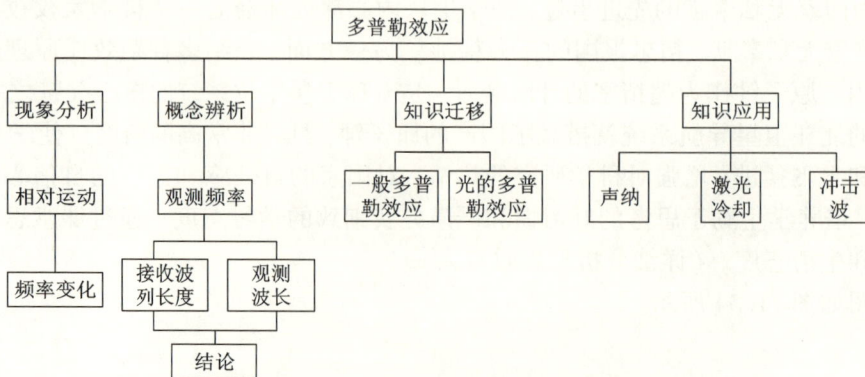

图 11.35　多普勒效应教学内容导图

▶【教学重点与难点】

❖ 教学重点
理解机械波多普勒效应的形成原理，理解相对运动对波的基本特征的影响。
❖ 教学难点
(1)辨析波源频率、波频率、观测频率的概念。
(2)分析波源运动对于波长的影响。

▶【课程思政】

(1)声呐探测。通过多普勒效应在声呐探测技术中的应用，介绍我国著名核潜艇科学家黄旭华先生的光荣事迹。他为了国家的国防事业，潜心潜艇研究，攻坚克难。为了国家这个大家，舍弃自身的小家，顾不上自己的家庭，顾不上年迈的父母。使学生深刻体会我国的科技工作者对科学孜孜以求、勇攀科学高峰的精神，对祖国和人民的忠贞不渝、无私奉献的情怀。

(2)原子钟。在描述多普勒效应在激光冷却技术的应用时，提出这一技术的重要成果——原子钟。原子钟是北斗卫星导航系统的核心部件，被称为是卫星定位系统的"心脏"。在我国建设北斗卫星导航系统的过程中，国家就意识到原子钟技术的重要性，投入了科技力量进行攻坚。经过我国科研人员的奋力拼搏，终于取得了成功。我国是现在世界上少数几个能自主制造原子钟的国家。我国制造的氢原子钟精度已经达到每一千万年误差不超过一秒。通过这个举例，使学生深刻体会国家高瞻远瞩，对科学研究的大力支持的战略眼光，体会我国科研人员的积极奋斗，攻坚克难的精神，激发学生对科学技术研究的热情，增强学生的国家自豪感和民族自信心。

(3)知识内化。在总结课堂知识的过程中，将多普勒效应中"对同一波源，以不同速度运动的观察者会测出不同频率"的现象与"同一社会，以不同态度面对的人会获得不同的回应"做类比，使学生能够积极正向思考，树立积极向上的人生目标和不断进取的生活态度。

▶【教学思路和方法设计】

❖ 内容分析
本节以课堂物理实验做展示，以寻求实验现象背后的物理规律为引子，以设问为导向，学生感兴趣的科学问题和技术应用、实际应用为辅助展开教学。

(1)以知识复习、发现问题为引导，观察当堂的物理实验现象，引导学生思考，分析现象背后的物理规律，突出处理问题的物理方法和逻辑思维能力的培养

(2)通过适当的问题设问，营造悬疑的课堂气氛，引导学生去寻找问题的答案。创造以学生为主体的氛围，让学生参与到分析问题寻找物理规律的过程中，吸引学生的注意力，培养学生分析问题，解决问题的能力。

(3)通过将课堂所学的物理规律和实际工程技术或科学研究中有趣的技术应用连接起来，感受科学知识的巨大魅力，引发学生的学习热情，培养学生锐意探索勇于创新的意识。

❖ 教学设计思路
回顾之前学习的机械波的几个基本概念，明确波源振动频率、波的波动频率、波速的概念及它们的确定方法；联系参考系的概念，辨析波源频率和波动频率；结合伽利略变换原理定性分析运动对这些物理量的影响。

通过分析所得疑问和演示实验的现象观察，引导学生思考实验现象背后的物理，强调如何确定波的

观测频率和运动间的定量规律是本次课堂的中心任务。突出物理建模思想，将实验场景抽象为一般物理模型，以此为起点解决物理问题。

以学生为主体，参并与重点分析观测频率的概念及确定方法。在此基础上定量分析运动对接受波列的长度和观测波长大小的影响及它们的计算方法，最终得出观测频率的计算公式。

介绍多普勒效应在声呐探测、激光冷却等工程技术和科学前沿中的广泛应用。学生对光的多普勒效应有初步的认知。

利用课后思考和线上资源，学习一般多普勒效应的结论和冲击波的概念，结合实际的生活和科学技术介绍这些知识的实际应用。

▶ 【信息化教学资源】

（1）采用雨课堂进行教学。
（2）学校课程中心大学物理的课程平台。
（3）智慧树《大学物理》MOOC 平台进行线上线下混合教学。

11.5　带电粒子在磁场中运动

本节内容详见二维码。

基本信息			
教学主题	带电粒子在磁场中运动	课时安排	1课时(45分钟)
所在章节	第3章第6小节(上册)		

▶【教学目标】

❖ 知识目标

(1)了解运动电荷在磁场中受力的实验规律和数学表达,能够运用右手螺旋定则判断洛伦兹力的方向。

(2)理解运动电荷在洛伦兹力作用下的运动规律,了解运动电荷在匀强磁场中的回旋半径、回旋频率和螺距的概念,以及磁聚焦现象。

(3)了解运动电荷在非匀强磁场中的磁约束原理,以及这些特征在实际生活、工程技术和科学前沿中的应用。

❖ 能力目标

(1)通过实际物理实验或现象到最终物理原理发现、归纳、总结的过程,学生能够提高自身发现问题、分析问题和解决问题的能力。

(2)通过运动电荷在磁场中受力规律的研究,对应运动规律的描述,相关效应的说明,以及相关科学技术的应用,学生能够加强自身严谨的逻辑思维能力、探索意识和创新能力。

(3)通过相关生活、实验现象和常见技术、科学前沿应用的比较、分析,学生能够形成较强的观察能力和逻辑推理能力,以及运用分析、比较、归纳和演绎等科学研究方法的能力。

❖ 思政目标

通过介绍我国可控核聚变装置"中国环流器二号 M"建造运行的进展,在可控核聚变领域的最新研究成就,说明向实现清洁能源利用更近了一步,增强学生对科学研究的热情,对国家自豪感,对民族的自信心。通过科学方法的介绍,培养学生勤于思考的好习惯和严谨务实细致的学习态度。通过课堂思政培养学生积极向上的人生观和生活态度。

教学目标导图如图 11.46 所示。

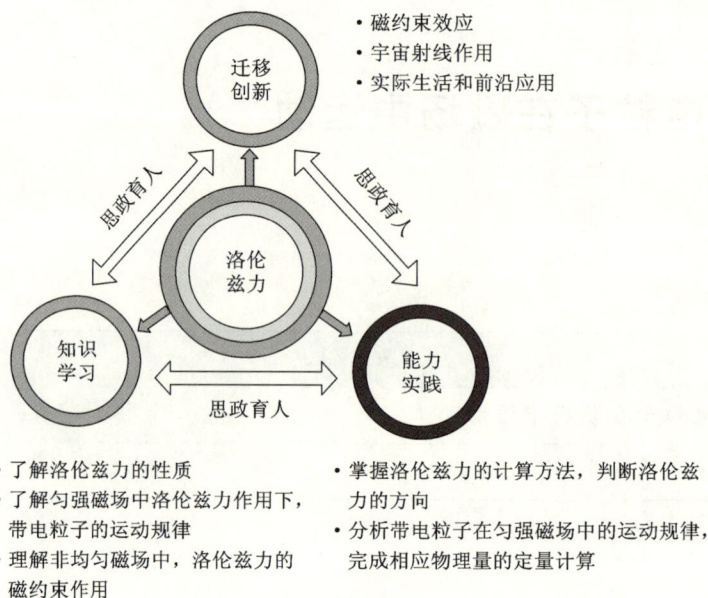

- 磁约束效应
- 宇宙射线作用
- 实际生活和前沿应用

- 了解洛伦兹力的性质
- 了解匀强磁场中洛伦兹力作用下，带电粒子的运动规律
- 理解非均匀磁场中，洛伦兹力的磁约束作用

- 掌握洛伦兹力的计算方法，判断洛伦兹力的方向
- 分析带电粒子在匀强磁场中的运动规律，完成相应物理量的定量计算

图 11.46　带电粒子在磁场中运动教学目标导图

【学生已具备的知识】

　　本次课之前学生已经学习了磁场的基本性质和特征，掌握了磁场空间分布的计算方法，了解了磁场对稳恒电流的磁力作用的基本规律，并掌握了这种磁力的计算方法。通过安培力的学习知道了这种宏观的磁力在经典理论中可以看作是磁场对大量运动电荷作用力的宏观效应。在中学物理中也已经学习了运动电荷在匀强磁场作用下简单圆周运动的规律。但是一般的复杂磁场对任意运动电荷的磁力作用规律还不清楚，需要进一步厘清。本节课将带来学生学习任意稳恒磁场对任意运动电荷所产生的洛伦兹力的规律。了解洛伦兹力的公式，研究在不同受力情况下运动电荷的运动规律以及所产生的新的物理效应。了解这些基本性质和效应在实际工程技术、科学研究中的应用和最新进展创新。

【教学内容构成与导图】

　　本节课的教学内容导图，如图 11.47 所示。

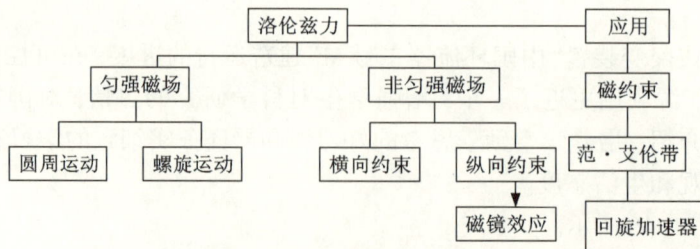

图 11.47　带电粒子在磁场中运动教学内容导图

【教学重点与难点】

❖ 教学重点
理解洛伦兹力的基本规律及在洛伦兹力作用下运动电荷的运动规律。

❖教学难点

（1）洛伦兹力的计算和方向判定。

（2）运动电荷螺旋运动和磁约束运动的规律。

【课程思政】

通过介绍中国的重要基础研究装置"中国环流器二号 M"可控核聚变磁约束装置的研究进展，说明中国的磁约束聚变是如何一步步从无到有、从小到大、从弱到强的。中国的"人造太阳"梦即将变为现实，在能源领域的发展将迈上一个新的台阶。以此激发学生对科学知识学习的热情，使学生深刻体会我国的科技工作者对科学孜孜以求、攻坚克难的追求，对祖国和人民的忠贞不渝和无私奉献的精神，增强学生的国家自豪感和自信心。

【教学思路和方法设计】

❖ 内容分析

本节以实际天文现象的观察和电视报道为引子，现象背后物理原理的探索为主线，设问为导向，学生感兴趣的科学问题和技术应用、实际应用为辅助展开教学。

（1）以实际的天文现象为引导，通过图片、视频中的现象，引导学生思考、分析现象背后的物理规律，突出处理问题的物理方法和逻辑思维能力的培养。

（2）通过适当的问题设问，营造悬疑的课堂气氛，引导学生去寻找问题的答案。坚持以学生为主体，通过学生的参与来厘清物理规律，吸引学生的注意力。

（3）通过将课堂的物理原理与实际的攸关国家发展的重大基础研究和有趣的技术应用相连接，引发学生的学习热情。

❖ 教学设计思路

（1）介绍电视《科学探索》栏目中新闻报道，以及在极地观察到极光的现象，分析这些天文现象背后的物理原因，认识地磁场对宇宙射线的磁力作用。

（2）介绍经过大量实验事实验证的运动电荷在磁场中所受磁力的基本规律——说明洛伦兹力的数学表达式，明确洛伦兹力的计算方法和方向判断。

（3）重点介绍运动电荷在匀强磁场中的圆周运动规律和螺旋运动规律，说明运动过程中的回旋半径、回旋频率和螺距的概念，明确磁聚焦效应的形成原因。

（4）进一步说明运动电荷在非均匀磁场中的运动规律，突出说明洛伦兹力作用下形成的磁约束效应，详细说明横向和纵向磁约束效应。

（5）介绍由洛伦兹力作用所产生的上述相关性质和效应在实际生活和科学技术中的应用。

【信息化教学资源】

（1）采用雨课堂进行教学。

（2）学校课程中心大学物理的课程平台。

（3）智慧树《大学物理》MOOC 平台进行线上线下混合教学。

高等数学

扫描二维码

伍双武，湖南科技学院理学院教师，湖南省普通高校教师课堂教学竞赛二等奖、湖南省"党课开讲啦"优秀党课二等奖获得者，曾获学校教学比赛一等奖1项、二等奖2项。

课 程 概 述

一、课程基本信息

课程基本信息如表 12.1 所示。

表 12.1　课程基本信息

课程名称	高等数学	课程性质	专业基础课
学时	152	开课时间	大一年级
适用专业	理工科各专业本科生	使用教材	同济大学数学系编，《高等数学》(上、下册)(第七版)

二、课程的性质和作用

本课程是理工科类、经管类各专业必修的基础课程，与后继专业课教学内容有着紧密的联系，它会影响学生后继专业课程的学习以及学生专业素质的提高。

通过本课程的教学，使学生理解与掌握微积分的基本概念[极限、连续、导数、(不)定积分、二重积分等]、思想(极限思想、换元思想、化归思想、数形结合思想、有限逼近无限等)和方法，培养学生熟练的基本运算能力，一定程度的抽象思维和概括能力、逻辑推理能力，应用所学的微积分知识分析与解决实际问题能力，并为后继课程以及进一步学习数学知识奠定必要的数学基础。

三、学情分析

对于大学新生而言，他们具备一定的初等数学的知识，较强的学习动力，希望了解更高层次的知识和前沿的研究动态，这些都为他们学习高等数学课程打下良好的基础。但是导致大学新生学习高等数学的客观困难也是诸多方面的。其一，高等数学课程本身难度大、理论性强的问题。其二，中学初等数学教学内容的变化所产生的知识衔接问题。其三，大学新生的自主学习能力不足的问题。

针对以上情况，本课程的教学设计立足以下几点：一是发挥教师的创造性，以学生容易接受的形式讲授高等数学；二是注重课堂中学生的参与，以线上线下相结合和过程考核来督促学生学习高等数学的学习自主性；三是根据学生专业引入实际例子，以"用"促"学"，整合数学方法的同时，拓展学生的知识面。

四、课程思政

大学物理课程思政设计如表 12.2 所示。

表 12.2　大学物理课程思政设计

序号	章节内容	思政元素融入思路
1	数列极限的定义	通过极限概念的形成过程，使学生感受"不积跬步，无以至千里。不积小流，无以成江海"的人生哲理
2	第二重要极限	通过第二重要极限形式应用和分析，引导学生正确把握"变和不变，以不变应万变"的思想，鼓励学生在已学知识的基础上分析问题，引导学生遇到疑难时大胆推测，科学求证，并对多学科知识进行归纳提升
3	函数的连续性	"宿昔青云志，蹉跎白发年。谁知明镜里，形影自相怜。"时间连续变化，悄悄流逝，蹉跎只能自怜
4	导数的概念	介绍"电子眼"测速原理，带领学生体验实际背景，为数学建模铺垫，渗透安全教育
5	拉格朗日中值定理	嵌入数学史，通过伯努利、欧拉、拉格朗日、柯西等数学家之间的师生关系，让学生体会师者传道授业解惑和教学相长的道理
6	泰勒公式及其应用	通过港珠澳大桥在沉管安置时的误差控制引入新课，简要介绍其背景，增强学生的民族自豪感
7	曲线的凹凸性	通过港珠澳大桥曲线设计的背景介绍和原因剖析，体会曲线的凹凸性应用的同时，增强学生的民族自豪感
8	曲率及其应用	通过曲率在工程实践与生产生活中的应用，培养学生学以致用的价值取向

五、课程教学设计

（一）教学设计思路

在教学内容上，我们对教材内容进行了优化。首先，根据各专业的不同需要，对与各专业的应用相关的内容进行了重点调整，保证了教学内容的与时俱进。其次，对教材内容进行了适当的整合和教学内容顺序的调整，淡化了理论，注重了应用。

在实践教学中，注意教学内容的深广度与学生的实际相结合，注意教学方法的灵活性并与学生的基础知识相结合，注意理论与实践相结合，注意技巧的掌握与能力培养相结合，注意自学和讲授相结合，注意方法与内容相结合，注意抽象与直观相结合，注意高等数学与中学数学相结合，注意高等数学方法与初等数学方法相结合。对于不同的班级、不同的内容采取不同的方法，切实做到有的放矢，力求达到较好的教学效果。

在教学手段上，除了对传统的课堂教学方式进行了不断地探索与改进外，将充分利用现代化的信息技术和设备，使教学方式呈现多样化，拓宽了学生获取知识的方式。同时整合和开发适合我校教学的 *PPT* 教学课件，丰富教学内容，提高教学效果。此外，通过网络资源，为学生提供一些课程教学资源，更好地掌握课堂知识，拓展学生的知识面，培养学生创新意识与能力。

在教学方法上，在《高等数学》的教学过程中，积极探索新的教学方法，充分调动学生的学习积极性和兴趣，发挥学生的主观能动作用。以启发式教学、研讨式教学、任务驱动式教学为主线，在教学过程中注重启发学生的思维，采用循循善诱的方式引导学生自己发现问题，并逐步解决问题。这样能使学生更加融入课堂，主动获取知识而不是被动接受知识，加深对知识的理解，体现"以学生为主"的教学理念。教师不再是教学中的主导，而是学习过程中的引导者。

(二)教学总体目标

(1)知识目标

通过本课程的学习,让学生掌握高等数学的基本理论、技巧和思想方法。

(2)能力目标

从培养应用型人才的角度,更新教学内容和改革教学体系,高等数学课程不仅要培养学生的抽象概括问题能力,一定的逻辑推理能力,还要培养学生运用数学知识分析处理实际专业问题的数学应用能力和综合素质。

(3)思政目标

体会数学思想、数学方法的精妙,在合作探究的过程中,体会交流的价值,以及数学家的伟大和数学文化的魅力,在解决实际问题的过程中,感受到高等数学的实用价值。

六、教学平台与教学资源

《高等数学》课程的教学尝试了使用线上教学平台,超星泛雅线上平台——学习通,向学生发送学习资料、进行问题探讨、解答学生问题、在线批改作业等。同学们通过线上平台,了解更多教学信息、参考资料、学科前沿等。充分利用学生课堂内外的学习时间,提高同学们的学习效率。

12.1 第二重要极限

（附 15 分钟教学视频）

基本信息			
教学主题	第二重要极限	课时安排	1 课时(45 分钟)
所在章节	第 1 章第 6 小节		

【教学目标】

❖ 知识目标

(1)理解第二重要极限的引入过程。

(2)理解利用极限存在准则Ⅱ证明第二重要极限存在性的过程。

(3)了解利用夹逼定理从 $\lim\limits_{n\to\infty}\left(1+\dfrac{1}{n}\right)^n=\mathrm{e}$ 到 $\lim\limits_{x\to\infty}\left(1+\dfrac{1}{x}\right)^x=\mathrm{e}$ 的推导过程。

(4) 能够熟练运用第二重要极限进行相关计算。

❖ 能力目标

(1)培养学生观察、比较、分析、概括的能力,以及探索问题时由静态到动态、由有限到无限的辩证观点。

(2)通过极限存在性的证明过程,培养学生的逻辑证明能力。

【课程思政】

(1)通过第二重要极限形式应用和分析,引导学生正确把握"变和不变,以不变应万变"的思想,鼓励学生在已学知识的基础上分析问题,引导学生遇到疑难时大胆推测,科学求证,并对多学知识进行归纳提升。

(2)通过校园贷的案例,在学会使用复利计算的同时,提高学生分析问题的能力,教育同学们警惕网贷,培养正确的价值观、金钱观。

(3)嵌入数学史,使学生了解数学大师发现第二重要极限的过程,感受数学家的探索精神。

(4)分享数学故事,让学生体会师者传道授业解惑和教学相长的道理。

【教学重点与难点】

❖ 教学重点
(1)第二重要极限的引入过程。

(2)运用第二重要极限进行相关计算。

❖ 教学难点
(1)利用极限存在准则Ⅱ证明第二重要极限存在性的过程。

(2)利用夹逼定理从 $\lim\limits_{n \to \infty}\left(1+\dfrac{1}{n}\right)^n = e$ 到 $\lim\limits_{x \to \infty}\left(1+\dfrac{1}{x}\right)^x = e$ 的推导过程。

【教学思路和方法设计】

❖ 教学设计思路

由目前社会关注的大学生校园贷的问题作为切入点,引起学生注意,导入课堂。通过复利计算,引导学生形成幂指函数的数学模型,进而形成本节课探讨的主要问题——第二重要极限的存在性及其证明。教学过程环环相扣,循序渐进,坚持教师主导作用和学生主体作用相统一的教学规律,多采用探讨式、研讨式、启发式的教学方法,提高学生的课堂参与感。同时,在教学中融入数学史,让学生感受数学文化的魅力,数学家的伟大;通过巧设思考拓展,培养学生的创新意识与应用能力。

❖ 教学方法

(1)启发式教学、案例教学法

本节课以对大学生危害严重的"校园贷"的问题为切入点,引起学生思考,同时提出问题,启发学生探究问题、分析问题。

(2)直观演示法

利用 GeoGebra 动态演示 $\lim\limits_{n \to \infty}\left(1+\dfrac{1}{n}\right)^n$ 的过程,使学生获得直观认识,激发学生对证明 $\lim\limits_{n \to \infty}\left(1+\dfrac{1}{n}\right)^n = e$ 的兴趣。

(3)多媒体教学与板书相结合

充分利用现代化教学手段和传统教学手段的优点。$\lim\limits_{n \to \infty}\left(1+\dfrac{1}{n}\right)^n = e$ 的证明过程较难,利用多媒体教学与板书结合,在难点部分用采用板书,加深同学们的理解,掌握。

❖ 教学设计过程安排

本课程安排设计过程安排如表 12.3 所示。

表 12.3　教学设计过程安排

教学环节	教师活动	学生活动	设计意图	时间/min
导入新课	创设情境，导入新课： 2018 年某高校大学生因无法还贷而自杀的案子中，其中有一笔 10000 元的"校园贷"债务，在半年内经过借款、还款、再借款，最后总还款金额竟高达 8 万余元。 提出问题：巨额负债是如何产生的呢？	体会教师所介绍的素材，并针对问题积极展开思考	通过实际问题的引入，激发学生的求知欲及探索新知识的兴趣	2
教学过程	知识点：复利模型的构建 完成从"现实问题"到"数学理论"的升华，引入重要极限公式。通过介绍复利问题，让学生初步体会并认识重要极限在经济学中的应用 直观演示：利用 GeoGebra 动态直观地演示 $\lim\limits_{n\to\infty}\left(1+\dfrac{1}{n}\right)^n$ 的过程，使学生获得直观认识 数学文化：通过瑞士数学家雅各布·伯努利和莱昂哈德·欧拉对 $\lim\limits_{n\to\infty}\left(1+\dfrac{1}{n}\right)^n$ 的研究，让学生接受书序文化的熏陶 知识点：$\lim\limits_{n\to\infty}\left(1+\dfrac{1}{n}\right)^n$ 存在性证明 依据极限存在的准则 Ⅱ，分别证明数列的单调性和有界性。在证明过程中用到：几何平均不等式、放缩法和数列求和等知识点 实际应用： （1）利用公式 $\lim\limits_{x\to\infty}\left(1+\dfrac{1}{x}\right)^x=e$ 解决有关函数极限的计算问题； （2）运用公式分析对导入中的案例进行分析	学生在教师的引导启发下探究问题，并依据问题，主动构建复利模型 通过观察，获得 $\lim\limits_{n\to\infty}\left(1+\dfrac{1}{n}\right)^n$ 的直观认识 感受数学文化的魅力，产生向伟大数学家学习的动力。学生探究，推导函数 $\lim\limits_{x\to\infty}\left(1+\dfrac{1}{x}\right)^x$ 极限存在，正确理解公式，掌握公式应用的条件，熟练运用公式及其变形式来解决有关函数极限的计算。 利用第二重要极限的结论重新探讨、解释引例	分析复利模型过程，引出第二重要极限，培养学生的归纳总结能力 使学生获得关于 $\lim\limits_{n\to\infty}\left(1+\dfrac{1}{n}\right)^n$ 的直观认识，激发学生的学习兴趣。让学生感受数学文化的魅力，奠定学生科学研究的基础 掌握第二重要极限的存在性证明过程，培养学生的逻辑证明能力，给学生创设自主探究的空间，在学生充分参与的过程中获取知识、发展思维。引导学生深刻掌握第二重要极限的内涵及应用	37
课堂小结	第二重要极限 $\lim\limits_{x\to\infty}\left(1+\dfrac{1}{x}\right)^x=e$ 第二重要极限的变形：$\lim\limits_{f(x)\to\infty}\left(1+\dfrac{1}{f(x)}\right)^{f(x)}=e$ 应用重要极限的关键： （1）判断类型； （2）做变形	学生积极参与课堂内容小结，并积极思考回答教师的引导性问题	帮助同学梳理知识点，以更好地掌握第二重要极限的概念与应用，升华主题	3
课后延伸	关于欧拉数 e 的应用：悬链线方程、等角螺线、测量地球年龄、复利的计算、细胞的繁殖、放射性物质的衰变、名画真伪的鉴定等	学生查阅相关资料，进行课后学习，培养自己的学习能力	通过第二重要极限应用的介绍 既拓展学生的知识面，又培养学生创新意识与能力	3

教 学 过 程

◈ 课堂导入

【情境引入】近年来，高利贷披上了"校园贷款"的外衣，将罪恶的魔爪伸向了纯洁的校园。不少学生因为借了校园贷，利滚利欠下了巨额贷款，最后无力还款，无奈地走上了绝路。2018 年某高校大学生因无法还贷而自杀的案子中，其中有一笔 10000 元的"校园贷"债务，在半年内经过借款、还款、再借款，最后总还款金额竟高达 8 万余元。

【提出问题】巨额贷款是如何形成的呢？校园贷的危害有哪些呢？带着这些问题，我们开启今天的学习。

◈ 问题探究

【复利问题】在银行中存入 P_0 元，年利率为 r，若银行按复利计息，每年付息 n 次，则一年以后的本息和为多少？若取 $r=1$，则一年以后的本息和为多少（见图 12.1）？

一年计息 1 次：$P_1 = P_0(1+r) = 2P_0$。

一年计息 2 次：$P_2 = P_0\left(1+\dfrac{r}{2}\right)^2 = 2.25P_0$。

一年计息 3 次：$P_3 = P_0\left(1+\dfrac{r}{3}\right)^3 = 2.37P_0$。

$\vdots$

一年计息 n 次：$P_n = P_0\left(1+\dfrac{r}{n}\right)^n = P_0\left(1+\dfrac{1}{n}\right)^n$。

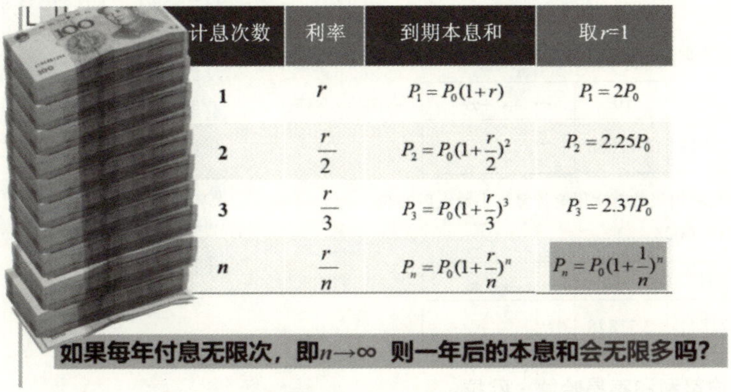

计息次数	利率	到期本息和	取 $r=1$
1	r	$P_1 = P_0(1+r)$	$P_1 = 2P_0$
2	$\dfrac{r}{2}$	$P_2 = P_0\left(1+\dfrac{r}{2}\right)^2$	$P_2 = 2.25P_0$
3	$\dfrac{r}{3}$	$P_3 = P_0\left(1+\dfrac{r}{3}\right)^3$	$P_3 = 2.37P_0$
n	$\dfrac{r}{n}$	$P_n = P_0\left(1+\dfrac{r}{n}\right)^n$	$P_n = P_0\left(1+\dfrac{1}{n}\right)^n$

如果每年付息无限次，即 $n\to\infty$ 则一年后的本息和会无限多吗？

图 12.1　复利问题图

【观察】$P_1 \to P_2 \to P_3$ 的变化趋势如何？

当 $n\to\infty$ 时，一年后的本息和会无限多吗？也就是 $P_n = P_0\left(1+\dfrac{1}{n}\right)^n \to \infty$？

设计意图：创设情景、引入新课。
通过"校园贷"这一对大学生造成重大伤害的问题，引起学生警觉，导入课堂。
通过教师点拨，将问题引入到对复利的研究。引导学生对实际问题进行探讨。（约 2 分钟）

教学方法：图形动画法。

设计意图：通过动画直观对复利问题进行研究，为研究重要极限奠定基础。（约 2 分钟）

【**教师点拨**】这个问题可以从两个方面来理解，其一，借助数学软件直接观察；其二，从数学上进行严格证明。

（1）借助数学软件直接观察（见图12.2）。

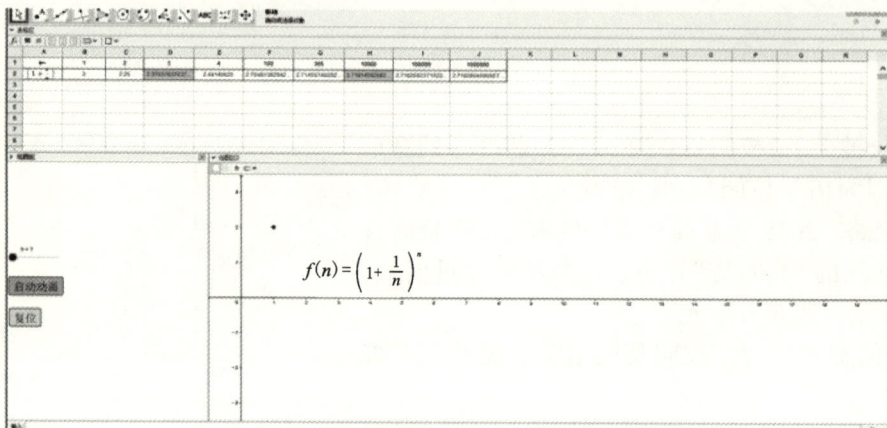

图 12.2　借助数学软件直接观察

借助 GeoGebra，学生观察得出：

$$\lim_{n\to\infty}\left(1+\frac{1}{n}\right)^n = 2.718281828459\cdots\cdots$$

数学文化：历史上探究 $\lim\limits_{n\to\infty}(1+\dfrac{1}{n})^n$ 的数学家有许多，以雅各布·伯努利和莱昂哈德·欧拉这两位大数学家为例（图12.3）。17世纪末，瑞士数学家雅各布·贝努利估计这个极限值在2至3之间。瑞士数学家莱昂哈德·欧拉利用级数首次用笔计算到小数点后23位，其结果为 2.71828182845904523536028。随后，欧拉定义 $\lim\limits_{n\to\infty}(1+\dfrac{1}{n})^n$ 的值为 e，并于1728年在其一篇未发表的手稿《遗作》中这样表述"这个数的对数是1，以 e 命名之，它的值为2.71828…"。1737年欧拉给出了 e 是无理数的证明。

1683年，瑞士数学家雅各布·伯努利对此数列进行了研究，确定了极限值在2至3之间。

Jakob Bernouli 瑞士数学家

n	10	10^2	10^4	10^6	$\cdots \to +\infty$
$f(n)$	2.59374	2.70481	2.71814	2.71828	$\cdots$

1728年，瑞士数学家莱昂哈德·欧拉利用级数首次用笔计算到小数点后23位，其结果为 e =2.71828182845904523536028。

Leonhard Euler 瑞士数学家

x	-10	-10^2	-10^4	-10^6	$\cdots \to +\infty$
$f(x)$	2.86797	2.73199	2.71841	2.71828	$\cdots$

图 12.3　数学家雅各布·伯努利和莱昂哈德·欧拉

（2）从数学上进行严格证明。

【复习】极限收敛准则——单调有界数列必有极限。

均值不等式：a_1，a_2，$\cdots$，$a_n \leqslant \left(\dfrac{a_1+a_2+\cdots a_n}{n}\right)^n$。

①首先，证明$\left\{x_n=\left(1+\dfrac{1}{n}\right)^n\right\}$单调增加。

分析：要证明$\left(1+\dfrac{1}{n}\right)^n < \left(1+\dfrac{1}{n+1}\right)^{n+1}$。

根据均值不等式，即不等式左端为 $n+1$ 个数的乘积$\left(1+\dfrac{1}{n}\right)^n \cdot 1$，不等式右端为这 $n+1$ 个数的算数平均数的 $n+1$ 次方。

证明：设$\{x_n\}=\left\{\left(1+\dfrac{1}{n}\right)^n\right\}$，$\sqrt[n]{a_1 a_2 \cdots a_n} \leqslant \dfrac{a_1+a_2+\cdots a_n}{n}$。

先证明数列$\{x_n\}$单调增加。

$\forall \in \mathbf{N}$，

$$\left(1+\dfrac{1}{n}\right)^n \cdot 1 \leqslant \left[\dfrac{n\left(1+\dfrac{1}{n}\right)+1}{n+1}\right]^{n+1}=\left(\dfrac{n+2}{n++1}\right)=\left(1+\dfrac{1}{n+1}\right)^{n+1},$$

所以$\left(1+\dfrac{1}{n}\right)^n \cdot 1 \leqslant \left(1+\dfrac{1}{n+1}\right)^{n+1}$。

②其次，证明$\left\{x_n=\left(1+\dfrac{1}{n}\right)^n\right\}$有上界。

【分析】要证明$\left(1+\dfrac{1}{n}\right)^n \leqslant M$。

根据均值不等式，将$\left(1+\dfrac{1}{n}\right)^n$进行变形放缩。

再证明数列$\{x_n\}$有上界：a_1，a_2，$\cdots$，$a_n \leqslant \left(\dfrac{a_1+a_2+\cdots a_n}{n}\right)^n$。

$$\left(1+\dfrac{1}{n}\right)^n = \dfrac{1}{1\big/\left(1+\dfrac{1}{n}\right)^n} = \dfrac{1}{\left(\dfrac{n}{n+1}\right)^n} < \dfrac{1}{\left(\dfrac{n}{n+1}\right)^{n+1}}$$

$$= \dfrac{1}{\left(\dfrac{1+1+\cdots+1+\dfrac{1}{2}+\dfrac{1}{2}}{n+1}\right)^{n+1}} < \dfrac{1}{1 \cdot 1 \cdot \cdots \cdot 1 \cdot \dfrac{1}{2} \cdot \dfrac{1}{2}} = 4$$

探究得出结论：$\lim\limits_{n\to\infty}\left(1+\dfrac{1}{n}\right)^n = \mathrm{e}$。

◈ **第二重要极限**

由$\lim\limits_{n\to\infty}\left(1+\dfrac{1}{n}\right)^n = \mathrm{e}$推广得到第二重要极限$\lim\limits_{x\to\infty}\left(1+\dfrac{1}{x}\right)^x = \mathrm{e}$。

【分析】设 $n \leqslant x < n+1$，则$\left(1+\dfrac{1}{n+1}\right)^n < \left(1+\dfrac{1}{x}\right)^x < \left(1+\dfrac{1}{n}\right)^{n+1}$。

设计意图：数列形式的第二重要极限是第二重要极限的特殊情况，引导学生利用夹逼定理得出结果。（约2分钟）

应用夹逼准则，得出 $\lim\limits_{x\to\infty}\left(1+\dfrac{1}{x}\right)^x = \mathrm{e}$。

注意：此部分内容弱化，只做简单介绍，详细证明留给学生自学（见教材 P50）。

第二重要极限的等价形式及其推广：通过变量替换，得出第二重要极限的等价形式及其函数形式，并归纳提炼得出第二重要极限的类型和关键点（见图 12.4）。

等价形式 $\lim\limits_{x\to 0}(1+x)^{\frac{1}{x}} = \mathrm{e}$

推广 $\lim\limits_{f(x)\to\infty}\left(1+\dfrac{1}{f(x)}\right)^{f(x)} = \lim\limits_{f(x)\to 0}\left(1+f(x)\right)^{\frac{1}{f(x)}} = \mathrm{e}$

"三位一体"

归纳提炼 $\left(1+无穷小\right)^{\text{无穷大}}$ 函数极限为 1^∞ 型

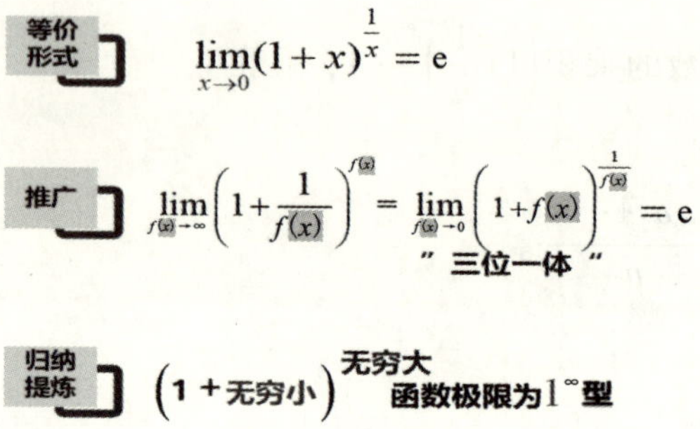

图 12.4　第二重要极限的等价形式、推广及归纳提炼

◈ **典型例题**

【例题 1】 求 $\lim\limits_{x\to 0}\left(1+\dfrac{3}{x}\right)^x$（$1^\infty$ 型）。

解：原式 $=\lim\limits_{x\to\infty}\left[\left(1+\dfrac{3}{x}\right)^{\frac{x}{3}}\right]^3 = \left[\lim\limits_{x\to\infty}\left(1+\dfrac{3}{x}\right)^{\frac{3}{x}}\right]^3 = \mathrm{e}^3$

【例题 2】 求 $\lim\limits_{x\to 0}(1-2x)^{\frac{1}{x}}$（$1^\infty$ 型）。

解：$\lim\limits_{x\to 0}(1-2x)^{\frac{1}{x}}$

$=\lim\limits_{x\to 0}(1+(-2x))^{\frac{1}{-2x}(-2)}$

$=\lim\limits_{x\to 0}\left[(1+(-2x))^{\frac{1}{-2x}}\right]^{-2}$

$=\mathrm{e}^{-2}$

注意：例题 1 由教师带领学生分析讲解（板书），例题 2 由学生独立完成，教师点评。

【例题 3】 某高校大学生通过某网贷平台贷款 10000 元，月利率为 0.99%，计算半年的本息和。

解：$10000\times(1+0.99\%)^6 = 10608.9$ 元

即借款 10000 元 $\xrightarrow[\text{砍头息 2000}]{}$ 8000 元 $\xrightarrow[\text{中介费 1400}]{\text{手续费 20\%}}$ 到手 5000 元

学会表达：
让学生试图归纳提炼第二重要极限的推广形式和极限类型，为学生运用第二重要解决问题做好准备。
（约 5 分钟）

设计意图：通过分析例题，帮助学生厘清第二重要极限计算的思路以及易错点。（约 8 分钟）

设计意图：通过学生自主揭示"校园贷"的本质，让学生认识到"校园贷"的危害。使学生学习用数学的思维分析问题。（约 3 分钟）

设计意图:小结升华本节课的主要内容,并帮助学生梳理本节课的重、难点。(约 3 分钟)

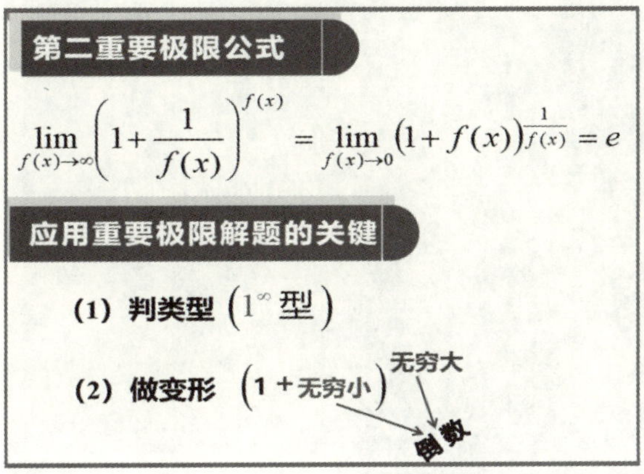

◈ 课堂小结

通过教师引导,学生主动总结本节课学习的主要知识点(见图 12.5),检验课堂学习效果,为课后独立完成第二重要极限的计算和应用,奠定良好的基础。

第二重要极限公式

$$\lim_{f(x)\to\infty}\left(1+\frac{1}{f(x)}\right)^{f(x)}=\lim_{f(x)\to0}\left(1+f(x)\right)^{\frac{1}{f(x)}}=e$$

应用重要极限解题的关键

(1) 判类型 (1^{∞} 型)

(2) 做变形 $(1+$ 无穷小$)^{无穷大}$ 倒数

图 12.5　课堂小节

◈ 应用延拓

应用延拓如图 12.6 所示

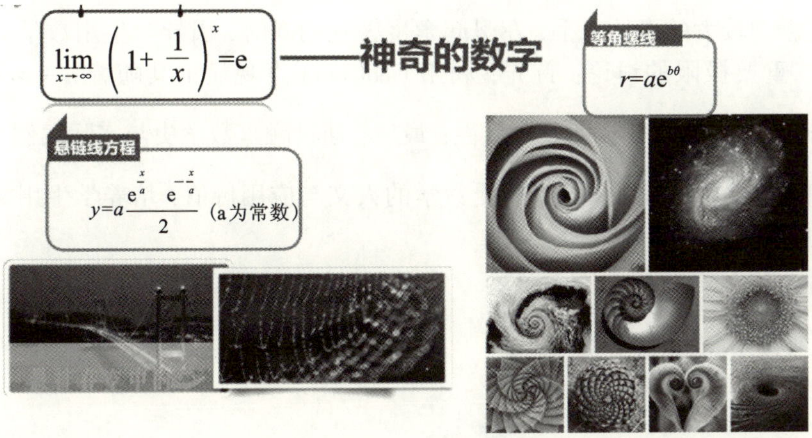

$$\lim_{x\to\infty}\left(1+\frac{1}{x}\right)^{x}=e \quad\text{——神奇的数字}$$

等角螺线 $r=ae^{b\theta}$

悬链线方程 $y=a\dfrac{e^{\frac{x}{a}}+e^{-\frac{x}{a}}}{2}$ (a 为常数)

图 12.6　应用延拓

设计意图:课后延伸,拓展知识;教学抛砖引玉,为学生自己课后研究打下基础,培养学生独立思考、查阅资料、合作交流的能力。(约 2 分钟)

▶【课后练习】

计算下列极限。

(1) $\lim\limits_{x\to\infty}\left(\dfrac{1+x}{x}\right)^{2x}$

(2) $\lim\limits_{x\to\infty}\left(\dfrac{2-x}{3-x}\right)^{x+2}$

(3) $\lim\limits_{x\to+\infty}\left(1+\dfrac{\alpha}{x}\right)^{\beta x}$ (α, β 为常数)

◈ 板书设计

板书设计如图 12.7 所示。

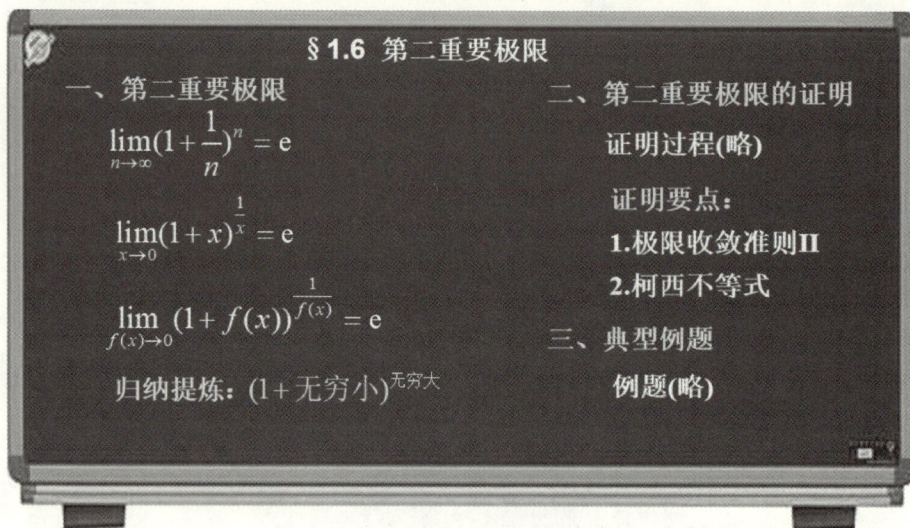

§1.6 第二重要极限

一、第二重要极限

$$\lim_{n\to\infty}(1+\frac{1}{n})^n = e$$

$$\lim_{x\to 0}(1+x)^{\frac{1}{x}} = e$$

$$\lim_{f(x)\to 0}(1+f(x))^{\frac{1}{f(x)}} = e$$

归纳提炼：$(1+无穷小)^{无穷大}$

二、第二重要极限的证明

证明过程(略)

证明要点：

1.极限收敛准则II

2.柯西不等式

三、典型例题

例题(略)

图 12.7　板书设计

教 学 后 记

本节课以校园贷这一对大学生影响较大的事件入手，在引起学生警觉的同时，引导学生用数学工具解决问题。通过复利模型引入第二重要极限的讨论：首先，利用 GeoGebra 直观显示其随着 $n\to\infty$ 时，$\left(1+\dfrac{1}{n}\right)^n$ 的变化趋势；其次，利用极限存在准则II证明其收敛性；最后，通过融入数学史与实际案例，将教学变得生动有趣。在学习中不断感悟数学文化的熏陶，感受数学的人文与应用价值，培养学生用数学的眼光观察世界和创新思维的能力。

12.2 曲率

基本信息			
教学主题	曲率	课时安排	1课时(45分钟)
所在章节	第3章第7小节		

▶【教学目标】

❖ 知识目标

(1)了解平面曲线的弯曲程度与切线转角和弧长的关系。

(2)理解曲率和曲率圆、曲率半径的概念。

(3)掌握曲率和曲率半径的计算。

❖ 能力目标

(1)通过中国高铁轨道的设计、砂轮的选择引入新课,激发学生学习的兴趣、探索欲,让学生积极主动探索曲率概念的形成过程,培养学生的逻辑推理能力。

(2)引导学生学会运用曲率知识解决轨道设计、砂轮选取等在引入时提出的实际问题,学以致用,提高学生应用数学的意识与能力。

❖ 情感目标

(1)通过曲率在工程实践与生产、生活中的应用培养学生学以致用的意识。

(2)通过交流讨论,让学生感受合作的意义和价值。

(3)让学生感受探索的乐趣和成功的喜悦。

▶【教学重点与难点】

❖ 教学重点

(1)曲率的概念及曲率的计算。

(2)曲率半径及曲率圆的概念。

(3)应用曲率解决工程实践与生产、生活中的实际问题。

❖教学难点

曲率公式的推导及曲率的应用。

▶【课程思政】

（1）中国高铁已然成为中国最靓丽的一张名片。通过中国高铁轨道设计的引入，激发学生学习的兴趣，增加学生对国家的自豪感。

（2）通过曲率在工程实践与生产生活中的应用，培养学生学以致用的价值取向。

▶【教学思路和方法设计】

❖ 教学设计思路

本节课在"数学来源于生活，生活中的很多问题需要通过数学知识来解决"的教学理念指导下，以探究式、研讨式、启发式教学方法为主线展开教学设计。教学过程中教师充分运用现代教学技术，设计教学情境，启发式提出问题，充分发挥学生的主体作用。

新课引入——通过高速行驶的中国高铁的轨道弯曲程度的设计，以及工程中用砂轮打磨工件时砂轮尺寸的选择切入主题，激发学生学习的兴趣和民族自豪感。

概念引入——通过分析影响曲线弯曲程度的因素得到曲率的量化指标。

方法引入——类比求瞬时速度的方法，求曲线在任意一点处的弯曲程度。

验证直觉——通过曲率的量化指标验证圆和直线在任意一点处的曲率，并且由此提出推导曲率计算公式的必要性。

曲率的计算公式——推导出直角坐标系下曲线曲率的计算公式。

典型例题——通过具有层次的例题，强化曲率公式的应用。

学以致用（1）——通过求解火车轨道设计中缓冲曲线设置的问题，提高学生分析问题、学以致用的能力，感受数学的应该价值。

学以致用（2）——通过求解砂轮尺寸选择的问题，提高学生解决问题的能力。

曲率圆和曲率半径——通过开篇中提出的砂轮尺寸选择的问题，引入曲率圆的概念。

课后小结——师生一起总结并梳理知识要点，升华主题。

课后思考——提出过山车的轨道和曲屏电视的屏幕如何设计，引发思考。

课后延伸——补充课堂内容，并介绍通本次课程相关文献资料。

❖ 教学设计过程安排

本课程教学设计过程安排如表 12.4 所示。

❖ 教学方法

（1）启发式教学法和研讨式教学法相结合，采用问题导入→探究问题→解决问题→前沿拓展的教学模式，强调师生互动，鼓励学生自主学习，并掌握曲率公式的推导过程；启发学生用曲率解决实际问题，激发课堂参与和主观能动性。

（2）借助多媒体辅助教学，加入丰富的动画、图片刺激学生的感官并结合板书演示，达到提高课堂教学效率的目的。

（3）板书曲率公式推导过程，加深学生对知识的理解，感受数学符号的简洁美。

表 12.4　教学设计过程安排

教学环节	教师活动	学生活动	设计意图	时间/min
导入新课	创设情景，导入新课： 情境 1：中国高铁是中国一张靓丽的名片，截至 2019 年年底，中国的高铁里程已占全球高铁里程的 80%以上。 问题 1：如何设计轨道的弯道，以保证高速行驶的列车平稳快速地通过呢？ 情境 2：工程中，我们需要选择合适尺寸的砂轮对工件的内壁进行打磨。这要求选择的砂轮既能够对工件每个部位进行打磨，又要保证其打磨效率。 问题 2：砂轮尺寸的选择与什么有关呢？	体会教师所介绍的素材，并积极展开思考	激发学生探究兴趣，使学生了解曲率知识的工程背景，增强学生民族自豪感	4
教学过程	动画直观：观察直线、圆周和一般曲线的弯曲程度。 探究问题：如何刻画曲线的弯曲程度（平均曲率）？ (1)当弧长相同时，弧段的弯曲程度与转角大小成正比。 (2)当转角相同时，弧段的弯曲程度与弧长大小成反比。 $$\overline{K}=\left|\frac{\Delta\alpha}{\Delta s}\right|$$ 探究问题：如何刻画曲线上任一点的曲率？ (1)类比平均速度→瞬时速度的过程。 (2)利用极限思想，由平均曲率求任意点的曲率。 $$K=\lim_{\Delta s\to 0}\left|\frac{\Delta\alpha}{\Delta s}\right|$$ 探究问题：如何得出直角坐标系下曲率的计算公式？ (1)由弧长微分计算式得到 ds。 (2)由导数的几何意义得到 $d\alpha$。 (3)$K=\lim_{\Delta s\to 0}\left|\frac{\Delta\alpha}{\Delta s}\right|=\frac{d\alpha}{ds}$。 知识点：曲率圆和曲率半径 $R=\frac{1}{K}$。 实际应用：砂轮尺寸的选择。	学生在教师的引导下，观察曲线的弯曲程度与弧长和切线的转角之间的关系 学生在教师的引导、启发下探究问题，推导曲率的计算公式 学生对曲率圆和曲率半径有形象的认识，为曲率的应用打好基础 应用曲率知识求解案例	引导学生观察得出平均曲率的定义 掌握曲率的概念，理解曲率在直角坐标系下公式的求解思路 培养学生自主探究能力与创新能力。使学生真真切切地体会到曲率在生活中的应用 拓展学生知识面，培养学生创新意识与能力	36
课堂小结	(1)弧长微分 $ds=\sqrt{1+y'^2}\,dx$ (2)曲率公式 $K=\lim_{\Delta s\to 0}\left|\frac{\Delta\alpha}{\Delta s}\right|=\frac{|y''|}{(1+y'^2)^{3/2}}$ (3)曲率半径 $R=\frac{1}{K}$ (4)曲率的应用	学生积极参与课堂内容小结。积极思考回答教师的引导性问题	帮助同学梳理知识点，更好地掌握曲率的应用，升华主题	3
课后思考	为了使同学们进一步感受曲率知识在生产生活中的应用，列举曲率在生产实践中的两个应用： (1)如何设计过山车的弯曲程度，使其既安全又刺激好玩？ (2)如何设计曲面电视的弯曲程度，使得人眼视觉体验更舒适？	引导学生思考、讨论、交流、总结	检验课堂学习效果，培养学生自主学习和探究创新能力	2

教 学 过 程

◈ 课堂导入

【引入情境】曲率是导数的重要应用之一，解决日常生活和工程应用中的许多问题时，我们都需要考虑曲线的弯曲程度。中国高铁是中国靓丽的一张名片，截至 2019 年年底中国的高铁里程已占全球高铁里程的 80% 以上（图 12.8）。

图 12.8　中国高铁

【引出问题】如何设计轨道的弯道，以保证高速行驶的列车平稳快速的通过呢？

【设计意图】通过介绍我国高铁的发展，让学生了解高铁实况，引导大学生关心我国的经济社会发展情况；通过提出问题导入新课。

【引入情境】工程中，我们需要选择合适尺寸的砂轮对工件的内壁进行打磨，要求选择的砂轮既能够对工件每个部位进行打磨，又要保证其打磨效率。

【引出问题】砂轮尺寸的选择与什么有关呢？

【设计意图】丰富课程的导入内容，为研究曲率圆和曲率半径提供素材。

【教师点拨】上述两个问题，无论是轨道的设计还是砂轮尺寸的选择，都与本节课的内容——曲率有关。让我们带着这两个问题进入今天的学习。

◈ 概念引入

【引出问题】什么是曲率呢？

【探究】曲线的弯曲程度与哪些因素有关？

【现象描述】直觉与经验告诉我们，直线没有弯曲，圆周上每一处的弯曲程度是相同的，曲线上不同的点的弯曲程度可能会有所不同。

【探究】曲线的弯曲程度与弧段长度及切线转角大小有什么关系呢？如图 12.9 所示。

设计意图：创设情景、引入新课。
（1）通过简要介绍我国高铁运行里程，让学生感受我国高铁的迅速发展，增加学生的民族自豪感。
（2）通过提出轨道弯道的设计问题和砂轮打磨工件内壁的尺寸的选择问题，引导学生对实际问题进行探讨，导入新课。

教学方法：探究式、动画直观教学法。

设计意图：教师引导学生自主观察直线、圆周和一般的曲线的弯曲程度的特点。（约 2 分钟）

弧段 $M_1M_2=M_2M_3$

$\Delta\alpha'$

转角相同

ΔS

$\Delta S'$

$\Delta\alpha$

弧段长度相同时, 切线的转角越大, 曲线的弯曲程度越大

切线的转角相同时, 弧段越短, 曲线的弯曲程度越大

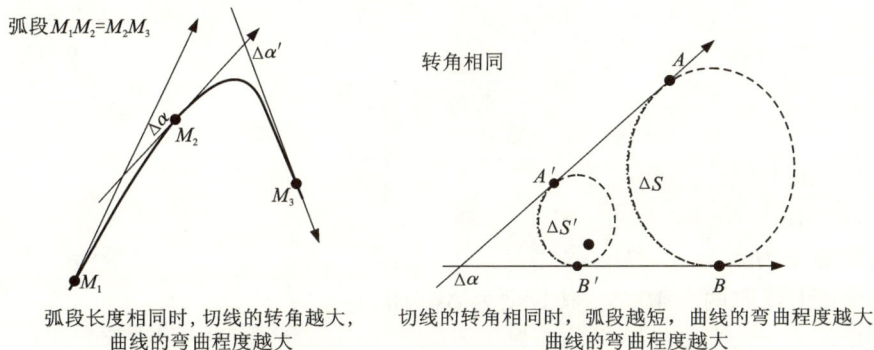

图 12.9　曲线的弯曲程度与弧段长度及切线转角大小的关系

【分析】通过上面两个动态图的演示, 我们可以得出结论, 曲线的弯曲程度与转角及弧段长度有关系。

(1) 当弧长相同时, 弧段的弯曲程度与转角大小成正比。

(2) 当转角相同时, 弧段的弯曲程度与弧长大小成反比。

综合上述两点得出: 平均曲率 $\overline{K}=\left|\dfrac{\Delta\alpha}{\Delta s}\right|$。

【探究】如何刻画曲线在一点处的弯曲程度呢?

【教师提问】我们知道导数是刻画函数在某点处的变化率, 同学们还记得计算变速直线运动的瞬时速度时, 我们先计算的是什么速度呢? 之后再借助什么思想计算出瞬时速度的?

【学生思考】计算瞬时速度时, 我们先计算的平均速度, 然后, 运用极限的思想, 计算出瞬时速度。

【教师点拨】在此, 我们可以利用数学研究常用的方法——类比法。也就是我们在刻画曲线在某点处的弯曲程度时, 先刻画平均弯曲程度, 然后再用极限的思想, 刻画曲线在某点处的弯曲程度, 如图 12.10 所示。

平均 (某一段) ——极限思想——→ 瞬时 (某一点)

图 12.10　类比法

◆ 曲率的概念

【分析】如图 12.11 所示, 在光滑弧上自点 M 开始取弧段, 其长为 Δs, 对应切线的转角为 $\Delta\alpha$, 定义弧段 Δs 上的平均曲率: $\overline{K}=\left|\dfrac{\Delta\alpha}{\Delta s}\right|$。

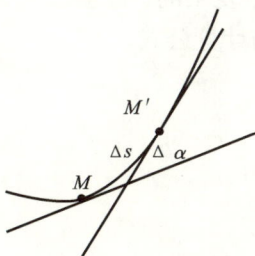

M'

Δs　$\Delta\alpha$

M

图 12.11　分析图

设计意图: 探究式、研讨式教学法。

设计意图: 通过教师实物演示结合 PPT 动画演示, 学生分组讨论得出曲线的弯曲程度与弧段长度和切线转角的大小之间的关系。(约 7 分钟)

教学方法: 启发、类比法。

设计意图: 教师通过引导学生回顾由平均速度到瞬时速度的求解过程, 积极启发学生由"平均"到"任一点"的极限思想。(约 2 分钟)

极限思想

⇓

点 M 处的曲率：$K = \lim\limits_{\Delta s \to 0} \left| \dfrac{\Delta \alpha}{\Delta s} \right| = \left| \dfrac{\mathrm{d}\alpha}{\mathrm{d}s} \right|$

【例题1】直线上任意一点处的曲率为0。

证明：如图 12.12 所示在直线 L 上任取两点 M、N，其长度为 Δs，而切线的转角 $\Delta \alpha = 0$。根据曲率的概念：

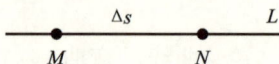

图 12.12　例题 1 图

$$K = \lim\limits_{\Delta s \to 0} \left| \dfrac{\Delta \alpha}{\Delta s} \right| = 0$$

注：这与直觉——直线没有弯曲是吻合的。

【例题2】求半径为 R 的圆上任意一点处的曲率。

解：如图 12.13 所示，根据圆的性质可得 $\Delta s = R \cdot \Delta \alpha$。根据曲率的概念：$K = \lim\limits_{\Delta s \to 0} \left| \dfrac{\Delta \alpha}{\Delta s} \right| = \dfrac{1}{R}$。

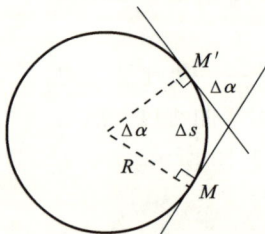

图 12.13　例题 2 图

注：（1）这与直觉——圆周上每一点的弯曲程度相同。

（2）R 越小，曲率 K 越大，圆弧弯曲得越厉害；R 越大，曲率 K 越小，圆弧弯曲得越小。

【教师点拨】由于直线的切线的转角 $\Delta \alpha = 0$，圆周的性质 $\Delta s = R \cdot \Delta \alpha$，根据 $K = \lim\limits_{\Delta s \to 0} \left| \dfrac{\Delta \alpha}{\Delta s} \right|$，我们容易计算出直线和圆周上任意一点的曲率。对于任意曲线，我们利用曲率的定义来进行求解有时候是非常复杂的，甚至没有办法求解出来，这就要求我们寻求直角坐标系下曲率的计算公式。

设计意图：将极限的数学思想，运用到由平均曲率到任一点的曲率的计算上面。（约2分钟）

设计意图：典型例题，验证直觉。
学生自主使用曲率的定义式分别得出直线的曲率和圆周的曲率。（约6分钟）

◈ 曲率的计算公式

【提出问题】如何得到曲率在直角坐标系下的计算公式?

【分析】由曲率的定义: $K = \lim\limits_{\Delta s \to 0} \left| \dfrac{\Delta \alpha}{\Delta s} \right| = \left| \dfrac{d\alpha}{ds} \right|$, 分别得出转角微分和弧微分的表达形式。

解: 设曲线弧 $y = f(x)$ 二阶可导, 由导数的几何意义:

$$\tan\alpha = y' \left(-\frac{\pi}{2} < \alpha < \frac{\pi}{2} \right)$$

$$\alpha = \arctan y'$$

$$d\alpha = (\arctan y')'dx = \frac{1+y'^2}{}dx$$

由弧微分:

$$ds = \sqrt{1+y'^2}\,dx$$

所以曲率计算式为:

$$K = \frac{|y''|}{(1+y'^2)^{2/3}}$$

设计意图: 启发回顾, 教师板书。

教师板书推导 $d\alpha$ 和 ds 的计算式的过程, 帮助学生深刻理解知识的同时, 让学生体会数学的逻辑严谨性。(约 5 分钟)

◈ 学以致用

【例题3】抛物线 $y = ax^2 + bx + c$ 上哪一点的曲率最大?

解: 由 $y = ax^2 + bx + c$, 得: $y' = 2ax + b$, $y'' = 2a$, 由曲率计算式得:

$$K = \frac{|y''|}{(1+y'^2)^{2/3}} = \frac{|2a|}{[1+(2ax+b)^2]^{3/2}}$$

则当 $2ax + b = 0$, 即 $x = -\dfrac{b}{2a}$ 时, 曲率最大。也就是, 抛物线在顶点处的曲率最大, 此时, $k = |2a|$。

【例题4】如图 12.4 所示, 在铁轨直道 S_1 进入圆弧弯道 S_2 时, 会接入一缓冲曲线 S_3, 让铁轨曲率连续变化, 使得列车运行平稳。缓冲曲线 S_3 常取为 $y = \dfrac{1}{6Rl}x^3$, 请解释其合理性。(其中 R 是圆弧弯道 S_2 的半径, l 是缓冲曲线 S_3 的长度且 $l \ll R$)

设计意图: 通过例题 3 的求解, 为后续确定砂轮的尺寸奠定基础。通过例题 4 的求解, 让学生理解弯道设计中曲率的实际应用, 体会数学无处不在的应用价值。(约 7 分钟)

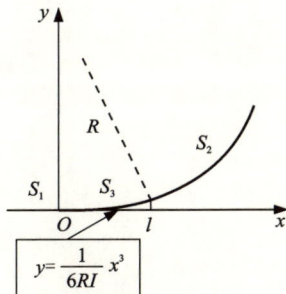

图 12.14　例题 4 图

【分析】解释其合理性需要考虑两个问题:

---

(1) S_3 的曲率是否连续。

(2) S_3 与 S_1、S_2 衔接点处的曲率是否相等。

解：当 $x \in [0, l]$ 时

$$y' = \frac{1}{2Rl}x^2 \leq \frac{l}{2R} \approx 0, \quad y'' = \frac{1}{Rl}x$$

所以 $K \approx |y''| = \frac{1}{Rl}x$，即缓和曲线上的曲率连续变化：

$$K_{s_1} = 0, \quad K_{s_2} = \frac{1}{R}$$

显然 $K|_{x=0} = 0 = K_{s_1}$，$K|_{x=l} \approx \frac{1}{R} = K_{s_2}$。

◆ 曲率圆和曲率半径

【探究】如何选择合适尺寸的砂轮对工件的内壁进行打磨，才能既对工件每个部位进行打磨，又要保证其打磨效率呢（见图 12.15）？

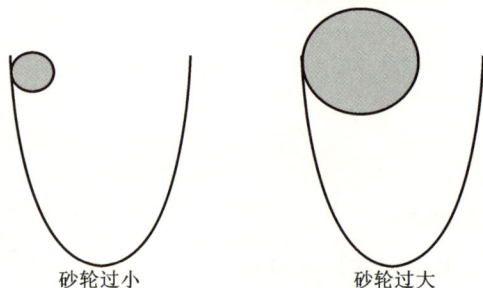

砂轮过小　　　　砂轮过大

图 12.15　工件内壁打磨

【教师点拨】解决砂轮尺寸选择的问题前，先进入曲率圆和曲率半径的学习。

曲率圆和曲率半径。

如图 12.16 所示，设 M 为曲线 C 上任一点，在点 M 处作曲线的切线和法线。在曲线凹向一侧法线上取点 D，使 $|DM| = R = \frac{1}{K}$。这种以 D 为中心，R 为半径的圆，叫作曲线 C 在点 M 处的曲率圆。其中 R 叫作曲率半径，D 叫作曲率中心。

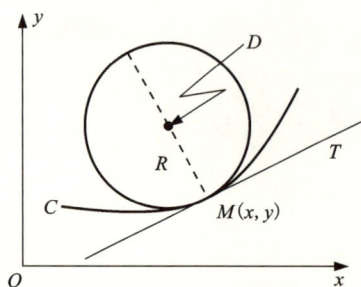

图 12.16　曲率圆和曲率半径

教学方法:探究、启发法。通过引入中的例子——砂轮尺寸的选择问题，启发学生对该问题进行研究，引入曲率圆和曲率半径的概念。（约 2 分钟）

设计意图:教师生动讲解曲率圆和曲率半径的概念，为学生求解砂轮的选择问题，打下良好的基础。（约 3 分钟）

注意：(1)点处的曲率圆和曲线有下列密切关系。

①有公切线；②凹向一致；③曲率相同。

(2)由 $K=\dfrac{1}{R}$ 可知，曲线在该点处的曲率半径越大，曲率越小(曲线越平坦)；反之，曲率半径越小，曲率越大(曲线越弯曲)。

(3)曲线上一点处的曲率圆弧可近似代替该点附近曲线弧(称为曲线在该点附近的二次近似)。

曲率圆与曲率半径举例——砂轮尺寸选择。

【例题 5】设工件表面的截线为抛物线 $y=0.4x^2$，现在要用砂轮磨削其内表面。问用直径多大的砂轮才比较合适(图 12.17)？

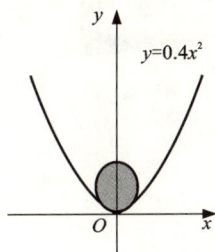

图 12.17　例题 5 图

解：由例题 3 可知，抛物线在顶点处的曲率最大，因此，砂轮的半径应该不大于抛物线顶点处的曲率半径。

由

$$y'=0.8x，y''=0.8$$

得

$$y'\big|_{x=0}=0，\quad y''\big|_{x=0}=0.8$$

所以，抛物线顶点处的曲率半径为 $R=\dfrac{1}{K}=1.25$。

即选用砂轮的半径不得超过 1.25 个单位长。

◆课堂小结

(1)弧长微分 $\mathrm{d}s=\sqrt{1+y'^2}\,\mathrm{d}x$。

(2)曲线弯曲程度的量化指标——曲率，曲率圆与曲率半径。

(3)曲率计算公式 $K=\lim\limits_{\Delta s\to 0}\left|\dfrac{\Delta\alpha}{\Delta s}\right|=\dfrac{|y''|}{(1+y'^2)^{3/2}}$。

(4)曲率的应用。

解释生产实践中的两个特殊问题，这种由特殊到一般，再由一般到特殊的过程，既是我们认识事物的自然规律，也是我们学习高等数学的精髓。同学们在今后的学习过程中，还要不断的研究探索，使得高等数学可以更好地为生产实践服务。

设计意图:学生积极交流求解引例中砂轮尺寸的选择的问题。

设计意图：前后呼应，让学生在自主求解问题的过程中，体会数学的应用价值，增加学生学习数学的信心，提高学习数学的动力。

设计意图:小结本节课的主要内容，并帮助学生梳理本节课的重难点。(约 2 分钟)

◈ 课后思考

为了使同学们进一步感受曲率知识在生产中的应用，列举曲率在生产实践中的两个应用：过山车弯道的设计与曲面电视的设计（见图 12.18）。

如何设计过山车的弯曲程度，既安全又刺激好玩？

如何设计曲面电视的弯曲程度使得人眼视觉体验更舒适？

图 12.18　过山车弯道的设计与曲面电视的设计

设计意图：课后思考，知识延伸。教学抛砖引玉，为学生自己课后研究打下基础，培养学生独立思考、查阅资料，合作交流的能力。（约 1 分钟）

▶【课后练习】

（1）求抛物线 $y = x^2 - 4x + 3$ 在其顶点处的曲率及曲率半径。

（2）求曲线 $x = a\cos^3 t$，$y = a\sin^3 t$ 在 $t = t_0$ 相应的点处的曲率。

（3）一飞机沿抛物线 $y = \dfrac{x^2}{1000}$（y 轴铅直向上，单位为 m）作俯冲飞机，如图 12.19 所示。在坐标 O 处飞机的速度为 $v = 2000$ m/s。飞行员体重为 $m = 70$ kg。求飞机俯冲至最低点即原点 O 处时座椅对飞行员的反力。

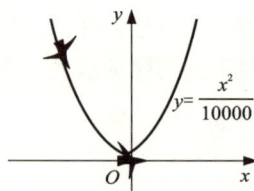

$y = \dfrac{x^2}{10000}$

图 12.19　课后练习（1）图

◈ 板书设计

板书设计如图 12.19 所示。

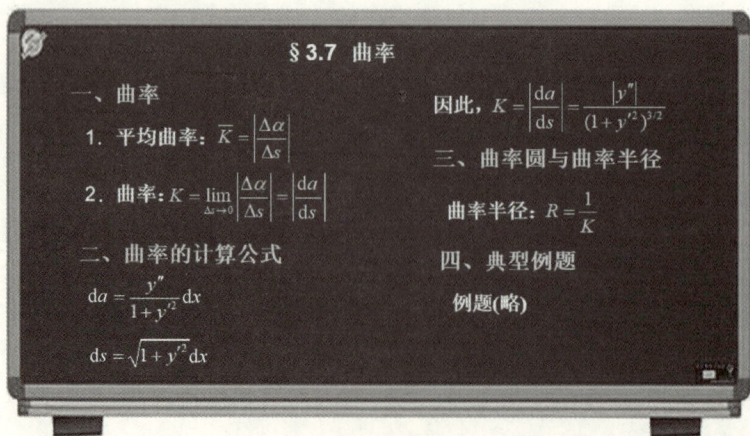

图 12.19　板书设计

教 学 后 记

　　本节课通过各种教学法如探究法、任务驱动法以及研讨法的综合使用，加强学生对曲率定义以及计算公式的理解。由曲率的含义出发，通过分析，以由浅至深、由特殊到一般的方式，引导学生一步一步、循序渐进地思考，从而引出平均曲率的定义。通过极限的思想给出曲率的定义，达到化难为易的目的，也借此过程培养学生良好的思维品质。本节课最大特色是运用了大量生活实例来帮助学生理解所学知识，比如列车轨道设计、过山车轨道设计、工件打磨问题等。充分体现了"数学问题来源于生活，而生活问题又可以用数学知识解决"。强调了高等数学实践的重要性，让同学们一直保持学以致用的心态来学习高等数学。

12.3 旋转体的体积

云麓课堂
教学设计

本节内容详见二维码。

基本信息			
教学主题	旋转体的体积	课时安排	1课时(45分钟)
所在章节	第6章第2小节		

▶ 【教学目标】

❖ 知识目标

　　理解旋转体的概念,明确"微元法"的思想,熟悉绕不同旋转轴所形成的旋转体的体积的求解思路,掌握该类旋转体体积的计算方法。

❖ 能力目标

　　(1)能够由形象直观的生活中的旋转体提炼抽象旋转体的定义,培养学生的观察能力、抽象思维能力,体会数形结合的思想。

　　(2)通过用微元法求解旋转体体积的计算的过程,培养学生类比分析的能力。

❖ 情感目标

　　(1)借助大量生活中常见的旋转体将抽象的数学问题转化为生动的实际问题当中,充分调动学生学习新知识点的兴趣,体会数学无处不在,降低学生对《高等数学》学习的畏惧感。

　　(2)将微元法的思想运用到求解旋转体的体积上,启发学生发现新问题时,对已知知识点加以整理并推广,是求解问题的有利途径。

　　(3)在探究活动中,体验用微元法求解旋转体体积的思想,培养学生的探究精神。

▶ 【教学重点与难点】

❖ 教学重点

(1)体积"微元法"思路的建立。

(2)平面图形绕不同旋转轴旋转的体积微元的确定。

❖ 教学难点

(1)平面图形绕不同旋转轴旋转的体积微元的确定。

(2)"柱壳法"的引入与应用。

▶【课程思政】

（1）通过回顾微元法中"化整为零，以直代曲，积零为整，无限累加"的思想，引导学生契合"大目标化成小目标，完成胜过完美，脚踏实地点滴积累，才能逐梦人生"的人生道理，渗透育人思想。

（2）数学家陈省身说过——历史上数学的进展不外两途：增加对已知材料的了解和推广范围。我们将微元法的思想运用到求解旋转体的体积上，正是受这一启迪。发现新问题时，对已知加以整理并推广，也是求解其他问题的有利途径。

（3）通过体积的计算在工程实践与生产、生活中的应用，培养学生学以致用的价值取向。希望同学们在生活中用数学，在生活中学数学。

▶【教学思路和方法设计】

❖ 教学设计思路

本节课的教学遵循：新课 I 录入→复习回顾→类比探究→例题讲解→学以致用→课堂小结→课后思考→课后延伸的教学过程。采用讲授法，探究法，启发式等教学方法展开教学。

（1）引入新课。通过传统陶瓷工艺引入陶瓷体积的计算问题，用多媒体课件展示学生收集的各种各样的旋转体，如青花瓷瓶、可乐罐、高脚杯、航天火箭等。接着用动画展示高中阶段学过的一些简单的旋转体，如圆柱、圆锥、圆台等。由此给出一般的旋转体的概念，并用动画展示一般旋转体的形成过程。在此基础上引出新课，如何求一般旋转体的体积。

（2）复习回顾。复习用定积分的微元法求曲边梯形面积的三部曲"定区间，求微元，求积分"。帮助学生理解"化整为零，以直代曲"和"积零为整，无限累加"的微积分的基本思想，为用定积分的微元法求旋转体的体积打下铺垫。

（3）类比探究。类比用定积分的微元法求曲边梯形面积的方法，并结合计算机动画或三维立体图形的直观演示，引导学生用定积分微元法的"三步曲"计算旋转体的体积。分别是：绕 x 轴旋转 $v = \int_a^b \pi f^2(x)\,\mathrm{d}x$；绕 y 轴旋转 $v = \int_c^d \pi \varphi^2(y)\,\mathrm{d}y$ 以及 $v = \int_c^d 2\pi x |f(x)|\,\mathrm{d}x$。

通过求解典型例题，巩固知识点，提高学生学以致用的能力。最后，进行课程小结，帮助学生厘清思路。通过课后思考，补充部分知识，明确学生课后进一步学习的方向，提高学生自主学生的意识和学习能力，为学生的终身学习夯实基础。

❖ 教学方法

（1）采用启发式教学法、问题驱动法、案例教学法；按照"提出问题、分析问题、解决问题"的思路来引导学生主动学习，激发学生的求知欲望，培养学生独立思考和推导演绎能力。

（2）借助多媒体辅助教学，通过大量丰富的视频、动画、图片刺激学生的感官，激发学生学习的兴趣。

（3）传统板书相结合，在课堂教学中，通过板书，加深学生对概念的理解，感受数学符号的简洁美；辅以典型例题的练习来巩固重点知识。

❖ 教学设计过程安排

教学设计过程安排如表 12.5 所示。

表 12.5　教学设计过程安排

教学环节	教师活动	学生活动	设计意图	时间/min
导入新课	以传统陶瓷的制作工序，创设情景，激情引入 通过"简单介绍传统陶瓷的制作工艺，提出问题：如何陶瓷这一旋转体的体积呢?"引出主题	体会教师所介绍的素材，并积极展开思考	激发学生探究兴趣，让学生了解中国传统工艺，使学生体会读万卷书亦要行万里路	3
教学过程	知识点 1：旋转体的概念 探究问题：旋转体的体积如何求解? 方法引入：微元法 知识点 2：平面图形绕 x 轴旋转形成的体积计算公式 知识点 3：平面图形绕 y 轴旋转形成的体积计算公式 知识点 4："柱壳法"求体积微元 知识点 5：学以致用——分析求解花瓶的体积	学生在老师的引导下探究问题 学生积极参与讨论、思考、回答，依据教师举出的不同形式的体积微元的形成实例，得出体积计算公式，并会应用计算公式进行求解	掌握利用微元法求旋转体体积的思路 培养学生自主探究能力与创新能力	37
课堂小结	(1)回顾旋转体的定义 (2)回顾利用微元法求旋转体体积计算公式的思路 (3)回顾"柱壳法"求体积的思路	学生积极参与小结课堂内容，激发学生学习热情，与自主探索精神	帮助同学梳理知识点，更好地掌握利用微元法求旋转体体积的思路，升华主题	3
课后思考	今天研究的问题具有一定的特殊性 思考：今天我们只是学习了绕 x 轴，绕 y 轴旋转的情形，如果绕任意轴旋转所形成的旋转体体积应如何求呢?	引导学生思考、讨论、交流、总结	从本节课程方法的特殊性入手，提出问题，培养学生独立思考、自主学习的能力，奠定学生科学研究的基础	2

12.4　一阶线性微分方程

云麓课堂

教学设计

本节内容详见二维码。

基本信息			
教学主题	一阶线性微分方程	课时安排	1 课时(45 分钟)
所在章节	第 7 章第 4 小节(上册)		

【教学目标】

❖ 知识目标

(1)了解一阶线性微分方程的特点。

(2)掌握一阶线性微分方程的解法。

(3)利用一阶线性微分方程的求解方法解决实际问题。

❖ 能力目标

(1)学会根据给定的数据和模型假设,建立微分方程模型。

(2)能够通过类比,猜想一阶非齐次线性微分方程通解的形式,并理解常数变易法;

(3)能够运用一阶线性微分方程的求解方法去解决实际问题,提高应用数学的意识与能力。

❖ 情感目标

感受数学模型建立的精妙,一阶线性微分方程中的很多数学模型可揭示国民经济的快速发展、人口的发展、疾病的传播规律等问题。科学的发展离不开数学的精妙计算,对历史的探索,对未来的幻想都离不开数学模型的建立。

【教学重点与难点】

❖ 教学重点

(1)一阶线性微分方程的定义。

(2)一阶线性微分方程的求解方法。

(3)利用一阶线性微分方程的求解方法解决实际问题。

❖教学难点

(1)一阶线性微分方程模型的建立。

(2)一阶线性微分方程的通解形式的猜想。

(3)一阶线性微分方程的求解。

【课程思政】

(1)将目前大家普遍比较关注的"减肥"话题,引入课堂,引导学生养成积极健康的生活方式,切忌暴饮暴食，注重体育锻炼。

（2）知识延伸，微分方程的模型在很多方面都有重要应用，比如传染病模型，此次新冠疫情数据的准确性会对决策起到非常重要的作用；培养学生的社会责任感。

【教学思路和方法设计】

❖ 教学设计思路

本节课将以探究式、研讨式、启发式教学方法为主线展开教学设计。教学过程遵循：创设情境→问题探究→形成概念→探究深化→练习巩固→课堂小结→课后延伸的思路，充分运用现代教学技术，结合事例、图片、动画代替抽象概念作为极限问题的切入点。让同学感受到所学知识的趣味性，积极参与课堂，以期取得更好的教学效果。

首先通过"减肥"这一话题，引出问题：如何评估是否需要减肥，以及如何制订减肥计划？接着，进行模型构建，得到一阶线性微分方程的数学模型，引出问题：这一类微分方程如何进行求解？最后进入今天的问题探究。整个教学过程遵循从特殊到一般的认知思路，逐步引导学生思考、分析问题，最后解决问题，得出结论。避免毫无缘由地摆出方程类型、硬塞给学生求解方法的教学。

❖ 教学方法

（1）案例教学法

本节课从"减肥"这一热门话题切入，提出问题，构建一阶线性微分方程的数学模型，引出本次课的教学知识点。激发学生的学习兴趣，培养他们的数学思维能力，提高数学素养。

（2）启发引导法

启发学生利用类比猜想的思想方法，引导学生主动进行探究，加深学生对概念的理解，培养学生研究问题的兴趣和能力。

（3）多媒体教学与板书相结合

充分利用现代化教学手段和传统教学手段的优点，使学生明确数学的书写规范，以及掌握不定积分的求解和一阶线性微分方程的求解步骤。

❖ 教学设计过程安排

本课程教学设计过程安排如表 12.6 所示。

表 12.6　教学设计过程安排

教学环节	教师活动	学生活动	设计意图	时间/min
导入新课	创设情境，导入新课：通过目前比较热门的话题——减肥，吸引学生的注意，激发学生的兴趣，导入新课 提出问题：如何评估是否需要减肥，以及如何制订减肥方案？	思考、回答老师所提出的问题	由减肥这一热门话题引出本节课的探究内容，设置问题，激发学生探究兴趣	3

续表12.6

教学环节	教师活动	学生活动	设计意图	时间/min
教学过程	引例探究，建立模型：通过具体实例和模型假设，建立如下模型 $$\begin{cases} \dfrac{\mathrm{d}\omega(t)}{\mathrm{d}t}=a-b\omega(t) \\ \omega(0)=\omega_0 \end{cases}$$ 知识点：一阶线性微分方程的概念 $$\dfrac{\mathrm{d}y}{\mathrm{d}x}+P(x)y=Q(x)$$ 问题探究：一阶线性微分方程的求解 第一步：求解 $\dfrac{\mathrm{d}y}{\mathrm{d}x}+P(x)y=0$ 此方程是可分离变量微分方程，学生已经在上一节中学习过，它的通解不难得出 第二步：求解 $\dfrac{\mathrm{d}y}{\mathrm{d}x}+P(x)y=Q(x)$ 思想方法：类比猜想一阶线性微分方程的通解的形式 $$y=C(x)\mathrm{e}^{-\int P(x)\,\mathrm{d}x}$$ ——常数变易法 典型例题：求方程 $y'+y\tan x=\sec x$ 的通解。 求解引例：根据引例中的信息，对该男子的体重进行评估，及如何制订减肥计划？	学生进行小组讨论，得出案例的微分方程的模型 在教师的引导下，探讨总结一阶线性微分方程的求解步骤和思想方法 学生自主进行例题的求解，并公开演示	由实际案例引出本节课的主题——一阶线性微分方程的求解。体现了数学来源于生活的特点激发了学生学习的兴趣 掌握一阶线性微分方程的求解步骤 引导学生用学到的数学知识解决本节课开始的案例，巩固知识	35
课堂小结	对本次课程进行小结： (1)一阶线性微分方程： $$\dfrac{\mathrm{d}y}{\mathrm{d}x}+P(x)y=Q(x)$$ (2)求解步骤： ① $\dfrac{\mathrm{d}y}{\mathrm{d}x}+P(x)y=0$；②常数变易法 (3)通解： $$y=\mathrm{e}^{-\int P(x)\,\mathrm{d}x}\left[\int Q(x)\mathrm{e}^{\int P(x)\,\mathrm{d}x}\,\mathrm{d}x+C\right]$$	学生积极参与课堂内容小结，积极思考回答教师的引导性问题	帮助同学梳理知识点，以更好地掌握本节课的内容	3
课后思考	思考1：例题1中的方程 $y'+y\tan x=\sec x$ 还有其他的求解方法吗？ 思考2：设一车间体积 $Q=10800\ \mathrm{m^3}$，开始时空气中含有 0.12% 的 CO_2。为保证工人健康，用一台风量为 $v=1500\ \mathrm{m^3/min}$ 的鼓风机通入新鲜空气，它含有 0.04% 的 CO_2。通入空气与原有空气混合均匀后以相同的风量排出。问鼓风机开动10分钟后，车间含有 CO_2 的百分比降到多少？	对所学习的知识点展开积极思考，课后查阅文献资料，思考并分析教师的问题	通过让学生课后思考及练习，达到对本节课知识学以致用的目的	2
课后延伸	教师给出部分参考资料，引导学生课后查阅相关文献	根据教师给出部分参考资料，积极查阅相关文献，拓展自己的知识面	使学生养成自主学习的习惯和查阅文献资料的手段，奠定学生科学研究的基础	2

12.5 格林公式及其应用

本节内容详见二维码。

基本信息			
教学主题	格林公式及其应用	课时安排	1课时(45分钟)
所在章节	第13章第3小节		

▶【教学目标】

❖ 知识目标

(1)理解格林公式及其证明。

(2)理解格林公式的意义和格林公式成立的条件。

(3)能利用格林公式解决实际问题。

❖ 能力目标

(1)通过牛顿–莱布尼茨公式→格林公式的推广过程,培养学生的推理能力。

(2)通过格林公式的证明,培养学生知识运用的能力。

(3)通过分析GPS面积测量仪,培养解决问题的能力。

❖ 情感目标

(1)通过牛顿–莱布尼茨公式与格林公式的联系,感受数学的奇妙,以及严密的数学逻辑。

(2)通过介绍数学家的故事,让学生体会科学探索的漫长过程,树立终身学习的意识。

▶【教学重点与难点】

❖ 教学重点

(1)格林公式及其证明。

(2)格林公式的应用。

(3)利用格林公式解决实际问题。

❖教学难点

(1)格林公式及其推导。

(2)格林公式的应用。

▶【课程思政】

(1)从牛顿–莱布尼茨公式到格林公式的推广过程,鼓励学生大胆猜想,科学求证,同时在猜想过程中,引导学生透过形式看本质,为格林公式的推广奠定基础。

(2)通过揭示GPS测量仪之谜,让学生体会数学的应用价值,养成运用知识的习惯,提高学生的创新意识。

(3)通过介绍数学家的故事,让学生体会科学探索的漫长过程,树立终身学习的意识。

【教学思路和方法设计】

❖ 教学设计思路

本节课的教学遵循:课程导入→问题探究→概念形成→例题讲解→学以致用→课堂小结→课后思考的教学过程。采用讲授法、提问法、辩证分析法等教学方法和认识事物的方法展开教学。

本节课通过湖泊和梯田的面积测量这一问题,引入课堂。学生在计算面积时可以用定积分和二重积分。教师进行点拨,将学生带入揭秘 GPS 面积测量仪的情境中,营造一个学生感兴趣并激发求知欲的教学氛围。接着,启发学生利用以往学过的知识来探究发现封闭边界曲线与其所围的平面区域之间的关系。在师生共同分析推导后,总结格林公式,进一步说明在一般封闭区域下公式的正确性。启发学生用本次微课所学的格林公式,以及已知知识对 GPS 面积测量仪的数学原理进行研究及讨论。

❖ 教学方法

(1)启发式教学、案例教学法

本节课以一个经典的数学故事切入,提出问题,分析问题,解决问题,同时引出本次课的教学知识点。遵循以教师主导、以学生为主体的教学理念,激发每个学生的学习兴趣,培养他们的数学思维能力,提高数学素养。

(2)研讨式教学

引导学生主动探究常数项级数概念,加深学生对概念的理解,培养学生研究问题的兴趣和能力。

(3)多媒体教学与板书相结合

充分利用现代化教学手段和传统教学手段的优点。格林公式难且抽象,学生很难想象,利用丰富的图片与动画展示,使学生对格林公式的求解过程一目了然;在推导公式的过程中,利用板书详细讲解,加深同学们对问题的理解、掌握及应用。

❖ 教学设计过程安排

本课程教学设计过程安排如表 12.7 所示。

表 12.7　教学设计过程安排

教学环节	教师活动	学生活动	设计意图	时间/min
导入新课	创设情境,导入新课: (1)如何测量湖泊与梯田的面积? (2)分析定积分和二重积分计算面积的局限性; (3)测量湖泊和梯田的工具——GPS 面积测量仪; (4)提出问题:方便高效的面积测量仪是如何工作的?	体会教师所介绍的素材,并针对问题积极展开思考	通过实际问题的引入,激发学生的求知欲及探索新知识的兴趣	4

续表12.7

教学环节	教师活动	学生活动	设计意图	时间/min
教学过程	(1)利用牛顿–莱布尼茨公式提出猜想，"二重积分是否也可以用某个函数在积分区域边界上的值来表达"，从而引入格林公式，为格林公式的理解和格林公式的证明做铺垫； (2)根据猜想的格林公式的结构，引导学生探究封闭区域边界曲线的方向，进而介绍——单连通区域、复连通区域及其边界曲线的正向的概念，为格林公式及其证明的讲授做准备； (3)格林公式及其证明。结合格林公式结构的猜想，从第二类曲线积分联系出发，推导格林公式； (4)通过证明过程理解格林公式的意义：建立二重积分与其积分区域的边界曲线上的第二类曲线积分之间的关系，为二重积分和曲线积分的计算提供了新的途径； (5)典型例题+解释面积测量仪原理	(1)回顾牛顿–莱布尼茨公式； (2)在教师的引导下猜想格林公式的结构； (3)学生直观观察单连通区域、复连通区域并了解其内涵；理解边界曲线的正向； (4)学生根据教师的板书过程理解格林公式的证明； (5)学生根据教师的引导深刻理解格林公式，为格林公式的应用做好准备； (6)掌握利用格林公式进行计算的步骤；理解面积测量仪的原理	(1)通过揭示牛顿–莱布尼茨公式实质运用猜想、类比的数学方法得出格林公式的结构； (2)介绍单连通区域、复联通区域及其边界曲线的正向的概念。为格林公式及其证明做准备； (3)验证猜想，推导格林公式及其证明； (4)揭示格林公式的意义和注意点，使学生深刻理解格林公式，为格林公式的应用做好准备； (5)前后呼应，使学生掌握格林公式的应用，并培养学生学以致用的意识	35
课堂小结	总结本次课的内容：回顾由牛顿莱布尼兹公式推广到格林公式与的过程，并强调它们之间的共性；格林公式的应用 提出猜想：能否将格林公式进行推广到三重积分中去。若能，推广后的情形可能会是什么样的呢？	学生积极参与课堂内容小结；积极思考回答教师引导性问题	帮助同学梳理知识点，以更好地掌握格林公式以及归纳猜想、类比推广的数学方法	3
课后思考	给出一道课后思考题，为下节课的内容做铺垫。计算积分 $\oint_L \frac{xdy-ydx}{x^2+y^2}$，其中 L 为一无重点且不过原点的分段光滑正向闭曲线	学生在课后通过复习课堂内容和查阅资料自主积极或互相交流后求解问题	进一步帮助学生理解和掌握格林公式，培养学生灵活运用现有知识解决问题的能力	3

参考文献

[1]凌天清.道路工程[M].4版.北京：人民交通出版社，2019.

[2]杨少伟，等.道路勘测设计[M].3版.北京：人民交通出版社，2009.

[3]许金良，等.道路勘测设计[M].5版.北京：人民交通出版社，2018. [4] http://blog. sina. com. cn/s/blog_40cedda70102x6sn. html

[5] http://jsnews. jschina. com. cn/zt2017/docs/201711/t20171103_1165314. shtml

[6] https://www. sohu. com/a/253209210_100252866\

[7] https://new. qq. com/omn/20191202/20191202A0FM3Q00. html？ pc

[8] https://www. kankache. com/news/3946. html [9]黄晓明.路基路面工程[M].6版.北京：人民交通出版社，2019.

[10] https://bbs. zhulong. com/102020_group_727/detail42470704/ [11]黄仰贤.路面分析与设计[M].北京：人民交通出版社，2020.

[12] http://dealer. 360che. com/21807/news_408289. html

[13]Wang H. Analysis of Tire-Pavement Interaction and Pavement Responses Using a Decoupled Modeling Approach［D］. Ph. DDissertation. University of Illinois Urbana-Champaign，IL. 2011

[14] https://www. linkedin. com/pulse/type-asphalt-distresses-suggested-maintenance-mehdi-zeinali？ articleId=7938279135655854664

[15]Liu Z.，Huang X.，Sha. A.，Wang H.，Chen J.，and Li C. Improvement of Asphalt-Aggregate Adhesion Using Plant Ash Byproduct［J］. Materials，2019，12（4）：605

[16] https://smartcar. cnmo. com/news/672176. html

[17] http://sd. ifeng. com/a/20180130/6344109_0. shtml [18] http://www. zzwosonoil. com/news/24. html

[19] http://k. sina. com. cn/article_3814470919_e35c350700100ajre. html

[20] https://jt. rednet. cn/c/2013/07/19/3083029. htm

[21] http://xhroad. com/nd. jsp？ id=16&groupId=0#_np=4_11

[22] http://www. mzfxw. com/e/action/ShowInfo. php？ classid=6&id=38575

[23] https://www. sohu. com/a/123283861_460203

[24] https://new. qq. com/omn/20200616/20200616A0VK7I00. html？ pc [25]维斯.数据结构与算法分析：C语言描述[M].北京：机械工业出版社，2002.

[26]严蔚敏，等. 数据结构题集[M].北京：清华大学出版社，2017.

[27]Albu-Rghaif, Ali N, Jassim, et al. A data structure encryption algorithm based on circular queue to enhance data security. Proceedings of 1st International Scientific Conference of Engineering Sciences－3rd Scientific Conference of Engineering Science, ISCES 2018：24－29.

[28]程序员论坛 https://www. csdn. net

[29]明日科技. C语言经典编程282例(C语言学习路线图)[M].北京：清华大学出版社，2012.

[30]达文姣，任志国，朱正平，等. 循环队列存储空间的动态扩充方法[J].自动化与仪器仪表，2014(11)：161-162.

[31]邱颖豫，王爽. 数据结构中循环队列的教学方法探讨[J].广东技术师范学院学报，2012，033(002)：56-58.

[32]李冬梅，张琪. 数据结构习题解析与实验指导[M].北京：人民邮电出版社，2017.

[33]杨嘉墀. 航天器轨道动力学与控制[M]. 中国宇航出版社，1995.

[34]Vallado D A. Fundamentals of astrodynamics and applications[M]. 2nd. Microcosm Press，2001.

[34]Battin R H. An introduction to the mathematics and methods of astrodynamics[M]. AIAA，1999.

[35]李春葆，等.数据结构教程[M].5版.北京：清华大学出版社，2017，8.

[36]陈越.数据结构[M].2版.北京：高等教育出版社，2016，6.

[37]张铭，等.数据结构与算法[M].北京：高等教育出版社，2008，6.

[38]张三慧. 大学物理学[M].3版. 清华大学出版社，2013。

［39］http：//xinwuli.cn/。

［40］http：//www.iop.cas.cn/。

［41］https：//physics.org。

［42］学校课程中心《大学物理》课程平台。

［43］智慧树《大学物理》MOOC 平台，https：//www.zhihuishu.com/。［44］黄立宏.高等数学［M］上册，第四版.上海：复旦大学出版社，2015.

［45］李建平，朱健民.高等数学［M］上下册. 2 版.北京：高等教育出版社，2015.

［46］戴志敏，李芳丽.第二重要极限存在性证明的新方法［J］.高等数学研究，2017，20（5）：14-15.

［47］卢旭文.第二重要极限的证明与应用［J］.贵州学院学报自然科学版，2019，14（1）：4-5.

［48］张聪，孙莉敏，等.关于曲率的教学设计践［J］.高师理科学刊：2017，37（9）：65-67.

［49］刘洪霞，赵文才，包云霞.基于 APOS 理论的高等数学翻转课堂教学设计与实践［J］.社会经纬，2018，（1）：96-98.

［50］谭泽媛.课程思政的内涵探析与机制构建［J］.教育与职业，2020（22）：89-94.

［51］高德毅，宗爱东.从思政课程到课程思政：从战略高度构建高校思想政治教育课程体系［J］.中国高等教育，2017（1）：43-46.

［52］唐德海，李枭鹰，郭新伟.“课程思政”三问：本质、界域和实践［J］.现代教育管理，2020（10）：52-58.

［53］教育部关于印发《高等学校课程思政建设指导纲要》的通知［Z］.2020.

［54］教育部关于印发《高等学校课程思政建设指导纲要》的通知［Z］.2020.

［55］教育部高等教育司负责人就《高等学校课程思政建设指导纲要》答记者问［EB/OL］.（2020-06-05）.http：//www.gov.cn/zhengce/2020-06/06/content_5517612.htm.

［56］柳叶，胡佳杰，张胜威.自然科学课程思政的教学探索——以微生物学为例［J］.微生物学通报，2020（4）：1168-1177.